NOUVEAUX LUNDIS

CALMANN LÉVY, ÉDITEUR

OUVRAGES

DE

C.-A. SAINTE-BEUVE

Format grand in-18.

CHATEAUBRIAND ET SON GROUPE LITTÉRAIRE........	2 vol.
CHRONIQUES PARISIENNES.................................	1 —
LE CLOU D'OR. — La Pendule.....................	1 —
CORRESPONDANCE..	2 —
ÉTUDE SUR VIRGILE. — Quintus de Smyrne.........	1 —
LE GÉNÉRAL JOMINI.....................................	1 —
LETTRES A LA PRINCESSE.............................	1 —
MADAME DESBORDES-VALMORE.........................	1 —
MONSIEUR DE TALLEYRAND.............................	1 —
NOUVEAUX LUNDIS.......................................	13 —
NOUVELLE CORRESPONDANCE...........................	1 —
PORTRAITS CONTEMPORAINS...........................	5 —
PREMIERS LUNDIS.......................................	3 —
P.-J. PROUDHON, SA VIE, SA CORRESPONDANCE.....	1 —
SOUVENIRS ET INDISCRÉTIONS. — Dîner du Vendredi saint	1 —

A PROPOS DES BIBLIOTHÈQUES POPULAIRES...........	Broch.
DE LA LIBERTÉ DE L'ENSEIGNEMENT SUPÉRIEUR........	—
DE LA LOI SUR LA PRESSE.............................	—

POÉSIES COMPLÈTES
NOUVELLE ÉDITION REVUE ET TRÈS AUGMENTÉE
Deux beaux volumes in-8°.

BOURLOTON. — Imprimeries réunies B.

NOUVEAUX
LUNDIS

PAR

C.-A. SAINTE-BEUVE

DE L'ACADÉMIE FRANÇAISE

TOME ONZIÈME

PARIS
CALMANN LÉVY, ÉDITEUR
ANCIENNE MAISON MICHEL LÉVY FRÈRES
3, RUE AUBER, 3
—
1885
Droits de reproduction et de traduction réservés

NOUVEAUX LUNDIS

Lundi 16 septembre 1867.

MÉMOIRES

DU COMTE BEUGNOT [1].

Ces Mémoires sont trop spirituels pour qu'on ne tienne pas à en dire son mot après tant d'autres critiques qui en ont bien parlé. Leur destinée a été assez singulière : le fils de l'auteur, le comte Arthur Beugnot, homme d'esprit lui-même et qui avait le culte de la mémoire de son père, mais qui savait les précautions qu'il faut prendre quand on a plein la main de révélations contemporaines, en avait publié, essayé çà et là dans des revues quelques fragments et des chapitres détachés. Sous cette forme, je dois le dire, ils avaient été assez peu remarqués et n'avaient que médiocrement réussi. Qu'y manquait-il? Je ne sais : peut-être simplement le vin n'était-il pas depuis assez longtemps

[1] Deux vol. in-8°, Dentu, Palais-Royal.

en bouteille, et n'avait-il pas fait tous les voyages voulus pour nous revenir juste à point, à l'heure propice. Il est des saisons aussi pour les lectures. Quoi qu'il en soit, jamais le comte Arthur Beugnot ne s'était décidé à réunir les fragments en volumes. Lui-même, érudit fort distingué, mais encore plus causeur spirituel, il se plaisait à raconter des scènes de la vie de son père, des épisodes dramatiques et comiques du Conseil d'État, des malices sur quelques contemporains du Consulat et de l'Empire, par exemple sur François de Neufchâteau, qui, ayant à faire le récit du 19 brumaire, le soir même, devant des auditeurs avides et impatients, ne parvenait pas à sortir des parenthèses ni des embarras que sa voiture avait rencontrés dans sa route vers Saint-Cloud : on lui demandait les grands résultats, les résolutions prises, et il vous expliquait, à n'en pas finir, comment il avait eu toutes les peines du monde à passer. Tous ces récits étaient fort bien rendus et mimés, d'une voix quelque peu forte et robuste, par un homme de haute stature et en qui un filet de l'ironie paternelle se faisait encore sentir; mais cette ironie n'était plus la source même et ne venait que par une sorte de transmission et d'habitude ; elle était de souvenir plus que d'inspiration et de jet. L'originalité n'y brillait que de reflet ; on était à la seconde génération.

Réunis aujourd'hui en volumes par les soins du comte Albert Beugnot, fils du précédent, ces Mémoires ont eu un complet succès et bien mérité. Je ne crois pas qu'on y ait tout mis ; je suppose qu'il y a eu bien des suppressions et des coupures. L'auteur, il est vrai, ne les écrivit pas de suite et avec continuité ; il y revint à plus d'une reprise et comme par époques, sans se soucier beaucoup des liaisons. Mais il est évident qu'il y a eu des parties non imprimées et auxquelles il est référé même dans ce qu'on a donné et qui est aujourd'hui sous les yeux du lecteur. Aussi c'est bien moins comme récit continu, comme témoignage et contrôle positif concernant des faits historiques, que ces Mémoires méritent de compter, qu'à titre de portraits vivants et de tableaux. On voit passer devant soi une suite de peintures de mœurs fort contrastées, prises chacune sur le vif dans les régimes successifs que l'auteur a traversés et qu'il a trouvé moyen de railler, tout en les servant. Les coupures mêmes qu'on y a faites dans les parties intermédiaires, et qui rendent les oppositions très-tranchées, prêtent à l'ensemble du livre une apparence d'art qui était sans doute fort étrangère à l'intention de l'auteur.

Les Mémoires se composent de quatre morceaux principaux : Mme de Lamotte et l'affaire du collier sous Louis XVI ; — les souvenirs de 1793 et des prisons sous la Terreur ; — l'administration du grand-duché de Berg sous Napoléon ; — les débuts de la Restauration, la confection de la Charte, etc. Ce n'est guère que dans cette dernière partie que le livre prend le caractère de Mémoires suivis et que l'auteur s'attache à éclaircir en témoin et en coopérateur des mieux informés quelques-uns des actes importants de l'histoire. Partout ailleurs ce sont plutôt de fidèles impressions de mœurs, des coins de société ou de politique, des anecdotes.

On regrette tout d'abord de ne pas trouver les détails domestiques qui devaient y être sur les origines du comte Beugnot et ses premières liaisons champenoises. Cela n'aura peut-être point paru assez noble. Le fait est que nous n'avons pas même la biographie complète de l'auteur des Mémoires. Nous ne le voyons quasi qu'en buste, pas tellement en buste pourtant que nous n'apprenions de lui que jeune homme, avocat instruit et plein d'espérances, très-grand et beau garçon (ce qui ne gâte rien), il eut l'agrément d'être sur le pied d'ami et de familier ou de chevalier auprès de cette fameuse comtesse de Lamotte, l'un de ces jolis et affreux monstres, de ces harpies à tête de sirène comme en engendra la corruption avancée du xviiie siècle. M. Beugnot raconte avec bien de la finesse les misères, les gueuseries, les rouerieries, les incroyables succès, les fabuleuses audaces de celle dont il put bien être le confident, mais non pas la dupe, et dont il sut éviter d'être dévoré. On regrette même pour lui, ce semble, qu'il n'ait pas été entraîné par un sentiment quelconque, et qu'après tous les services qu'il avait déjà rendus à Mme de Lamotte il lui ait refusé ce dernier bon office d'être son conseil et son avocat à l'heure de l'emprisonnement. Quelque mauvaise que fût la cause, elle avait des parties faites pour tenter un jeune talent, sinon pour intéresser un jeune cœur. Mais M. Beugnot ne se fait faute de nous apprendre qu'au premier moment de l'arrestation de Mme de Lamotte il n'eut

qu'une pensée : c'était la peur d'être arrêté lui-même
pour ses relations avec elle ; et il s'y attendait si bien,
que pendant plusieurs jours il tint, nous dit-il, sa
malle toute prête pour la Bastille. Ce fantôme de la
Bastille était sans cesse devant ses yeux et troublait
ses nuits. Dès ce premier récit, M. Beugnot se dessine à
nous comme un observateur très-fin, mais il ne se
pose nullement en âme héroïque. C'est un trait essentiel en lui et qui a frappé tous ses contemporains. Il
convient en plus d'un endroit qu'il n'est pas précisément courageux, qu'il n'est pas né pour l'héroïsme.
Son beau-père ne peut s'empêcher de le lui dire un
jour : « Vous avez toujours peur ! » Il en prit de bonne
heure son parti, et sur ce chapitre il se montra toujours
prêt à faire les honneurs de lui-même. Ses frayeurs,
soit réelles, soit à demi jouées, étaient sur la fin deve-
nues proverbiales ; ne pouvant les maîtriser ni en faire
mystère, il avait trouvé plus simple d'être le premier
à en rire ; on a raconté de plaisants apartés, des apo-
strophes qu'il s'adressait nez à nez devant son miroir.
Ainsi en mesure et en règle à ses propres yeux, il le
faisait bien vite payer aux autres ; il en est quitte
pour se rattraper sur autrui : et, par exemple, le pauvre avocat, Me Doitot, qui, à son refus, accepte la défense de Mme de Lamotte, se voit drapé par lui de la
belle manière. N'oublions jamais, en lisant ces Mémoires, que l'auteur a intérêt à ne pas avoir une trop
haute idée de l'humanité.

Ce qu'on ne saurait contester, c'est que M. Beugnot
est un esprit des plus fins, des plus prompts à saisir

les ridicules; et il ne sort jamais, en les exprimant, de la ligne de la parfaite urbanité. Il est homme de bonne compagnie dans ses portraits et dans les scènes légèrement comiques qu'il nous rend présentes. Ceux mêmes qui lui déplairont et qui le heurteront dans sa politesse, les hommes à écorce un peu rude (les Rœderer, les d'Argout), il ne les touchera qu'en passant. La *charge,* si chère aujourd'hui et si en faveur, lui est complétement étrangère. Aussi tout est à lire chez lui ; il faut prêter l'oreille et ne rien perdre.

Ce n'est pas à dire que le style de ces Mémoires soit très-bon ni d'une très-bonne langue : si l'ironie est fine, la forme est un peu lourde ou du moins un peu roide, presque administrative. Tout n'est pas du même ton d'ailleurs, et on distinguerait, jusque dans la manière de dire, la trace des époques différentes. Le vrai moment social de M. Beugnot, celui pour lequel il était le plus fait par la nature de son esprit et par ses goûts, c'est la fin des belles années de Louis XVI, au lendemain de la guerre d'Amérique, l'heure de la popularité suprême et du dernier éclat des parlements. Il dut regretter toujours que ce régime n'ait pas duré en s'améliorant peu à peu et sans secousse. Pourquoi la société n'a-t-elle pas su s'y tenir et s'est-elle ennuyée de son bonheur? pourquoi cet ennui du bonheur (c'est lui qui parle) a-t-il jeté la France d'alors dans les extravagances et les aventures? Pour lui son idéal de félicité publique était là, en deçà de 89, et non pas ailleurs, aussi bien que son idéal littéraire. Ce n'est pas un contemporain de Mirabeau que M. Beugnot, mais il est bien un contemporain de l'éloquence de M. Dambray au Palais; c'est un jeune avocat qui suit les cours du *Lycée* et qui fait de beaux mémoires. Il a gardé un peu d'avocat dans son style; il a, même dans ses ironies, le soin de la phrase, une certaine élégance fleurie et diserte. Son mot n'emporte pas la pièce, comme ferait un La Rochefoucauld et à plus forte raison un Saint-Simon; mais, cette légère draperie secouée et sous cette surface, on a la pensée du fond qui se retrouve avec tout son sel et son piquant. Derrière la politesse étudiée de diction, on surprend le moraliste.

Dans les premiers morceaux, qui furent écrits au xviiie siècle, avant 1800, je note bien d'anciens oripeaux de style qui sont une date. Si l'auteur, sous le coup d'un mandat d'arrêt, va se promener au Jardin des Plantes, et s'il monte au labyrinthe, il jette de là un regard sur Paris, « cette magnifique cité que la tyrannie couvrait de son *crêpe*. » Il nous décrit du haut de ce belvédère toutes ses pensées, ses réflexions mélancoliques, et il prolonge jusqu'au soir « *le rêve du sentiment*. » Plus tard, dans la prison, l'*airain* lui mesure les heures; il nous parle de deux condamnés qui, avant de monter sur la fatale charrette, « épuisent encore une fois la *coupe* de la volupté. » C'est ce que j'appelle un style à la Vicq d'Azyr. L'auteur s'excuse presque de repasser sur les mêmes scènes après Riouffe, qu'il appelle un « maître. » On n'est pas impunément de son époque : cette fausse élégance, ces fausses fleurs gagnaient et envahissaient alors les plus sages talents. Mais, tout à côté, que de véridiques et touchantes pages! quelles vivantes peintures de cette société, aimable encore et légère jusque dans les prisons, à la veille du supplice! Que de particularités délicates, habilement indiquées ou sous-entendues! Que de portraits fidèlement peints ou dessinés! Mme Roland, Bailly! Ce dernier surtout est vengé des insultes dans une page tout à fait élevée et éloquente que l'humanité inspire à M. Beugnot, et qui est désormais inséparable de l'auguste image du juste immolé. Cet excellent homme de bien dissimula jusqu'au dernier jour à ses compagnons de prison l'issue trop certaine de son jugement au tribunal révolutionnaire; ce ne fut que la veille de la condamnation qu'il laissa échapper devant eux quelque chose de ses pensées. « Comment? lui dit M. Beugnot; mais hier encore, mais tous les jours, vous avez paru tranquille sur la tournure que prenaient les débats et sur la disposition du tribunal : vous nous trompiez donc! » — « Non, répondit Bailly ; mais je vous ai donné l'exemple de ne jamais désespérer des lois de votre pays. » Il donnait de plus le bien rare exemple, lui, victime de la Révolution, de ne pas la calomnier : « L'orage qui gronde en ce moment, disait-il, ne prouve rien sans doute, et fera tomber bien des feuilles de la forêt; il arrachera même quelques arbres; mais il emportera aussi de vieilles immondices, et le sol épuré peut donner des fruits inconnus jusqu'ici. » L'agonie de Bailly était comme épuisée et consacrée dans toutes ses circonstances : elle s'augmente et se couronne de deux ou trois traits sublimes, grâce à M. Beugnot.

Une fois n'est pas coutume; cette élévation de ton et de pensée n'est pas habituelle dans ces Mémoires : ils nous donnent bien plus souvent l'impression très-vive de ce que devait être M. Beugnot dans l'intimité, quand l'homme officiel et le haut administrateur disparaissait, qu'il s'abandonnait à son humeur plaisante, moqueuse, imitatrice, et que, pour mieux peindre les autres, il se plaisait à les copier et à les mettre en action. Qu'on veuille se rappeler les endroits où il fait parler M. de Latour, Mlle Colson, à propos de Mme de Lamotte, la fille Églé sur la reine, ou encore les soldats au bivouac à Dusseldorf, ou bien Jean-Bon Saint-André avec ses retours de verdeur jacobine jusque dans le préfet d'Empire. Napoléon en personne parle, en quelques rencontres, comme il a dû parler. Ici tout est net, juste, bien frappé; toute ambiguïté de langage a disparu. On est en présence de la réalité même. Vus par ce côté, les Mémoires de M. Beugnot sont excellents.

Je faisais pourtant cette réflexion, en les lisant, que les hommes même contemporains et en rapport, même les plus clairvoyants et les plus avisés, se connaissent peu, se méconnaissent souvent. Voilà, par exemple, Rœderer qui, pour le grand-duché de Berg, était à Paris le ministre avec lequel M. Beugnot, chargé de l'administration sur les lieux, avait à correspondre. Rœderer avait l'écorce rude, raboteuse; ses antécédents dans la Révolution ne s'accordaient point précisément avec ceux de M. Beugnot. Celui-ci, qui le trouvait peut-être contrariant dans sa correspondance administrative, supposait à tort qu'il lui était hostile, qu'il ne demandait pas

mieux que de le desservir auprès de l'Empereur. Or
on sait aujourd'hui positivement, par les papiers mêmes
et les notes de Rœderer, qu'il n'en était rien, qu'il
considérait M. Beugnot non-seulement comme un
homme d'une société fort agréable, mais comme fort
distingué en affaires et « le plus capable de naturaliser
les institutions françaises dans le grand-duché. » C'est
dans ces termes qu'il en parlait à l'Empereur. Pendant
un séjour d'une quinzaine que Rœderer fait à Dusseldorf, c'est tout au plus si M. Beugnot revient un peu
de ses préventions. Il s'étonne presque de trouver
Rœderer plus lettré, plus entendu aux choses de goût,
moins étranger à la culture des arts, qu'il ne l'avait
cru. Eh! c'est qu'au fond, toute administration à part,
Rœderer ne faisait pas autre chose que M. Beugnot :
il observait ce à quoi il était mêlé; il dessinait les
hommes, les prenait sur le fait et se préparait à être
un des bons témoins désintéressés de son époque par
devant la postérité. Qu'on se rappelle de lui la scène
d'arrivée du général Lasalle à Burgos et tant de conversations avec l'Empereur au sujet du roi Joseph;
mais, entre toutes, la conversation du général Lasalle
au souper de Burgos est un tableau animé et vivant,
digne de faire pendant et contraste aux conversations
de Jean-Bon Saint-André dans la salle d'attente du
dîner impérial ou sur le bateau du Rhin à Mayence.
Seulement l'esprit des deux portraitistes est différent :
Rœderer n'y apporte que de la fidélité et l'exactitude
scrupuleuse du *fac-simile*; M. Beugnot y met plus d'art et
de malice. Il y met du sien, sans avoir l'air d'y toucher.

Je voudrais, selon mon habitude, donner quelque idée, par une citation, du genre d'esprit et de finesse de cet excellent conteur, qui était d'ailleurs de l'étoffe dont on fait les bons ministres. Il était à la veille de quitter Dusseldorf et le grand-duché après nos désastres de 1813, et, en attendant, il recueillait les débris sanglants de la bataille de Leipzig. Il donnait pour la dernière fois l'hospitalité aux personnages distingués de l'administration française forcés de quitter la Westphalie. Les troupes françaises aussi, qui opéraient leur retraite, commençaient à arriver : elles campaient dans la ville un peu comme en pays ennemi, et un jour M. Beugnot fut averti que les soldats bivouaquant dans le jardin public étaient en train d'en couper les arbres pour le service de la cuisine et des baraques. M. Beugnot tenait fort à ces arbres, qu'il avait plantés en des temps plus heureux et qui faisaient la joie des habitants : il réussit à les sauver moyennant distribution de bois qu'il fit faire aux troupes, au double de ce qui était nécessaire, et il nous raconte comme il suit son succès :

« Tel est, nous dit-il, l'excès de notre prévention pour ce qui est notre ouvrage, que j'étais dans le ravissement pour avoir préservé un jardin que, deux jours après, je devais quitter, peut-être pour ne jamais le revoir, mais à coup sûr pour ne plus le posséder. J'ordonnai une distribution de vin aux troupes françaises, à raison d'une bouteille par homme. Cette largesse apparente me coûtait peu, car j'allais être forcé d'abandonner à l'ennemi le vin dont je disposais encore ce jour-là. Le général Damas, prévoyant que cette distribution, à laquelle il s'était d'abord opposé par prudence, allait semer beaucoup et peut-être trop de gaieté dans le bivouac, me proposa de l'aller visiter à l'heure du dîner. J'y allai dans sa compagnie et dans celle du général Marx. Je ne revenais pas de la promptitude et de l'habileté avec lesquelles les baraques avaient été construites. Ces soldats, qui venaient de subir la cruelle défaite de Leipzig et une longue retraite avec ses privations, ses douleurs et ses dangers, n'avaient rien perdu de cette jovialité et de ce sans-souci qui caractérisent le soldat français. Je recueillis là, même pour mon compte, de bons propos frappés juste à l'empreinte du corps de garde et du bivouac. Les généraux qui m'accompagnaient voulaient bien me céder le pas, ce qui inquiétait beaucoup les soldats sur ma qualité. Ils se demandaient : « *Quel est donc le grand qui a l'habit ferré en blanc?* — Veux-tu bien te taire, répondait un autre; c'est le ministre de l'Empereur. — Tiens! le ministre de l'Empereur! On sait bien d'où il vient, celui-là; il est tiré des grenadiers. — Et qu'est-ce qui t'a dit que ce n'était pas des tambours-majors? — Oh! ma foi non! S'il venait des tambours-majors, il ne nous aurait pas donné de vin; il aurait tout bu. — Moi, ça m'est égal d'où qu'il vienne, mais je voudrais bien que l'Empereur fournît un grand ministre comme celui-là partout où je passe, etc. »

« Je quittai la place, distrait moi-même par la bonne humeur et les bons propos de corps de garde. Je trouvai que ces premiers passants étaient tout à fait bons diables. »

La taille du comte Beugnot, on le voit, était des plus remarquables, et cette circonstance revient très-souvent dans sa vie. « Le *grand* monsieur, le *grand* M. Beugnot, » était l'expression naturelle qui venait en parlant de lui. Il est bon de savoir (et j'en parle d'après les statisticiens militaires les plus autorisés) que l'état moyen de la taille en France est de cinq pieds, ou du moins quand on a cinq pieds, on est pour le mieux, on est l'homme normal, celui qui a chance d'être le mieux constitué : on n'a pas de quoi se vanter, mais pas non plus de quoi se plaindre. M. Beugnot, qui était bien au-dessus et à l'extrémité de l'échelle, volait bien du monde. Il semble d'ailleurs qu'avoir de l'esprit quand on est déjà si grand de taille, ce soit usurper. De même qu'au-dessous d'une certaine taille qui est strictement celle du service militaire, il est rare de trouver une constitution physique qui ne soit pas débile, de même il semble qu'au-dessus et au delà du niveau supérieur, il soit rare que la qualité de l'esprit soit dans toute sa vivacité. Je sais toutes les exceptions qu'on peut faire, elles me reviennent et se lèvent devant moi en ce moment : je salue tous ces grands beaux hommes spirituels ; mais en fait il n'en est pas moins vrai que cela semble une singularité de trouver l'esprit d'un abbé Galiani dans le corps d'un grenadier. Eh bien, M. Beugnot faisait une exception : il avait la malice d'un singe avec la stature d'un tambour-major. C'était un piquant contraste auquel on avait peine à s'accoutumer.

Ceux qui ne l'aimaient pas, ceux qui prétendaient qu'il avait tourné trop tôt casaque au régime qu'il avait servi, et qu'il faisait trop aisément bon marché de cette sorte de pusillanimité plus en vue chez lui que chez d'autres, allaient jusqu'à dire que « c'était l'âme d'Arlequin dans le corps d'Alcide (ou d'Achille). »

Je remarquerai simplement que M. Beugnot, nommé préfet de Lille au commencement de 1814, et à qui l'Empereur avait dit « qu'il mettait dans sa poche une des clefs de la France, » y fut visité, dès le mois de février, par M. Laborie, le factotum et le courrier bénévole de M. de Talleyrand, et qu'à la suite de cela, un mois ou trois semaines après, sans l'avoir sollicité, sans avoir été consulté (il le dit, et je le crois), il se trouva nommé ministre de l'intérieur du Gouvernement provisoire, en même temps que le Sénat prononçait la déchéance de Napoléon. C'était jouer de malheur ; mais on avait compté sur lui, sur sa facilité ; on avait disposé sans façon de sa personne. M. de Talleyrand n'avait pas hésité à le prendre, dès le premier jour, pour un instrument du nouveau régime. On n'en agit de la sorte qu'avec les caractères d'une certaine trempe et d'un ressort bien pliant. Laborie, dans cette visite, l'avait suffisamment tâté ; il avait répondu de lui, de son acceptation au besoin. M. Beugnot, à ce propos, a tracé le plus fin portrait de cet agent d'intrigue et qui était dès longtemps suspect à Napoléon (1); mais il a beau faire et essayer de nous amuser au détail, il a beau donner un tour plaisant au récit de son voyage à travers la Picardie après qu'il s'est enfui et comme évadé de sa préfecture, il ne réussit pas à pallier le fond : l'acte est là qui parle assez haut : il y a quelque chose dans la conscience qui se refuse à admettre que le ministre d'hier à Dusseldorf, le préfet de Lille, d'une ville frontière, soit passé dès le pre-

(1) Voir, dans la *Correspondance* de Napoléon 1er, la lettre à Fouché du 17 décembre 1809.

mier jour, et pendant que Napoléon luttait encore, dans le Gouvernement intermédiaire qui le détrônait.

Il est vrai que M. Beugnot nous donne toutes les explications qui peuvent atténuer cette capitulation de conscience. A peine arrivé à Paris, il allègue auprès de M. de Talleyrand les serments qu'il a prêtés et qui le lient. On convient, pour le tranquilliser, que M. Benoist, qui faisait l'intérim de l'intérieur, gardera la signature jusqu'à ce que l'abdication en règle soit arrivée de Fontainebleau, et, moyennant ce détour, M. Beugnot n'a plus d'objections.

On doit aujourd'hui à ce peu de scrupule et à la familiarité qui s'ensuivit la description vivante, animée, moqueuse, qu'il nous fait de l'intérieur de l'hôtel de Talleyrand en ces heures tumultueuses et décisives. M. Beugnot crut retrouver sous les Bourbons, en ces premiers moments, une renaissance de ce gouvernement paternel qui lui avait souri dans sa jeunesse sous Louis XVI. Il est bientôt loin de compte. Il a pourtant l'honneur, le bonheur d'inventer le premier mot de Monsieur, comte d'Artois : « Il n'y a rien de changé en France, il n'y a qu'un Français de plus. » Cette invention de M. Beugnot, qui a sa place dans les mots célèbres, suffirait à maintenir son nom dans l'histoire. Mais il a beau en être l'auteur, il a beau être le souffleur tout trouvé en chaque rencontre pour ces sortes d'à-propos monarchiques, il est mal récompensé. Il ne réussit pas, dans son travail de ministre à portefeuille, à récréer Louis XVIII, à lui alléger la fatigue de la signature, et il lui parle trop au long des affaires : « Le roi ne voyait guère en moi, dit-il, qu'un ouvrier robuste qui avait fait son apprentissage sous un méchant maître. » On lui retire le ministère de l'intérieur pour le mettre à la direction générale de la police, à laquelle il est assez peu propre. Il travaille cependant à la rédaction de la Charte, et nous avons sous sa plume tout un intéressant procès-verbal des séances de la Commission chargée de la préparer. Ce fut même lui qui eut l'honneur de rédiger le fameux préambule : il s'en était remis d'abord pour la composition au talent élevé, mais trop oratoire, de Fontanes : il lui fallut tout refaire au dernier moment. Louis XVIII n'en voulut pas même entendre de sa bouche la lecture avant la séance royale ; l'heure pressait : « Nous avons confiance en vous, lui dit le roi, et je sais que vous êtes passé maître en ce point. » Cet auguste préambule de la Charte fut encore un des succès anonymes ou pseudonymes de celui qui en eut plus d'un de cette nature en 1814. M. Beugnot était tout à fait une utilité politique ; la Restauration le comprit trop peu et se priva trop aisément de lui.

Le voyage de Gand, dans les Cent-Jours, est des plus spirituellement racontés. M. Beugnot, redevenu ministre, — ministre de la marine, s'il vous plaît, — se moque très-agréablement de tous ses collègues, ministres *in partibus* comme lui, et de ses compagnons d'émigration. Il a du maréchal de Beurnonville, notamment, un portrait-notice fait de main de maître et comme on peut l'attendre d'un compatriote qui sait son maréchal dès l'enfance et dès la charrue. Ce portrait e t un chef-d'œuvre de grâce, de gaieté douce, d'ironie pénétrante, d'impertinence polie, et il a tout l'air avec cela d'être la vérité. Cet Ajax de la Révolution (ainsi surnommait-on d'abord le général Beurnonville) est désormais atteint et blessé au talon plus sûrement qu'Achille. La scène de Gand, où l'avantageux maréchal fait étalage de stratégie à l'usage des gens de cour, où il s'applique surtout à démontrer au grand aumônier, le cardinal de Périgord, qui l'écoute révérencieusement en ayant l'air de mordre la corne de son chapeau, les divers plans de campagne possibles et comme quoi, dans toutes les combinaisons, Napoléon ne peut être que battu,—cette petite scène à trois personnages, le suffisant, le crédule, et le sceptique qui se rit de tous deux, — est une délicieuse comédie de cabinet qui vaut tout ce que les anciens Mémoires du bon temps nous ont laissé de plus exquis en ce genre. On y retrouve quelque chose de la raillerie d'Hamilton. M. Beugnot s'entend à draper les hommes de sa connaissance aussi finement qu'Hamilton médisait des femmes. L'Ajax français ne s'en relèvera pas : ce maréchal, de plus de montre que de mérite, demeure criblé sous cette grêle d'épigrammes.

J'en dirai plus ou moins de même des autres portraits dont les originaux sont peu flattés,—et du portrait de l'abbé Louis qui y paraît dans tout le bourru de son humeur sans y gagner du côté de la franchise, — et des esquisses si bien ménagées de M. de Talleyrand, de qui M. Beugnot n'eut guère à se louer après ce commun exil, et qui, de retour en France, sacrifia sans beaucoup de cérémonie l'homme utile et distingué dont il s'était servi d'abord. En effet, M. Beugnot, à la seconde Restauration, retomba encore du rang de ministre à celui de directeur général ; il eut pour fiche de consolation la direction générale des postes, dans laquelle même il fut bientôt remplacé. On a peine à comprendre comment il arrive si souvent à cet administrateur capable et habile de déchoir ainsi de rang et de devenir, comme on dit, d'évêque meunier. Il est évident qu'on ne comptait pas assez avec lui, qu'on le traitait avec un certain sans-gêne, que son caractère n'imposait pas, qu'on le prenait trop au mot dans les plaisanteries qui lui échappaient sans cesse sur lui-même. Il faut croire aussi que, malgré sa *laboriosité* (mot qu'il aime), malgré ses talents et aussi sa souplesse, il n'était pas incapable, dans le détail de la conduite, de quelque gaucherie et de quelque maladresse. M. Beugnot passa donc presque tout le temps de la seconde Restauration, et en dépit des services qu'il avait rendus dans les premiers jours, à l'état d'homme mis de côté et de demi-mécontent ; quand il se lassa d'être député, il eut à attendre pendant des années son siége à la Chambre des pairs. Cependant l'observateur en lui avait de quoi désennuyer le ministre d'État honoraire, en exerçant son mépris des hommes et sa critique des gouvernements: exclu de la scène, il ne cessait d'avoir l'œil dans les coulisses de la politique, et il se riait du jeu des acteurs.

Il était fort bien avec Benjamin Constant ; venus de bords différents et marchant sous des drapeaux en apparence opposés, ayant eu l'un et l'autre leurs faux pas et leurs volte-face (l'un son 31 mars, l'autre son

20 mars), ils se dédommageaient en se faisant mutuellement les honneurs chacun de son parti ; ils excellaient tous deux à passer au fil de leur esprit les choses et les hommes au milieu desquels ils avaient vécu et dont ils n'avaient eu qu'à se louer médiocrement.

Mais l'esprit, qui s'évapore en bons mots s'il n'est que viager, prend plus sûrement sa revanche après la mort, s'il se fixe en des écrits durables. M. Beugnot l'a prévu, et en cela il a eu soin de la mémoire des autres, encore plus que de la sienne. Sans chercher à se grandir ou à s'ennoblir, il a peint quelques-uns de ses contemporains tels qu'il les a vus ; il l'a fait avec une plume qui, au milieu de quelques défauts, a des qualités rares et des traits ineffaçables. Tel qui faisait bon marché de Beugnot vivant, aura désormais à compter avec lui pour toute la postérité et tant que durera l'histoire de France.

Les Mémoires de M. Beugnot sont une leçon. L'esprit a de ces retours offensifs : comptez avec l'esprit, puissants du jour ! Tel homme de valeur que vous traitez sous jambe, dont vous croyez pouvoir user et abuser, et que vous assez aux gages quand vous le jugez inutile, aura sa revanche un jour, bien tard. Il sortira de sa plume quelque chose qui vous montrera tels que vous étiez et vous classera. Oui, vous-même, monsieur de Talleyrand, vous avez aujourd'hui à compter avec M. Beugnot. Il vous avait paru sans conséquence de le lâcher à un certain moment : lui, il vous a suivi, il vous a saisi et mis à jour avec vos vices nonchalants, vos légèretés incroyables, vos débauches d'esprit dans les graves instants, votre complaisance et votre assujettissement à vos familiers et à vos entours. Vous n'êtes point tombé aux mains d'un Saint-Simon violent, passionné, au fer brûlant, mais aux mains d'un moqueur de votre école, qui vous convainc de fautes, non de crimes, qui vous surprend en flagrant délit de moindre habileté et d'imprévoyance habituelle. Je ne sais si c'est une vengeance : dans tous les cas, elle est de bon goût.

P. S. Je ne puis, malgré tout, m'empêcher de croire que ces Mémoires auront, un jour ou l'autre, une seconde édition plus complète. M. Beugnot n'a pas dit son dernier mot.

Lundi 23 septembre 1867.

FROCHOT

PRÉFET DE LA SEINE

HISTOIRE ADMINISTRATIVE

PAR M. LOUIS PASSY (1).

Le comte Frochot n'avait de commun avec M. Beugnot que d'être un excellent administrateur et un haut fonctionnaire capable ; c'était, d'ailleurs, un tout autre caractère et d'une nature différente : esprit droit, sensé, mais sans trait et sans brillant, ayant eu les passions généreuses et les enthousiasmes de la jeunesse, cœur dévoué et qui s'était dès l'abord donné à Mirabeau ; qui conserva toujours quelques illusions sur cette grande mémoire trop mélangée ; homme public apte et laborieux, tout à la chose, assez peu observateur

(1) Un vol. in-8°, chez Durand, rue Cujas, 9, et Guillaumin, rue Richelieu, 14.

des personnes, de plus en plus tourné à la bienveillance en vieillissant, et que le soudain malheur qui brisa sa carrière jeta dans un complet abattement suivi de résignation, sans qu'il y entrât jamais un grain d'ironie ni une goutte d'amertume. M. Louis Passy, que des affinités de famille rattachent au comte Frochot, vient d'écrire sur lui un très-bon livre, puisé aux sources, construit avec des documents originaux. Ayant à étudier, dans cette vie du préfet de Paris, tout un fragment considérable de l'histoire administrative du premier Empire, M. L. Passy n'y a mêlé aucune intention étrangère, et n'y a vu que son sujet, — bien assez riche, il est vrai, — qu'il a traité d'une manière toute sérieuse et approfondie. Il sera mon guide et je le suivrai pas à pas dans cette analyse.

Frochot, né à Dijon en 1761, marié fort jeune, établi prévôt royal et notaire dans le bourg d'Aignay-le-Duc, avait vingt-huit ans au moment du grand mouvement de 89 : il en partageait les vœux et les espérances, et il fut porté comme député aux États-Généraux. Mirabeau y saisit tout d'abord son attention, y conquit son admiration passionnée et le fascina. Dans les premières séances des États-Généraux, ému de ces grandes scènes, Frochot écoutait : mandataire scrupuleux et honnête, « il ne voulait être d'aucun parti, si ce n'est du parti de ses cahiers. » Pourtant il n'y put tenir, et, dès le mois d'octobre 89, il entra, pour n'en plus sortir, dans la sphère d'idées et d'action où présidait l'astre tout-puissant du grand tribun. Dans le groupe d'hommes supérieurs ou distingués qui formaient son cortége,

Frochot n'a rien qui le signale au regard, et il ne se remarque que par la profondeur et la fidélité de son attachement. « L'amitié agit en silence. Quand elle entre dans une vie, elle s'y enfonce et s'y dérobe : c'est son charme, son secret et son honneur. Comment énumérer tous les services que Frochot rendit à Mirabeau, tous les témoignages de dévouement qu'il lui prodigua? » Frochot ne fit jamais comme d'autres qui après coup s'en vantèrent, et qui, en manière de créanciers, vinrent revendiquer ensuite leur part de fourniture dans cette glorieuse éloquence : il ne parla jamais, pour son compte, de ces bons offices de secrétaire bénévole, de ces humbles prêts de *copie* à fonds perdu, qui lui semblaient une dette naturelle envers le génie, et son biographe qui les recherche avec soin a quelque peine aujourd'hui à en déterminer l'exacte mesure. Mais ce qui peut nous en donner une suffisante estime, c'est que Mirabeau mourant désigna Frochot, après le comte de La Marck, pour son exécuteur testamentaire, et ne voulut s'en remettre qu'à lui de cette mission de confiance. M. de La Marck était là pour l'ornement, et Frochot pour la réalité. Il s'était surpassé dans les derniers jours par ses tendres soins autour de l'agonie du malade. « Si je revenais à la vie, disait Mirabeau, je ferais un bon mémoire sur l'art d'être garde-malade : c'est Frochot qui m'en a suggéré l'idée. » Et à un moment où, la fièvre s'apaisant au matin, Mirabeau faisait approcher son lit de la fenêtre, il dit à Frochot en regardant le soleil qui commençait à luire : « Mon ami, si ce n'est pas là Dieu, c'est son

cousin germain. » Et le priant de lui soulever la tête :
« Je voudrais pouvoir te la laisser en héritage. »

Frochot refusa tout legs testamentaire. Il était de ceux qui trouvent qu'il est encore plus doux de donner que de recevoir. « Vous n'avez rien voulu accepter de moi, lui disait Mirabeau, je vous lègue à mes amis. » L'amitié du grand homme, en effet, fut elle-même un legs suprême ; elle tira Frochot de l'ombre où il s'était un peu effacé. Un rayon sorti de la tombe illustre était allé donner sur son front modeste et continua d'y briller. Ce fut certainement un de ses principaux titres aux yeux du Premier Consul, le jour où il eut l'honneur d'être choisi par lui pour la première magistrature municipale de l'Empire, que d'avoir été l'exécuteur testamentaire de Mirabeau.

Et sur Mirabeau, pour nous bien expliquer le culte constant et inviolable qu'il lui voua, remarquons en passant que Frochot, tout exécuteur testamentaire qu'il était, ignora toujours ou du moins put toujours révoquer en doute bien des choses que nous savons aujourd'hui de science certaine et qui déjà avaient fait bruit dans le temps, lorsqu'on découvrit l'armoire de fer. Le secret des négociations avec la Cour était resté entre Mirabeau et le comte de La Marck, et celui-ci avait retiré, dans les derniers moments de son ami, toutes les traces et les preuves du traité. Frochot ne trouva dans les papiers de l'auguste mort que ce qu'il comptait y trouver, et surtout un grand déficit en matière de finances. De là sa foi persévérante en la vertu immaculée de Mirabeau, et d'ailleurs, l'eût-on poussé à bout, il avait droit de dire, comme il fit un jour sous le coup de l'insulte et dans un mouvement d'apologie courageuse pour son ami : « Si pourtant il se trouvait coupable! eh bien, à moi seul en France, peut-être, il serait permis de ne pas détester sa mémoire, puisqu'il sut m'estimer assez pour ne me rendre ni le confident ni le complice d'un si détestable projet (1). »

L'existence de Frochot, au sortir de l'Assemblée constituante, nous représente en moyenne celle de beaucoup de ses collègues : il rentra dans ses foyers, dans le bourg d'Aignay, où il comptait reprendre sa vie ordinaire. Le peuple avait reçu de la Constitution de 91 la mission de constituer l'administration et les tribunaux : Frochot fut élu juge de paix. A peine nommé, on s'aperçut qu'il n'avait pas tout à fait l'âge. L'élection fut cassée, et on dut recommencer le scrutin : dans l'intervalle, Frochot avait atteint ses trente ans, et cet humble honneur, dû à la confiance populaire, combla pour un temps les désirs de ce cœur honnête qui était volontiers crédule au bien.

Mais dans le bourg d'Aignay, comme ailleurs, les luttes commencèrent : l'étendue et la hauteur du théâtre n'y font rien ; c'étaient sous d'autres noms les mêmes hommes, les mêmes passions et les mêmes mobiles, les mêmes défections d'amitié, les mêmes ar-

(1) Toute cette partie secrète de la vie politique de Mirabeau a été amplement éclaircie par la publication de sa Correspondance avec le comte de La Marck, et l'on a pu établir sur cette suite de relations délicates un équitable jugement.

riérés de haine, les mêmes envies d'humilier, les mêmes besoins d'arriver à son tour, que sur la scène principale et centrale ; et Frochot eut à déployer les mêmes qualités de modération et de fermeté dont il aurait eu à faire preuve, s'il avait été de la Législative ou de la Convention. — Louis XIV demandait un jour au cardinal de Janson, aussi bon négociateur qu'habile courtisan, où il en avait tant appris : « Sire, répondit le cardinal, c'est en courant la nuit avec une lanterne sourde, tandis que j'étais évêque de Digne, pour faire les consuls d'Aix. » Et Lisola, le célèbre diplomate franc-comtois, disait qu'il s'était très-bien trouvé, dans les grandes affaires, des subtilités qu'il avait apprises « dans le ménage municipal de Besançon. » Une seule maison quelquefois suffit à qui veut observer les variétés des passions humaines : un seul bourg peut suffire, en un temps d'agitation populaire, pour soulever et faire sortir toutes les variétés d'ambitions et de haines, et pour exercer d'autre part toutes les vertus civiques ; Frochot eut de quoi en faire de plus en plus l'apprentissage : il s'honora par toute sa conduite durant ces temps calamiteux ; il y montra une fermeté qui tenait encore chez lui au premier mouvement et à l'impulsion du sang dans la jeunesse. Plus tard, la bonté qui était en lui prit un peu trop le dessus sur la fermeté.

Cependant les choses publiques empirent : l'anarchie va faire place à la terreur. Le bourg d'Aignay a aussi son triumvirat. Frochot est dénoncé et décrété d'accusation ; caché chez un ami, il se livre par générosité

lui-même; arrêté et incarcéré à Dijon, où sévit un proconsul et où l'échafaud est dressé, il frise la guillotine. Mais, jusque sous les verrous, il proteste; il écrit « de la maison de réclusion » et lance une réponse chaleureuse contre ses dénonciateurs. Mme Frochot l'aide vaillamment du dehors; elle engage contre les ennemis de son mari une lutte acharnée; elle publie elle-même une brochure : *La citoyenne Frochot à ses concitoyens*. Ce petit mémoire commence ainsi : « Depuis le 13 ven-
« tôse, mon mari est en état d'arrestation; des mé-
« chants le poursuivent depuis dix-huit mois avec un
« acharnement criminel. Aucuns des faits posés contre
« lui ne sont vrais : presque tous sont à ma connais-
« sance. Je m'engage, *sous la responsabilité de ma tête*,
« à les démentir. » Telle alors, dans cette crise sociale, se montra plus d'une femme de cœur sous l'inspiration même du péril : s'il y eut bien des furies, il y eut aussi partout des Romaines et des héroïnes. Accompagnée de ses deux enfants, la généreuse épouse va de commune en commune soulever la pitié et la justice publiques pour un homme aimé et honoré de tout le pays. Le 9 thermidor arrive : bientôt Frochot, rendu à la liberté, redevient l'élu des libres suffrages. Il est porté au directoire du département de la Côte-d'Or, et il y suit la ligne de modération ferme qui devait être la règle du régime nouveau et la condition de sa durée. Il mérite entièrement l'éloge que le commissaire du Gouvernement faisait de lui dans un rapport au ministre de l'intérieur : « Le citoyen Frochot, disait-il, est
« sincèrement attaché la Constitution. Quoique per-

« sécuté pendant la Terreur, loin de donner dans la
« réaction, il a tellement concouru avec ses collègues
« à en arrêter les effets, qu'elle n'a presque été connue
« que de nom dans le département de la Côte-d'Or. Il
« a des talents très-marqués, et l'intérêt général l'em-
« porte toujours sur l'intérêt particulier. La bonne foi,
« la candeur, la probité, constituent sa manière d'être.
« Il est loyal ; il n'est point de fonctions publiques qu'il
« ne puisse remplir d'une manière utile pour son pays.
« C'est par amitié pour ses collègues qu'il est resté à
« l'administration, parce qu'il tend naturellement au
« repos et à la solitude. Également ennemi des anar-
« chistes et des royalistes, la loi lui sert toujours de
« boussole. Le Gouvernement ne doit jamais perdre de
« vue un citoyen de ce mérite. » Avec Frochot on peut
s'en tenir aux apparences directes et aux témoignages
publics : homme sincère, il n'y a pas de double fond
en lui.

Pourtant, après le premier entrain, après le premier
essai de cette Constitution de l'an III, on le voit fort
découragé en 96. Il donne sa démission de membre du
directoire du département. Il y reparaît un moment,
après le 18 fructidor. Puis il revient à son bourg
d'Aignay. On le nomme maître des eaux et forêts dans
la maîtrise de Châtillon : il accepte. Mais quelques
pensées de lui que nous livre son biographe nous le
montrent tel qu'il était alors, bien désabusé au fond
de l'âme, vacillant et désorienté dans ses vues, ne
croyant plus en la République, présageant avec effroi
une prochaine servitude, espérant toutefois contre toute

espérance, s'en remettant à l'imprévu et appelant presque un miracle. C'est dire combien, à l'exemple de la majorité de ses contemporains, il était lassé, dégoûté de tant d'avortements et de tant d'épreuves, de tant d'intrigues, de remaniements infructueux et de désordres; combien, en un mot, il était préparé et mûr pour le Consulat.

Nul, en effet, ne le salua avec plus de joie et de ferveur. Par un heureux hasard, Frochot se trouvait à Paris à la veille du 18 brumaire. Une affaire forestière l'y avait amené, et, comme elle traînait en longueur, il eut le temps de renouer ses relations de 1790 et 1791, de rafraîchir ses amitiés. Il revit Sieyès et Talleyrand; Cabanis, un fidèle comme lui en Mirabeau; Maret, un compatriote de Dijon. Au lendemain de brumaire, tous s'entendent pour le retenir et l'associer au glorieux Gouvernement qui s'inaugure. Frochot, dans une première combinaison et par le concours de ses amis du Sénat, est nommé membre du Corps législatif. Mais une autre destinée l'attendait. Lucien, ministre de l'intérieur, avait chargé Beugnot de préparer un travail pour le personnel de la nouvelle administration des préfectures. Beugnot s'y attribuait la préfecture de la Seine, et Frochot devait avoir celle de la Côte-d'Or. Il y eut un revirement et un tour de faveur au dernier moment : l'ombre même de Mirabeau, le souvenir de cette illustre amitié, joint à une réputation intacte de patriotisme et de sagesse, désigna Frochot au choix du Premier Consul. « Je sais qui vous êtes, » lui dit le Consul en recevant les premiers préfets, « et je devine ce

« que vous serez; mais, entre tous les motifs qui m'ont
« déterminé à vous confier la préfecture de Paris, il en
« est un que je dois rappeler en ce moment : c'est
« qu'ayant été maltraité par la Révolution, vous n'en
« êtes pas moins resté constamment attaché à vos
« principes, et qu'étant devenu administrateur de votre
« département, après avoir été longtemps persécuté,
« vous n'avez persécuté personne. »

C'est ici que commencent pour Frochot douze années d'une administration féconde, bienfaisante, tutélaire. Ce qu'était Paris, capitale, en 1800, après dix ans d'anarchie, de sédition ou de faiblesse, durant lesquels on n'avait pas entrepris un travail utile, pas nettoyé une rue, pas réparé un hôtel, où l'on n'avait rien entretenu, rien embelli ni assaini, on se le figure aisément. M. Passy, dans l'étude consciencieuse qu'il a faite, s'attache à montrer ce que fut, au sortir de là, le préfet de la Seine sous le Consulat et l'Empire; quelles ressources et quels obstacles il rencontrait pour l'accomplissement de sa tâche dans les lois nouvelles, dans la nature du gouvernement et dans le caractère du maître : « C'est le seul moyen, dit-il, de rendre une équitable justice à l'homme qui, avec du labeur, du bon sens, de l'honnêteté, sut faire des qualités supérieures. » Il y eut plus d'un moment distinct et plus d'une étape durant ces douze années d'administration : le Conseil général, composé de vingt-quatre membres nommés par Napoléon, n'eut pas tout à fait le rôle qu'on semblait lui destiner d'abord. Les rapports entre le préfet de la Seine et le préfet de police

ne furent pas toujours dans la proportion voulue ni exempts de conflits, quoique, selon la pensée de Napoléon, la balance entre ces deux « maires de Paris » ne fût point égale, et que le préfet de la Seine qui s'occupait des choses, tandis que l'autre s'occupait surtout des personnes, l'emportât beaucoup par l'étendue de son action. L'Empereur avait défini les rôles avec sa netteté de langage ordinaire : « Il y a préfet et préfet, » disait-il. « Un préfet de la Seine et un préfet des Basses-
« Alpes sont deux individus très-différents, quoiqu'ils
« aient le même titre. Le préfet de la Seine est une
« espèce de ministre, tandis que celui de Digne est une
« sorte de sous-préfet... Il faut aujourd'hui qu'un préfet
« de Paris, ayant un Conseil de maires et un Conseil
« municipal, administre sans exception tout ce qui est
« recette et dépense, et, en général, tout ce qui est
« matière d'administration. Il faut qu'un commissaire
« général de police soit chargé de toutes les fonctions
« de police sans exception, mais sans aucun mélange
« d'administration. » Je renvoie pour ces parties essentielles au livre de M. Passy, que mon analyse ne saurait suppléer.

Ce qui saute aux yeux, c'est que l'action de Napoléon, sa présence dans toutes les grandes mesures entreprises par M. Frochot, est manifeste et continuelle : son doigt se fait sentir non-seulement dans l'initiative, mais même dans le cours et les détails de l'exécution. Il est curieux de voir comme à chaque trêve, à chaque intervalle de paix, après la paix d'Amiens, puis en 1807, puis en 1810, cette imagination grandiose et civilisatrice se reprend avec ardeur et précision à ses plans conçus ou ébauchés; comme elle s'y applique en toute hâte et se remet à pousser tous les grands travaux, les projets d'embellissement, toutes les branches de services pacifiques, que la guerre vient toujours trop tôt ralentir et interrompre. Frochot est zélé, dévoué, tout entier à son œuvre d'exécution et d'obéissance intelligente, animé d'un sentiment personnel d'humanité dans les réformes qui tiennent à l'assistance publique, au régime des prisons, paternel et plein de sollicitude pour les établissements d'instruction publique avant la création de l'Université, bienveillant pour les personnes, attentif aux talents naissants ; en un mot, doué de vertus, mais, on l'entrevoit, un peu faible : le nerf, on le pressent, le jour où il en aura besoin, est ce qui lui manquera.

Mais Napoléon apprécia jusqu'à la fin cette sage, pure et paternelle administration du préfet qu'il tenait dans ses mains, qu'il inspirait de son souffle et de sa volonté ; et quand il jugea l'instant venu d'élever son traitement à un chiffre considérable, il répondait à Frochot qui l'en remerciait : « Il faut bien que je pense à vous, puisque vous ne pensez qu'à moi. »

Pourquoi faut-il qu'un jour, une heure de malencontre et de faiblesse ait tout gâté ! On sait cette triste et ironique histoire. En 1812, Malet, dans la nuit du 22 au 23 octobre, mit en jeu l'audacieuse conspiration née et enfermée dans son seul cerveau et dans laquelle il n'avait pas de complices. Ses agents, en envahissant le ministère de la police, la préfecture de police, l'état-major de la place Vendôme, y trouvèrent du moins de l'incrédulité, des essais de résistance. Ils arrêtèrent le duc de Rovigo et le baron Pasquier : le général Hulin reçut un coup de feu dans la figure; mais, en arrivant à la préfecture de la Seine, les choses se passèrent plus simplement. Frochot, d'abord absent, revenant le matin de sa campagne de Nogent-sur-Marne, crut à tout ce qu'on lui dit et à tout ce qu'il voyait. Il ne parut pas soupçonner un seul instant l'usurpation et l'imposture. A la demande qui lui fut faite d'ouvrir une salle de l'Hôtel-de-Ville pour y assembler le Gouvernement provisoire, il ne sut que consentir et donner à son monde l'ordre de tout préparer... On souffre de cette candeur excessive chez un magistrat si digne d'ailleurs de respect et si recommandable. Ce n'était ni un Mathieu Molé ni un Achille de Harlai que Frochot. Le prévôt des marchands Miron, sous Henri IV, avait dans l'âme un autre ressort. A pareille mésaventure, les excuses comme les explications font défaut et expirent sur les lèvres. Comme le dit son ami Regnaud de Saint-Jean-d'Angély, d'un mot expressif à la fois et indulgent, « ce jour-là et à cette heure-là, Frochot fut frappé d'une sorte d'apoplexie morale. » Il n'en revint, une demi-heure après, que par un autre mouvement excessif, et qui peint bien le désordre de sa pensée; lorsqu'il apprit que tout ce qu'il avait cru d'abord n'était qu'une déception et qu'un rêve, quand les écailles tout à coup lui tombèrent de dessus les yeux : « Ah! je le savais bien, allait-il répétant dans l'ivresse de sa joie, il n'était pas mort; un si grand homme ne peut mourir! »

Napoléon n'en voulut jamais à Frochot, mais il y a des méprises impardonnables, des quiproquos qui rendent ensuite toute réparation impossible. Parmi les personnages publics surpris par Malet, tous du moins s'étaient récriés, avaient résisté et n'avaient cédé qu'à la violence : un seul, que la conspiration semblait épargner comme moins suspect, avait accepté, sans raisonner, le mot d'ordre et, au premier avis, avait tenu son Hôtel-de-Ville ouvert comme une hôtellerie aux nouveaux arrivants. Il n'était pas possible de se montrer plus débonnaire. C'était d'une crédulité et d'une facilité qui trahissait et dénonçait aux yeux de tous le fonctionnaire, entier peut-être encore par les talents et l'aptitude, mais usé par le caractère et qui avait fait son temps. Frochot dut être sacrifié; il le fut après un jugement pour la forme au Conseil d'État. Il emportait dans sa chute l'estime et, jusqu'à un certain point, l'affection du souverain qu'il avait servi. « J'aurais voulu, disait Napoléon, retenir d'une main le coup que je portais de l'autre. » — « Je désire, dit-il en s'adressant à M. de Chabrol, le préfet successeur, être aussi content de votre administration que je l'étais de celle de M. Frochot. » — On a des lettres écrites par Frochot dans ces premiers instants d'anéantissement à son ami Regnaud, à M. de Montalivet : elles sont vraies et touchantes (1); elles ajoutent à l'idée honorable

---

(1) Voici la lettre de Frochot au comte Regnaud, écrite de Nogent:
« Mon ami, mon excellent ami, tu veux, avant que je ne la quitte,

qu'on peut se faire de cet excellent homme, à qui il arriva comme à tel bon général de perdre en une seule et dernière journée de défaite une réputation justement acquise et jusque-là des mieux méritées. Il reste comme un modèle de ces hommes publics précipités en un jour et qu'on plaint en les estimant.

En 1815, à cette heure de réaction, tout disgracié du gouvernement impérial devenait comme de droit un favori et un adopté du régime nouveau. Ainsi pour le général Dupont et pour tant d'autres, qui saisirent aux cheveux l'occasion. Frochot, retiré dans son village d'Aignay, ne fit du moins aucune démarche : ce fut le Conseil municipal de Paris qui prit l'initiative d'un acte de réparation et qui alla jusqu'à redemander son ancien préfet au ministre de l'intérieur, l'abbé de Montesquiou. Mais il était difficile de faire de l'ancien

venir déjeuner dans la retraite que je me suis faite! Eh bien, viens-y. Je m'éloignerai moins malheureux après t'y avoir fait mes adieux, après t'avoir parlé encore une fois de mon fils, qui seul m'occupe et doit m'occuper. Quant à moi, n'y pense plus; il n'y faut plus penser pour rien. L'intérêt que tu as la générosité de me conserver te fait sur cela illusion; mais moi qui, à la fin, ai eu le temps, depuis que je suis à terre, de me remettre de l'étourdissement que la chute m'a causé, je sens toutes mes contusions. Le maître ne voulait que me *faire tomber d'une main, et de l'autre main,* suivant sa propre expression, me *relever* plus ou moins; mais il a appelé pour cela trop de monde. Quelques hommes cruels s'y sont trouvés; il y avait une pente; ils l'ont coupée à pic, et j'ai été fracassé. Mon ami, on ne revient pas de là, te dis-je, et après une mutilation aussi horrible, il ne reste plus qu'à aller se cacher, se traîner et mourir dans les bois. Je compte partir (pour la Bourgogne) le 22. Puisses-tu réaliser, d'ici à ce temps, l'espérance que tu me donnes!... »

et si dévoué serviteur de Napoléon jusqu'en 1813 un royaliste de bonne qualité, et Frochot lui-même, avec sa probité et sa droiture, prétendait bien, dans cette triste affaire Malet, avoir été dupe, rien que dupe, et pas autre chose. On se contenta donc de nommer Frochot conseiller d'État honoraire, et comme il était sorti de ses hautes fonctions avec une très-médiocre fortune, les maires et adjoints de Paris, réunis sous la présidence de M. de Chabrol, proposèrent qu'il lui fût accordé une pension sur les fonds de la ville. Une ordonnance royale sanctionna ce vœu.

Les Cent-Jours revinrent tenter Frochot. Regnaud de Saint-Jean-d'Angély reparla de lui à l'Empereur, et il fut nommé préfet des Bouches-du-Rhône. Frochot, après quelque résistance, accepta. Il rendit des services dans cette courte administration, et on le vit à Marseille, après la nouvelle du désastre de Waterloo, tenir tête aux passions réactionnaires ardentes et irritées, et conjurer des malheurs. Ne lui demandez plus de la politique, c'était de l'humanité qu'il faisait, et il en remplissait encore les devoirs en brave et honnête homme.

Les dernières années de sa vie, — treize années, — se passèrent à la campagne, à Étuf, sur les confins de la Haute-Marne et de la Côte-d'Or, dans une ferme qu'il acheta, qu'il exploita de ses mains, où il prit au sérieux les occupations agricoles les plus positives, aimant à se dire « cultivateur. » Il y adapta, selon les terrains, divers modes d'assolement; il y introduisit et y acclimata certains arbres et une race bovine particulière. Il ne considérait plus sa bonne et sa mauvaise fortune d'autrefois que comme des rêves dont il défendait le mieux qu'il pouvait son imagination, moins attristée encore qu'attendrie. Ainsi qu'il arrive souvent aux hommes frappés d'un grand et fatal accident qui a brisé à jamais en eux une illusion et toute une existence, il se rejetait et se plongeait dans les impressions de la nature, dans les travaux et même les fatigues des champs. Laërte se consolait comme il pouvait, dans sa vigne, de son incurable douleur depuis le départ d'Ulysse. Combien de vieux soldats, de généraux même, après Waterloo, recoururent à la bêche, à la charrue, et y cherchèrent la distraction de la défaite, l'oubli de l'affront national, avec acharnement et une sorte de rage! Frochot, à sa manière, faisait ainsi. Comme ce vieillard de Térence qui se punit d'une erreur et qui se venge d'un secret chagrin, il se donnait bien de la peine et de la sueur à remuer la terre et à labourer son champ; mais, pour cela, il n'était nullement devenu misanthrope. Une médaille d'argent qui lui fut décernée, une fois, pour la culture de la pomme de terre, très-encouragée alors, le rendait tout fier et lui causait un innocent plaisir. Les joies de la famille lui restaient. La mort d'un fils, en qui il revivait et sur la tête duquel il reportait l'avenir, hâta sa fin. Il mourut six semaines après l'avoir perdu, le 29 juillet 1828. — Au résumé, ne le trouvez-vous pas? cette vie du comte Frochot, même avec cet éclat et ce coup de foudre qui la brise, a son harmonie et fait un ensemble.

Lundi 7 octobre 1867.

MAURICE COMTE DE SAXE

ET

MARIE-JOSÉPHE DE SAXE

DAUPHINE DE FRANCE

LETTRES ET DOCUMENTS INÉDITS

DES ARCHIVES DE DRESDE

Publiés

PAR M. LE COMTE VITZTHUM D'ECKSTAEDT (1).

Le comte de Saxe est une des grandes figures de la première moitié du xviiie siècle. Son rôle militaire est connu : son rôle politique ne l'est pas autant, et on aurait pu le croire moindre qu'il n'a été en effet. Le présent livre a pour objet de le mettre en lumière. L'auteur, le comte Vitzthum, un homme d'État saxon,

(1) Un vol. in-8°. Paris, Klincksieck, 11, rue de Lille.

s'est vu amené précisément à étudier le maréchal de Saxe en retrouvant dans les Archives de son pays des lettres de lui toutes politiques, qui indiquaient une capacité du premier ordre. Cette publication ajoute à toutes celles qui ont paru dans les dernières années, tant en Allemagne qu'en France, et qui semblaient avoir épuisé la matière : elle nous présente l'illustre guerrier sous un aspect presque nouveau, et elle complète en un sens les remarquables travaux de M. de Weber et de M. Saint-René Taillandier, non sans rectifier leurs jugements sur plusieurs points. Le volume se compose de deux parties : la principale, qui est la négociation du mariage de la princesse de Saxe, nièce du maréchal, avec le dauphin de France, père de Louis XVI, forme tout un ensemble, et peut être considérée comme un épisode entièrement neuf de la vie du héros, Français de gloire, Saxon de cœur, et qui sut concilier en cette circonstance les intérêts de ses deux patries. La seconde moitié du volume, sous ce titre, *Maurice peint par lui-même,* renferme nombre de pièces inédites, de lettres qui se rapportent à une date plus ancienne, et aussi l'on y trouve le fragment autobiographique qui n'avait été donné que par extraits, en allemand d'abord, mais qui est écrit en français. Nous commencerons par cette dernière partie, en évitant le plus possible de redire ce qui est ailleurs.

Quand Maurice de Saxe s'avisa de commencer ses *Mémoires,* trop tôt interrompus, c'était dans les premiers mois de 1724 : il n'avait que vingt-sept ans ; il était à Paris, et se trouvait dans un de ces intervalles d'oisiveté et d'ennui, comme il en eut souvent dans son active et dévorante existence. Il écrit de souvenir, un peu au hasard, et laisse galoper sa plume, sauf à se tromper sur des détails :

« Je suis fils d'Auguste Roi (roi de Pologne et électeur de Saxe); la comtesse de Kœnigsmark est ma mère. Je naquis dans l'île de Moene, sur les côtes de la Livonie, le 28 d'octobre de l'année 1696. »

Non tout d'abord, ce n'est pas dans l'île de Moene, c'est à Goslar, qu'il est né ; peu importe. Il continue :

« J'ai été élevé à la Cour d'Auguste, et j'ai passé ma première jeunesse à Varsovie. A l'âge de douze ans, m'étant trouvé d'une constitution assez forte, on me fit soldat dans la légion saxonne qu'Auguste donna à l'Empereur, l'année 1709, et je jurai aux enseignes, le 15 janvier, dans la plaine de Lutzen en Saxe, fameuse par la mort du grand Gustave-Adolphe. Voilà d'où je compte le commencement de ma vie, et d'où j'en commence ce journal, le reste étant des puérilités que je ne toucherai qu'en général. »

S'il ne prend sa vie qu'à partir de l'âge de onze ou douze ans, il est fâcheux que les Mémoires s'arrêtent au moment de ses débuts en Flandre et avant la bataille de Malplaquet à laquelle il assista, c'est-à-dire avant qu'il eût accompli sa treizième année. On n'a là qu'un projet et un préambule de Mémoires sans suite et d'assez peu d'importance. Ce qui y donne quelque prix, c'est la description de la Cour de son père Auguste et le portrait peu flatté des ministres, mais surtout la digression sur la tragique aventure de

Kœngismark, son oncle, le frère de sa mère. Cette aventure, qui est devenue le sujet d'un livre de M. Blaze de Bury, *un Épisode de l'histoire du Hanovre,* a tout l'intérêt d'un roman. En ce qui est de Maurice, les Mémoires fournissent toutefois les premiers traits caractéristiques de sa physionomie ;

« On me fit partir pour la Hollande ; j'avais pour gouverneur le baron de Lorme, et d'Alençon pour sous-gouverneur : mais j'étais si dissipé qu'il n'était pas possible de m'apprendre quelque chose. On crut qu'en me faisant changer de climat et d'habitudes, mon génie se changerait. On me fit partir avec mes deux gouverneurs et un valet de chambre... Nous partîmes au commencement de l'année 1707, et nous arrivâmes à La Haye. On se donna d'abord tous les soins imaginables pour m'instruire, sans en pouvoir venir à bout. Je me souviens que mes deux gouverneurs se proposèrent un jour, l'un et l'autre, de faire faire une machine de fer pour me resserrer le crâne, assurant qu'il était entr'ouvert, et que c'était la cause physique de mon peu de conception. »

On ne put jamais, dit-il, lui apprendre à lire. Tous les maîtres y échouèrent : « Je l'ai appris depuis tout seul, ajoute-t-il, et, pour ainsi dire, du jour au lendemain. » Quant à écrire, il ne le sut jamais : l'orthographe de ses lettres originales est inimaginable ; mais, quand on a une fois rétabli ce détail de manière que l'œil ne soit plus déconcerté, la langue en est courante, simple, franche, corsée, semée ou lardée de traits gais, gaillards, et même parfois grandioses.

Ramené de Hollande en Saxe à la fin de 1708, M. de Schulenburg, le général de l'armée saxonne, lui signifie le 5 janvier 1708, de la part du roi, qu'on le destine au militaire, qu'il n'a qu'à aller remercier Sa Majesté, que son équipage est tout prêt et que le départ est pour le lendemain :

« J'étais enchanté de toutes ces choses, surtout de n'avoir plus de gouverneur. M. de Schulenburg m'avait fait faire un uniforme de soldat, que l'on me mit sur le corps avec un grand ceinturon et une grande épée, des guêtres à la saxonne, et, dans cet équipage, il me mena baiser la main du roi. Je dînai avec lui, et on me fit beaucoup boire à sa santé. Je savais la géométrie, et je dessinais assez joliment. On vint à parler des plans que j'avais levés, et le roi dit à M. de Schulenburg que tous ceux qu'il lui enverrait fussent faits de ma main. — « Je veux, continua-t-il, que vous me secouiez ce drôle comme il faut et sans aucune considération ; cela le rendra dur au mal. Commencez, monsieur, par le faire marcher à pied du rendez-vous jusqu'en Flandre. » La proposition ne laissa pas de m'étonner, mais je n'osai rien dire. »

A un moment toutefois, le jeune homme insinue qu'il lui semblerait plus joli d'être dans la cavalerie ; sur quoi il se voit rembarré de la bonne manière, et le roi s'adressant de nouveau à M. de Schulenburg :

« Au moins, monsieur, je ne veux absolument pas que vous souffriez que dans la marche l'on porte ses armes ; il a les épaules assez larges pour les porter lui-même, et surtout qu'il ne paye point de garde, à moins qu'il ne soit malade et bien malade. » — J'ouvris les oreilles, et je trouvai que le roi, que j'avais toujours trouvé si doux, parlait comme un Arabe ce jour-là ; mais quand je songeai que je n'avais plus de gouverneur, j'oubliai tout, et j'étais persuadé qu'il n'y avait rien au-dessus. »

L'indépendance! ne plus avoir de gouverneur, ne plus avoir de maître! c'est le premier souhait de tout jeune homme : ce sera surtout et toujours le vœu du comte de Saxe, même émancipé et devenu le plus illustre des guerriers. Si dévoué qu'il fût plus tard à l'Électeur-roi son frère, si dévoué également qu'il se montrât à sa seconde patrie la France, on le verra rêver toujours une principauté, une souveraineté, une situation et un lieu où il ne dépendît de personne : il était bien de race royale en cela.

C'est à Lutzen, à deux lieues de Leipzig, sur ce champ de bataille deux fois célèbre et qui était consacré dès lors par le trépas du moderne Alexandre, que le jeune Maurice reçut le sacrement héroïque dont il était digne et auquel il devait faire honneur avec tant d'éclat :

« On me mit un fusil sur le corps dans la colonelle du premier bataillon (1), et on me fit jurer à l'enseigne. M. de Schulenburg était appuyé sur la pierre qu'on a mise à l'endroit où Gustave-Adolphe fut tué, et il me dit en m'embrassant, après que j'eus fait serment : « Monsieur, je souhaite que ce lieu vous soit aussi propice que j'en tire un heureux augure, et que le génie du grand homme qui a expiré ici passe sur vous; que sa douceur, sa sévérité et sa justice vous guident dans toutes vos actions; soyez aussi soumis à obéir qu' sévère à commander; ne pardonnez jamais par amitié ou par considération; dans les moindres fautes, que l'exemple du sévère *Magnus* (*Gustave-Adolphe*) vous soit toujours pré-

(1) « Dans la *colonelle*, » et non « dans la *tente* du colonel, » comme l'éditeur a cru devoir le mettre par conjecture. La scène ne se passait pas dans une tente, mais sous le ciel, à la revue, et la *colonelle* n'est autre que la première compagnie du premier bataillon, celle qui portait le drapeau.

sent; ayez des mœurs irréprochables, et vous commanderez aux hommes : voilà la base et les fondements inébranlables de notre métier. Les autres qualités qui élèvent au sublime sont des dons de la nature et de l'expérience. »

« Je répondis que j'acceptais l'augure, et que je profiterais de ses leçons; il m'embrassa une seconde fois, et je rentrai dans mon rang. »

Il y rentrait pour en sortir bientôt par ses hauts faits (1). On remarquera cependant qu'il ne tint pas avec une égale fidélité toutes les parties de la formule proférée par le général son parrain; et sur l'article des mœurs entre autres, le comte de Saxe ne parut jamais se douter qu'il dût y avoir un Scipion ou un chevalier Bayard dans le parfait capitaine.

C'est dans un autre ouvrage de lui, *Mes Rêveries*, qu'on trouverait de quoi suppléer (et très-incomplétement encore) à ces trop courts Mémoires par quelques anecdotes et souvenirs qu'il y a fait entrer à l'occasion. Ce livre des *Rêveries* lui-même fut écrit trop tôt (1732-1733), comme par un auteur amateur, avant son entière

(1) Maurice s'est toujours montré reconnaissant envers M. de Schulenburg. Du camp devant Tournai, il écrivait à sa sœur, la princesse de Holstein, le 21 mai 1745, dix jours après la victoire de Fontenoy : « La ville s'est rendue le 22. Voilà une grande entreprise mise à bout dans un mois. Je vous prie de faire dire à M. de Schulenburg, *qui a été un de mes maîtres,* que j'ai fait les deux mêmes attaques qu'il a faites en 1709 et où j'ai assisté sous ses ordres, et que j'ai fait tout comme je lui ai vu faire. » Et dans une autre lettre du 25 juin : « La citadelle de Tournai s'est rendue le 19, et la garnison en est sortie hier au nombre de 5,000 hommes : c'est un rude morceau. M. de Schulenburg en connaît la force. » Au lendemain de sa plus belle victoire, Maurice aime à faire hommage du résultat à son premier maître et parrain.

maturité et toute son expérience, du temps qu'il passait encore pour mener les troupes françaises *à la tartare*. Je ne vois pas que les hautes autorités dans la science militaire en fassent grand cas. Jomini, tout le premier, s'emparant de quelques phrases de la préface, a jugé très-sévèrement l'ouvrage et ne paraît pas l'avoir pris un instant au sérieux (1). M. le comte Vitzthum, en réduisant cet essai à n'être qu'une *bluette* de grand seigneur militaire, s'efforce cependant de le relever et de le réhabiliter. Il montre que l'éditeur est seul coupable des divisions, des sous-titres prétentieux et de l'appareil scientifique dont on a affublé un écrit dicté à quelque aide de camp ou secrétaire durant treize nuits d'insomnie. Mais, même en tenant compte de la fantaisie qui évidemment y a eu très-grande part et qui s'y donne toute carrière, le comte Vitzthum croit avoir trouvé le sens et le but de l'ouvrage : selon lui, lorsqu'il le composa, Maurice, qui avait l'œil sur le Nord et qui était dans le secret de certains projets menaçants, songeait surtout à une guerre éventuelle en Pologne et à la manière de l'y conduire : *Mes Rêveries* seraient donc moins un traité théorique qu'un mémoire *ad hoc* pour un but spécial déterminé, un ensemble de notes et d'instructions adressées au roi Auguste, son père, et qui reviendraient à cette conclusion : « Si vous voulez faire la conquête de la Pologne, voici comment il faut organiser votre armée : donnez-moi carte blanche et

---

(1) Voir le *Tableau analytique des principales combinaisons de la Guerre,* par le général Jomini, 4ᵉ édition, 1836, pages II, XIII, de l'*Introduction.*

quarante-cinq mille hommes ; en deux campagnes, sans livrer une seule bataille, je vous rendrai maître de la république ; cela ne vous coûtera pas un sou. »
— Ce point de vue ingénieux et nouveau, qui donnerait une clef à une production un peu bizarre, me paraît exagéré et ne saurait guère s'appliquer qu'à deux ou trois chapitres du livre : l'exemple de la Pologne et les plans de guerre qui s'y rapportent ne viennent à l'auteur que chemin faisant. Le comte de Saxe, qui avait de l'imagination, a bien voulu en effet, quoi qu'on dise, essayer d'un traité sur l'*Art de la Guerre* par manière d'amusement, et ce sont ses jeunesses à lui, *juvenilia*, c'est un pêle-mêle d'ébauches, de boutades et de réflexions, tantôt hasardées, tantôt judicieuses, qu'il nous a livré dans ces feuilles volantes. Mais il est impossible que dans les dictées d'un homme de guerre d'une vocation aussi décidée il n'y ait pas de bonnes et fines remarques de détail (comme chez Montluc en son temps), des observations pratiques utiles au métier et d'autres qui touchent au moral de l'art et qui sont supérieures : *Mes Rêveries* en sont semées ; Napoléon, en les lisant, y a fait les deux parts (1) ; et le comte Vitz-

---

(1) Le prochain volume (le XXIIIe) de la Correspondance impériale contiendra une lettre de Napoléon au prince Berthier, major général de l'armée d'Espagne, à la date du 6 janvier 1812 : « Mon « cousin, il y a dans les *Rêveries* du maréchal de Saxe, parmi beau- « coup de choses extrêmement médiocres, des idées sur la manière « de faire contribuer les pays ennemis sans fatiguer l'armée, qui « m'ont paru bonnes. Lisez-les et mettez-en le contenu dans une « instruction qui sera destinée à être envoyée à mes généraux en « Espagne. »

thum a raison d'y signaler, à son tour, de bonnes et même de tout à fait belles pages : ainsi l'exposé de la bataille de Pultava, ainsi un curieux récit de l'affaire de Denain au point de vue du prince Eugène (1); ainsi des

(1) Et puisque le nom de Denain se présente, je saisis l'occasion de protester contre une singulière découverte que vient de faire un récent historien, secondé et suivi par le secrétaire perpétuel de l'Académie française. M. Marius Topin, auteur d'un livre intitulé un peu fastueusement : *L'Europe et les Bourbons sous Louis XIV*, et qui, neveu de M. Mignet, vient d'obtenir le prix-Thiers décerné pour la première fois par l'Académie française, me paraît s'être légèrement enivré des documents diplomatiques auxquels il lui a été donné de puiser. Selon le nouvel historien, la victoire de Denain a été chose à peu près superflue; la paix avec l'Angleterre, dit-il, était faite dès la fin de 1710; le reste n'était plus que de forme; la France n'avait nullement besoin d'être sauvée. Le mot de Napoléon : « Le maréchal de Villars sauva la France à Denain, » serait une pure erreur historique. M. Topin a vu sa découverte partout accueillie, tant il y a complaisance, mollesse, absence de critique chez des esprits même qui passent pour sérieux! M. Guizot, le premier, a fait un mot à ce sujet : « Le maréchal de Villars n'a point sauvé la France à Denain, il a seulement sauvé l'honneur militaire de la France. » Rien que cela! excusez du peu. M. Villemain, dans son Rapport à l'Académie, a renchéri encore en ce sens, et il est allé jusqu'à dire : « La paix était promise et assurée, même avant la victoire de Denain, *qui n'en fut que la parure.* » Oh! ceci est trop fort, et la phrase est par trop jolie. Je crois que ces grands juges de l'honneur militaire de la France n'ont pas eu très-présents les faits et les documents militaires eux-mêmes; je les y renvoie. On y peut assister à toutes les perplexités et à toutes les anxiétés qui précédèrent cette résolution décisive et si grosse de conséquences. Quant à M. Topin, il ne s'est pas un seul instant posé cette simple question : « Où en était la France, si le prince Eugène avait pris Landrecies? » Elle ne courait point le danger sans doute d'être rayée du rang des nations; mais Louis XIV, qui exigeait si impérieusement de Villars qu'il livrât une bataille, et qui avait prévu le cas désespéré où elle serait

réflexions sur la défaite de Malplaquet, sur la déroute de Ramillies; de singulières anecdotes sur des paniques d'hommes et de chevaux même après la victoire gagnée, racontées à l'auteur par Villars; mais surtout un admirable endroit sur l'idée du parfait général d'armée que le comte de Saxe avait vu à peu près réalisé en la personne du prince Eugène. Maurice, à vingt ans, avait servi sous lui dans les campagnes de Hongrie contre les Turcs (1716-1717); il l'avait vu à l'œuvre à la journée de Peterwardein, à celle de Belgrade : placé à ses côtés, il s'était appliqué à étudier de près ce grand modèle, et il se flattait, disait-il, de l'avoir pénétré.

Les lettres et les pièces données par le comte Vitzthum, et qui sont d'une date antérieure au grand rôle que joua le maréchal de Saxe à la tête des armées françaises, nous le font voir comme un esprit de vaste étendue, de haute visée, de capacité ouverte et multiple, qui ne se circonscrit nullement aux choses de la guerre, bien qu'il soit né pour y exceller. Voltaire,

---

perdue, afin de risquer en personne le tout pour le tout dans un suprême et dernier effort, savait mieux apparemment à quoi s'en tenir sur ses affaires que MM. Guizot, Topin et Villemain. (Voir sur cette action de Denain un article dans le tome VI des *Nouveaux Lundis,* et aussi l'article *Villars* du tome XIII des anciennes *Causeries du Lundi;* je recommande la seconde édition de ce tome XIII, où j'ai ajouté quelques notes à l'article *Villars*.)—Il y a des gens à qui il est tout à fait égal, pourvu qu'on signe la paix, que les *Alliés* soient aux barrières de Paris ou à la frontière. Libre à ceux-là de penser que la victoire de Denain a été du luxe. L'âme de la France n'est point avec eux. J'en appelle au tressaillement national et universel qui salua ce soudain revirement de la fortune. Denain est resté une date et un nom.

dont chaque mot compte quand il s'agit de peindre les hommes qu'il a connus et qu'il définit avec son heureuse précision, a dit de lui dans son *Siècle de Louis XIV,* en le rencontrant pour la première fois sous sa plume à l'assaut de Prague (1741) : « Le comte Maurice de Saxe, frère naturel du roi de Pologne, attaqua la ville. Ce général, qui avait la force du corps singulière du roi son père, avec la douceur de son esprit et la même valeur, possédait de plus grands talents pour la guerre.» Cette *douceur d'esprit* qui étonne un peu d'abord, nous la retrouverons nous-même et nous la vérifierons. L'homme du Nord, doué de cette force corporelle extraordinaire, de cette activité qu'il ne savait comment dépenser et qu'il prodiguait aux fatigues, aux chasses, aux excès de tout genre, le vainqueur de Fontenoy, de Raucoux, de Lawfeld, commandant général des Pays-Bas, qu'il passait pour avoir pillés sans scrupule et rançonnés sans merci, dira de lui-même avec vérité au milieu des triomphes de la guerre dont il s'avoue rassasié et dont il a par-dessus les yeux :

« Dans le poste où je me trouve, j'ai des envieux, des jaloux; je ne puis faire que du mal sans pouvoir faire le moindre bien. Je me déplais moi-même au mal que je fais, et tout cela n'est pas agréable à un homme qui est tourné à aimer et à plaire. »

Et voilà la *douceur d'esprit* qu'indiquait le grand peintre à la ligne sobre; au moment où on s'y attendrait le moins, la voilà qui se dessine à nos yeux et se justifie.

Un autre peintre qui n'est ni sobre ni élégant, qui est souvent barbouilleur, mais qui rencontre parfois des mots qui touchent au vif, le marquis d'Argenson, après avoir parlé du manque de génie et de vigueur de nos officiers petits-maîtres à cette date, a dit :

« C'est donc le besoin des affaires qui nous a réduits à nous servir d'étrangers : les Allemands et ceux du Nord ont mieux conservé aujourd'hui le véritable esprit de la guerre; nous tirons de leurs pays des hommes et des chevaux (*c'est poli*) plus robustes et plus nerveux que les nôtres. Les hommes y ont un flegme qui fixe le feu follet des Français; ils ne voient les choses que dans un sens, et ce sens ordinairement est le bon... »

Très-bien! — Mais quand d'Argenson a trouvé un mot juste, il le fait payer cher. Lui qu'on a appelé d'Argenson *la bête,* il continue le portrait en refusant au comte de Saxe l'esprit :

« Il a peu d'esprit, dit-il, il n'aime que la guerre, le mécanisme (1), et les beautés faciles. Otez-le de ces trois articles, vous n'y trouverez qu'un soldat allemand, désœuvré et sans propos. Un petit-maître français quitta le service en 1746, disant pour raison qu'il ne voulait plus d'un métier

---

(1) Je m'étais demandé d'abord ce qu'entendait d'Argenson par le « mécanisme. » M. Ph. Burty me fait remarquer qu'il s'agit probablement de la *mécanique,* genre de talent que possédait en effet le maréchal de Saxe. Il s'occupait de ces sortes d'inventions. Les catalogues du temps parlent d'un modèle de galère qu'il avait inventé avec un manége et un rouage propre à la faire voguer. Il avait inventé aussi des pièces de campagne avec une nouvelle manière d'*affûter.* C'est sans doute de ce goût prononcé pour la mécanique qu'a entendu parler d'Argenson.

où *celui qui y excellait était celui de la Cour qui avait le moins d'esprit.* »

Le livre du comte Vitzthum a de quoi couvrir de honte le petit-maître en question, si on le connaissait, et de quoi réfuter amplement d'Argenson qui n'a l'air de le désapprouver qu'à demi et qui, ayant eu affaire au comte de Saxe, précisément dans une négociation où tous deux prenaient la plus grande part, a donné en un pareil jugement la mesure et les bornes de sa perspicacité (1).

N'en déplaise à d'Argenson, Maurice avait ce que l'ami Fabrice dans *Gil Blas* appelle *l'outil universel,* le grand outil de l'esprit : il avait la connaissance des hommes, l'art de les mener, de les manier, le tact.

(1) Voici un passage où le maréchal parle de Voltaire, et avec esprit certainement. C'est dans une lettre à Mlle Chantilly (Mme Favart). Celle-ci était alors enfermée par lettre de cachet, — une vilaine action du maréchal, — dans la maison des pénitentes d'Angers. Son mari Favart se dérobait dans le même moment pour échapper à une pareille lettre de cachet. Elle avait écrit au maréchal en lui faisant part de ses inquiétudes sur ce que le pauvre Favart était devenu. Le maréchal, la rassurant avec quelque ironie, lui répondait qu'on l'avait vu à Paris, qu'il en était reparti le lendemain, à ce qu'on disait : « Ce qu'il y a de certain est qu'il n'est point mort, comme vous le croyez. Vous êtes avec lui comme certaine héroïne qui disait de son amant : *Il est mort, puisqu'il ne paraît point.* Je vous le garantis plein de vie et de santé. La race poétique ne prend pas la chose si fort à cœur. — Voltaire a donné deux tragédies depuis la mort de Mme du Châtelet : on le disait mort aussi, parce qu'on le croyait fort attaché à cette dame. Mais mourir, malepeste! les sentiments d'un auteur ne vont pas jusque-là : ils se familiarisent trop avec la fiction pour aimer à ce point la réalité. »

Général, il savait le moral de ceux à qui il commandait et comment on les électrise. Il savait qu'il n'est pas vrai que tous les hommes soient braves, ni que les braves eux-mêmes le soient toujours; que la valeur des troupes est journalière; que les mêmes qui sont victorieux en attaquant seront battus si on les retient sur la défensive : il est perpétuellement en garde contre ces défaillances de la nature et ce qu'il appelle *l'imbécillité du cœur.* Lui, qui sera si heureux, il aime peu à s'en remettre aux faveurs de la fortune « qui quelquefois est bien inconstante. » Vainqueur à Fontenoy, au moment le plus désespéré, non par son *flegme* seulement, mais par un de « ces traits de lumière qui caractérisent les grands capitaines, » il dira à Louis XV dont il vient d'illustrer les armes, et à travers toutes les effusions du dévouement : « Vous voyez, Sire, à quoi tiennent les batailles! » On n'est pas philosophe à ce point, dans un art où l'on excelle, sans avoir de l'esprit de reste pour de tout autres parties, lorsqu'on voudra s'en mêler.

Ce qui est vrai, c'est que Maurice ne se donnait pas la peine d'avoir de l'esprit dans le sens des courtisans français : il se sentait mal à l'aise, tant qu'il ne fut pas dans les hauts emplois où il pût déployer son génie naturel et oser librement : cela perce dans toute sa correspondance avec son père et avec son frère, avant qu'il se fût donné tout entier à connaître à son pays d'adoption. Dans une lettre du 10 mai 1732, adressée au roi son père, à propos des fortifications qu'on s'obstinait à faire dans le système ancien, malgré la quantité et la force du canon introduit depuis quelques années dans les siéges, il se déclare en disant :

« Cependant on fortifie toujours et avec des dépenses énormes, tant les préjugés et les usages sont forts chez les hommes! J'ai raisonné avec M. d'Asfeld qui fortifie Metz. C'est un brave homme, mais un franc ignorant, attaché à la vieille routine, qu'il sait au bout du doigt, et dont il ne sortirait pas pour tous les biens du monde. *Il semble que le génie des hommes se rétrécisse à force de travailler.* Effectivement il en coûte moins aux gens bornés de bien exécuter un système établi que d'en inventer ou d'en rechercher un autre. Aussi n'est-ce pas l'affaire de tous les hommes; mais c'est un malheur pour les gens à talent et à génie de ne pouvoir persuader la vérité aux ministres, aux généraux, aux princes même; car partout on suit la routine, et c'est un défaut pour un homme de passer pour un inventeur, qu'il faut qu'un particulier cache avec soin s'il est sage, parce que l'on s'aliène les esprits; et il n'est permis qu'à un souverain d'être créateur d'un nouveau système. »

Et c'est bien là une des raisons pour lesquelles il aurait tant aimé à être un souverain.

Parlant du chevalier de Folard, qu'il voudrait bien emmener avec lui en Saxe pour le faire causer sur ses systèmes de fortification et de tactique que le brave et digne officier mêlait dans les dernières années de sa vie avec sa dévotion janséniste convulsionnaire :

« Enfin, disait-il, je compte qu'il amusera Votre Majesté sur toute sorte de métiers. Je tâcherai aussi d'engager un homme raisonnable à faire un tour en Saxe; mais les Français sont paresseux de sortir de Paris : j'entends ceux qui valent quelque chose, et ils sont au désespoir quand il s'agit d'aller seulement sur la frontière. »

Il nous connaissait bien; et c'est ainsi qu'il est bon quelquefois de ne pas être de la nation qu'on sert et où l'on sera appelé à commander : on sait les défauts, on les corrige; on combine les qualités et les mérites de deux races.

J'aime à croire que le comte de Saxe, au fond, rendait toute justice aux qualités françaises : l'élan, le brillant, le ressort, l'intrépidité insouciante dont la nation est capable; il en sut, en effet, très-bien user et jouer dans les combats, et nul ne mena de front plus agréablement l'Opéra et la victoire : il a été en ce sens, un des plus Français de nos généraux (1); mais dans ses lettres, dans celles surtout qu'il écrivait à ses compatriotes, il se plaît de préférence à marquer nos faibles et nos défauts. Ainsi, écrivant à sa sœur naturelle, la princesse de Holstein, qu'il fit dans un temps venir en

---

(1) Dans un passage des *Rêveries* que le comte Vitzthum a rétabli exactement selon le manuscrit, on lit cet hommage rendu à la valeur française : « C'est le propre de la nation française d'attaquer... La valeur et le feu qui animent cette nation ne s'est jamais démenti, et, depuis Jules César, qui en est convenu lui-même, je ne sais aucun exemple qu'ils n'aient bien mordu sur ce que l'on leur a présenté. Le premier choc (des Français) est terrible; il n'y a qu'à savoir le renouveler par d'habiles dispositions : c'est l'affaire du général... » — Dans une lettre au roi de Prusse, de septembre 1746 (tome III, page 182, du *Recueil des Lettres et Mémoires* publiés par Grimoard), il parle de nous dans le même sens avec une part d'éloges, mais très-librement sur les défauts. — Dans les *Mémoires* de Rochambeau (tome I, pages 53, 121), on voit que les armées françaises, à cette époque, étaient fort peu manœuvrières : aussi le maréchal de Saxe « aimait-il à réduire les batailles rangées à des attaques de postes, auxquelles il croyait notre infanterie plus propre qu'à des mouvements réguliers en plaine. »

France et qu'il pilota au début, il disait, non sans finesse, mais en exagérant un peu, je l'espère :

« Comme il est d'usage en France que les femmes marchent comme les capucins, deux à deux, je ferai venir de Paris sur votre route une femme qui s'appelle Mme de Narbonne, qui est de fort bonne compagnie, et qui, ayant vécu toujours dans le grand monde français, en connaît parfaitement les usages; elle a le bon ton, a été très-riche, a de l'esprit, avec tout cela fort peu de cervelle; mais c'est la chose du monde la plus rare dans ce pays-ci, et dont on fait le moins de cas. »

Voilà pour le compte des femmes. Et quant aux hommes, ils ont aussi le leur :

« Le comte de Noailles sort de chez moi, qui est enchanté de vous, ma chère sœur, de votre politesse et de vos bonnes manières. Je n'en suis point étonné; mais les Français le sont toujours, quelque esprit qu'ils aient, quand ils voient des étrangers qui ont le sens commun : c'est un petit défaut qu'il faut leur passer; réellement il est enchanté de vous... »

Ce n'était donc pas seulement un serviteur utile que la France s'était procuré en se l'attachant, c'était un témoin qu'elle s'était donné, un juge non malveillant, mais non pas séduit, et qui usait de son droit d'examen sans en demander la permission.

Ne cherchons pas une grande délicatesse d'expression sous sa plume; il ne hait nullement la trivialité, et il l'a parfois très-pittoresque; d'autres fois, il ne craint pas d'accuser tout net une sorte de grossièreté. Ainsi, dans une lettre au comte de Bruhl, ministre d'Auguste III, décrivant la Cour de France au moment où Louis XV, las et repu du mariage, va tourner aux maîtresses, et où il y a concurrence pour l'accaparer (24 décembre 1737) :

« J'ai été à Fontainebleau, dit-il, où j'ai été reçu à merveille. On m'y a fait courir le cerf tout en arrivant... J'ai trouvé une merveilleuse émulation parmi les femmes de la Cour; il y a des nuées de tracasseries; jamais la Cour n'a été si brillante et si nombreuse. Les jeunes et les vieilles y accourent de partout, dans des vues différentes pourtant; et comme les hommes suivent ce bétail-là, il s'y fait un mouvement qui réjouit le spectateur bénévole. »

Il aurait bien dû écrire ce bout de lettre en allemand. « Ce *bétail-là!* » le grand Maurice, certes, dès qu'il parle de nous en arrière, n'est pas poli. Nos vieux Gaulois parlent bien lestement du sexe : lui, il est plus que Gaulois. Mais n'avons-nous pas entendu tout à l'heure M. d'Argenson nous dire, et à son propos, qu'on tire d'Allemagne « des hommes et des chevaux plus robustes?... » A deux de jeu! — Seulement tâchons de ne les imiter, ni l'un ni l'autre, dans leurs incongruités de langage.

Maurice sait parfaitement, d'ailleurs, comment il faut être pour réussir en Cour de France, et il ne manque pas d'en avertir le roi son frère (29 décembre 1757) :

« Le Cardinal (de Fleury) a extrêmement caressé M. Fritsch à son départ... Le Cardinal a envie de parler, et il s'accroche partout. Il faut lui en fournir les occasions. Il me semble que Votre Majesté ferait un bon choix si elle employait

Fritsch dans ce pays-ci. Il est franc et naturel; il a de l'esprit; il a du bien, et ne donnera pas de l'ombrage comme un homme qui serait plus connu. D'ailleurs on ne fait pas grande attention ici à la naissance; et pourvu qu'on soit *bonne compagnie* (1), on a la préférence. Si Votre Majesté choisit un homme dont le caractère soit serré, le maintien discret, ou qui soit complimenteur, il ne fera absolument rien. L'on veut de la franchise, de la gaîté, un air naturel et ouvert; sans cela, personne ne vous parle, et tout le monde est sur ses gardes. »

Et encore, dans une lettre au comte de Bruhl (16 septembre 1741):

« Je dois avertir Votre Excellence que M. de Loss n'est pas l'homme propre à traiter avec le Cardinal et les Français; il a de cette finesse allemande que l'on voit du premier coup d'œil et qui n'inspire que de la méfiance, ce qui nuit plus que chose du monde aux affaires. Poniatowski et Fritsch étaient les vraies gens pour M. le Cardinal, et il avait confiance en eux. »

La Saxe avait donc en lui, chez nous, un très-bon observateur, un *attaché* du premier ordre, qui de tout temps l'aima, la servit, et qui certainement l'aurait

(1) Maurice emploie la locution *bonne compagnie* dans le sens primitif et vrai, non dans le sens exclusif de politesse et de convenance un peu restrictive qu'on y a depuis donné abusivement et bourgeoisement. Le premier sens plus large, qui a persisté dans l'expression de *bon compagnon*, et dans lequel il entre de la franchise et de la gaieté naturelle, est bien le meilleur et le plus français; Maurice le définit à merveille par opposition à ce qui est serré, discret, cérémonieux, c'est-à-dire à ce qui constitue le *comme il faut* aux yeux de certaines gens. On ne s'attendait pas à voir le comte de Saxe venir à point comme autorité dans une question de vocabulaire.

servie encore davantage, à plein collier et de son épée, si elle l'avait voulu et si elle avait osé prendre un grand parti à l'heure décisive où, Charles VI mort, s'ouvrit la succession de l'Empire. Il l'écrit au comte de Bruhl dès le premier jour (12 novembre 1740) :

« Si le grand événement qui vient d'arriver nous conduit à la guerre et que le roi (de Pologne) me juge capable de le servir, je supplie Votre Excellence de l'assurer de mon zèle et de ma fidélité ; mais, si la chose se passe paisiblement, le roi n'a pas besoin de moi, et je pourrai lui être utile ici. »

Sans prétendre, dit-il, se mêler de politique et même en ayant l'air de s'en défendre, Maurice, à partir de ce moment, ne fait autre chose que d'en traiter dans toutes ses lettres, et avec supériorité. Il dénonce le complet changement de système et de balance qui va se faire en Europe : « Ceux qui seront les plus habiles en profiteront. » Il supplie le roi son frère de ne rien précipiter en matière d'alliances, de ne pas se lier les mains : il est mis, par le maréchal de Belle-Isle, dans le secret des expéditions qui vont se tenter au cœur de l'Allemagne ; il doit servir dans cette armée même, mais sous condition, car s'il arrivait que le roi son frère prît des engagements contre la France, il ne serait « ni décent ni honnête » qu'il fût à la guerre de ce côté. Mais il supplie Auguste de bien peser ses intérêts, d'y réfléchir à deux fois. Dans cette nouvelle carte de l'Allemagne qu'on prétend tailler, l'intérêt évident de la France est d'avoir pour elle la Saxe, et une Saxe agrandie, pour faire contre-poids, à l'est et au nord de l'Allemagne. Maurice assiste à une entrevue de l'envoyé de Saxe avec le cardinal de Fleury. Il raconte cette conversation de point en point, dans toutes ses circonstances et ses nuances ; les sous-entendus y sont ; et il finit par un conseil héroïque au roi son frère, conseil qu'il eût fallu être Maurice lui-même pour suivre et pour exécuter :

« Il ne m'appartient pas de donner des conseils à Votre Majesté, et surtout des conseils hardis ; mais, si j'étais à la place de Votre Majesté, je ferais marcher, cette lettre reçue, mes troupes vers les frontières de Bohême ; j'enverrais au roi de Prusse pour savoir s'il veut tenir bon, au cas que je me déclarasse pour lui et que je fisse entrer mes troupes en Bohême. La réponse venue, sans autre traité, je les ferais entrer en Bohême, *primo occupando*. Je crois difficilement que les Français songeassent à l'en déloger, et il faudrait bien que l'Électeur de Bavière s'en consolât.

« Pardonnez, Sire, ce dernier article : il est d'une imagination... ; mais la fortune, quelquefois, aide les hardis. Je suis, avec la soumission la plus profonde, Sire, etc. »

Il y revient, la guerre entamée, dans une des lettres suivantes (6 septembre 1741) :

« J'ai eu l'honneur d'écrire à Votre Majesté que la France voulait terminer rapidement cette affaire, et je crois qu'elle lui rendra un service agréable de s'emparer de la Bohême, quoique cette puissance ne puisse en convenir, vu les engagements qu'elle a avec l'Électeur de Bavière. Qu'est-ce que Votre Majesté risque ? C'est de rendre une partie de cette Bohême dont on lui a offert un morceau, qui assurément sera plus grand si elle prend le tout ; ce qu'elle peut, sans rien donner au hasard. Elle peut même dire qu'elle restituera ce royaume à la maison d'Autriche, si la *Pragmatique* a lieu, et qu'elle ne désire autre chose. Mais il n'y a pas un moment à perdre. »

Prendre et garder, ou ne rendre que le moins possible : Maurice, on le voit, était de la race des gros mangeurs, et dans la politique de ce temps-là où la force était tout, et où le droit, de chaque côté, ne venait qu'en auxiliaire à la suite, ce n'était pas le plus sot rôle. Et ce n'était pas seulement en Saxe qu'il conseillait l'usage de ce procédé : on sait la lettre qu'il écrivit le 15 mai 1748 au comte de Maurepas avant la paix d'Aix-la-Chapelle, pour tâcher de garder à la France les provinces conquises et de ne rien lâcher du *bon morceau* qu'il tenait; une lettre où sous prétexte de ne parler qu'en militaire, il faisait, comme on dit, le bec aux hommes d'État et leur soufflait la leçon (1).

Au début de cette guerre de la succession d'Autriche, en même temps qu'il donnait semblable conseil au roi son frère, Maurice, se retournant vers le maréchal de Belle-Isle qui inclinait du côté de la Bavière, le pressait vivement dans le sens opposé : agrandir la Saxe, lui donner mieux que des *écorces* dans le partage, et se l'attacher par des bienfaits.

(1) Cette mémorable lettre du maréchal de Saxe au comte de Maurepas, datée du camp sous Maëstricht, le 15 mai 1748, se trouve citée dans l'ouvrage de M. Saint-René Taillandier (page 340) : elle avait été donnée primitivement dans cet excellent et copieux Recueil où tout le monde a puisé, *Lettres et Mémoires* du maréchal de Saxe (cinq volumes), publiés à Paris en 1794, par le général de Grimoard, un éditeur modeste, éclairé, utile, et à qui en tout ceci l'on doit beaucoup sans peut-être assez le dire.

« Je pense, lui écrivait-il (15 septembre 1744), qu'il y va de l'intérêt de la France. Vous ne voulez pas enter la maison de Bavière sur la maison d'Autriche avec toutes ses prétentions, car vous ne feriez que détruire un géant pour donner naissance à un autre. Vous ne sauriez prévoir le besoin que vous pourriez avoir quelque jour de la maison de Saxe, contre ceux qui voudraient s'agrandir en Allemagne. Ainsi, en établissant l'égalité, vous satisfaites à la justice et à la gloire du roi... »

Rien ou à peu près rien de ce qu'avait conseillé Maurice ne se fit. Il eut beau écrire jusqu'au dernier moment au comte de Bruhl : « Prenez de mes idées ce qu'il vous plaira..., mais livrez-vous entièrement à la France; car les choses à demi faites ne valent rien; » le roi de Pologne n'entra qu'à demi et d'un pied boiteux dans l'alliance française; ses troupes assemblées se concertèrent plus volontiers avec Frédéric qu'avec nos généraux. Le roi de Prusse eut l'habileté de les isoler par une pointe en Moravie. Maurice s'y opposait de toutes ses forces : il assista même alors à un conseil de guerre où Frédéric et lui joutèrent de raisons et d'adresse; ils eurent là-dessus bien des prises ensemble. L'éternel refrain de Maurice, dans ses lettres au ministre du roi son frère, était : « Méfiez-vous, ne vous mettez pas à la merci d'un voisin puissant et peu scrupuleux. » Et il disait encore, et sur tous les tons:

« Abandonnerez-vous les Français? Vous mettrez-vous dans un péril évident, à plus de cinquante lieues de vos frontières, sur une supposition du roi de Prusse?... Les quarante mille hommes qu'il propose pour marcher au secours de la

Saxe, en cas de danger, me paraissent fort suspects... J'aimerais autant y voir quarante mille loups. »

Et sur ce remède pire que le mal, et dont la seule idée fait bondir le cœur resté saxon de Maurice :

« Grand Dieu ! quel remède ! Cela me fait souvenir d'une *fable* que j'ai lue autrefois :

FABLE.

« Certains loups ayant proposé un traité d'alliance à certains bergers contre les loups de la contrée, on mit papier sur table (car du temps où les bêtes parlaient, elles écrivaient aussi) : le premier point fut que les bergers leur livreraient tous leurs chiens pour donner la chasse à ces loups ennemis, et qu'eux garderaient les troupeaux.

« Je ne me souviens plus de ce qui fut conclu entre les bergers et les loups, et je laisse à Votre Excellence le soin de faire le commentaire de cette fable. »

Le commentaire se tira de lui-même. Tous les conseils énergiques de Maurice furent en pure perte : l'ascendant de Frédéric l'emporta. A la nouvelle que le roi Auguste avait mis son armée à la disposition du roi de Prusse, et que la jonction était faite, Maurice écrivit au comte de Bruhl cette dépêche laconique, datée d'Iglau (19 février 1742) :

« Monsieur,
« Vous n'avez plus d'armée. »

Pas un mot de plus. Ce qui ne voulait pas dire, comme l'a cru un historien de Maurice (1), que les troupes

---

(1) M. Saint-René Taillandier.

saxonnes eussent été battues à plate couture ; mais par ce billet significatif, adressé à bon entendeur, Maurice savait bien ce que parler veut dire. Le roi Auguste n'était plus qu'un auxiliaire, et ses mouvements ne lui appartenaient plus.

Le comte Vitzthum insiste et s'étend sur toutes ces circonstances d'alors en homme d'État et en patriote saxon qui cherche dans le passé des lumières pour le présent, des enseignements ou du moins des rapports, des présages, des prophéties.

Nous n'y cherchons que de l'histoire, et nous reconnaissons de grand cœur avec lui qu'il y avait, en effet, l'étoffe d'un politique sous l'homme de guerre en Maurice.

Mais il nous reste à parler de sa grande négociation matrimoniale entre les Cours de Saxe et de France, et celle-là a réussi.

Lundi 14 octobre 1867.

MAURICE COMTE DE SAXE

ET

MARIE-JOSÈPHE DE SAXE

DAUPHINE DE FRANCE

LETTRES ET DOCUMENTS INÉDITS

DES ARCHIVES DE DRESDE

Publiés

Par M. le comte VITZTHUM D'ECKSTAEDT

—

(SUITE)

—

On était en 1746, après Fontenoy, avant Raucoux. Le maréchal de Saxe menait de main de maître cette campagne. Le roi était revenu de l'armée à Paris dès le 14 juin, pour assister aux premières couches de la dauphine : c'était une infante d'Espagne. Elle mourut subitement le quatrième jour et quand on la croyait mieux. Le dauphin était inconsolable, il l'aimait tendrement; mais il n'y avait d'autre héritier du trône que lui, il n'avait que des sœurs, et la politique exigeait qu'il se remariât sans retard et sans répit : à peine si on lui passait un deuil de six mois. On vit aussitôt circuler une liste de princesses disponibles et à marier. Une sœur de la défunte, une autre infante, était fort proposée par un parti influent : mais une telle union eût choqué la délicatesse publique ou même la religion du roi. Une princesse de Saxe, une fille d'Auguste III, fut incontinent insinuée et mise en avant, une première d'abord, puis, celle-ci s'étant trouvée déjà promise, une seconde, bien jeune, il est vrai, et qui n'avait pas encore ses quinze ans, la princesse Josèphe. Le comte de Loss, envoyé de Saxe à Paris, à qui ces bonnes idées vinrent coup sur coup, ne perdit pas un instant pour les produire, et à peine l'agrément obtenu de sa Cour, il en parla au marquis d'Argenson, notre ministre des Affaires étrangères. Il s'agissait de prévenir au plus tôt en faveur d'un si jeune choix et d'avoir des témoignages engageants. Loss usa d'un stratagème. Il fallait tracer un portrait flatteur de la princesse, un portrait vrai pourtant et à ne pas être démenti, fait d'après nature. Pour le fournir lui-même, Loss n'avait pas assez présents ses souvenirs; il n'avait vu la princesse Josèphe qu'encore trop enfant. Écrire à Dresde et attendre une réponse eût demandé bien des jours, des semaines. Il s'adressa au comte de Vaulgrenant, précédemment ambassadeur de France à Dresde et qui, rappelé de ce poste, n'eût pas été fâché d'y retourner. M. de Vaulgrenant ne se fit pas priër ; il traça un portrait tout à fait favorable. Loss le fit copier et le remit à M. d'Argenson sans lui dire de qui il le tenait. D'Argenson consentit à remettre le papier au roi comme une pièce anonyme qui lui serait arrivée sous pli avec un cachet inconnu. Le roi, ayant lu la note, fit venir le comte de Vaulgrenant qui, naturellement, parla dans le sens de ce qu'il avait écrit et y abonda. Si le portrait était flatteur, il ne paraît point cependant qu'il ait été trop flatté. La princesse, fort jeune, blonde avec de grands yeux bleus, vifs et doux en même temps, avait la physionomie très-spirituelle, le caractère excellent, une très-bonne éducation et des principes, des sentiments de piété comme il convenait dans une alliance avec le dauphin, personnage si religieux.

Ce prince resta d'abord indifférent et même étranger à toutes ces démarches ; il regrettait profondément sa défunte épouse et ne se soumettait qu'à regret et même avec répugnance à la raison d'État qui l'obligeait à la remplacer si promptement ; il avait peine à se faire au mot d'ordre de la situation : *La dauphine est morte! vive la dauphine!*

Cependant le parti espagnol qui mettait en avant une infante, sœur de la première, s'agitait beaucoup ; on supposait que le maréchal de Noailles l'appuyait de son crédit. C'est alors, et sans plus tarder, que le comte de Loss jugea à propos de s'adresser par lettre au maréchal de Saxe occupé au siége de Namur, pour le prier de repousser les influences contraires et de jeter dans la balance le poids de son nom. De fait, la princesse royale Josèphe était sa nièce; la placer si près du trône de France où elle se verrait destinée à monter un jour, c'était, pour lui, rendre un service éclatant à sa maison; c'était en même temps assurer, s'il en eût été besoin, la grandeur de son propre avenir. Maurice prit aussitôt l'affaire à cœur. Il était bien avec Mme de Pompadour; il était au mieux de tout temps avec les frères Paris, ces gros bonnets financiers de l'époque et d'une intelligence qui allait au génie; le maréchal de Noailles lui avait dans toutes les circonstances témoigné une affection tendre, et il se fit fort de le détacher de l'infante pour le convertir à l'alliance saxonne. La victoire de Raucoux, qui survint sur ces entrefaites (11 octobre 1746), ne nuisit point, comme bien l'on pense, à la négociation.

Et tout d'abord le maréchal crut devoir prendre une précaution d'homme sage et qui se préoccupe à temps des convenances. Il avait une sœur naturelle, légitimée, fille d'Auguste II et d'une danseuse, la princesse de Holstein; séparée de son mari, elle avait longtemps vécu à Venise, et c'était lui qui, en un jour de belle humeur et de bienveillance, l'avait fait venir à Paris; il l'avait même installée à sa terre des Pipes (ou Piples); il avait fait donner un régiment à son fils. Mais cette sœur du côté gauche, un mariage royal échéant, devenait un inconvénient grave; elle avait, si l'on en juge par les lettres de son frère à elle adressées, le ton libre et les mœurs à l'avenant; elle était femme, pour subvenir à sa dépense, à tenir chez elle à Paris quelque brelan. La perspective d'une pareille tante n'était pas engageante pour un dauphin de France. Le maréchal demanda donc, avant tout, à la Cour de Varsovie qu'on ordonnât à la princesse de Holstein de déguerpir de Paris et de s'en retourner à Venise. Elle se contenta d'aller en Avignon.

Puis on se mit à faire jouer tous les ressorts pour réussir dans cette concurrence de princesses. Il y avait sur les rangs, avec l'infante, une sœur du roi de Prusse, mais qui avait peu de chances, et qui bientôt, du gré même de Frédéric, céda le pas à la Saxonne. Le marquis Des Issarts, nouvellement ambassadeur de France auprès d'Auguste III, eut ordre d'y regarder de plus près et de faire un nouveau portrait juste et naturel de la jeune prétendante; chaque rapport concluait à son avantage. On tint la négociation secrète pour ne pas trop donner l'éveil au parti espagnol. La reine avait contre la Saxe l'éloignement naturel aux Leckzinski. Les difficultés, d'ailleurs, ne paraissent pas avoir été bien grandes. Le duc de Luynes croit être certain que l'intention du roi, dans les premiers jours, était d'avoir une princesse de Savoie; mais il paraît avoir très-vite tourné du côté de la Saxe. La bonne politique l'y poussait. En choisissant une princesse de cette maison, la plus puissante de l'Empire après l'Autriche et la Prusse, il visait à « consolider ses alliances allemandes. » Cette race avait aussi pour elle la vigueur du sang et la fécondité. Dès que le roi eut pris son parti, il eut la délicatesse d'en faire honneur au maréchal et lui écrivit en ce sens.

« Il (le roi) me mande, écrivait de Bruxelles le maréchal à son frère Auguste (27 octobre 1746), toutes les contradictions qu'il a essuyées et qui lui ont été suggérées par la reine, sa femme, qu'il a fallu vaincre : en quoi Mme de Pompadour nous a beaucoup servis, car elle est au mieux avec la reine, qui a toujours le petit coin de *stanislaïsme*. Nous avons eu un autre assaut à repousser : ce sont les Espagnols qui ont été jusqu'aux menaces ; mais nous avons tout vaincu : le maître et la favorite étaient pour nous. J'ai eu, en mon particulier, une conversion à faire, qui est le Noailles. Comme il *m'aime plus que ses enfants,* je l'ai attaqué du côté de la religion, et lui ai fait sentir que si ce mariage (espagnol) n'était pas heureux, on s'en prendrait à lui ; que Rome donnait des dispenses auxquelles bien des honnêtes gens, dans le royaume, ne donnaient pas leur approbation ; enfin je me suis retourné de tant de manières, que le roi m'écrit qu'il a pris son parti, et qu'après avoir vaincu ses ennemis, il faut bien que tout me cède (c'est une galanterie de sa part). »

Ainsi le maréchal, qui sous ses airs de soldat a des finesses de négociateur, s'est fait casuiste un moment avec Noailles ; il a eu recours à un ordre d'arguments gallicans et presque jansénistes. *Qui m'aime plus que ses enfants,* c'est tout dire quand on connaît l'esprit de famille qui animait la dynastie des Noailles.— Il arrive à la politique :

« Je ne sais ce que le marquis d'Argenson, qui est une bête, dira à M. le comte de Loss, et je crois bien faire de vous faire passer, Sire, en droiture, ce qui me vient de la personne du roi et de mon amie (Mme *de Pompadour*). Le roi très-chrétien désire que Votre Majesté le favorise pour que l'Empire ne se déclare point contre lui ; que vous contribuiez, Sire, à la paix, et que vous vous liiez avec la Prusse, *quand ce ne serait qu'en apparence*. Ce sont ses termes. Toutes ces choses ne sont que momentanées... Le roi désire plus; il voudrait que Votre Majesté lui rendît tous les bons offices à la Cour de Russie (sur laquelle l'on est persuadé ici que nous influons beaucoup) pour qu'elle ne se mêle point de la présente guerre... »

En résumant, pour finir, tous les avantages que trouve le roi de Pologne à cette alliance française, l'esprit de famille à son tour triomphe chez Maurice, et le fils de race saxonne s'applaudit :

« Enfin, Sire, que vous dirai-je? je trouve cette affaire avantageuse de tout point pour votre maison, et je descendrai sans regret au *ténébreux empire,* après l'avoir vue terminée; j'aurai rempli ma carrière : j'ai joui des délices de ce monde; la gloire me comble de ses bienfaits; il ne me restait plus qu'à vous être utile, et toute ma destinée aura été remplie d'une manière bien satisfaisante. Mais j'en reviens là, Sire, n'admettez aucun délai ni aucune difficulté; on ne veut pas vous lier les mains, mais on veut espérer... »

Ce sont là de bons, de justes et même de sages et raisonnables sentiments. Mais une pensée me frappe. A cette date de 1746, le maréchal n'est pas vieux, comme nous l'entendons aujourd'hui; il a... quoi? cinquante ans à peine. Et voilà qu'il déclare sa mission finie et qu'il chante déjà son *Nunc dimitte servum tuum.* Il est satisfait, il se dit prêt à partir pour le *ténébreux empire,* et cette disposition philosophique se reproduit et se trahira plus d'une fois sous sa plume. C'est se contenter un peu vite, c'est donner sa démission trop tôt, quand il n'y a pas nécessité. Je reviendrai sur ce trait qui chez lui est assez caractéristique. Il avait sans doute commencé de bonne heure : quand

on a eu le fusil sur l'épaule à douze ans, il est permis
de prendre son congé à cinquante. Et puis il s'était
prodigué dans tous les sens, il avait épuisé les aventures, les plaisirs, il achevait de les épuiser chaque
jour. Là est le côté faible. Un héros de roman peut et
doit partir à cinquante ans et même en deçà : un
guerrier historique tient bon tant qu'il peut; un Turenne reste jusqu'au dernier jour pour achever son
œuvre, pour l'avancer, la consolider. Les plus beaux
lauriers sont souvent les plus tardifs. Et voyez en effet!
le maréchal de Saxe, en se consumant trop tôt, en se
tuant (car il a été le bourreau de lui-même), a manqué sa plus belle lutte, sa plus décisive épreuve, celle
où, quelques années plus tard, il aurait eu le grand
Frédéric pour vis-à-vis et pour digne antagoniste.
Combien, en face d'un tel jouteur, une ou deux défaites
même, suivies de glorieuses revanches, l'eussent
grandi! Au lieu de cela, n'ayant pas eu affaire à un
adversaire de sa force, il n'a pas donné toute sa mesure. Dans une histoire sommaire des grandes guerres,
venu entre le prince Eugène et le grand Frédéric, il
est un peu perdu, il n'est pas à leur niveau ; au plus
sera-t-il nommé et mentionné comme un jalon intermédiaire (1). L'épicurien et le voluptueux en lui s'est
trop hâté de mourir.

(1) Dans les célèbres pages des *Mémoires* de Napoléon (tome VIII),
où sont indiquées, parcourues et rapidement relevées au point de
vue de la science les quatre-vingt-quatre campagnes faites par les
sept plus grands capitaines, le maréchal de Saxe ne trouve point
sa place.

Mais je reviens à la lettre qu'il écrivait au roi Auguste III sur le mariage de la future dauphine. Dans un post-scriptum essentiel il s'empresse d'ajouter que les frères Paris (Montmartel et Du Verney) l'ont fort aidé dans toute cette affaire, à la fois comme amis de la favorite et comme ayant tout pouvoir sur l'esprit de la reine, dont eux-mêmes dans le temps ils ont fait le mariage :

« Ce sont, dit le maréchal, deux personnages qui ne veulent point paraître et qui, dans le fond, sont fort considérables dans ce pays-ci, parce qu'ils font mouvoir toute la machine. Ce sont mes amis intimes de tous les temps, et ce sont les plus honnêtes gens et les meilleurs citoyens; ce que sont peu de Français. »

Il y a cela, je ne l'efface pas. J'espère que même alors, sous ce régime d'exception et dans ce monde des ordres privilégiés, c'était en partie faux. Mais le tort des Français, trop souvent, a été de se comporter et de parler devant l'étranger comme s'ils n'étaient point patriotes : on se trompe sur eux, mais on le croit.

En même temps qu'il écrivait en ces termes au roi de Pologne, le maréchal adressait une autre lettre à la reine, une lettre non plus politique, mais domestique en quelque sorte et comme à une mère, pour lui ouvrir un jour sur l'intérieur de la famille royale et, comme il dit, sur l'*intrinsèque* de la Cour. Le comte Vitzthum a raison de trouver cette lettre « un chef-d'œuvre de bon sens, de tact et de finesse. C'est, si l'on veut, dit-il, un portrait peint en rose de la Cour de Louis XV, un portrait *ad usum Delphini.* » Tous les traits sont adoucis, et cependant les indications subsistent :

« Madame,

« Le roi très-chrétien m'a écrit hier qu'il avait fait la demande de la princesse Marie-Josèphe pour monseigneur le Dauphin à Votre Majesté. Je me flatte que cette proposition ne déplaira ni à la princesse, ni à Votre Majesté, car, en vérité, monseigneur le Dauphin est un fort bon parti, et je voudrais vivre assez de temps pour voir notre divine princesse reine de France. Je crois que cela lui ira fort bien. Elle a toujours été mon inclination, et il y a longtemps que je lui destine la couronne de France, qui est un morceau assez beau; et le prince qui la portera un jour est beau aussi (??). La princesse Josèphe n'aura pas à s'ennuyer pendant qu'elle l'attendra. Le roi beau-père est charmant; il aime ses enfants, et, aux caresses qu'il faisait à Mᵐᵉ la Dauphine défunte, je juge de celles que notre princesse aura à souffrir. Voici ce que le roi très-chrétien m'écrit, mot pour mot, dans la lettre que j'ai reçue hier, et qui est de sa main d'un bout à l'autre :

« *Ne serez-vous point fâché de ce mariage, mon cher maréchal? Que votre princesse sache bien qu'il ne tiendra qu'à elle de faire notre bonheur et la félicité de mon peuple.* »

Nous voyons se dessiner, dans toute cette familiarité à laquelle on nous initie, un Louis XV un peu inattendu, un peu différent de ce qu'on se figure, plus affectueux, plus père de famille qu'on ne suppose, un fort aimable beau-père, et tout à l'heure, un grand-père aux petits soins. N'oublions pas qu'il a vingt-cinq ans de moins que celui auquel aura affaire plus tard, à son tour, une nouvelle dauphine, Marie-Antoinette.

Il y a eu des degrés dans l'abaissement de ce caractère. Le Louis XV des premières années de Mme de Pompadour valait mieux que le Louis XV de la Dubarry.

Et revenant au personnel de la Cour, le maréchal de Saxe aborde le chapitre des conseils :

« Je dirai encore un mot sur la princesse. Il ne faut, pour réussir ici, ni hauteur ni familiarité : la hauteur tenant cependant de la dignité, elle peut plus aisément pencher de ce côté-là. Les femmes de la cour ont toutes de l'esprit comme des diables, et sont méchantes de même. On ne lui manquera jamais de respect, mais elles chercheront à l'embarquer dans les querelles qu'elles ont continuellement ensemble ; et c'est de quoi elle ne doit que rire et s'amuser. Le roi fait de même ; et, s'il arrivait que quelque chose lui déplût, qu'elle s'adresse directement au roi : il la conseillera et la conduira très-bien. Cette confiance lui plaira... C'est la seule personne à la Cour avec laquelle elle ne doit avoir aucune réserve. Elle doit le regarder comme son asile, son père, et lui tout dire, bien ou mal, comme cela viendra, et ne lui rien déguiser. Avec tout le reste, de la réserve. Si elle fait cela, il l'adorera. La reine est une bonne princesse qui, souvent, a eu de petites fantaisies, mais qui n'a jamais su comment s'y prendre pour les faire réussir. Elle a voulu mettre monseigneur le Dauphin en jeu quelquefois, mais cela n'a point du tout réussi et aurait donné beaucoup d'éloignement pour elle, si des personnes plus sages et plus habiles n'y avaient mis la main. Pour M. le Dauphin, il a beaucoup d'esprit, et plus qu'il n'en paraît avoir. Le roi l'aime plus par sagesse, je crois, que par d'autre raison... »

Qu'en dites-vous ? une femme d'esprit ne dirait pas mieux que ce soldat et ce victorieux, lequel, on le voit, n'est pas le moins du monde un *soudard*; Mme de Maintenon ne donnerait pas de meilleures instructions à une duchesse de Bourgogne que le maréchal de Saxe à sa dauphine.

Sur la reine Marie-Leckzinska, y revenant à deux reprises et marquant tous les devoirs qu'il faudra que la dauphine remplisse envers elle avec exactitude, il satisfait d'ailleurs et tranquillise l'orgueil saxon en ajoutant que ce n'est que pour la forme et la bienséance : « Car cette princesse, je l'ai déjà dit, ne peut rien et n'a pas assez de génie pour pouvoir quelque chose. »

Tous ces succès le mettent, on le conçoit, en belle humeur et en gaieté ; il joue avec le ministre de son frère, le comte de Bruhl, dont il n'avait pas toujours eu à se louer ; il le raille en passant, et faisant allusion aux conditions politiques très-peu onéreuses que Louis XV mettait au mariage :

« Il ne tient donc plus qu'à vous, écrivait-il, de conclure l'affaire qui est grande, belle et magnifique, et aura des suites encore plus grandes ; mais, pour l'amour de Dieu, concluez et n'apportez ni délais ni difficultés. Ce que l'on vous demande n'est rien ; et vous savez vous retourner, quand même vous promettriez plus que vous ne voulez tenir. Adieu, mon cher petit Bruhl ; je vous aimerai à la folie si vous finissez cette affaire. Jusque-là je me défierai toujours de vous, car vous êtes un *charmant petit drôle* (il met le mot en allemand). Donnez-nous votre princesse, et je dirai du bien de vous. »

Il est tout le temps avec Bruhl comme avec une

coquette, sur le pied d'une agacerie et d'une plaisanterie à demi piquante. Un jour que Bruhl lui a donné de l'*Excellence* par-dessus la tête, il lui insinue gentiment qu'il lui faut du *Monseigneur* sans *Excellence*, car l'*Excellence* est une pauvre monnaie en Cour de France (1) ; mais tout cela d'un ton aisé, d'un air de supériorité naturelle qui laisse chacun à sa place, sans hauteur.

Le maréchal, qui n'avait point jusqu'alors quitté l'armée, arriva à Fontainebleau le 14 novembre. Il y fut reçu comme on peut imaginer après sa récente victoire. Il était le lion de la ville et de la Cour; il n'échappa point à la faveur des petits appartements et de tous les petits soupers; le mariage prochain de sa nièce ajoutait à l'idée de son crédit. Et pourtant il y avait sous ces douceurs une épine cachée, et pas trop cachée ; le maréchal était mécontent, et ne le dissimulait pas, de la patente de *généralissime* accordée la veille au prince de Conti qui, ne pouvant être son émule, se montrait son envieux de gloire : et à ce propos, que l'on me permette une digression d'un moment.

Le comte Vitzthum a insisté avec raison sur l'importance du maréchal de Saxe à la Cour de France, à

---

(1) « Le titre d'*Excellence* est une sorte de plaisanterie en France, « et lorsque le roi veut tourner en ridicule M. de Richelieu, il lui « donne de l'*Excellence*. » C'est ce que dit en propres termes le maréchal de Saxe. Or la société moderne française est loin de là : les sommités officielles d'un État dit égalitaire et démocratique se montrent fort jalouses de ce même titre qui faisait les rebuts de la cour de Louis XV.

l'heure où ses victoires concouraient ainsi avec le mariage royal de sa nièce, et où il allait de plus, à l'aide de ce qu'il appelait un *pétard*, faire sauter l'incongru ministre des affaires étrangères, d'Argenson. Le nouveau biographe met très-bien en lumière le côté diplomatique assez neuf et nous explique comment la tentative de négociation qui, sous les auspices du maréchal, se fit cette année à Dresde par le duc de Richelieu, même en n'aboutissant pas dans le présent, prépara les voies et déblaya le terrain pour l'avenir. En un mot, le comte Vitzthum ne laisse rien perdre de l'influence manifeste ou secrète du maréchal de Saxe ; mais certainement il exagère, au moins dans l'expression, lorsqu'il semble donner à entendre que Maurice, dans ces circonstances et dans les mois qui suivirent, parla *en maître,* que la paix et la guerre *dépendaient* de lui, qu'il *gouvernait* à cette heure la France, qu'il fit son *coup d'État* (les mots y sont). J'en demande bien pardon au comte Vitzthum, mais j'en appelle à son esprit judicieux et je l'attends à une seconde révision. Non, le maréchal de Saxe, en étant beaucoup, n'était pas tant que cela. Il le savait bien lui-même, et il s'en plaignait. Le duc de Luynes, un très-bon esprit et qui est fort à consulter à son sujet, nous raconte une conversation de lui qu'il tenait d'un tiers digne de foi. Revenu de l'armée à Fontainebleau et à Versailles, comblé en public de bienfaits et de faveurs, recevant les félicitations de tous pour les attentions royales dont il se voyait l'objet, le maréchal répondait :

« Le roi me parle, il est vrai, mais il ne me parle pas plus qu'à l'Assemate (gentilhomme de la Vénerie). Si j'étais actuellement dans la même situation où je me trouvais il y a sept ou huit ans, c'est-à-dire simple courtisan, je n'aurais pas sujet de me plaindre; mais puisqu'il faut parler de soi, si l'on veut examiner ce que j'ai fait depuis la prise de Prague, je crois qu'on pourra dire que j'ai ranimé le courage et la valeur des troupes françaises, qui paraissaient un peu endormies. Qu'on les examine à Dettingen et à Fontenoy, et l'on verra si c'est le même esprit qui règne. C'est peut-être pour me flatter qu'elles prétendent être invincibles quand je suis à leur tête, mais au moins les ennemis du roi craignent-ils d'être battus lorsque je commande une armée vis-à-vis d'eux. Je sais le respect qui est dû aux princes de la maison de France, et je ne m'en écarterai jamais; que le roi les déclare tous *généralissimes* de ses armées au berceau, je n'ai rien à dire; mais que M. le prince de Conti ait acquis ce titre comme une récompense de services, je crois avoir droit de me plaindre. Après cela, j'aime le roi, et je dois exécuter ses ordres. Quand il voudra que je marche, il faudra bien marcher; mais dans le fond qu'ai-je à espérer?... etc. »

Je sais ce qu'il faut rabattre de ces boutades de grondeur et que ce mouvement de bouderie avait pour raison unique le brevet de complaisance octroyé si à contre-temps. Le maréchal et le prince de Conti ne s'aimaient pas : celui-ci avait des prétentions militaires dont le maréchal ne lui reconnaissait pas le droit; il savait à quoi s'en tenir sur ses succès si enflés en Italie : depuis on avait vu le prince faire peu de besogne sur le Rhin; et dans l'armée de Flandre, après avoir essayé pendant quelque temps de servir avec le maréchal, il n'avait pas su marcher de concert et s'était retiré par susceptibilité, sous un vain prétexte, dès le mois d'août précédent. Le prince, homme d'esprit, n'avait pas l'étoffe d'un capitaine, et quand il l'aurait eue, les deux rivaux très-probablement n'en eussent pas été mieux ensemble. Et puis aussi, Maurice avait le propos leste, impétueux, le *petit* Conti, *l'invincible* Conti, — ces mots échappés allaient droit à leur adresse. Quoi qu'il en soit, on dut apaiser le maréchal mécontent. Mme de Pompadour lui avait écrit à l'origine pour le prévenir et comme pour parer le coup :

« Ce 3 octobre 1746. — Vous serez sans doute étonné, mon cher maréchal, d'avoir été aussi longtemps sans recevoir de mes nouvelles; mais vous ne serez pas fâché quand vous saurez que j'ai toujours attendu une réponse que le roi voulait faire à la lettre que vous m'écriviez. J'espère que ce que vous désirez réussira (*le mariage*); le roi vous en dira plus long que moi. Vous savez qu'il a donné à M. le prince de C. (*Conti*) une patente. Soit dit entre nous, cette patente l'a satisfait et a réparé sa réputation qu'il croyait perdue. Voilà ce qu'il pense, et moi je crois que c'est une chose embarrassante pour le roi et qui empêchera que l'on ne se serve de lui autant qu'il le croit. En tous cas, cela ne ferait rien pour vous, et l'on vous mettra toujours à l'abri de sa patente. Ne dites mot de cela à âme qui vive. — Adieu, mon cher maréchal, je vous aime autant que je vous admire, et c'est beaucoup dire. »

Mme de Pompadour parle de ce brevet du prince de Conti comme elle ferait du bon billet de La Châtre. Malgré tout, le maréchal, qui aurait pu se contenter de hausser les épaules, fut froissé et fit mine de l'être encore davantage; il était fin, il savait qu'on avait besoin de lui. Il se plaignit tout haut du ministre de la guerre, le comte d'Argenson. On craignait qu'il ne se cabrât ; il parlait d'aller à Chambord. On s'avisa alors d'une satisfaction qui était de le traiter comme M. de Turenne et de lui délivrer le brevet de maréchal général : patente contre patente. Cela se fit en janvier 1747 ; le roi lui dit en le lui annonçant à Choisy : « Vous m'avez aussi bien servi que M. de Turenne avait servi le feu roi ; il était juste que je vous donnasse le même grade : je souhaite que vous l'imitiez en tout. » Louis XV faisait allusion à l'abjuration de M. de Turenne. Le maréchal fit la sourde oreille et répondit avec une profonde révérence « qu'il souhaitait de mourir au service de Sa Majesté comme le maréchal de Turenne. » C'était s'en tirer en homme d'esprit. — Voilà des honneurs assurément, voilà de l'influence ; mais il y a encore loin de ce haut degré à gouverner la France et la Cour. Revenons vite au mariage que chacun appelait de ses vœux et dont Louis XV pressait la conclusion, désirant qu'il pût se célébrer avant le carême de 1747.

Le duc de Richelieu fut désigné pour aller en qualité d'ambassadeur extraordinaire faire la demande en toute cérémonie : on s'en serait bien passé à Dresde ; mais le choix avait été annoncé dès le premier moment, et il n'y avait pas à se dédire. Le maréchal, dans ses lettres à la reine de Pologne, est amené à parler du trousseau et du détail de la toilette : on est avec lui dans les coulisses de la garde-robe ; on est mis au courant des bénéfices et des *profits* inhérents à toutes ces grandes charges de la haute domesticité royale :

« En général, tout ce qui est garde-robe appartient à la dame d'atours, qui est Mme la duchesse de Lauraguais; elle fournit toutes les parures, linge, dentelles, etc., et *reprend ce qui ne sert plus;* elle donne son compte, qui est arrêté et payé au Trésor royal. C'est le plus grand bénéfice de sa charge. »

On ne croyait nullement déroger, à faire ce métier de femme de chambre en grand et de revendeuse. — La nouvelle dauphine désirerait garder non-seulement son confesseur, mais au moins une femme de chambre à elle : impossible; c'était contre l'étiquette! Le maréchal n'ose s'avancer jusqu'à le promettre, et il fallut plus tard toutes sortes de manœuvres habiles pour tourner la difficulté. La dauphine obtint par exception de garder Mlle Sylvestre, fille du célèbre peintre français, établi à Dresde.

Toutes ces lettres de Maurice passent par les mains du comte de Bruhl, avec qui il continue de jouer comme avec un gentil épagneul et un lutin espiègle : il faut croire que le physique du ministre y prêtait. Dans une lettre toute familière, le maréchal, pour lui prouver qu'il ne le boude pas, lui parle à cœur ouvert de la Cour de France et des intrigues en jeu. Il lui donne la clef des choses, et lui en dit le fin mot. Il explique pourquoi il n'aurait pu lui-même être choisi pour cette mission de Dresde à la place du duc de Richelieu :

« Il faut que ce soit un Français né sujet du roi. On m'avait déjà donné cette raison avec celle de mes occupations militaires, qui ne sont point des inventions; car je vous assure entre nous que, s'ils ne m'avaient pas, ils ne sauraient où donner de la tête. Hommes, argent, rien ne leur manque, *mais ils ne savent pas s'y prendre* (ces derniers mots sont en allemand). Outre cela, les troupes et l'État ont une confiance en moi, qui entretient tout dans l'espérance, et cela fait beaucoup pour le maintien intérieur de l'État et la tranquillité de la monarchie. Vous voyez bien que je ne vous boude plus, puisque je vous parle comme cela. »

Il le rassure sur le choix du duc de Richelieu, un choix tout de politesse, et il poursuit ses confidences :

« M. le duc de Richelieu part dans l'intention de plaire à la Cour et de vous plaire en particulier. Il ne vous tourmentera pas sur le cérémonial. Le roi de Prusse avait désiré de le voir; il n'a pas voulu y aller, pour ne pas sentir le Prussien en vous arrivant. Il veut faire sa cour, rendre la commission honorable et amener la princesse, voilà tout (1). Et tout cela ne doit ni vous effaroucher ni vous déplaire. Les d'Argenson branlent au manche, comme l'on dit. Celui des affaires étrangères est si bête que le roi en est honteux. Celui de la guerre veut faire le généralissime et n'y entend rien. Les tracasseries et les intrigues de Cour l'appuient uniquement. Il va à la parade partout et ne fait pas sa besogne qui est immense : moyennant quoi, tout va au diable; les affaires ne s'expédient pas; il est noyé par les affaires et ne peut plus se mettre au courant; il est haï; ses bureaux ne le secondent pas, et il se noie dans ses crachats. Cela me fait rire quelquefois. (Eh bien! me direz-vous encore que je ne vous aime pas?) »

Une réflexion cependant se présente, et je la glisse

(1) Le duc de Richelieu, indépendamment de sa mission ostensible, en avait une autre secrète, mais qui ne devait nullement être désagréable à la Saxe, puisqu'elle consistait à offrir à celle-ci d'être médiatrice entre la France et l'Autriche.

en passant : c'est que, dans le désir qu'il avait de faire sauter les deux d'Argenson, et surtout le second, le maréchal ne réussit que pour le marquis, c'est-à-dire celui qui était déjà condamné : preuve qu'il n'avait nullement cette toute-puissance qu'on lui attribue. Sa vraie situation, au reste, est excellemment définie par les mots qui suivent :

« Le roi, qui est sage et qui a plus de judiciaire qu'eux tous, voit ce qui en est et ne sait quel parti prendre, car nous avons de la gloire. Pour moi, qui n'ai pour toute arme que le bouclier de la vérité, l'on me craint, le roi m'aime et le public espère en moi.

« Voilà, mon cher comte, un tableau de ce pays-ci... »

Cette lettre essentielle, et qui est à lire tout entière, ne devait pas nous arriver : elle renfermait une injonction impérative, comme si Maurice avait reculé au dernier moment, en relisant ce qu'il avait confié au papier :

« Brûlez cette lettre, je vous en conjure, en présence du roi ; je veux avoir un témoin comme lui. Vous voyez bien que mon attachement pour lui me fait sortir un peu des bornes de mon devoir. »

Mais on ne brûle jamais les lettres qu'on recommande si fort de détruire : ce sont celles-là précisément qu'on garde, et nous devons à cette infidélité de connaître aujourd'hui la pensée intime de l'illustre guerrier resté fidèle à ses deux rois.

Enfin, le duc de Richelieu, d'abord si peu désiré à Dresde, y arrive : on a été bien préparé, et sa vanité de courtisan et de grand seigneur est flattée de l'accueil qu'il y reçoit. Il rend bonnes grâces pour bonnes grâces, et voit tout sous le meilleur jour :

« J'ai été enchanté de Mme la Dauphine, écrit-il au comte de Loss, et n'osais pas m'imaginer la trouver comme je l'ai vue; j'en ai rendu un compte au roi qui, sûrement, lui fera grand plaisir. Je suis sûr que toute la France en aura beaucoup aussi, et qu'on ne s'attend pas à lui trouver tant de grâce et une figure aussi aimable. »

Et au maréchal, plus gaillardement et en fin connaisseur, il dira, tout compliment à part (27 décembre) :

« Je l'ai trouvée réellement charmante; ce n'est point du tout cependant une beauté, mais c'est toutes les grâces imaginables : un gros nez, de grosses lèvres fraîches, les yeux du monde les plus vifs et les plus spirituels, et enfin je vous assure que, s'il y en avait de pareilles à l'Opéra, il y aurait presse à y mettre l'enchère. Je ne vous dis rien de trop, mais je n'en dis pas tant aux autres. »

Je le crois bien, ceci est osé; mais on n'est pas Richelieu pour rien, et convenez que d'un Richelieu à un Maurice de Saxe il ne se pouvait de propos plus assorti.

Nous avons encore à assister à la célébration du mariage. Il s'y rencontre jusqu'au bout trop de détails curieux, qui tiennent aux mœurs, pour ne pas les relever.

Et qu'on ne s'étonne pas non plus que je profite de l'occasion pour m'étendre avec plaisir sur le maréchal de Saxe. Malgré son coin allemand, c'est un des noms les plus populaires en France, et il l'est à bon droit. L'ancien régime ou, pour mieux parler, la vieille France, lui a dû ses derniers beaux jours de guerre heureuse, ses derniers rayons de gloire à la veille de la décadence extrême, déjà commencée. Fontenoy, escorté de Raucoux et de Lawfeld, est la dernière étoile qui brille à l'horizon avant les désastres de la guerre de Sept-Ans. La guerre d'Amérique sous Louis XVI ne fut qu'un accessoire, un épisode honorable, sans rien de bien éclatant, du moins sur terre (1). Il faut attendre, pour se relever hautement de Rosbach et des défaites de la monarchie, la revanche républicaine des plaines de Champagne. Ce qu'on a appelé le siècle de Louis XV se partage en deux ; la fin de la première moitié demeure assez belle : la figure du maréchal de Saxe apparaît de loin dans nos dernières victoires et perce le nuage ; il rejoint la chaîne historique, il tend la main aux Kléber ; malgré des défauts, malgré des vices, il est d'une ampleur et d'une générosité de nature qui le fait sympathique à la France nouvelle, et de lui aussi on peut dire avec quelque vérité : C'est le Mirabeau des camps.

(1) Le bailli de Suffren était un homme de mer du premier ordre, et il eut de grandes actions navales.

Lundi 21 octobre 1867.

MAURICE COMTE DE SAXE

ET

MARIE-JOSÈPHE DE SAXE

DAUPHINE DE FRANCE

LETTRES ET DOCUMENTS INÉDITS

DES ARCHIVES DE DRESDE

Publiés

PAR M. LE COMTE VITZTHUM D'ECKSTAEDT

(SUITE ET FIN.)

La demande solennelle de mariage, faite à Dresde le 7 janvier 1747 par les deux ambassadeurs extraordinaire et ordinaire, le duc de Richelieu et le marquis des Issarts, fut suivie du mariage par procuration le 10, et de fêtes, feux d'artifice, concerts et galas, dont le détail nous est donné dans ce volume. On a, par exemple, le menu du dîner de noces, un festin de

Gargantua, les inscriptions mêlées aux illuminations des palais, les devises latines pédantesques et d'un goût équivoque, tout le programme des magnificences. Ces Annexes, que le présent biographe n'a pas dédaigné de joindre à son travail d'archives, sont curieuses ; je dirai presque qu'elles sont dignes de ce temps-ci où l'on n'oublie rien et où l'on attache une importance, parfois bien disproportionnée, à de pures vétilles, pourvu qu'elles commencent à vieillir. Au moins ici ces Annexes ne viennent qu'après les choses sérieuses. Il est tel historien, assurément, qui ne manquerait pas d'en tirer des conséquences outrageuses et extravagantes : chez le comte Vitzthum, elles ne sont qu'à l'état de vignettes historiques, et un peintre y prendrait deux ou trois traits pour un tableau exact de mœurs. Il semblerait ressortir au premier coup d'œil, rien qu'à voir cette table de cérémonie à triple service, le tout faisant 143 plats, que la capacité des estomacs du Nord dépasse et enfonce de beaucoup celle des estomacs de l'Ouest et du Midi. Mais ne nous hâtons pas de nous prononcer : les noces de Gamache sont copieuses en tout pays.

La dauphine se met en route le 14 janvier. Le voyage, marqué par des fêtes à chaque station, ne dura pas moins de trois semaines : le 7 février seulement on était à Corbeil. Dès avant son départ de Dresde, un tailleur envoyé de Paris exprès par la duchesse de Lauraguais avait eu audience de la dauphine et lui avait *pris mesure;* on peut penser s'il avait été questionné au retour. Il rendit bon témoignage de sa *taille* et prôna fort sa figure, ses grâces. On peut suivre dans le Journal du duc de Luynes les renseignements successifs et de plus en plus précis sur la jeune princesse, à mesure qu'elle approche. Par le courrier arrivé de Strasbourg à Paris le 30 janvier, on sait déjà fort au juste à quoi s'en tenir; et le duc de Luynes, qui représente le coin de la reine et qui n'a nul intérêt à surfaire la dauphine, insère dans son Journal un signalement sans flatterie :

« Elle y arriva (à Strasbourg) vêtue à la polonaise. Il paraît, par tout ce que l'on en dit, qu'elle est assez grande pour son âge, qu'elle a d'assez belles dents et une belle taille, un vilain nez, et, quoiqu'elle ne soit point belle, qu'elle a en tout une figure qui plaît. »

On lui fit quitter son costume polonais à Strasbourg. Elle fut coiffée à la française, on lui mit du rouge, comme si le rose de ses joues fraîches ne suffisait pas. Lorsqu'elle est à Corbeil, les rapports ne laissent plus rien à désirer :

« Tous les sentiments de ceux qui ont vu Mme la dauphine, écrit le duc de Luynes, paraissent s'accorder. On dit qu'elle n'est point grande, que son nez est fort mal, et que, quoiqu'elle entende fort bien le français, elle le parle mal et avec peine. D'ailleurs elle a de beaux yeux et est fort bien faite; elle est blanche, a de beaux cheveux; beaucoup de désir de plaire, remplie d'attentions; de l'esprit, de la vivacité; sentant parfaitement tout son bonheur; souhaitant passionnément de réussir dans cette Cour-ci; une très-bonne santé, point délicate de corps ni d'esprit; encore un peu enfant; une extrême envie de bien apprendre le français; demandant qu'on la reprenne sur les mauvais mots qu'elle pourra dire... »

Après l'avoir vue de ses yeux, il adoucit quelques traits et y ajoute en bien :

« Un beau teint, assez blanche, de beaux yeux bleu foncé, un assez vilain nez, des dents qui seront belles quand on y aura travaillé, la taille très-jolie; elle se tient un peu en avant en marchant; un peu plus grande que Madame (Madame Henriette). Toutes les dames qui sont venues avec elle disent qu'elle est charmante, que tout ce qu'il y a à désirer est qu'elle ne se gâte point dans ce pays-ci... »

Et, à notre tour, nous aurions le moyen aussi de dire notre avis. Le Louvre possède un pastel de la dauphine par La Tour ; et quel pastel ! MM. de Goncourt le décrivent de manière à décourager après eux (1). Mais le pastel, s'il livre toute la physionomie, déguise toujours un peu les contours; le profil d'un buste est plus inexorable, et nous avons ce buste aussi pour la dauphine. Dans un charmant portrait, terre cuite, du sculpteur Le Moine, appartenant à notre excellent peintre Jadin, il m'est permis de voir, d'examiner en tous sens cet agréable et piquant visage : tout est riant, animé ; l'éclat du teint devait achever la grâce; mais il y a ce nez dont il a déjà été plus d'une fois question, et qui inquiète ; on se demande comment il était : c'est un nez assez prononcé et qui, selon la remarque d'un fin physionomiste, promet déjà celui de Louis XVI.

Un mot heureux qu'elle dit tout d'abord fit fortune et la classa pour l'esprit : il n'en faut pas plus en

(1) Dans l'étude sur *La Tour,* in-4°; 1867, page 24.

pareil cas. La reine, quand elle alla à sa rencontre, était accompagnée de ses deux filles, Madame Henriette et Madame Adélaïde. On dit à la dauphine que la première, Madame Henriette, était assez sérieuse, et que Madame Adélaïde était fort gaie ; elle répondit : « Je prendrai donc conseil de Madame Henriette, et je me divertirai avec Madame Adélaïde. » Un tel mot, malgré les quelques incorrections de langage qui lui échappaient, la naturalisa Française du premier jour.

Plaire au dauphin, agréer à ce jeune veuf austère, n'était pas chose aussi facile qu'on le croirait, même pour une jeune princesse aussi aimable : elle eut à faire tous les frais. Avant même de le voir, étant encore à Nangis, il lui vint un avertissement inattendu. On était à souper : un courrier arrivé à Versailles apporte une lettre à l'adresse de la duchesse de Brancas; cette dame d'atours, voyant l'écriture du prince et supposant que la lettre ne pouvait rien contenir que d'agréable, la présente aussitôt à la dauphine sans l'avoir lue elle-même. La lettre renfermait des regrets pour sa première femme et des promesses de ne jamais l'oublier. La nouvelle dauphine reçut un coup soudain et, se levant de table, ne put retenir ses larmes.

Le lendemain, lorsqu'elle vit pour la première fois le dauphin, venu avec le roi à sa rencontre entre Nangis et Corbeil, elle avait maîtrisé cette impression : elle fut gaie, naturelle, et Louis XV, dit-on, « s'amusa des agaceries qu'elle fit au dauphin pour l'obliger à desserrer les dents et à ne plus la regarder fixement comme il avait fait d'abord, sans prendre part à la conversation.

Arrivée à Versailles, elle eut à subir toutes les cérémonies de l'étiquette. En en lisant le narré exact, on se demande où et comment était née cette longue et assommante torture morale et physique, à quelle époque elle s'était ainsi régularisée, réglementée avec un faste pédantesque, composée qu'elle était en partie d'anciens us et coutumes féodales et, en dernier lieu, d'idolâtrie asiatique, singulier mélange de magnificence, de luxe, de grossièreté et, pour tout dire, de barbarie. Laissons parler le maréchal de Saxe, qui va nous paraître délicat en la jugeant et en la décrivant dans toute sa crudité :

« Sire, écrivait-il au roi son frère le 12 février 1747, je n'aurai pas de peine à dire des vérités agréables à Votre Majesté sur le compte de Mme la dauphine, et la renommée me servira de garant. Cette princesse a réussi ici on ne peut mieux; elle est adorée de tout le monde, et la reine l'aime comme son propre enfant; le roi en est enchanté, et M. le dauphin l'aime avec passion. Elle s'est démêlée de tout ceci avec toute l'adresse imaginable; je n'ai su que l'admirer. A quinze ans, il n'y a plus d'enfant dans ce monde-ci, à ce qu'on dit; et en vérité elle m'a étonné. Votre Majesté ne saurait croire avec quelle noblesse, quelle présence d'esprit, Mme la dauphine s'est conduite; et M. le dauphin paraissait un écolier auprès d'elle. Aucune faiblesse ni enfanterie n'a paru dans aucune de ses actions, mais une fermeté noble et tranquille a accompagné toutes ses actions : et certes il y a des moments où il faut toute l'assurance d'une personne formée pour soutenir avec dignité ce rôle. Il y en a un entre autres, qui est celui du lit, où l'on ouvre les rideaux lorsque l'époux et l'épouse ont été mis au lit nuptial, qui est terrible, car toute la Cour est dans la chambre ; et le roi me dit, pour rassurer Mme la dauphine, de me tenir auprès d'elle. Elle soutint cela avec une tranquillité qui m'étonna. M. le dauphin se mit la couverture sur le visage, mais ma princesse ne cessa de me parler avec une liberté d'esprit charmante, ne faisant non plus d'attention à ce peuple de Cour que s'il n'y avait eu personne dans la chambre. Je lui dis, en l'approchant, que le roi m'avait ordonné de m'approcher d'elle pour rassurer sa contenance et que cela ne durerait qu'un petit moment. Elle me dit que je lui faisais plaisir, et je ne l'ai quittée et ne lui ai souhaité la bonne nuit que lorsque ses femmes eurent refermé les rideaux et que la foule fut sortie. Tout le monde sortit avec une espèce de douleur, car cela avait l'air d'un sacrifice, et elle a trouvé le moyen d'intéresser tout le monde pour elle. Votre Majesté rira peut-être de ce que je lui dis là, mais la bénédiction du lit, les prêtres, les bougies, cette pompe brillante, la beauté, la jeunesse de cette princesse, enfin le désir que l'on a qu'elle soit heureuse, toutes ces choses ensemble inspirent plus de pensées que de rires. Il y avait dans la chambre tous les princes et princesses qui composent cette Cour, le roi, la reine, plus de cent femmes couvertes de pierreries et d'habits brillants. C'est un coup d'œil unique, et, je le répète, rien n'a plus l'air d'un sacrifice. »

Peut-on imaginer rien de mieux dit, de mieux senti et de mieux touché que ce récit ? Le maréchal de Saxe me rappelle, par quelques-uns des traits qu'on vient de lire, le sacrifice d'Amélie au pied des autels dans *René*. Mais aussi se peut-il rien de plus grossièrement fastueux que cette mise au lit, cette exposition solennelle ? Et comment, par quelle bizarrerie, par quelle superstition surannée, au nom de quel code mérovingien ou capétien, une cérémonie concevable dans une

royauté primitive, à une époque patriarcale, se perpétuait-elle au sein d'une Cour aussi polie que dissolue? C'est bien le cas de répéter avec La Bruyère :
« Que manque-t-il à une telle coutume pour être entièrement bizarre et incompréhensible, que d'être lue dans quelque Relation de Mingrélie? »

Je saute sur les lettres suivantes ou sur les *post-scriptum* qui rentrent dans les tons de plaisanterie et les gaietés autorisées, ordinaires à toutes les noces ; mais je ne ferai pas grâce d'un passage qui achèvera de fixer les notions sur les énormités de l'étiquette. La dauphine, depuis deux jours, ne mangeait pas :

« C'est la grande fatigue qui en est cause, écrit le maréchal, et j'ai dit au roi que, si on ne lui procurait pas du repos, elle tomberait malade. Effectivement, je ne sais comment elle a pu résister : j'en suis sur les dents de l'avoir suivie. Il fait une chaleur partout dans les appartements, qu'il y a de quoi en mourir par la grande quantité de monde et de bougies le soir. Avec cela, ses habits ont été d'un poids que je ne sais comment elle a pu les porter. Ce qu'il y a de plus fatigant encore, ce sont toutes ces présentations qui ne finissent pas ; et elle veut retenir tous les noms, ce qui est un travail d'esprit terrible ; sans cesse occupée d'ailleurs de plaire et d'attentions. Cela fait un labeur si considérable que je ne sais pas comment elle y résiste.

« Le roi me fit prendre l'autre jour sa jupe qui était sur un canapé, pendant que Mme la dauphine était à sa toilette. Elle pesait bien soixante livres : il n'y a aucune de nos cuirasses qui en pèse autant. Je ne sais pas comment elle a pu se tenir huit ou neuf heures sur ses pieds avec ce poids énorme. »

Le maréchal de Saxe, qui à cet instant du règne a

plus que personne l'oreille du roi, travaille de son côté auprès du ministre du roi son frère, et par le canal de la Saxe, à persuader aux Alliés (les alliés de l'Angleterre) de se montrer modérés dans leurs prétentions et de conclure sans retard la paix. C'est un moment, non-seulement des plus glorieux, mais des plus honorables pour lui, par les sentiments qu'il témoigne et les vues qu'il propose. Il est véritablement au pinacle, et, quant au militaire, comme il le dit rondement : « Je ne puis monter plus haut, ou bien *je me casserai le cou* » (il disait ces derniers mots en allemand) ; et quant à la partie diplomatique qui s'entame, il a le bon esprit de sentir que ce serait le plus beau titre de sa maison aux yeux de la France, que sa nièce, en s'asseyant sur le degré le plus voisin du trône, devînt, dès le premier jour, un gage de paix.

Si la dauphine ne remplit pas toutes les espérances qu'on plaçait en elle et en sa venue, ce ne fut point tout à fait sa faute. Le maréchal rêva un instant pour elle le rôle d'une duchesse de Bourgogne auprès de Louis XV : les circonstances s'y prêtèrent encore moins que le caractère de la princesse. Le roi cependant aimait sa belle-fille ; il l'aimait « autant et plus peut-être que ses propres enfants ; » il l'appelait familièrement de son petit nom de *Pépa* ; à ses premières couches, il se montra le père le plus affectueux et le plus tendre : « Le roi lui a constamment tenu la main pendant le travail, et l'on peut dire qu'elle est accouchée entre ses bras ; aussi en suait-il à grosses gouttes. » Mais que de difficultés et d'intrigues dans cette Cour partagée et divisée : la reine, Mesdames, Mme de Pompadour, et alentour, et au-dessous, des tourbillons d'ambitions sans nombre, tous se jalousant, se haïssant, et cherchant à s'emparer de cette puissance nouvelle qui entrait en scène! Le dauphin se concentrait dans son intérieur. La dauphine eut à triompher de son deuil, de sa froideur : elle y parvint. Elle se plia à son humeur, et le rendit aussi heureux qu'il pouvait l'être. Il faut qu'elle ait eu réellement du charme. Après sa première année de séjour, le maréchal de Saxe écrivait d'elle au roi Auguste :

« Cette princesse a grandi et embelli, elle est plus formée de tout point. Elle continue de plaire de plus en plus; M. le dauphin l'aime un peu trop; il a des bouderies et des colères même dont elle sait très-bien profiter, et elle passe pour une personne habile, parmi les femmes : ce qui est un cours de philosophie qui leur est particulier et dont nous ne faisons que nous douter. Mme de Blancas l'aime à la folie. La reine m'a dit hier que plus elle la connaissait, et plus elle lui devenait chère et plus elle l'aimait; et réellement elle est charmante. »

Et comme on était alors en France plus fou que jamais de la porcelaine de Saxe, je ne sais quel bel esprit de la Cour disait : « On ne doit plus prendre de femme qu'en Saxe, et, plutôt que de m'en passer, quand il n'y en aura plus, j'en ferai faire en porcelaine. »

Ce dauphin, auquel elle se consacrait, si renfermé et si méditatif, fut peu connu et mal connu : pieux, instruit, mélancolique, il se consuma d'ennui et mourut de la poitrine. Ce que j'ai lu le plus en sa faveur est son Portrait par Senac de Meilhan, observateur fin et non suspect de partialité envers les dévots. La dauphine s'absorba, on peut le dire, en lui. Elle lui donna douze enfants, dont cinq survécurent : les trois rois de France, Louis XVI, Louis XVIII et Charles X ; Madame Élisabeth et la reine de Sardaigne. Veuve à trente-quatre ans, elle ne pensa plus qu'à rejoindre celui qu'elle avait perdu. Le roi, habitué à la voir, avait pris insensiblement confiance en elle, et il aimait à l'entretenir en secret. Elle faisait mystère de son crédit qui eût augmenté si elle eût vécu ; mais elle se sentait tournée à mourir. De récents historiens ont dit sur elle d'étranges choses ; ils parlent de cette aimable princesse, même au physique, en des termes qu'on ne saurait répéter, bien qu'ils soient sans malveillance ; mais ils sont gratuitement déplaisants (1). La duchesse de Brancas nous la montre en deux mots, telle qu'elle était après les premières fatigues de ses couches fréquentes : « Son visage est long et ne contient que des yeux. »

La dauphine écrivait à son frère, le prince Xavier de Saxe, neuf jours après la mort du dauphin :

(1) Et pourquoi donc ne les répéterais-je point? Ils ne font tort qu'à ceux qui les emploient: « *Ce pauvre corps gros, mou, sanguin, s'affaissa tout à coup. Si longtemps immobile près du dauphin, si mobile depuis chez le roi, dans les courses, les chasses, les secousses de voitures rapides, elle avait pu être blessée...* » Suffit-il donc qu'une femme soit princesse pour qu'on se croie autorisé à parler d'elle en des termes aussi peu congrus et que rien d'ailleurs ne justifie? En quoi le génie historique a-t-il à gagner à de pareilles licences? (Voir *Louis XV et Louis XVI*, par Michelet, page 154 et aux environs.)

« † Ce 29 décembre 1765.

« Le bon Dieu a voulu que je survive à celui pour lequel j'aurais donné mille vies ; j'espère qu'il me fera la grâce d'employer le reste de mon pèlerinage à me préparer, par une sincère pénitence, à rejoindre son âme dans le Ciel, où je ne doute pas qu'il demande la même grâce pour moi. »

Elle mourut quinze mois après son époux (12 mars 1767). Les historiens à l'imagination la plus inquiète et la plus contournée ont eu beau faire et beau s'ingénier, ils n'ont pu lui trouver que des vertus.

La mission secrète dont s'était doublée à Dresde la mission ostensible du duc de Richelieu, et qui consistait à prendre la Saxe pour médiatrice entre la France et l'Autriche, n'ayant point abouti ni même acheminé à une entente, la guerre continua de plus belle en Flandre, et le maréchal de Saxe dut se remettre résolûment à la besogne dès le printemps de 1747. Il commença par se rendre maître de ce qu'on appelait la Flandre hollandaise, c'est-à-dire de toutes les places en deçà d'Anvers. Sept ou huit places ou forts tombèrent successivement en peu de mois : ce fut la première partie de la campagne ; et, pour la seconde, on s'attendait de nouveau à une affaire générale, mais elle dépendait des mouvements du duc de Cumberland. Le maréchal au centre, à Bruxelles, avait l'œil à tout et voyait venir. La position de notre armée était sûre, et, en attendant, on se serait plutôt cru à la Cour qu'à l'armée ; on ne voyait que spectacles, comédies et fêtes. Louis XV ne devait paraître de sa personne et se mettre à la tête des troupes que lorsqu'on lui aurait tout disposé pour une affaire royale, à laquelle il mettrait la main. Cette affaire fut le combat de Lawfeld (2 juillet 1747). Les victoires sont belles à considérer de loin et dans le raccourci de la perspective ; mais, à y regarder de près, elles sont pénibles et souvent achetées bien cher. C'est ce qui arriva à Lawfeld. Si on lit les pièces et relations dans le Recueil de Grimoard, on est frappé du résultat peu décisif de trois attaques meurtrières : on ne délogea l'ennemi qu'à la quatrième. Ce fut une des plus vives actions d'infanterie qu'on eût encore vues. Les Anglais, y compris les Hanovriens et Hessois, portèrent le poids de la journée et y firent preuve de leur opiniâtreté et solidité habituelles. Les Autrichiens, que ménageait leur général, le comte de Batthyany, ne donnèrent pas et firent retraite. L'armée victorieuse ne put qu'à peine écorner leur arrière-garde.

Louis XV écrivit, le soir même, une lettre au dauphin pour lui rendre compte de l'action ; il y avait un mot à l'adresse de la dauphine :

« Dites-lui que notre général n'a jamais été plus grand qu'en ce jour, mais de le gronder, en le complimentant, de s'être exposé comme un grenadier. »

Le quartier général du roi était à un château appelé la Commanderie : le duc de Cumberland y logeait la veille. Ce duc avait dit autrefois, le matin de la bataille de Fontenoy : « Je coucherai ce soir à Tournai, ou bien je mangerai mes bottes. » Louis XV, dans sa lettre du soir de Lawfeld, faisait allusion à ce propos

« Le commandeur d'ici a changé d'hôtes : hier c'était le duc de Cumberland, aujourd'hui c'est moi. Je crois ce duc bien fâché ; je ne sais cette fois-ci ce qu'il mangera. »

On voit que Louis XV savait au besoin se donner des airs de soldat. Il est à présumer pourtant que sa présence avait nui bien plutôt qu'aidé aux démarches du général et contribué aux fautes commises.

Après cet avantage célébré comme une brillante victoire, on se demanda ce qu'on ferait : le siége de Maestricht, qui était le but indiqué, n'était pas encore devenu possible, les alliés couvrant la place. Ce fut alors qu'on s'avisa du siége de Berg-op-Zoom, un terrible pis aller. Je dis *on*, car le maréchal de Saxe n'était pas de cet avis, et il est évident, et par ses aveux et par les sollicitations instantes qu'il essuya de la part du maréchal de Noailles et de la Cour, qu'il céda à la pression du dehors et à cette idée dominante qu'après une victoire, et pour prouver qu'on l'a bien remportée en effet, il faut faire quelque chose coûte que coûte, et pouvoir montrer à tous un gage signalé.

Et ici je rencontre un témoin brave, spirituel, galant et brillant, au propos bien français, mais un peu avantageux, ce me semble, le marquis de Valfons dont on a publié depuis quelques années les *Souvenirs*. Il veut bien, dans ses espèces de Journaux anecdotiques ou de Mémoires, accorder des éloges à son général, mais il les gâte d'un mot, qui de la part d'un aide de camp est perfide. Il indique fort nettement qu'il ne tenait qu'au maréchal de Saxe, ce jour-là, d'acnever la défaite des Alliés : « Mais, ajoute-t-il, le maréchal, ne voulant pas finir la guerre, s'arrangeait pour ne gagner les batailles qu'à demi. » Nous retrouvons un écho de ces mêmes bruits dans les *Mémoires* de d'Argenson : c'était le thème des envieux du maréchal, du parti Conti, de tous les prétendus nationaux se faisant arme de tout contre un étranger.

Un des bons effets, une des conséquences satisfaisantes de l'ouvrage du comte Vitzthum est de convaincre, indépendamment de toutes les considérations stratégiques, que le maréchal de Saxe avait sincèrement travaillé à la paix pendant tout l'hiver de 1746-1747, et qu'il ne poussait pas à la continuation de la guerre. C'est une réfutation implicite du dire de Valfons.

Et de quel droit cet officier, homme d'esprit assurément, bon aide de camp, mais un peu imposé (si l'on y réfléchit), amant de la comtesse d'Argenson et ami du mari ministre de la guerre, fort ménagé du maréchal à tous ces titres par bon goût comme par politique, agréé aussi pour sa personne, je le veux bien, et avec une sorte d'affection, de quel droit vient-il interpréter d'une manière si grave un geste de son général, qui ne juge pas à propos de risquer une seconde affaire sur la fin d'une journée si disputée et si sanglante ? De quel droit jugeait-il l'illustre Saxon comme un simple condottiere dans des proportions plus grandes, et lui en prêtait-il les calculs et l'âme ? Il appartiendrait au comte Vitzthum, dans une seconde édition de son livre, de prendre cette accusation corps à corps, et de n'en rien laisser debout (1).

Le marquis de Valfons nous représente bien cet esprit de dénigrement et de critique qui se glisse au sein même des États-Majors, et qui n'est pas incompatible avec un certain dévouement. Villars avant Denain, durant les difficiles et méritoires campagnes de Flandre, était perpétuellement dénoncé à Versailles par des officiers de son armée, et chaque courrier du quartier général apportait de leur part contre lui et contre ses opérations des critiques et des objections sans nombre qui appelaient la méfiance et semaient l'alarme. Le maréchal de Saxe victorieux n'échappait point à cet inconvénient : il l'a écrit et s'en est plaint au lendemain même de Lawfeld. C'était à qui substituerait ses plans et ses projets à ceux du général en chef :

« Les personnes d'esprit, écrivait-il à ce propos, et surtout les personnes éloquentes sont très-dangereuses dans une armée, parce que leurs opinions font des prosélytes, et si le général n'est un personnage opiniâtre et entêté de son opinion, ce qui est un défaut, ils lui donnent des incertitudes

(1) En ce qui est de la bataille de Raucoux livrée l'année précédente, à ceux qui trouveraient que le maréchal ne l'a pas assez complétement gagnée, il suffit d'opposer le compte rendu qu'il en a fait dans une lettre au roi de Prusse, si bon juge (lettre du 14 octobre 1746, dans le Recueil de Grimoard, tome III, page 242). — Les officiers qui ne voient qu'un point de l'action peuvent trouver à dire (ainsi Rochambeau, en ses *Mémoires*, tome I, page 48); mais le général en chef qui embrasse l'ensemble est obligé de tenir compte de tout et de régler, s'il le faut, les ardeurs de l'un sur les retards de l'autre.

6.

capables de lui faire commettre de grandes fautes : c'est le cas où je me trouve...

« La politique, nos pertes (à Lawfeld), et notre amour-propre peut-être, nous ont échauffés sur cette entreprise (de Berg-op-Zoom), au point que nous sommes prêts à y sacrifier l'armée, la gloire de nos armes et celle du roi. Les esprits s'échauffent, on blâme le général de sa lenteur; il ne saurait partir trop tôt pour se précipiter dans un labyrinthe qu'il prévoit; l'on parle, l'on écrit des mémoires, l'on se communique ses idées, comme si celui qui est chargé de la conduite de cette campagne n'en était pas occupé; enfin, on veut le faire marcher; on brigue, on cabale à cet effet. »

Je ne dis pas que Valfons y ait mis tant de malice. Il se donne comme admirateur du maréchal, et il l'était; mais rien ne prouve plus la légèreté que d'être ce qu'on appelle un gentil garçon, de se dire dévoué à son général et de répéter de pareils propos en l'air, de telles suppositions, sans paraître se douter que c'est l'injure la plus grave.

Les lenteurs mêmes du maréchal après Lawfeld témoignent de sa prudence et de ce bon sens qui a doublement son prix chez un guerrier de génie et d'inspiration naturelle, comme il l'était. Il dut céder à l'exigence française; sa bonne étoile ne lui fit pas défaut; il fut heureux; son lieutenant Lœwendal mena à bien cette entreprise réputée impossible et fort inutile de Berg-op-Zoom qui n'était que pour l'honneur et pour la montre : le succès de Lawfeld, dès cette campagne, put sembler couronné d'un résultat.

Je ne donne pas, cependant, Maurice de Saxe en tout comme un sage; il avait aussi ses exigences à lui, ses appétits de cupidité, ses bouffées d'ambition. Il aurait voulu, à cette fin d'année, être nommé non-seulement commandant général, mais gouverneur général, mais *lieutenant pour le roi* dans les Pays-Bas (1) : une prétention excessive et dont on n'osa pas même parler au roi qui venait de le combler. Vers ce même temps, il aurait voulu encore, sinon être reconnu par le roi comme duc de Courlande, du moins être traité sur le pied de prince de maison souveraine et en avoir les honneurs comme il en affectait l'allure. Mais, à cette heure, il paraît bien qu'il était réellement las et dégoûté de la guerre, tout l'indique ; il n'en désirait pas la durée, et il l'écrivait à son frère en termes expressifs et pour lesquels il recourait à un proverbe de son pays : « Dieu m'en préserve ! *j'en suis rassasié de la guerre, comme si j'en avais mangé à petites cuillerées.* » Ce qui est probable, c'est que s'il avait été le maître, il y aurait eu des jours où le démon de l'ambition lui aurait dit : « Poursuis et marche ! » et d'autres jours où la sagesse lui aurait soufflé à l'oreille : « Arrête-toi. »

Les petites choses, comme signe, ne sont pas à dé-

---

(1) Il ne fut que commandant général et non gouverneur général ; il y avait plus que des distinctions de nuances dans ces dénominations. Dans une lettre du 26 octobre 1747 au roi son frère, le maréchal paraît croire « qu'on ne le chicane un peu que sur la forme ; » mais il y avait autre chose encore. Une lettre fort belle et d'une noble franchise de Paris Du Verney au maréchal, à la date du 6 novembre, nous met bien au fait des prétentions du victorieux et des résistances de ses meilleurs amis à ce qui ne leur semblait pas raisonnable. (Voir aussi les *Mémoires* du duc de Luynes, tome VIII, page 298.)

daigner : un grand acte d'indépendance qu'il fit vers la fin de cette année 1747 ! il avait secoué poudre et perruque ; il parut à la Cour dans cet état naturel ; ce que le duc de Luynes a eu soin de noter dans son journal : « Jeudi dernier (21 décembre) M. le maréchal de Saxe arriva ici (à Versailles) ; il porte présentement ses cheveux qui lui donnent l'air plus jeune. »

Revenu à Chambord à la paix et y passant le plus de temps qu'il pouvait pendant les deux dernières années, y menant un train de prince, il se livrait à la chasse, aux plaisirs, à tous les exercices violents. Plus d'une fois il fit des chutes de cheval à se rompre les os ; il se tuait littéralement, il avait comme hâte de dépenser sa vie.

Et ici encore une courte digression n'est pas inutile ; et, bien qu'il ne s'agisse que d'une anecdote, cette anecdote a pris de telles proportions sous la plume des écrivains de nos jours, qu'il devient presque impossible de la passer sous silence, dès qu'on s'entretient un peu longuement du héros saxon. Ce qui semble d'ailleurs au-dessous de l'histoire revient comme de droit à l'étude morale de l'homme.

Que le maréchal de Saxe ait aimé plus ou moins les plaisirs, cela ne regarderait que lui, s'il n'en avait trop usé pour abréger une existence glorieuse et utile au pays. Il est un épisode pourtant de sa carrière amoureuse qui est une vraie tache et qu'on voudrait effacer, mais il ne faut point non plus en exagérer la noirceur. Dans ses campagnes de Flandre, on sait qu'il était devenu très-épris d'une très-agréable actrice de la troupe comique à la suite du camp, Mlle de Chantilly ou Mme Favart. Il en raffolait véritablement; elle avait « pensé (il le dit) lui faire tourner la cervelle. » C'est bien d'elle qu'il est question dans ses lettres à la princesse de Holstein, sa sœur, une singulière sœur et à qui il faisait de rudes confidences. Il lui en touchait un mot dès l'année 1746, puis encore dans ses lettres du 10 janvier et du 10 mars 1747, et il lui en parle en des termes qui ne sont point parfaitement d'accord avec ce que dit l'auteur de la Notice sur la *Vie de Favart* en tête des *Mémoires* de ce dernier. Un des plus consciencieux écrivains du maréchal, dans son estimable travail, s'en est trop remis de confiance à l'auteur de cette Notice, Dumolard, écho de la famille, et qui a fait de Mme Favart un modèle de vertu des plus touchants, dont le maréchal n'aurait eu raison qu'après des années. Ce moderne historien du maréchal (M. Saint-René Taillandier) nous montre en conséquence Mme Favart « se moquant des menaces aussi bien que des promesses, en butte à de lâches intrigues, poursuivie, jetée au fond d'un cachot, gardant purs et intacts la dignité de son art et l'honneur de son nom : rare leçon donnée par une comédienne à une société corrompue ! » Et dans la suite de son histoire, il ne retire qu'en partie ces éloges et continue d'exalter la résistance désespérée de la pauvre femme, « résistance faite au nom du devoir, au nom de l'honneur ! » La vérité est que les choses ne se passèrent point tout à fait ainsi, et le maréchal eut bien assez de torts dans cette intrigue, sans les faire plus grands qu'ils ne sont. La petite Chantilly (comme on l'appelait) ne fut point d'abord cette personne si rebelle qu'on prétend. Elle avait su si bien s'insinuer dans les bonnes grâces du maréchal à Bruxelles que rien ne s'obtenait que par son crédit : son mari allait y faire sa fortune, lorsque tout d'un coup elle se ravisa, et le maréchal fut brusquement quitté. Il n'était pas accoutumé à être planté là de la sorte ; il se crut joué, et il n'en prit nullement son parti. Après bien des perplexités, il recourut à l'un de ces odieux abus de pouvoir si usités alors. Que si l'on rapproche les lettres du maréchal à la princesse de Holstein du *Manuscrit trouvé à la Bastille* (1789), *concernant deux lettres de cachet lâchées contre Mlle de Chantilly et M. Favart, par le maréchal de Saxe,* on a la clef de toute sa conduite. Il ne peut certes y avoir qu'un sentiment pour le blâmer d'avoir eu recours à de si odieux, à de si détestables moyens, et on plaint l'époque où ils étaient en usage, à la disposition et sous la main des puissants ; mais ce n'était point précisément pour séduire qu'il les employait : la séduction (si tant est qu'il en ait eu besoin) était fort antérieure ; la liaison datait au moins de deux ans : il y avait sans cesse des brouilles ; la *petite fée* était un démon que le caprice de l'amour conjugal ressaisissait jusque dans ses infidélités ; et la faiblesse, en ceci, du grand capitaine était simplement de vouloir fixer ce qui s'échappait et reconquérir ce qu'il avait perdu. Oh ! que c'eût bien été le cas pour lui de se réciter les jolis vers qui couraient alors le monde, et où il était dit, entre autres vérités de morale indulgente :

Gêner un cœur, ce n'est pas ma façon !
. . . .
Il est affreux d'aller persécuter
Un jeune cœur que l'on n'a pu dompter (1).

L'oisiveté, on le comprend, était plus pesante et plus funeste au maréchal de Saxe que la guerre. Dans ce domaine royal de Chambord, son imagination qui était vaste avait de quoi s'espacer, mais pas assez encore. Il y eut toujours en Maurice du souverain déclassé. Il aurait voulu l'être en réalité, sur un si lointain théâtre que ce fût, pour donner carrière à sa forte et libre nature sans gêne aucune, sans assujettissement ni subordination à la volonté ou à la dignité d'autrui. Il avait l'imagination grande : on a taxé de chimères bien des

(1) Osons rétablir ici (n'en déplaise à M. Saint-René Taillandier que je choque de plus en plus, bien malgré moi, mais il est par trop prêcheur aussi), osons rétablir tout ce joli début d'un certain chant VII :

    Lorsqu'autrefois, au printemps de mes jours,
    Je fus quitté par ma belle maîtresse,
    Mon tendre cœur fut navré de tristesse,
    Et je pensai renoncer aux amours ;
    Mais d'offenser par le moindre discours
    Cette beauté que j'avais encensée,
    De son bonheur oser troubler le cours,
    Un tel forfait n'entra dans ma pensée.
    Gêner un cœur, ce n'est pas ma façon...

Et quant à ces grands mots de « la dignité de son art » et de « l'honneur de son nom, » appliqués à une agréable actrice (car j'ai décidément sur le cœur toute cette morale *à côté* dont on nous inonde), j'ajouterai encore qu'il suffit de lire le *Manuscrit trouvé à la Bastille*, et dans ce *Manuscrit* certaine page 28, en ayant soin d'y rectifier une *coquille* typographique, pour s'assurer que les relations entre le maréchal et l'aimable Chantilly n'étaient pas guindées, il s'en faut de beaucoup, sur un si haut ton. Un autre ami

idées de lui, qui n'eussent point paru telles peut-être, s'il lui avait été donné de les amener à un commencement d'exécution. Il était de ces natures qui se révèlent selon les rencontres et se trouvent à la hauteur de toutes les situations données. Faute de mieux, il était souverain et roi dans son Chambord. Ses chasses, ses haras, les manœuvres de son régiment de houlans qu'on lui avait donnés pour gardes, étaient ses jeux. En selle dès l'aurore, forçant les cerfs et les daims, tuant les sangliers comme son frère en Pologne tuait les ours, il buvait d'autant le soir; et le reste à l'avenant. Il exerçait une hospitalité large et plénière. Il semblait être revenu

de Mme Favart et du mari, l'abbé de Voisenon, initié plus que personne au ménage Favart, a parlé de cette aventure un peu inexactement peut-être encore, mais du moins d'un ton approprié, sans rien d'emphatique. Or, ce qu'était l'abbé de Voisenon et quelle était son autorité plus que conjugale en pareille matière, on le sait, et je renverrai ceux qui l'ignorent, s'ils étaient tant soit peu curieux, aux *Lettres de M. de Lauraguais à Mme **** (Paris, 1802, page 121). Un de nos contemporains au contraire, M. Arthur Dinaux, a pris toute cette affaire avec un surcroît de rigueur et de candeur qui marque bien la différence des époques : il faut lire son article dans les *Archives historiques et littéraires du Nord de la France* (année 1855, page 95); il s'est constitué le champion en titre de la « victime cloîtrée, » soutenant même, d'après les dates et la distance des lieux, que dans cette lutte avec le maréchal l'innocence n'avait point dû succomber. Mme Favart a eu ses chevaliers comme Marie Stuart, comme Marie-Antoinette. C'est trop fort. Assez de déclamations comme cela. La vérité avant tout, et ce qui n'est qu'un autre nom de la vérité, la mesure. — Et pour en finir avec toutes ces prêcheries vertueuses sur Mme Favart et avec ceux qui seraient tentés de les renouveler, je mettrai ici la page de M. de Lauraguais, que peu de gens iraient chercher ailleurs et qui sent à pleine gorge son xviiie siècle : il ne songe qu'à donner une preuve par goût à l'existence du Nord, aux mœurs copieuses, aux habitudes et aux orgies paternelles. Il n'était pas seulement libertin, il était débauché. Avec lui, on ne doit pas craindre d'employer les termes ni marchander les mots; il portait haut ses vices comme ses qualités; il les menait à grandes guides, il ne les dissimulait pas.

Un voyage en Allemagne où il vit, dans une pointe à Berlin, le grand Frédéric, et où ils causèrent ensemble pendant plusieurs soirs bien avant dans la nuit, dut être une de ses fêtes, et la plus digne d'être remémorée. A l'âge de cinquante-quatre ans, il semblait jeune en-

---

de la confusion d'idées de l'abbé de Voisenon, à la fois libertin indévot, scandaleux, et avec cela scrupuleux sur un seul point qui était de ne pas manquer à dire son bréviaire; or voici ce dont M. de Lauraguais fut témoin comme bien d'autres et ce qu'il raconte : « Personne n'ignore que Favart, sa femme et l'abbé de
« Voisenon vivaient en famille, et furent pères de *Gertrude,* de
« *l'Anglais à Bordeaux,* sans compter d'autres enfants. Mais l'au-
« teur de *la Chercheuse d'esprit* n'avait jamais cherché qu'à vivre ;
« il était cynique; et, quoiqu'il eût du talent, il dédaignait toute
« espèce de réputation : c'était fort commode à l'abbé de Voisenon,
« qui précisément, enchanté par Mme Favart, était parvenu à l'en-
« sorceler au point de lui faire adopter quelques-unes de ses idées
« et tous ses scrupules, de manière que, lorsqu'on était devenu
« familier dans la maison, voici le plaisir que Mme Favart vous
« procurait. On allait le matin les voir; monsieur et madame
« n'étaient point levés; on disait à la femme de chambre qu'on
« était attendu; elle vous ouvrait la porte: on les voyait couchés,
« l'abbé, un gros livre dans les mains. — « Eh! mon Dieu! leur
« disait-on, que faites-vous donc là? » — « La lecture, » disait
« l'abbé. — « Oui, répliquait drôlement Mme Favart, nous disons
« notre bréviaire : allons, l'abbé, il est tard, il faut se lever; con-
« tinuez. » Et l'abbé de continuer, et elle de répondre *amen.* » —
En est-ce assez pour édifier messieurs les puritains sur le chapitre de la vertu et de la sainteté de Mme Favart?

core et nageait dans la plénitude des pensées et des sens. Il recevait à Chambord, en femmes, toute espèce de compagnie, même de la bonne. L'automne où il mourut, il venait d'avoir une visite d'une élite de femmes de la Cour, une princesse du sang, Mademoiselle de Sens, à leur tête. Il faut voir de quel ton gaillard il l'annonçait dans une lettre au roi de Pologne (5 septembre 1750) :

« Mademoiselle de Sens vient passer une partie de l'automne chez moi, à Chambord, avec une *trôlée* de femmes de la Cour. Je leur donnerai des chasses dans les toiles, la comédie et le bal tout le jour, et pour cet effet j'ai arrêté la troupe des comédiens qui est des voyages de la Cour à Compiègne, à qui je ferai manger force biches et sangliers. Je compte que ces dames s'amuseront fort bien ; j'ai un corps d'officiers très-bien choisi... »

A sa sœur, la princesse de Holstein, quinze jours après et pendant le séjour même de ces dames, il en parlait de plus en plus gaillardement, en vrai voisin de Rabelais, plaisantant toujours sur ses houlans, qu'il comparait à des moines reclus. Honni soit qui mal y pense (1) !

(1) L'abbaye de Thélème ou le paradis d'Odin, il y avait de l'un et de l'autre à Chambord. — La Bruyère a fait une remarque où, sans avoir l'air d'y toucher, il dit leur fait aux bourgeoises de son temps : « Tout le monde connaît cette longue levée qui borne et qui resserre le lit de la Seine, du côté où elle entre à Paris avec la Marne qu'elle vient de recevoir : les hommes s'y baignent au pied pendant les chaleurs de la canicule ; on les voit de fort près se jeter dans l'eau, on les en voit sortir : c'est un amusement. Quand cette saison n'est pas venue, les femmes de la ville ne s'y promènent pas encore ; et quand elle est passée, elles ne s'y promènent

Il en était là, en plein torrent de cette vie de bruit, de joie et d'opulence, lorsqu'il fut pris, le 12 ou 13 novembre (1750), d'une sorte de rhume qu'il brusqua. L'indisposition, quelques jours après, était devenue une maladie déclarée, une fluxion de poitrine. On le saigna coup sur coup ; la tête se prit : on appela de Paris le médecin Senac, trop tard. Le maréchal sentit que l'heure était venue, et près de mourir, dans un instant lucide, il dit à Senac ce mot souvent cité : « Mon ami, j'ai fait un beau songe ! » (30 novembre.)

Maurice de Saxe était un nom cher à la France, un nom populaire ; et on le vit bien, car un commencement de légende s'essaya aussitôt sur sa mort. Une fable naquit. Le prince de Conti, disait-on tout haut, le rival humilié, l'envieux et l'ennemi du héros, l'avait blessé mortellement en duel dans le parc même de Chambord, et le maréchal de Saxe était mort de cette blessure que, par générosité, il avait tout fait pour cacher. Ce fut la nouvelle de Paris, la version du jour

---

plus. » Le maréchal de Saxe, plus rabelaisien que La Bruyère, écrivait plus crûment aussi à la princesse de Holstein sur ces visites que lui faisaient les femmes de la Cour et sur l'attrait qu'avait pour elles ce lieu de Chambord : « J'ai ici Mademoiselle de Sens avec une douzaine de femmes de la Cour, comédie, bal, etc., etc. ; tout le monde y restera quinze jours ; on dit à Paris que ces belles dames sont allées trouver des houlans, parce qu'ils sont affamés de chair humaine et qu'ils vivent comme des reclus dans ce désert ; mais ce n'est que par envie que les autres femmes aboient ainsi. » Maurice n'y allait pas de main morte avec le sexe. — Ce régiment de houlans ne se contentait pas de houspiller les belles dames, il tourmentait et pillait un peu trop, dit-on, tous les villages aux environs de Chambord.

èt même du lendemain : tous les démentis n'y firent rien, le bruit persista. Des historiens, sans y croire, l'ont accueilli jusqu'à un certain point et l'ont prolongé en le discutant. Le comte Vitzthum s'applique à le détruire. Mais écrase-t-on un bruit ? On croit avoir mis le pied dessus, et il s'envole plus loin et il recommence !

Le dernier mot du maréchal de Saxe est le jugement le plus vrai : sa vie fut en effet un *beau songe.* Elle serait plus historique, je le répète, s'il avait vécu l'âge de Turenne, s'il avait eu sa guerre de Sept Ans. Il s'est tué d'intempérance et par les plaisirs. Il garde du héros de roman jusque dans le personnage de l'histoire. Les alternatives de la grande guerre et le vis-à-vis de Frédéric, le roi capitaine, lui ont manqué ; une telle partie finale jouée comme il l'aurait pu faire eût agrandi et consacré sa réputation ; elle l'eût placé au premier rang. Il est mort intact sans doute et victorieux, mais à la veille de choses plus grandes que celles qu'il a faites. C'est un inconvénient pour la perspective de la postérité (1).

(1) J'ai rapproché précédemment (page 85) le nom du maréchal de Saxe de celui de Kléber ; j'ai été heureux de rencontrer depuis, dans la *Vie politique et militaire de Napoléon* par Jomini (tome I, page 302), une confirmation de cette vue. C'est Napoléon qui est censé parler et qui explique comment, en quittant l'Egypte, il avait laissé le commandement en chef de l'armée à Kléber : « Kléber, dit-il, était capable de lutter contre tous les ennemis alors existants dans ces contrées. Ce général, instruit, spirituel, vaillant, était un des plus beaux hommes de l'Europe. C'était l'idéal du dieu Mars, terrible dans les combats, calme et froid dans les combinaisons, grand administrateur, chéri du soldat, il ressemblait en tous points au maréchal de Saxe. S'il n'eut pas l'occasion de se placer parmi les capitaines du premier rang, il avait l'étoffe pour le devenir... »

Lundi 4 novembre 1867.

LE COMTE DE CLERMONT

ET SA COUR

PAR M. JULES COUSIN (1).

On ne saurait dire sans une grande impropriété de termes que le prince comte de Clermont ait été l'un des lieutenants du maréchal de Saxe dans ses guerres de Flandre : ce serait lui faire trop d'honneur. Ce titre de lieutenant appartient à Lœwendal et à d'autres généraux plus solides que ne l'était ce rejeton des Condé. Mais ce qui est vrai, c'est qu'il servit très-honorablement dans toutes les campagnes de ces années (1744-1747) et qu'il paya vaillamment de sa personne. On n'aurait pas l'idée, d'ailleurs, de s'occuper particulièrement de lui : il n'offre qu'un intérêt assez médiocre comme individu; il était assez spirituel, mais sans pouvoir passer pour véritablement distingué : c'est

(1) 2 vol. in-18, Paris. Académie des Bibliophiles, rue de la Bourse,

comme *existence,* comme variété et bizarrerie de condition sociale, que le personnage est curieux à connaître : prince du sang, abbé, militaire, libertin, amateur des lettres ou du moins académicien, de l'opposition au Parlement, dévot dans ses dernières années, il est un des *spécimens* les plus frappants, les plus amusants à certains jours, les plus choquants aussi (bien que sans rien d'odieux), des abus et des disparates poussés au scandale sous un régime de bon plaisir et de privilége. M. Jules Cousin, de la Bibliothèque de l'Arsenal, a fait plus que de rendre cette Étude facile ; il nous la présente toute préparée et sous la forme la plus modeste. Ayant rencontré, dit-il, dans les hasards de ses recherches, des lettres inédites, les plus intimes, les plus familières, qui trahissaient les mœurs et les habitudes du prince, il les a données, et il y a joint tout ce qu'il a pu recueillir d'imprimé ou d'inédit concernant sa personne, sa fortune, ses résidences, ses divertissements, les propos tenus sur son compte, les éloges et les médisances dont il a été l'objet : tout s'y trouve ; les photogravures, comme on les aime aujourd'hui, n'y manquent pas. On a (excepté peut-être pour la partie militaire) les éléments et tous les traits originaux d'un portrait ; ou plutôt, rien qu'à feuilleter du doigt ces deux jolis volumes et à les parcourir en tous sens, le portrait se crayonne et s'achève de lui-même en nous, non sans avoir amené, chemin faisant, toutes sortes de réflexions et de remarques plus ou moins morales et philosophiques. M. Jules Cousin, en ne se donnant que pour un compilateur, est le peintre qui se cache derrière ce tableau tout composé de pièces industrieusement rapportées et qui s'ajustent.

Le comte de Clermont était le frère cadet de M. le Duc, qui fut quelque temps premier ministre ; du comte de Charolais, si connu par ses férocités et ses frénésies ; il était le frère aîné de ces trois sœurs mondaines, à l'allure libre et au parler franc, Mademoiselle de Charolais, Mademoiselle de Clermont, Mademoiselle de Sens, desquelles il aurait fallu ne rien savoir pour en faire des héroïnes de roman sentimental, comme l'essaya un jour Mme de Genlis pour Mademoiselle de Clermont (1). Né le 15 juin 1709, on le destina de bonne heure à l'état ecclésiastique ou du moins à des bénéfices d'Église. Dès l'âge de neuf ans, il vit successivement pleuvoir sur sa tête les revenus de l'abbaye du Bec-Hellouin, ceux de Saint-Claude, ceux de Chaalis et de Marmoutiers, auxquels s'ajoutèrent bientôt l'abbaye

(1) Et quant à Mademoiselle de Sens dont le nom reparaît ici et dont il a été déjà question assez gaillardement dans un voyage à Chambord, il me revient à son sujet une anecdote que se plaisait à raconter au dessert l'abbé de Feletz dans les agréables dîners qu'il nous donnait du temps de la Bibliothèque Mazarine. « Mademoi-
« selle de Sens, disait-il, possédait une île de la Seine près Puteaux ;
« elle y passait quelques semaines dans la belle saison, et aimait à
« se baigner pendant les chaleurs. Un gentilhomme des environs
« avait l'habitude de chasser tout près de là : ces coups de fusil
« impatientaient la princesse, qui lui envoya dire un jour par un de
« ses officiers d'aller chasser plus loin. Le gentilhomme fit cette
« réponse : « Dites-lui qu'elle peut être tranquille, je ne tire qu'aux
« culs-blancs. » Les *culs-blancs*, on le sait, sont une espèce d'oiseau. A ce dernier trait prévu, l'aimable nièce de M. de Feletz baissait les yeux, le spirituel vieillard lançait un vif éclat de rire, et toute la table faisait écho. — Et c'est là ce que j'appelle du bon xviiie siècle.

de Cercamp et celle de Buzay : tout cela n'était qu'en attendant mieux. On ne dit pas quels furent ses précepteurs. A son début dans le monde, il avait pour mentor le comte de Billy, un mentor commode, et plus tard il le rendra au fils de M. de Billy en leçons de même nature et en exemples. L'inconvénient pour les personnages en vue, c'est que leurs puérilités, comme leurs moindres fredaines, s'affichent et que tout leur est compté : on ne sait trop qui est le plus aux aguets, de la flatterie ou de la satire. Le comte de Clermont avait quatorze ans, lorsqu'il perdit un singe favori, pour lequel il commanda des *lettres de faire part* platement rimées, et il lui fit élever un mausolée où l'on mit aussi des épitaphes en vers. Il n'était pas sans un certain goût pour les vers, les couplets, ce qu'on appelle les choses de l'esprit. Il avait la curiosité assez éveillée en plus d'un sens. D'Alembert, dans l'article qu'il lui a consacré comme à un membre de l'Académie (*article* qu'il s'est bien gardé d'intituler *Éloge*), a raconté une singulière idée que le prince mit à exécution quand il eut vingt ans :

« Il avait formé une Société littéraire, aux assemblées de aquelle il assistait quelquefois, et qui avait pris le titre de *Société des Arts*. Cette espèce d'académie devait réunir à la fois les sciences, les lettres et les arts mécaniques... Cinq ou six académies seraient à peine suffisantes pour remplir l'objet que cette Société prétendait embrasser toute seule. D'ailleurs les rédacteurs de ses statuts avaient conçu à ce sujet, pour ne rien dire de plus, une étrange idée : non-seulement ils voulaient (ce qui était raisonnable) marier, pour ainsi dire, chaque art mécanique à la science dont cet art peut tirer des lumières, comme *l'horlogerie* à *l'astronomie,* la *fabrique des lunettes* à l'*optique;* mais ils prétendaient encore, qu'on nous passe cette expression, *accoler* chacun de ces arts à la partie des belles-lettres qu'ils s'imaginaient y avoir plus de rapport : par exemple, disaient-ils, le *brodeur* à l'*historien,* le *teinturier* au *poëte,* et ainsi des autres. Ce trait seul suffirait pour juger à quel point la confiance du prince fut mal servie dans cette occasion par ceux qu'il en avait honorés. »

Il était donc curieux ou plutôt actif ; il voulait moins s'instruire que se distraire et s'amuser. On le voit, en décembre 1731, aller au cimetière de Saint-Médard pour y être témoin des convulsions qui attiraient la foule : « M. le comte de Clermont, prince du sang, y alla l'autre jour avec des grisons (laquais en habit gris), sans fracas », nous dit le Journal de Barbier. Mais ne lui demandez pas l'esprit d'observation ni aucun esprit philosophique.

Ses galanteries, mises en relief par sa qualité de prince du sang et par le contraste avec son état d'abbé, ne l'avaient que trop signalé de bonne heure. Il fut dès quinze ans un chérubin que les femmes se disputèrent. Il tomba tout d'abord assez mal et ne rencontra jamais d'honorables ni de délicates liaisons : il ne parut pas les chercher. Après des personnes du grand monde, telles que la duchesse de Bouillon,—une passion orageuse et triste, traversée d'affreux soupçons, — il se jeta dans les plaisirs dits faciles et n'en sortit plus : ces plaisirs l'enchaînèrent. Écoutons encore Barbier, qui n'est qu'un des mille échos :

« M. le comte de Clermont, qui est abbé et jouit de deux cent mille livres de rentes de bénéfices, ne mène pas une conduite bien régulière. Il est sans épée, mais les cheveux en bourse, et en habit brodé et galonné ; il doit deux millions dans Paris, et change tous les jours de maîtresse. »

D'inconstances en inconstances et qui, toutes, faisaient bruit, il passa sous la bannière ou plutôt sous le joug d'une danseuse de l'Opéra, Mlle Leduc, qui exerça sur lui un durable empire, devint sa marquise de Pompadour au petit pied, tint bon jusqu'au bout, parodia même la Maintenon et finit par être épousée. Les satires du temps ont conservé mémoire d'une journée qui fit éclat au début de cette liaison, — d'un certain jeudi de Semaine sainte :

« Le jeudi 22 mars 1742, la demoiselle Leduc, ci-devant maîtresse du président de Rieux, alla se promener aux ténèbres de Longchamps dans une calèche de canne peinte en bleu, et tous les fers en argent, attelée de six chevaux nains, pas plus gros que des dogues. Un petit postillon et un petit hussard richement habillés, l'un en veste rouge toute couverte de galons d'argent, avec une plume bleue au chapeau, l'autre en robe bleue, le sabre et le bonnet tout garnis de plaques d'argent. La Leduc tenait les guides des chevaux, et était escortée de deux valets de pied déguisés. Le faste de cet équipage était une galanterie du comte de Clermont, abbé de Saint-Germain, dont il régalait la vanité de la Leduc... (1). »

On imaginerait difficilement plus de bienséances violées à la fois. Cette insolente promenade fut marquée par des scènes d'insulte et de voies de fait ; elle ne put se renouveler le lendemain. La Cour, la ville, tout Paris en parla, et Louis XV en fit un couplet satirique contre

---

(1) *Mélanges historiques* de Boisjourdain, tome III, page 89.

son cousin. Le comte de Clermont, à cette date, était, on vient de le voir, abbé de Saint-Germain-des-Prés. Il y avait succédé, au mois d'août 1737, au cardinal de Bissy, à la grande joie du couvent et de la congrégation, nous assure le *Gallia Christiana* (*ingenti Conventus et Congregationis gaudio*). L'abbaye donnait un beau logement à Paris et un aux champs, qui était le château de Berny : c'est ainsi que la respectable villa abbatiale devint, trente années durant, la maison de plaisance du comte de Clermont, son lieu de délices, le Choisy et le Bellevue de Mlle Leduc, qui en faisait les honneurs sous le nom de la dame de Tourvoie (Tourvoie était un petit castel tout voisin de Berny). Elle tenait même la feuille des bénéfices à la nomination du prince et lui désignait les sujets : passe encore quand elle n'eut à nommer que des aides de camp. Le comte-abbé, pour ce gros morceau, dut lâcher et rendre au roi les quatre abbayes de Marmoutiers, Saint-Claude, Cercamp et Buzay, qui valaient au moins 80,000 livres de rente. Il ne perdait pas au change : il afferma l'abbaye de Saint-Germain pour 180,000 livres, « sans compter les prés réservés, et tout ce que les fermiers lui fournissaient de paille et avoine pour ses chevaux. » Avec cela, le Journal de Lhuynes nous apprend qu'à certain jour il prétendit, ainsi que les princes du sang, ne pas devoir payer ses ports de lettres; mais Louis XV, qui était assez ferme avec les personnes de sa famille, lui dit qu'il avait tort et qu'il devait les payer comme les autres. Il prétendait aussi ne point payer de droits d'entrée pour ses viandes à la barrière, et il y eut un jour, à ce propos, une histoire qui a été racontée diversement, mais où, dans tous les cas et même en en rabattant, il est certain que les gens du prince jouèrent un peu trop du fouet à l'égard d'un commis. Une autre fois, il voulut le prendre sur un haut ton avec le procureur général Joly de Fleury pour une odieuse affaire où s'étaient brutalement compromis un gentilhomme de sa maison et un officier de son régiment : il trouva une ferme résistance dans le magistrat. Plus à ses plaisirs qu'à ses devoirs, on le voit d'abord inexact au Parlement et léger de procédé ; attendu à une cérémonie de réception et n'y venant pas, il oublie de s'excuser. Je rassemble en ce moment bien des torts et des griefs épars durant sa vie. Élu grand maître de l'Ordre maçonnique à la mort du duc d'Antin, il y laissa introduire le désordre par son absence et sa complète incurie ; il fallut, après lui, en venir à une réforme. Chose plus grave ! raillé pour sa nomination à l'Académie française dans une épigramme du poëte Roy, il eut le malheur encore de trouver parmi ses gens un serviteur trop prompt, qui se chargea de le venger moyennant bastonnade sur le dos du satirique : et qu'on n'aille point ici alléguer pour excuse l'indignité de l'homme châtié ; car ce qu'on inflige à Roy aujourd'hui, on le faisait hier à Voltaire, on en a menacé Racine et Boileau. Ce sont des aménités de cet ancien régime où les meilleurs d'entre les grands seigneurs et les gentilshommes avaient peine à se défendre (même quand ils n'y aidaient pas) du zèle de ceux qu'ils appelaient *mes gens*. Et toutefois, malgré ces excès, ces abus et ces prétentions dont je ne lui ai pas fait grâce, le comte de Clermont ne saurait passer pour un des violents de sa maison, et en général tout le monde rendait témoignage de sa douceur et de son affabilité.

Et nous tous, qui que nous soyons, nés heureusement à une époque d'égalité, — de presque égalité, — quand nous avons à juger ces régimes antérieurs et les hommes qui en font partie, qui nous les représentent par des aspects criants, justice est que nous nous disions : Qu'aurions-nous été nous-mêmes, qu'aurions-nous fait, si nous étions venus dans des conditions pareilles où l'on se croit tout permis? car il y a péril alors et chance, — neuf fois sur dix, — qu'on se permette à l'occasion tout ce qu'on peut impunément. On a beau être modéré par nature, un jour ou l'autre la tentation est la plus forte, et l'on y succombe. Il n'est d'aussi sûr garant contre soi-même et contre autrui que les lois.

Le comte de Clermont ne se doutait certainement pas que son nom soulèverait dans l'avenir des questions semblables; sa frivolité débonnaire ne s'agitait que dans le présent. Il eut d'abord pour secrétaire de ses commandements et pour conseiller Moncrif, et, par lui, le prince se trouva mis en relation avec Voltaire. Le poëte eut occasion de le solliciter pour faire jouer une de ses pièces, et il s'en loua vivement; il fut enchanté de son accueil : « Mais comment, Madame? écrivait-il au sortir de là à la princesse de Guise; il est aimable comme s'il n'était qu'un particulier...

Je crus n'y voir qu'un prince et j'y rencontre un homme. »

Le comte de Clermont dut à cette circonstance de se voir nommé dans les premières éditions du *Temple du Goût;* mais cette mention de faveur disparut et tomba, comme tant d'autres noms éphémères, à l'édition définitive.

Cependant le prince était du sang de Condé ; il se sentait brave, et, en dépit de la crosse, il avait hâte de reprendre l'épée. Il eut dispense et entra pour la première fois en campagne à la fin de 1733. Là encore il s'annonça par un travers : il prétendit tout aussitôt, pour commencer, au commandement de l'armée d'Allemagne (1734). Il devait en être nommé généralissime, nous dit d'Argenson : M. de Belle-Isle eût été son premier lieutenant général, et en réalité il eût tout fait. Mais Moncrif comprit que son maître allait se fourvoyer ; qu'il se ruinerait en frais de représentation et débuterait dans la carrière des armes par un ridicule, abbé tout ensemble et généralissime pour son coup d'essai. Il recourut à la mère du prince, Madame la Duchesse, pour l'empêcher de faire ce pas de clerc qu'il lui épargna en effet ; mais il y perdit la faveur, et un soir qu'il rentrait chez son prince, le suisse lui apprit que l'hôtel lui était dorénavant fermé. Cette disgrâce de Moncrif fit sa fortune, puisqu'il lui dut de devenir lecteur chez la reine et d'être la coqueluche des petits appartements. Mais on voit que la bonté même du comte de Clermont, sa bonhomie si vantée, avait ses lunes et ses caprices.

Les premières campagnes du comte de Clermont n'eurent pour résultat que de l'endetter. Il se vit, au retour, dans l'obligation de vendre au roi sa terre de Châteauroux en Berry (1736). Elle devint bientôt le galant apanage que l'on a vu.

Mais ses vrais débuts, les premières campagnes de lui qui comptent sont celles de Flandre, qu'il fit sous les ordres du maréchal de Saxe. Il se distingua fort au siége de Menin, à celui d'Ypres, à celui de Furnes, où il commandait (juin 1744). « On n'avait point vu en France, dit Voltaire, depuis les cardinaux de La Valette et de Sourdis, d'homme qui réunît la profession des armes et celle de l'Église. Le prince de Clermont avait eu cette permission du pape Clément XII, qui avait jugé que l'état ecclésiastique devait être subordonné à celui de la guerre dans l'arrière-petit-fils du grand Condé. » Ce petit-fils eut là, en ces années, quelques éclairs, dignes de la gloire de son aïeul : par son intrépidité personnelle, il fit en toute rencontre honneur à son nom. Quant à la science même et à l'étude du métier, il ne faut pas la chercher en lui. Il avait à ses côtés, dans les deux premiers siéges, M. de Beauvau, maréchal de camp, excellent conseiller, qui fut tué à l'attaque d'Ypres, et imprudemment, par des coups de fusil français. Le comte de Clermont eut toujours ainsi auprès de lui, à la guerre, un mentor ou conseiller ; bientôt Lœwendal à Namur, plus tard M. de Mortaigne à Crefeld. Quand le conseiller était bon, les choses allaient bien. Lui, il n'était que brave au feu et brillant de son épée : il n'avait pas une tête à commandement.

C'est ici que se place l'influence du marquis de

Valfons, quelque temps major général du prince : dans ses *Souvenirs* publiés et qu'on a lus avec plaisir, il n'a eu garde d'omettre les conseils qu'il avait donnés en toute occasion, et il ne s'est pas oublié ; on y prend une idée fidèle de l'état-major du prince, de son caractère indécis, de sa bienveillance un peu molle, en même temps qu'il y est rendu toute justice à son courage à la tranchée et dans l'action.

Cependant les succès réitérés auxquels était mêlé son nom avaient raccommodé dans Paris sa réputation, fort endommagée par les scandales publics des derniers Longchamps. L'avocat Barbier, vrai bourgeois, qui oubliait ce qu'il avait dit auparavant dans son propre Journal, faisait la leçon aux badauds ses compatriotes, et se la faisait à lui-même en ces termes :

« (Juillet 1744.) Le siége de la ville de Furnes tient plus longtemps qu'on ne croyait (*la place pourtant était rendue dès le 10 juillet*). C'est encore M. le comte de Clermont qui fait ce siége. C'est lui qui a tout fait depuis l'ouverture de cette campagne, et qui se présente à tout sans réserve et en brave général. On voit par là le respect que l'on doit aux discours de ville et du public : car que n'a-t-on pas dit contre lui, l'année dernière, et le tout à cause de Mlle Leduc, sa maîtresse ? Le public sera le sot de cette affaire, car quand un prince est brave et s'expose, lui qui pourrait s'en dispenser par sa qualité d'abbé de Saint-Germain-des-Prés, il lui est permis de faire ce qu'il veut à la ville, sans que de petits particuliers, qui auraient peur d'une fusée dans les rues, ou des femmes qui enragent de voir une fille dans une belle calèche, soient en droit d'y trouver à redire. »

Bravo, monsieur Prudhomme ! mais je vous en prie,

ne passez pas tout à coup d'une exagération à l'autre (1).

Louis XV étant tombé malade à Metz pendant cette campagne, le comte de Clermont, sur le conseil de M. de Valfons (celui-ci du moins s'en vante), se rendit auprès du roi, là où était sa place et il n'eut qu'à s'en féliciter ; comme depuis le commencement de la maladie, les *deux sœurs* (Mmes de Châteauroux et de Lauraguais), M. de Richelieu et les domestiques inférieurs étaient les seuls qui entrassent dans la chambre du roi, au grand murmure des princes du sang et des grands officiers exclus, qui attendaient dans une sorte d'antichambre, il prit sur lui d'entrer sans permission dans la chambre du roi et de lui dire « qu'il ne pouvait croire que son intention fût que les princes de son sang, qui étaient dans Metz occupés sans cesse de savoir de ses nouvelles, et ses grands officiers fussent privés de la satisfaction d'en savoir par eux-mêmes ; qu'ils ne voulaient pas que leur présence pût lui être importune, mais seulement avoir la liberté d'entrer des moments, et que pour prouver que pour lui il n'avait d'autre but, il se retirait sur-le-champ. Le roi ne parut point blessé de ce discours; au contraire, il

---

(1) Voltaire, de son côté, prenait acte de l'admiration des bourgeois de Paris, lorsque dans une pièce, assez faible d'ailleurs, *sur les événements de l'année* 1744, il s'écriait :

> L'Ombre du grand Condé, l'Ombre du grand Louis,
> Dans les champs de la Flandre ont reconnu leurs fils ;
> L'envie alors se tait, la médisance admire.
> Zoïle, un jour du moins, renonce à la satire,
> Et le vieux nouvelliste, une canne à la main,
> Trace, au Palais-Royal, Ypres, Furne et Menin.

dit à M. le comte de Clermont de rester, et l'ordre accoutumé fut rétabli. » Le comte de Clermont était en veine de courage ces années-là.

Il fut envoyé, dans les derniers mois de cette même année 1744, sur le haut Rhin avec le chevalier de Belle-Isle ; pendant le siége de Fribourg, il s'avança avec un gros corps de troupes jusqu'à Constance.

Un accident qu'il eut au genou, une fracture de rotule qu'il attrapa en jouant au volant avec Mlle Leduc, le força quelque temps à garder la chaise et à user de béquilles. Il ne fut pas en mesure de reprendre un commandement actif au printemps de 1745 ; il manqua la journée de Fontenoy. *Pends-toi, brave Crillon !...*

A la campagne suivante, il fut détaché, en mai 1746, pour faire le siége de la citadelle d'Anvers. Cette citadelle prise, Rochambeau, qui, au commencement de cette campagne, était aide de camp du duc de Chartres, demanda à ce prince, au moment où il repartait pour Paris à la suite du roi, de le laisser avec son oncle le comte de Clermont, à qui le maréchal de Saxe venait de donner des troupes légères et l'avant-garde de l'armée à commander. Ici nous avons affaire à un nouveau témoin, simple et véridique (1) ; chaque déposition se complète de la sorte et se confirme ; qualités et faiblesses, tout s'y voit :

(1) Les *Mémoires de Rochambeau* (2 vol. in-8°) ont été publiés en 1809 par Luce de Lancival ; mais ce professeur de rhétorique n'a pas mis une seule note à l'édition, n'a éclairci le texte sur aucun point et ne s'est inquiété en rien de le purger des inexactitudes, en ce qui est des noms propres, des titres attribués aux personnes, etc. Il se sera borné à corriger quelques phrases.

« A mon arrivée près de ce nouveau général, nous dit Rochambeau, je me trouvai dans une société qui m'était fort étrangère; ce prince était entouré d'aides de camp qui lui avaient été donnés dans sa petite maison par la fameuse Leduc, sa maîtresse en titre : tous ces messieurs aimaient leurs chevaux et ne voulaient les fatiguer que quand ils étaient commandés ou que le prince montait à cheval. Je débutai par lui demander la permission d'aller, pour mon compte et pour mon instruction, à tous les détachements de hussards qui sortaient du camp. J'accompagnai plusieurs fois le baron de Tott, lieutenant-colonel de Berchiny, auquel il avait beaucoup de confiance et qui entendait bien cette espèce de guerre; nous y eûmes des succès balancés, mais toujours des coups de fusil et des occasions de s'instruire. Au retour de ces détachements, le prince me faisait rendre compte des détails et de la nature du pays que nous avions parcouru; il commença à me marquer de la confiance et beaucoup de satisfaction de mon zèle et de mon activité. »

C'est à ce moment que le comte de Clermont fut pris d'une maladie qu'on ne désigne pas, mais si violente qu'au départ du camp de Walheim il fut impossible de le transporter. Rochambeau, fort intéressant pour nous dans cette partie de ses Mémoires, raconte une anecdote qui caractérise bien les mœurs et procédés militaires de l'époque; les princes du sang y conservaient jusque dans les hasards de la guerre, leurs immunités et privilèges :

« Le maréchal de Saxe envoya demander au prince Charles des sauvegardes, qu'il envoya honnêtement au nombre de cinquante hussards, auxquels on joignit cinquante cavaliers du colonel général, sous le même titre de sauvegarde. Au moyen de ces précautions, le prince fut tranquille dans sa maison au milieu de tous les détachements des troupes légères ennemies. Deux jours après, le prince hors de danger m'envoya au maréchal de Saxe porter une lettre pour l'avertir qu'il rejoindrait l'armée le lendemain. Je marchai sous l'escorte de la patrouille autrichienne, et j'arrivai à la maison du maréchal de Saxe sans trouver d'autre garde que sa garde d'honneur. Je le trouvai sur son lit, écrivant; il avait l'air de Mars sur son lit de camp. Après avoir fait ma commission, je lui fis observer que les hussards autrichiens qui me servaient d'escorte auraient pu la faire comme moi, sur la facilité que j'avais trouvée à arriver jusqu'à sa maison sans trouver un poste français : il se leva, envoya chercher les officiers généraux du jour, et je crois qu'ils furent sévèrement réprimandés. »

Et maintenant veut-on savoir en quels termes le maréchal de Saxe réclamait cette sauvegarde, non pas directement du prince Charles, mais du comte de Batthyany, le général autrichien? Voici sa lettre :

« Au camp de Walheim, le 15 août 1746.

« Monsieur,

« Je ne puis me dispenser d'écrire à Votre Excellence pour la prier d'envoyer à S. A. S. Mgr le comte de Clermont, au château de Saint-Paul, un détachement d'un capitaine et de 50 maîtres, pour lui servir de garde et d'escorte; ce prince est hors d'état d'être transporté, et je lui dois tous les respects dus à un prince du sang du roi mon maître. Les règles militaires me prescrivent cependant, avant toutes choses, de ne m'arrêter sur rien qui puisse nuire au service; ainsi je laisse ce prince à son camp de Saint-Paul avec une garde de 50 maîtres, espérant que Votre Excellence voudra bien obtenir un même nombre de troupes pour sa sauvegarde; elle trouvera ci-joint le passe-port nécessaire pour cette troupe; et les officiers généraux de l'armée que j'ai l'honneur de commander sont instruits de la confiance avec laquelle je fais cette demande à Votre Excellence.

« L'on ne saurait être, Monsieur, etc. »

Et c'est ainsi, en ce temps-là, que se menait la guerre entre adversaires qui savaient vivre : on se rappelle les saluts et les politesses des deux corps d'élite avant les coups de fusil de Fontenoy. Cela n'empêchait pas les pandours de faire toutes leurs horreurs, et le pauvre peuple d'être affreusement pressuré et pillé par amis et ennemis.

M. de Valfons a placé dans le cours de cette année 1746 une brouille du comte de Clermont avec le maréchal de Saxe, et il en donne un récit assez agréable. Le prince, à souper, s'était égayé sur le compte des mœurs plus que galantes du maréchal : c'était bien affaire à lui ; mais enfin le propos, rapporté et envenimé à dessein, avait irrité le maréchal, qui, depuis ce moment, n'épargnait pas, dans les ordres journaliers de service, les petits dégoûts au prince. Celui-ci, outré, pensait déjà à quitter l'armée, lorsque Valfons, à force d'instances, arracha de lui une lettre adroite et polie, avec demande d'explication au maréchal : il se chargea de la remettre et plaida si bien que le maréchal, dans un fourrage qu'il faisait le lendemain non loin du quartier du prince, rabattit de son côté comme par hasard, et y trouva un dîner servi qui l'attendait et où tout s'oublia. L'anecdote doit probablement se rapporter au mois de juin ou juillet, quand le prince était au camp d'Hovorst, avant sa maladie. Il semble, en effet, qu'après cette brouille et ce raccommodement le comte de Clermont se soit piqué d'un redoublement de zèle durant tous les mois qui suivent. Ses lettres au maréchal se multiplient : il rend compte de ses moindres mouvements, des moindres informations qu'il reçoit; il tient à faire preuve de déférence, marquant bien que pour chaque observation il n'attend pas de réponse. On ne saurait de prince plus attentif et plus subordonné à son général en chef et le lui témoignant. Il y a telle lettre instructive où il dénonce la maraude, l'excès de l'indiscipline chez les officiers, une panique des hussards de Berchiny (lettres des 9 et 12 juillet 1746). Enfin il se donne évidemment beaucoup de peine pour bien faire. Aussi le maréchal de Saxe avait-il soin, dans ses rapports à Versailles, d'établir une grande distinction entre lui et le prince de Conti, se montrant tout à fait sûr des sentiments du comte de Clermont à son égard, et se disant persuadé « qu'il ne trouverait jamais de sa part qu'attentions et politesses. »

Le comte de Clermont fut chargé en septembre du siége de Namur. M. de Lœwendal commandait sous lui et dirigeait en réalité les opérations (1). La ville et les forts capitulèrent successivement sans beaucoup de

---

(1) Le ministre de la guerre d'Argenson, dans une lettre au maréchal de Saxe, du 9 septembre 1746, approuvait ce choix de Lœwendal en des termes faits pour ménager l'amour-propre du comte de Clermont : « Sa Majesté a aussi approuvé le choix que vous avez fait de M. le comte de Lœwendal, pour faire sous ce Prince le détail du siége, et pour le soulager, autant qu'il sera possible, dans les soins pénibles auxquels sa volonté le porterait à se livrer tout entier, mais que son état de convalescence ne peut ni ne doit lui permettre. »

défense. L'attaque ne fut un peu rude qu'en raison des escarpements à escalader et des ouvrages à emporter. La garnison hollandaise ne fit point merveille. Rochambeau nous apprend à quel point ces troupes s'étaient abâtardies, depuis que les emplois d'officiers y étaient remplis à prix d'argent par tous les parents et protégés des magistrats et bourgmestres. Aussi il y avait dans cette garnison en tout « cinq ou six braves », avec lesquels la plupart des officiers hollandais n'avaient pas honte de marchander leurs gardes pour s'y faire remplacer quand elles étaient du côté de l'attaque.

Le même Rochambeau nous donne un détail que Valfons, tout occupé de ses affaires personnelles et de ses griefs, a négligé :

« M. le comte de Clermont étant entré dans la ville et logé à l'évêché, l'évêque vint lui donner une alarme qui était très-bien fondée. Il lui dit que l'ennemi ne s'était rendu si promptement que parce que le grand magasin à poudre, qui était dans une casemate du vieux château, était prêt à sauter par tous les débris des poutres que nos bombes avaient incendiées; qu'il y avait cent cinquante milliers de poudre, et que, si ce malheur arrivait, toute la ville courrait de grands risques. M. le comte de Clermont m'y envoya sur-le-champ : j'y trouvai nos compagnies d'ouvriers occupées à le déblayer; ils étaient obligés de prendre, avec le bas de leurs habits, les tonneaux les plus près de la voûte, qui était déjà brûlante. Il y avait aussi des crevasses dans la voûte, que la force de l'inflammation avait produites, par où il tombait des étincelles de feu; enfin les barriques étaient heureusement doubles. L'évacuation de ce magasin se fit avec un ordre et un sang-froid de la part de ces ouvriers du corps royal d'artillerie, qui forcèrent mon admiration. J'y distinguai un de leurs officiers, M de Kervazagan (?), mon compatriote. Je vins au point du jour rendre compte de son évacuation complète : l'évêque et le prince avaient passé une fort mauvaise nuit, et tout le monde se coucha au soleil levant avec une grande satisfaction. »

Me trompé-je? je crois sentir dans ce simple récit de Rochambeau l'homme déjà moderne, l'homme de la guerre d'Amérique et qui a traversé honorablement 89. Son récit est naturel, sans forfanterie : il réserve son admiration pour ces ouvriers du corps d'artillerie dont aucun rapport officiel ne parle et que les brillants aides de camp rougiraient de nommer.

Sur la fin du siége, le maréchal de Saxe écrivit au comte de Clermont une lettre de vive satisfaction sur sa conduite

« Au camp de Tongres, le 26 septembre 1746.

« Monseigneur,

« Ma vénération pour Votre Altesse Sérénissime augmente à mesure qu'elle donne de nouvelles preuves de son zèle pour le service de Sa Majesté. L'habileté et la vivacité avec lesquelles vous conduisez, Monseigneur, cette opération intéressante, méritent les plus grands éloges et ne laissent certainement rien à désirer. »

A quoi le prince répondait : « Être loué par vous, cela me donne bonne opinion de moi. »

La bataille de Raucoux suivit de près la prise de Namur. Dans cette journée du 11 octobre, le comte de Clermont, qui avait rejoint, trois jours auparavant, avec son corps d'armée, fut à l'aile droite en face du village d'Ans : M. de Lœwendal commandait sous lui et dirigeait tout, comme d'habitude. On raconta fort, dans le temps, que le comte d'Estrées, qui faisait la tête de cette droite, ayant remporté un premier avantage et proposant par des raisons évidentes de pousser plus avant l'ennemi, ne put arracher l'ordre qu'il réclamait ; il dut s'arrêter en frémissant. Je donnerai d'abord le récit de M. de Luynes :

« M. de Lœwendal était avec M. le comte de Clermont, et M. le comte d'Estrées faisait l'avant-garde de cette droite. M. d'Estrées, ayant emporté le faubourg de Sainte-Valburge, voulait marcher en avant et suivre les ennemis. M. le comte de Clermont, aux ordres de qui il était, lui envoya dire de s'arrêter. M. d'Estrées renvoya plusieurs aides de camp de suite pour représenter à M. le comte de Clermont la nécessité qu'il y avait de marcher en avant. Voyant enfin qu'il ne pouvait rien obtenir, il y vint lui-même ; il dit avec vivacité à M. le comte de Clermont qu'il lui demandait permission de marcher, au nom de toute l'armée. A ce discours, M. de Lœwendal, par les conseils duquel M. le comte de Clermont s'était toujours conduit, prit la parole et dit au comte d'Estrées : « Vous êtes donc l'orateur de l'armée ? » — « Oui, lui répondit le comte d'Estrées, *parce que je suis Français.* » M. de Lœwendal lui dit : « Ah ! monsieur le comte, vous vous fâchez ; M. le comte de Clermont a envoyé recevoir les ordres de M. le maréchal, il les aura dans un moment. » En effet, la réponse arriva : ce fut d'aller en avant, comme le comte d'Estrées l'avait proposé. »

Ce récit n'est point tout à fait exact, et Rochambeau, présent à l'action, le rectifie sur quelques points :

« M. le comte d'Estrées marcha, à la tête de plusieurs colonnes d'infanterie, droit au village (d'Ans), le faisant tourner par l'infanterie des troupes légères : il fut emporté, et la gauche de l'ennemi fut prise en flanc par tout le corps commandé par ces trois généraux. M. le maréchal de Saxe avait ordonné qu'il se mît en équerre sur le flanc de l'armée ennemie en attendant l'effet des attaques de Raucoux et de celles qui devaient se faire aux villages de leur droite. Le comte d'Estrées, bouillant d'ardeur, vint à M. le comte de Clermont lui montrer le corps que nous avions combattu se retirant dans le plus grand désordre, et la facilité qu'il y aurait à culbuter dans la Meuse tout ce que nous avions devant nous. Lœwendal à pied, braquant sa lunette, lui répondit : « Vous savez les ordres de M. le maréchal; nous les avons remplis; il faut attendre l'effet des attaques de la gauche. » — « Mais si notre gauche n'attaque pas, répliqua le comte d'Estrées, nous manquons une occasion unique; le jour s'avance, nous donnons à l'ennemi tout le temps de se rassurer, et la nuit couvrira sa retraite. » — « Voilà de beaux raisonnements, dit Lœwendal; mais vous êtes aux ordres du prince, et je suis votre ancien. » — « Oui, dit le comte d'Estrées, je suis le cadet, dont j'enrage, *mais je suis Français,* » en se retirant furieux de colère. J'entendis toute cette dispute, et le pauvre prince fut comme un écolier qui laisse toujours parler son gouverneur. »

Le grief contre Lœwendal, on le sent, était qu'il n'était pas Français, et on le lui faisait à tout moment sentir. Ce qu'on n'osait pas dire au maréchal de Saxe, on le lui disait. — La vérité est que l'ordre d'aller en avant n'arriva pas pour le moment : le comte d'Estrées ne put donner son coup de collier que plus tard. On dut attendre l'effet de l'attaque du centre et de celle de gauche, qu'un autre Clermont, M. de Clermont-Gallerande, n'exécuta point à l'heure voulue : ce qui fit faire des plaisanteries et des épigrammes sur les deux Clermont, mais cette fois tout à l'avantage du prince. Il n'y eut, d'ailleurs, que les témoins très-rapprochés qui le surprirent un instant dans ce rôle d'écolier : il fit bien de sa personne et de son concours dans toute cette journée. Il avait eu dans cette campagne un de ces mots heureux et bien français qui courent et qu'ensuite tout Paris répète. Comme le duc de Chartres, le prince de Dombes, le comte d'Eu, le duc de Penthièvre, s'apprêtaient à quitter l'armée, à la suite du roi, après la prise d'Anvers (1), quelqu'un demandant au comte de Clermont quand il partirait lui-même, il lui échappa de répondre tout naturellement : « Il n'y a que les princes qui partent ; moi je reste. »

Mais c'est assez, pour cette fois, du comte-abbé, dont on n'a plus envie de rire. Il nous laisse du moins sur la bonne bouche.

(1) Barbier, dans son Journal, cite ce mot et le met après la prise de Namur ; il me semble que, s'il a été dit dans cette campagne de 1746, il n'a pu l'être qu'après la prise d'Anvers.

Lundi 11 novembre 1867.

LE COMTE DE CLERMONT

ET SA COUR

PAR M. JULES COUSIN.

(SUITE.)

Nous sommes à l'endroit vraiment honorable de la carrière du comte de Clermont, à ce qui le rend digne, aujourd'hui encore, qu'on s'occupe de lui. La campagne recommença de bonne heure en Flandre (fin de mars 1747). Le prince était aux ordres du maréchal de Saxe dès les premiers jours d'avril. Je dois à l'amitié de M. Camille Rousset les billets suivants, extraits des Archives du ministère de la guerre. Je supprime les fantaisies d'orthographe, qui du comte de Clermont au maréchal de Saxe ne laissent, de part et d'autre, rien à désirer.

« A Sedan, le 7 avril 1747.

« Je viens d'arriver, Monsieur le maréchal, et me voilà prêt à exécuter les ordres que vous voudrez bien m'adresser. Personne ne peut les suivre avec plus de désir de remplir exactement vos intentions que moi, parce que personne ne vous aime, Monsieur le maréchal, plus tendrement que

« L. (c'est-à-dire, Louis de Bourbon) » (1).

A quoi le maréchal de Saxe répondit :

« A Bruxelles, 10 avril 1747.

« Soyez le bienvenu, Monseigneur, et nous ferons de la bonne besogne, s'il plaît à Gott, le Dieu des Allemands. Ces messieurs voulaient nous manger avant que nous puissions être rassemblés. Il faut les gruger par détail et puis leur donner des coups comme à Raucoux. Vantez-vous-en. J'ai signé tout plein de lettres que votre courrier vous apporte. Il s'agit d'aller à Namur, et de là nous verrons le 15. Les Hollandais crieront *aïe, aïe !* Qu'ils crient ou ne crient pas, il n'importe guère, mais il m'importe que vous soyez persuadé de mon attachement.

« M. DE SAXE. »

Et à son tour le prince, ripostant sur le ton le moins officiel, répliquait à cette réponse du maréchal :

« A Sedan, le 12 avril 1747.

« J'ai reçu, Monsieur le maréchal, votre première lettre du 10. Qu'il plaise à Gott ou qu'il ne lui plaise pas, nous ferons tou-

---

(1) Cependant, comme le comte de Clermont a été de l'Académie française, il n'est pas indifférent de mettre, ne fût-ce qu'en note, un échantillon de son orthographe ; ainsi le billet qu'on vient de lire est orthographié dans l'original de la façon suivante :

« A Cedan le 7 avrille 1747.

« Je vient dariver Monsieur le Marechal et me voila pret a exequter les ordres que vous voudres bien madresser personne ne peut les suivres avec plus de desir de remplir exactement vaux intentions que moy parceque personne ne vous eime M. le Marechal plus tendrement que L. »

8.

jours de bonne besogne avec vous, et je vous promets de m'y mettre jusqu'au cou et de vous y servir en ami : je m'en vante et du grand vent. Je pense que de faire crier les Hollandais et nous d'en rire est un parti qu'il a fallu toujours prendre, et puisqu'il l'est, il ne faut pas l'abandonner, surtout quand on a quelqu'un comme vous pour les goguenarder ; car, ma foi ! si vous vous y mettez, nous rirons à gorge déployée, et eux ne riront pas même du bout des dents, ainsi que fait, dit-on, saint Médard. Enfin, Monsieur le maréchal, je me prépare à la joie, et elle sera fort grande, quand vous en aurez vos lauriers et que j'en aurai fourni quelques branches. Voilà la façon de penser du plus sincère ami que vous ayez et qui s'appelle

« Louis de Bourbon. »

Nous aurions dès ce moment, si c'était le lieu, à faire quelques remarques sur le style particulier de ce prince du sang, style médiocre, délayé, imagé pourtant, mais d'images volontiers basses et communes, comme de quelqu'un qui use avec un parfait sans gêne des plaisanteries courantes dans le populaire et jusque sur le théâtre de la Foire. Il n'était que d'être prince pour se permettre de ces trivialités.

La première partie de cette campagne de 1747 se passa à prendre les places et forts de la Flandre hollandaise, et, pour ainsi dire, à déblayer le terrain, avant que le maréchal mandât au roi qu'il était temps de venir. Le roi ne partit que dans les derniers jours de mai : tout juin se passa à des mouvements de troupes, à des fourrages, à des escarmouches. La correspondance du comte de Clermont avec le maréchal pendant ces mois préliminaires est aussi remarquable d'entrain que d'exactitude et respire la cordialité. La bataille qu'on attendait ne se donna que le 2 juillet. Dans les mouvements de troupe qui la préparèrent, le comte de Clermont eut un rôle principal. M. de Crémille, l'excellent major général, le Chanlay du règne de Louis XV, écrivait au prince, du camp de Malines, le 14 juin :

« Permettez-moi, Monseigneur, d'oser assurer Votre Altesse Sérénissime du plaisir que j'ai à voir commencer, sous ses drapeaux, les opérations de cette campagne, dont les succès ne peuvent manquer de devenir bien glorieux, par les dispositions excellentes qui les dirigent, et dont la conduite est remise en de si bonnes mains. »

Et le maréchal lui écrivait de Louvain, à la date du 27 juin :

« Monseigneur,

« J'ai reçu les lettres que Votre Altesse Sérénissime m'a fait l'honneur de m'écrire le 25 et le 26, etc.

« Elles font, Monseigneur, aussi bien que les précédentes, dont j'ai trouvé les *duplicata* dans celle du 26, l'éloge de votre zèle, de l'étendue de vos lumières et de votre application au service de Sa Majesté. Les détails dans lesquels veut bien entrer Votre Altesse Sérénissime ne laissent rien à désirer du côté de leur justesse, et de la netteté avec laquelle ils sont rendus... »

Le roi, nous dit Voltaire, voulait la bataille. Le maréchal, un peu forcé, la donna le 2 juillet. La position des ennemis était forte ; elle n'avait pu être bien reconnue. C'est à cette journée que le comte de Clermont se distingua le plus comme chef. Il n'eut pas seulement, comme à Raucoux, à soutenir son avant-garde, il fut continuellement engagé de tout son corps d'armée et de sa personne dans les différentes attaques acharnées qu'il fallut faire pour emporter le village de Lawfeld, qui était l'objectif et le pivot de l'action. Quantité d'officiers généraux ou de colonels tombèrent des premiers frappés dans ces attaques meurtrières. « De six colonels d'infanterie de ce corps de Clermont-Prince, il y en eut cinq tués ou blessés. » C'est Rochambeau, l'un des colonels blessés, qui nous donne le chiffre. Le prince présent au feu encourageait ses brigades : il paya ce jour-là sa dette à son roi et à sa patrie.

Voltaire, pressé par la duchesse du Maine qui y avait ses fils et qui lui demandait de célébrer Lawfeld comme il avait chanté Fontenoy, ne le fit pourtant qu'à son corps défendant et dans une mince Épître : il prétexta la dureté des noms, les deux Nèthes, Helderen ou Herderen, Rosmal ou Rosmaer :

> La gloire parle, et Louis me réveille :
> Le nom du roi charme toujours l'oreille ;
> Mais que Lawfeld est rude à prononcer !

Son Épître est faible. Un beau mouvement toutefois, et digne de Voltaire quand il est éloquent, y salue ces nobles blessés, le comte de Lautrec, le marquis de Ségur, mutilé d'un bras :

> Anges des cieux, Puissances immortelles
> Qui présidez à nos jours passagers,
> Sauvez Lautrec au milieu des dangers ;
> Mettez Ségur à l'ombre de vos ailes.
> Déjà Raucoux vit déchirer son flanc...

Quant au comte de Clermont, qui n'est désigné qu'en courant par Voltaire, il le prenait sur un ton plus prosaïque, bien qu'avec son genre de verve, à lui. Et d'abord au maréchal, il écrivait gaillardement deux jours après la bataille :

« Au camp de Rosmaer, le 4 juillet 1747.

« Il vient de m'arriver, Monsieur le maréchal, un tambour de l'armée des alliés : je vous l'envoie, imaginant que vous ne voulez pas, surtout après la journée d'avant-hier, leur rien cacher. Si je fais une sottise, mandez-le-moi, et je n'y retomberai plus.

« Je vous envoie en même temps une espèce de nigaud ou soi-disant tel, qui est venu tomber dans un de mes postes. Il se dit cadet au régiment de..., et a fini par me demander du service en France. Vous le ferez questionner. J'ai reposé un peu ma goutte aujourd'hui, et je suis en état de sauter vingt-quatre semelles pour votre service. Ne doutez pas, Monsieur le maréchal, de la tendre et sincère amitié que je vous ai vouée. »

Tout ceci est bien. Mais je dois une autre lettre de cette date, et fort intéressante, à M. Camille Rousset encore, qui est aux sources de cette histoire militaire des xviie et xviiie siècles, et qui y préside avec libéralité. Cette autre lettre est adressée à l'un des familiers du prince, M. d'Élèvemont (ou Delvemont), qui sera l'un de ses prochains acteurs de société à Berny. J'ai pourtant hésité un peu avant de donner cette curieuse épître dans toute son étendue, car elle n'est héroïque qu'à demi ; le commencement en est vif et sent le style de bivouac, à ce point que j'ai dû laisser en blanc deux ou trois mots ; mais le reste se délaye, s'étend, tombe dans le commérage; on est noyé dans l'abondance des trivialités. A un endroit on est tout surpris de voir qu'un général, commandant un corps d'armée en mouvement, traîne avec lui toute une ménagerie d'animaux : c'est bien du prince qui, à l'âge de quatorze ans, avait ce singe favori qu'il faisait magnifiquement enterrer. En un mot, si le commencement de cette lettre est bien du cousin de Henri IV, la fin, avec son laisser aller et son déboutonné, est encore plus du cousin de Louis XV. Toutes ces précautions prises, voici la lettre entière, qui me semble déjà contenir en soi le relâchement et la décadence de celui qui n'aura été héros qu'un instant :

M. LE COMTE DE CLERMONT
A M. D'ÉLÈVEMONT.

« Au camp de Reckem, le 12 juillet 1747.

« Je vous remercie, pays, du compliment que vous me faites sur la dernière bataille. Je m'y suis démené comme un diable dans un bénitier, et j'ose dire que mes peines n'ont point été inutiles. J'étais goutteux comme un vieux braque ; cela ne m'a pas empêché d'être alerte comme un... de noce (*Ici je saute un mot de bivouac ou de la Foire*), et même cela m'a guéri pour quelques jours. Mais ne voilà-t-il pas que la goutte m'a repris au gros doigt du pied, depuis que je ne me dissipe qu'à faire quelques escarmouches ! Cependant elle prend son parti, à ce que je crois, car je souffre moins aujourd'hui, malgré une grande promenade que je lui ai fait faire hier ; je vais tâcher de lui donner le dernier coup de pouce.

« Je crois qu'on en dit de bonnes à l'arbre de Cracovie (*au Palais-Royal, là où se tenaient les nouvellistes*). Je voudrais bien être sur une des chaises de la brune, à côté de toutes les perruques rousses, pour entendre le haricot qu'ils font de nous tous, et aussi pour y voir passer des paniers. Je crois que cela me réjouirait le blanc de l'œil. Mandez-moi si nous allons faire encore quelque expédition ; je serais bien aise de l'apprendre ici à beaucoup d'honnêtes gens qui l'ignorent. Faites mes compliments à tout le monde, dites-leur que je me porte comme le Pont-Neuf ou le Pont-Royal, selon que vous jugerez celui des deux qui se porte le mieux ; ce sera certainement comme celui-là que je me porte.

« J'ai fait l'acquisition de deux corbeaux qui sont gros comme des dindons, qui sont noirs comme des taupes, et qui se battent comme deux diables ; j'y vais mettre le holà ; c'est ce qui m'empêche de vous dire bien des choses plus importantes encore que celles que je vous ai mandées, quoiqu'elles ne laissent pas que de l'être. Ils viennent de faire la paix sans mon entremise ; mais voilà ma marte qui veut manger ma pie. Ces diables d'animaux-là me feront tourner la tête ; ce qui fait bien voir combien il est difficile de concilier les différentes nations.

« J'ai reçu des lettres d'une personne (*sans doute Mlle Leduc*) que vous voyez souvent ; mais il ne me paraît pas encore qu'elle ait reçu des miennes. Cependant je lui ai écrit deux mots le soir de la bataille sur le cul d'un chapeau, et tous les autres jours ensuite le petit sauteur (*probablement le petit comte de Billy*) s'est escrimé aussi de détails qui doivent être parvenus à cette heure.

« Adieu, pays, tenez-vous joyeux ; c'est un spécifique souverain contre le renard, comme c'en est un pour bien faire ce que l'on veut faire, ce que l'on fait et ce que l'on fera. »

Un spécifique contre le renard..., c'est sans doute quelque dicton de paysan ou de chasseur. Mais n'admirez-vous pas la différence des époques, la décadence du goût plus sensible encore chez ceux qui ne craignent pas de se montrer en déshabillé ? Certes, le grand

Condé, lors même qu'il badinait, devait écrire autrement ; et que diraient les Bussy, les Saint-Évremont, les La Rochefoucauld, les Clerembaut, les Grammont, de cette étrange qualité de langage? Quel ton habituel et relâché cela fait supposer dans cette petite Cour princière ! Car, on dira ce qu'on voudra, ce n'est pas là de l'esprit ; c'est du jargon, et de bas étage.

Même dans la correspondance militaire donnée par Grimoard, je trouve des exemples de cette trivialité foncière, nourrie de dictons et d'adages, qui est la marque du comte de Clermont. Ainsi dans une lettre du 17 septembre 1746 :

« Je vois, Monsieur le maréchal, par la copie de la lettre que vous écrivez à M. d'Argenson, aussi bien que par tout ce qui s'est passé jusqu'à présent, que vous ne pouvez mieux faire que de vous porter en personne à Villers-Saint-Siméon. On dit que *l'œil du maître engraisse le cheval ;* aussi vous êtes-vous *donné les violons* de ce qui aurait peut-être embarrassé les autres, pour ne pas dire pire. »

Après Lawfeld, dont le résultat n'avait pas été décisif, la position des ennemis derrière Maëstricht rendant ce siége impossible pour le moment, on se résolut à celui de Berg-op-Zoom, afin d'avoir du moins à montrer un fruit de la victoire. L'éclat de la dernière affaire, la part importante qu'il y avait prise, paraissent avoir excité l'ambition du comte de Clermont : il aspirait à être chargé de ce nouveau siége, comme il l'avait été de celui de Namur. Il eut une mortification sensible de se voir préférer M. de Lœwendal. Ce fut le désagrément de ce passe-droit qui le découragea, s'il faut en croire

Laujon, et qui le rejeta dans les plaisirs. Il s'y serait replongé un peu plus tôt, un peu plus tard; car, après Berg-op-Zoom, il ne se fit plus rien de remarquable, et la paix coupa court pour un temps au métier des armes.

On voit par le Journal de Luynes que le comte de Clermont obtint en mars 1748, et en prévision sans doute de la prochaine campagne, une patente de *généralissime* à peu près pareille à celle qu'avait sollicitée et obtenue précédemment le prince de Conti. Il devait, en vertu de cette patente, avoir autorité sur les autres maréchaux, excepté (bien entendu) le maréchal de Saxe. C'est surtout contre le tout récent maréchal de Lœwendal, le vainqueur de Berg-op-Zoom, que le comte de Clermont paraît avoir voulu se mettre en garde par ce diplôme; il craignait d'avoir à obéir à celui qu'il avait eu nominalement sous ses ordres. Le jour où il céda à cette préoccupation de prérogative et d'amour-propre, il était redevenu prince, il avait cessé d'être le soldat que nous avons vu.

On ne dit pas qu'il ait en rien assisté aux opérations de 1748 et contribué aux savantes manœuvres qui devaient amener l'investissement de Maëstricht. Il est décidément à bout de son entrain, et il a dit adieu à la gloire.

Va donc désormais pour les plaisirs! C'est le tour de Mlle Leduc de régner sans partage. Ici commencent, à proprement parler, les divertissements de Berny, qu'on a comparés sans trop d'ambition à ceux de la Cour de Sceaux. M. Jules Cousin nous y fait assister par les extraits qu'il donne du répertoire, par le tableau de la troupe et la revue des principaux acteurs. Rien de plus éphémère que ces jeux et ces spectacles de société. Laujon, qui en était le grand artisan à Berny, le disait avec grâce en publiant après plus d'un demi-siècle son *Mélange de Fêtes...* « Puissiez-vous ne pas oublier que le principal attribut du poëte de société, c'est la complaisance, et que le désir de plaire est le seul vœu qu'elle lui prescrive ! » Il est difficile d'intéresser la postérité à des plaisirs passés, qui ont pu paraître charmants à leur minute ; mais elle-même aurait tort aussi de trop chicaner des gens qui ont pris où ils l'ont voulu un divertissement à leur usage. Après tout chaque coterie a raison dans son genre de goût, à la condition de le garder pour elle et de ne pas prétendre l'imposer. La littérature le plus souvent n'a rien à y voir. Ce qu'on peut dire seulement, c'est que le comte de Clermont eut la main heureuse en rencontrant le petit Laujon, imagination aimable et fertile, qui le fournit à souhait de scènes, de ballets, de couplets, de vaudevilles, de paysanneries, de parades. On parcourt encore sans ennui le volume où le chansonnier octogénaire s'est plu, en 1811, à recueillir quelques-uns de ces opuscules fugitifs. Laujon, dans cette carrière facile, — pas si facile qu'il semblerait, — se proposait pour maître et pour modèle, il le reconnaît, l'ingénieux Benserade, ce véritable inventeur des ballets modernes et qui, à toutes les critiques dont il se voyait l'objet en son temps de la part du rigide Despréaux, avait pour réponse : « J'ai du moins imaginé un plaisir. » Collé, d'une humeur moins douce que Laujon, et qui sur la fin n'avait de gaieté que dans ses œuvres, fut aussi appelé à Berny. Il raconte, de son ton caustique, comment le prince le consulta un jour sur une pièce dont il se croyait bonnement l'auteur pour en avoir donné ou changé quelques mots, et qui était d'un gentilhomme de sa maison : « Quand cette comédie a été achevée, nous dit Collé, Son Altesse l'appela simplement *notre pièce*, et il finit par l'appeler *ma pièce*, en sorte qu'elle a été jouée autant sous le titre de *la pièce du prince* que sous celui de *Barbarin*. » Le prince en reçut des compliments de tout le monde, y compris ceux de ce sournois de Collé, avec le même aplomb que Louis XVIII se laissait louer et admirer à bout portant pour un mot de Beugnot.

Le comte de Clermont croyait avoir fait tout seul cette pièce, absolument comme il croyait avoir pris Namur. Guerre ou plaisirs, Lœwendal, Laujon ou tout autre, il eut toujours quelqu'un qui le soufflait.

On ne s'étonnera pas qu'étant dans cette disposition et dans cette veine de quasi-auteur, le comte de Clermont ait voulu être de l'Académie française. Il avait eu l'idée, quelques années auparavant, d'être grand prieur de Malte. Il voulait être bien des choses à la fois ; il lui passait par la tête bien des idées qu'il n'accomplissait qu'à demi. C'est ce qui arriva pour cette affaire académique. D'Alembert et Duclos l'ont racontée dans ses moindres détails. Il s'agissait de remplacer M. de Boze : Bougainville, le traducteur de l'*Anti-Lucrèce*, était sur les rangs et allait passer. Il avait pour lui, comme on disait, « tous les gens qui aiment le bien. » Le parti philosophique, qui le comptait pour adversaire, n'était pas fâché de lui couper l'herbe sous le pied. Duclos, le courtisan bourru, qui avait été sondé à l'avance et consulté par quelque émissaire de Berny, se mit à la tête de ceux qui portaient le prince : il jouissait de faire pièce à son bon ennemi d'Olivet. Il y eut du dessous de cartes dans l'affaire. On fit remettre l'élection qui avait été d'abord annoncée pour le samedi 24 novembre 1753. La prétention du comte de Clermont ne fut déclarée qu'au dernier moment, à la séance du 1er décembre. On avait tenu la chose exactement secrète. Le prince était allé la veille à Versailles demander au roi son agrément, et le roi avait promis le secret. A l'ouverture de la séance, le maréchal de Richelieu, assis à côté du président Hénault, lui demanda à qui il donnait sa voix. — « A Bougainville, » dit le président, qui, ainsi que tous les académiciens de la Cour, était pour le protégé de la reine. — « Je parie que non, » dit en riant le maréchal. Le président Hénault fut fort surpris que son voisin parût savoir mieux que lui pour qui il était; mais, au même moment, le secrétaire perpétuel Mirabaud tirait de sa poche et lisait la lettre du comte de Clermont par laquelle Son Altesse remerciait la Compagnie d'avoir songé à elle. Il y eut des figures longues. Le prince fut élu, très-probablement à l'unanimité : le registre de l'Académie ne parle pourtant que de la *pluralité* des voix (1). Quelques-uns, et de

---

(1) On lit dans les Registres de l'Académie française : « Samedi 1er décembre 1753. La Compagnie s'étant assemblée aujourd'hui au

ceux-là mêmes qui se trouvaient pris à l'improviste, faisant aussitôt du zèle, avaient proposé de voter par acclamation ; mais la majorité voulut suivre les usages, et on alla au scrutin. C'était une sorte de triomphe pour les lettres que cet hommage que leur rendait un prince du sang, honoré jusqu'alors pour ses succès militaires, et qui, en voulant bien devenir un académicien, aspirait à être un égal. Le comte de Clermont avait eu, en effet, d'abord cette noble pensée ; mais, à peine nommé et la chose éclatant aux applaudissements du public, il eut aussitôt à combattre les objections de ses entours, de ses hauts parents les autres princes. Quoi ! un des leurs faire acte et profession d'égalité dans un discours solennel de réception ! Il n'eut pas la force de résister à cette espèce de conjuration domestique. Il y eut un mémoire écrit au nom du prince sur la question, et une réponse catégorique et fort digne, de Duclos : il importait au moins qu'après l'avance qu'on lui avait faite et qu'elle s'était empressée d'accueillir, la Compagnie ne reçût point un affront. Le prince dans l'embarras s'en tira par un demi-parti et un expédient qui lui fut suggéré, dit-on, par sa sœur Mlle de Charolais : il éluda la séance de réception et fit son entrée à la sourdine. Il n'était pas encore reçu au mois de mars 1754, et les réceptions alors suivaient de

nombre de vingt-sept académiciens pour nommer un successeur à feu M. de Boze, et M. Du Clos ayant été fait évangéliste (*vérificateur du scrutin*), M. le comte de Clermont, prince du sang, a eu la pluralité des suffrages, tant par le scrutin des billets que par celui des boules. Le roi, à qui M. le directeur (M. Hardion) a rendu compte de cette élection le même jour, y a donné son agrément. »

plus près les nominations qu'aujourd'hui. Le mardi, 26 mars, qui était un jour d'Académie, il résolut d'y arriver incognito et de surprendre l'assemblée. « Il arrive au vieux Louvre, nous dit M. de Luynes, sans être attendu, et il entre dans une salle sans savoir où il était ; il reconnaît que c'est l'Académie des Sciences ; il sort au plus tôt et arrive enfin à l'Académie française ; il prend place auprès de l'abbé Alary ; le directeur, qui est M. de Saint-Aignan, n'y était point. » Collé, qui nous complète, dit que Mirabaud présidait ce jour-là ; il tenait du moins le bureau en qualité de secrétaire perpétuel : à la vue du soudain confrère qui faisait son apparition, il ne quitta point le fauteuil pour le lui donner. Le prince, tout timide qu'il était et aussi incapable de parler en public qu'un Nicole ou qu'un La Rochefoucauld, fit cependant de sa place un petit compliment à l'assistance (1), se félicitant d'être entré dans une Compagnie si savante, où il trouverait des conseils et des exemples. Il dit encore, en recevant son jeton comme les autres membres présents, qu'il s'en tenait si honoré, qu'il aurait envie de le faire percer pour le porter à sa boutonnière ; il ajouta que ce serait « sa croix de Saint-Louis d'académicien », et autres agréables fadaises. Enfin il paya ses confrères, un peu désappointés, de la meilleure monnaie qu'il put ; on eut, de sa bouche, de l'égalité tant qu'on en voulut, à huis

---

(1) L'Académie était réduite au plus petit comité ; il n'y avait ce mardi-là que neuf membres présents (Mirabaud, Duclos, Sallier, Mairan, d'Olivet, Alary, Marivaux, Crébillon, Du Resnel) ; le comte de Clermont fit le dixième.

clos. Il avait escamoté sa réception ; mais il avait manqué, après l'avoir recherchée, cette bonne fortune unique et cette occasion de « popularité littéraire ». Hors ce seul jour, il ne parut plus jamais à l'Académie. Désigné deux fois par le sort pour être directeur, il n'en remplit pas les devoirs en recevant les nouveaux élus, qui l'avaient été sous sa présidence. Les mêmes considérations d'incompatibilité qui l'avaient retenu pour sa propre réception l'empêchaient de présider à la réception des autres. Il n'avait pas même cru devoir venir voter le jour de l'élection. C'était tellement une affaire d'étiquette, que le duc de Luynes n'a pas manqué d'en tenir compte dans son Journal :

« L'Académie française élut le 22 de ce mois (septembre 1755) M. l'abbé de Boismont, grand prédicateur, à la place de feu M. l'ancien évêque de Mirepoix. La séance de l'Académie était de vingt-cinq (présents). M. le comte de Clermont avait écrit à l'Académie pour s'excuser de venir à l'élection, attendu qu'il était obligé d'aller à Fontainebleau. On a fait registre de cette lettre. »

C'était bien poli à lui de chercher un si légitime prétexte pour s'excuser. Il exprimait volontiers, d'ailleurs, dans le particulier, sa peine de ne pouvoir venir quelquefois, et il témoignait en paroles combien cette privation lui coûtait. Quand j'ai dit qu'il ne remplit jamais ses devoirs de directeur, il y eut pourtant une circonstance où il en fit les fonctions : c'est lorsqu'on songea à réunir les différentes fondations successives, destinées à des prix d'académie, et à les constituer en un seul fonds pour un prix annuel qui subsiste encore sous cette forme, et qui est alternativement d'*éloquence* et de *poésie*. L'agrément du roi était nécessaire pour autoriser cet arrangement. Le comte de Clermont, directeur, se fit un plaisir d'aller présenter au roi le vœu de la Compagnie, et la démarche eut son effet (1). En un mot, le prince fit tout pour dédommager en détail ses confrères, excepté sur le point essentiel et chatouilleux, où il avait reculé. Mais on voit d'autant mieux dans cet exemple et le peu de caractère de ce brave prince, et surtout la tyrannie du préjugé d'inégalité.

En revanche, on lit dans ce même Journal de Luynes, vers ces mêmes années, qu'un jour le roi étant allé voir le château d'Anet, appartenant à la duchesse du Maine, au défaut de la duchesse qui ne s'y trouvait pas, les princes ses fils, le prince de Dombes et le comte d'Eu lui en firent les honneurs : « M. le comte de Clermont y était aussi; il s'éloigna dans le moment que le roi se mit à table, pour que M. le prince de Dombes pût présenter la serviette à Sa Majesté. » Ainsi il voulut bien, dans ce cas d'exception, céder l'insigne honneur de présenter la serviette, prérogative à laquelle

---

(1) On a copie de la lettre par laquelle il annonçait à l'Académie le résultat :

« A Berni, 20 août 1755.

« Suivant les intentions de l'Académie française, Monsieur, j'ai demandé au Roi qu'il voulût bien permettre que l'Académie réunît ses trois prix en un. Sa Majesté a eu la bonté de me dire qu'elle l'approuvait et le permettait, d'autant qu'Elle trouvait que les prix comme ils sont à présent sont trop médiocres. Je suis fort aise d'avoir eu une occasion de faire quelque chose qui pût être agréable à l'Académie. Je vous prie de lui communiquer ma lettre, comme contenant la volonté du Roi. Ne doutez pas, Monsieur, des sentiments particuliers que j'ai pour vous.

« *Signé :* LOUIS DE BOURBON. »

il tenait beaucoup sans doute, mais à laquelle certainement les mêmes personnes, qui devaient bientôt s'opposer à ses désirs académiques comme à une dérogation, attachaient un souverain prix. Ce sont là des signes qui parlent plus haut que tous les raisonnements. Déracinez donc, si vous le pouvez, de telles idées inhérentes à un régime, sans détruire ce régime de fond en comble! Qu'une société, hélas! a de peine à passer sans secousse d'un règne moral à l'autre, et que ceux qui essayent d'établir des pentes insensibles, des transitions graduelles, sont les malvenus! Combien, si l'on n'y prend pas garde, combien, à voir toutes ces bonnes intentions imparfaites, ces velléités d'avant 89 déjouées et non suivies d'effet, on est tenté par moments, et en désespoir de cause, de donner raison aux Chamfort!

Le prince, bonhomme au fond, associait en lui bien des contradictions qu'il ne démêlait pas. La même année qu'il prétendait à un siége à l'Académie et qu'il ambitionnait d'appeler confrères les gens de lettres, il méconnaissait ce qu'il y a de sérieux dans les Lettres mêmes et ce qui leur confère le seul caractère sans lequel elles resteraient à jamais futiles. Et ici c'est d'Argenson qui nous renseigne :

« Avril 1753. — Jean-Jacques Rousseau, de Genève, auteur agréable, mais se piquant de philosophie, a dit que les gens de lettres doivent faire trois vœux : *pauvreté, liberté, vérité*. Cela a indisposé le Gouvernement contre lui. Il a témoigné ses sentiments dans quelques préfaces ; sur cela, on a parlé de lui dans les Cabinets, et le roi a dit qu'il ferait bien de le faire renfermer à Bicêtre ; S. A. S. le comte de Clermont a encore ajouté que ce serait bien fait de l'y faire étriller. »

Un tel méchant propos ressemble peu au prince. Quoi! Monseigneur, traiter Jean-Jacques comme le poëte Roy, faire bâtonner l'un et l'autre en moins d'une année; mais y pensez-vous bien? — Même en laissant le propos du comte-abbé pour ce qu'il est, c'est-à-dire pour une légèreté malheureuse, il demeure très-grave et à sa charge : de tels mots, qui partent sans réflexion, jugent ceux auxquels ils échappent. Il en résulte bien nettement que ce prétendu académicien n'était que frivole; qu'il ne concevait les gens de lettres que comme des amuseurs, tout au plus comme des professeurs d'élégance, et que, dès qu'il leur arrivait de penser un peu ferme, il ne les avouait plus.

Il me reste encore à dire. Cette fois le comte de Clermont nous laisse sur l'impression la plus désagréable, et pour ceux qui trouveraient qu'il nous arrête bien longtemps, je ferai observer que c'est moins un homme en lui qu'un régime que nous étudions.

Lundi 18 novembre 1867

LE COMTE DE CLERMONT

ET SA COUR

PAR M. JULES COUSIN.

(SUITE ET FIN.)

Le comte de Clermont était un abus en personne, un abus vivant, et son énorme dot ecclésiastique, appliquée comme il le faisait, rendait dès lors cette existence amphibie plus bizarre que d'autres et d'un scandale plus criant. Je ne cherche, en insistant, qu'à dégager le sens historique de cette individualité disparate, de cette production parasite d'un régime social évanoui. L'homme était assez bon et doux, la superfétation était monstrueuse. On parle toujours de corruption à propos du xviiie siècle : cette corruption, ce semble, la voilà bien, nous la touchons ici du doigt dans un exemple qui n'a, d'ailleurs, rien de personnellement odieux et qui peut se considérer sans trop de dégoût.

Un des épisodes de cette vie de Berny, et qui nous en apprend long sur les mœurs du temps et du lieu, est celui du petit comte de Billy. Fils orphelin de l'ancien ami du prince, du premier gentilhomme de sa chambre, il était comme adopté par lui et sur un pied de familiarité, de camaraderie même, qui, à ce degré et avec la disproportion des âges, ne laisse pas de surprendre. Le prince l'avait baptisé *Cupidon;* il le mettait de toutes ses parties avec sa maîtresse et la sœur de sa maîtresse; il l'avait fait, au sortir de l'enfance, colonel de son régiment d'Enghien : une fois il le voulut marier à une riche héritière roturière, à une demoiselle *Moufle,* qui apportait près d'un million; mais le père Moufle, informé à temps des mœurs du sujet, eut le bon sens de se dédire et de réserver sa fille pour quelque marquis moins mal noté. Le prince, là-dessus, demanda au ministre de la guerre la croix de Saint-Louis pour dédommager son jeune protégé de cette déconvenue matrimoniale. On a, par MM. de Goncourt d'abord (1), et ensuite plus au complet encore par M. Jules Cousin, toutes les lettres qui initient à ce micmac d'intimité et qui sont d'un singulier ton. Le petit colonel, très-virtuose et un peu cabotin, qui d'ailleurs s'était bien battu en Flandre à côté du prince, mourut épuisé à vingt ans; et, pour couronner l'œuvre, le comte de Clermont, au milieu de toutes les plaisanteries, des niaiseries à la Gille et des grivoiseries habituelles qu'il échangeait avec ce badin pupille, s'avisa un matin qu'on n'avait

(1) *Portraits intimes* du xviiie siècle (deuxième série), par MM. Edmond et Jules de Goncourt, pages 184 et suiv.

oublié qu'une chose, la première communion du chérubin, et il la lui fit faire *in extremis,* quand on vit la phthisie arrivée à son dernier période. Je sais que d'autres peuvent avoir une impression différente; mais pour moi, celle qui résulte d'un pareil épisode que ne relèvent en rien les distinctions de l'esprit est des moins attrayantes et des moins agréables; je n'y puis voir qu'une des plaies et des laideurs de l'époque. Le spectacle d'une folle jeunesse qui se noie dans les plaisirs et dans l'orgie au sortir de l'enfance est de tous les temps : il est vrai qu'ici ces circonstances caractéristiques d'être colonel presque à la jaquette et de faire sa première communion de raccroc à la dernière heure, grâce à un prince-abbé aussi édifiant, impriment à l'historiette une variété piquante et y mettent en plein la signature du xviiie siècle.

J'oubliais de dire que le petit comte de Billy avait pour cousin du côté maternel et pour tuteur légal Bachaumont, l'auteur des *Mémoires secrets*, et c'est dans les papiers de ce dernier que s'est rencontrée cette correspondance moralement instructive. Il n'y a rien que de naturel dans cette liaison des noms; il n'est que juste que ceux qui alimentent la chronique scandaleuse soient cousins de ceux qui l'écrivent.

On a nommé, et moi-même j'ai rappelé à propos des divertissements de Berny, ceux de la Cour de Sceaux. Mais, en réduisant cette dernière à sa juste valeur et en ne voyant dans la princesse naine qui y tenait le sceptre qu'un bel esprit impérieux et fantasque, il serait vraiment injurieux de pousser plus loin la comparaison et de confondre pour la qualité des goûts la duchesse du Maine avec son neveu. La Cour de Sceaux, même en son meilleur temps, fut toujours un peu arriérée sans doute, cantonnée dans son vallon, fermée aux lumières et au souffle du dehors, obstinément cartésienne par M. de Malezieu; mais ce Malezieu était un homme de savoir, nourri de premières études très-fortes, qui lisait Sophocle dans le texte, et chaque jour il passait là, dans ce cercle de la princesse, des personnes du premier ordre par l'esprit : Voltaire, Mme du Châtelet, Mme du Deffand; Mlle de Launay, ce témoin exquis qui fait loi devant la postérité, y était en permanence. Il suffit de jeter les yeux sur les singuliers autographes qui nous viennent de Berny pour mesurer en un clin d'œil toute la distance : on était tombé de la langue si pure encore et si juste des dernières années de Louis XIV à celle que parlaient Mlle Leduc et ses pareilles. En regard de ces misérables billets écrits en zigzag après boire, et signés *Tourlourirette,* mettez donc le portrait de cette Louise-Bénédicte, dont Mlle de Launay, qui ne la flatte pas, disait : « Personne n'a jamais parlé avec plus de justesse, de netteté et de rapidité, ni d'une manière plus noble et plus naturelle... Sa plaisanterie est noble, vive et légère. » — Et sans remonter aux autres petites Cours d'une date antérieure, si l'on compare seulement Berny à ses rivales contemporaines, à la Cour du prince de Conti à l'Isle-Adam, à celle du duc d'Orléans à Villers-Cotterets, quelle différence encore, quelle distance! C'est presque une profanation, à côté de cette Mlle Leduc, même épousée et devenue comme dans une mascarade marquise de Tourvoie, de nommer la comtesse de Bouflers qui présidait avec tant d'intelligence et de goût au salon de l'Isle-Adam, cette généreuse amie de Hume, de Rousseau et de Gustave III, esprit supérieur malgré de légers travers, et dont quelques pages, aujourd'hui retrouvées, sont dignes de l'histoire (1). Et osera-t-on bien comparer aussi, du plus loin qu'on veuille s'y prendre, à cette dame plus que vulgaire de Tourvoie, Mme de Montesson, qui tenait dans les dernières années la Cour du duc d'Orléans et qui réussit à être épousée ; celle-ci, une vraie madame de Maintenon en diminutif, un parfait modèle de maîtresse de maison dans la plus haute société, faible auteur de comédies sans doute, mais actrice de salon excellente, ingénieuse dans l'art de la vie et dans la dispensation d'une fortune princière, personne « de justesse, de patience et de raison », qui ne pouvant, sur le refus du roi, être reconnue pour femme légitime, sut par son tact sauver une position équivoque, éviter le ridicule et désarmer l'envie, saisir et observer, en présence d'un monde malin et sensible aux moindres nuances, le maintien si délicat d'une épouse sans titre? J'emprunte tous ces traits au duc de Lévis son peintre. Enfin, lorsque sous le Consulat la bonne société eut sa renaissance et que l'épouse du premier Consul, Joséphine, renouant la chaîne des traditions polies, eut l'idée de rallier les élégants débris

---

(1) Voir dans *Gustave III et la Cour de France,* par M. Geoffroy, l'admirable lettre de la comtesse de Bouflers sur la mort de Louis XV, tome I, page 269.

de l'ancien monde, à qui donc songea-t-elle d'abord à s'adresser si ce n'est à Mme de Montesson elle-même qui vivait encore, et qui avait su conserver ou reformer après la Révolution son cercle distingué d'amis? Il y a, on le sent, un abîme entre de tels noms de femmes qui font honneur à qui les aime, et Mlle Leduc que le comte de Clermont, même livré à elle et soumis, n'estimait pas. Il faisait éclairer sa conduite par la police. On en a les rapports, ô honte! et il y avait lieu. On ne lui disait pas tout (1). Ce descendant des Condé (ne marchandons pas les mots), en s'associant pour la vie une telle compagne, avait donc mis la tête sous un joug avilissant.

Il en porta la peine. Et d'abord elle le ruina, une première fois et même, dit-on, une seconde. Elle ne lui prêta aucun secours pour les relations qu'une femme distinguée est habile à nouer autour d'un personnage isolé par l'étiquette et défendu par son rang : elle ne lui fit pas d'illustres amis. Aussi vit-il enfermé dans son cercle, ce qu'on appelle sa Cour, et il n'en sort pas. Il n'y appelle que des amuseurs légers. On ne le rencontre pas dans le siècle. Il ne participe en rien aux

---

(1) Je me contenterai d'indiquer une *Anecdote sur Louis XV* racontée par Sélis et qui se trouve dans la *Décade philosophique* du 6 septembre 1797. En admettant que ce récit a dû être quelque peu dramatisé, on y reconnaît un fond et un premier canevas de vérité. Mlle Leduc y joue son rôle, et il est dit du comte de Clermont: « Il a eu d'elle beaucoup d'enfants ; il lui donna dans un accès de jalousie un coup de canif dans le front, et il la fit marquise. » Ses coups de canif, à elle, on ne les compte pas. — Le *beaucoup d'enfants* se réduit à deux que la dame lui a donnés ou prêtés.

lumières, aux idées générales du temps : il n'en est que par une certaine bonhomie et simplicité de ton et par une certaine douceur de mœurs.

Il y a, pour moi, une mesure qui ne trompe guère pour apprécier ces divers mondes du passé, et quand je dis moi, je parle pour tout esprit curieux qui s'intéresse aux choses anciennes et qui, sans y apporter de parti pris ni de prévention systématique, est en quête de tout ce qui a eu son coin d'originalité et de distinction, son agrément particulier digne de souvenir; il est une question bien simple à se faire : Voudrions-nous y avoir vécu ? Eh bien! oui, j'aurais aimé à vivre, ne fût-ce qu'une semaine, dans la petite Cour de Sceaux qu'on a appelée *les galères du bel esprit*. En revenant à Paris, après y avoir passé toute une semaine à m'évertuer en si haute compagnie, j'aurais dit peut-être *ouf!* et je me serais senti délivré; mais, somme toute, ma huitaine n'eût pas été mal employée. J'aurais aimé encore être en villégiature à l'Isle-Adam, à prendre le thé dans ce salon que nous a peint Olivier, à écouter, pendant que Mozart était au piano, les discussions d'art ou de politique qui se tenaient dans quelque aparté. J'aurais aimé encore à connaître cette figure de bon goût, la marquise de Montesson, et à assister chez elle aux dernières réunions de l'ancien régime dans ce qu'il avait de varié et de choisi. Mais de Berny, il faut l'avouer, je ne me soucie guère. Vingt-quatre heures qu'on y aurait passées devaient être suffisantes pour en guérir. On y avait beaucoup de bruit et d'étourdissement, ce qu'on a dans tous les lieux où l'on s'amuse à grands frais. J'ai lu tout ce qu'on nous en a dit et ce qu'on nous en montre; cela ne donne nullement envie d'y avoir vécu.

Quoi qu'il en soit, et de quelque manière qu'ils s'y amusassent (ce qui ne regardait qu'eux), on aurait peine à se figurer, si les faits n'étaient présents, que c'eût été après dix années d'une existence voluptueuse et casanière, ainsi menée au grand jour, que le ministère fût allé faire choix du comte de Clermont pour le créer général en chef d'une armée dispersée en pays ennemi et qui avait déjà usé deux maréchaux. Si sa bravoure personnelle n'était pas douteuse, son incapacité comme chef était connue. On savait qu'il ne faisait rien sans un tuteur. La paix avec ses délices vieillit vite les militaires qui n'ont pas en eux le démon incarné. Le comte de Clermont s'était si bien acoquiné à Berny qu'il n'allait plus même à Versailles qu'à de très-rares occasions; et l'appartement inscrit à son nom était plutôt devenu celui du roi Stanislas ou de tout autre hôte au gré de la reine. Son corps s'était épaissi dans l'inaction. Il s'était rouillé. La lame devait avoir peine à sortir du fourreau. C'était donc, à tous égards, une résolution inexplicable que celle qui, après dix ans d'une pareille oisiveté, le plaçait pour la première fois à la tête d'une armée et dans des conditions aussi critiques que celles d'alors.

La France était entrée, par l'alliance de Vienne, dans la guerre de Sept-Ans et s'était donné bénévolement pour adversaire le plus grand capitaine du siècle. Le maréchal d'Estrées avait, dès le mois de mai 1757, commandé la campagne sur le Bas-Rhin et en Westphalie, et il y avait porté la prudence et les précautions d'un général expérimenté. Mais on ne fut pas content de lui à Versailles ni dans les états-majors. Les jeunes têtes de l'armée trouvaient qu'on y mettait trop de lenteur, et il fut bientôt décidé, entre Mme de Pompadour et l'abbé de Bernis, que le maréchal d'Estrées serait remplacé par Richelieu. Sur ces entrefaites, et pendant que se consommait l'intrigue, d'Estrées gagna la bataille d'Hastenbeck, et le maréchal de Richelieu eut le désagrément de venir relever son rival au lendemain d'une victoire.

Richelieu était alors dans tout son éclat, dans tout le brillant de cette *poudre aux yeux* dont il eut l'art d'éblouir ses contemporains, même à la guerre. Il avait été chargé, l'année précédente, du siége de Mahon, entrepris fort à la légère, et il y avait réussi par un de ces coups de main où excelle la valeur française. Rochambeau, qui servait sous lui, a rapporté fort exactement ce premier exploit avec tous ses risques, et il a cité un propos chevaleresque du maréchal : « Il n'y a personne dans l'armée qui ne pense comme moi qu'il vaut mieux se faire moine au haut du Monte del Toro que de rentrer en France sans avoir pris Mahon. » Le succès répondit à l'audace. Il est bien dommage que cette réputation de chevaleresque fût bornée à la bravoure un jour d'action, et qu'elle se crût compatible avec des actes si vilains dans la conduite ordinaire de la vie. On sait, en effet, qu'à peine mis à la tête de son armée du Nord, Richelieu, pressé d'en finir et poussant le duc de Cumberland qu'il surprenait dans un état de lassitude et de décomposition morale, se hâta de conclure avec lui, par l'entremise d'un ambassadeur de Danemark, le comte de Lynar, espèce de fou mystique, la Convention dite de Kloster-Zeven, en vertu de laquelle toute l'armée ennemie alliée devait se disperser. Cela fait, il s'empressa de quitter ce point éloigné de l'action sans veiller à l'exécution ultérieure d'une Convention ainsi bâclée, et il se rapprocha des opérations du centre, « courant, comme on dit, deux lièvres à la fois et devant les manquer tous deux. » C'est alors que M. de Soubise, que ses amis de cour avaient porté à la tête d'un corps particulier d'armée, et que le maréchal de Richelieu avait dû renforcer d'un détachement de vingt mille hommes, essuya la fatale déroute de Rosbach. Les alliés, se ravisant aussitôt, refusèrent d'exécuter la Convention, et le maréchal de Richelieu se trouva attaqué sans être prêt ni rassemblé. Il pourvut tant bien que mal aux premières dispositions et demanda, dit-on, son rappel : il n'y avait qu'un cri de tout le pays de Hanovre contre lui, et les plaintes étaient allées jusqu'à Versailles. Le comte de Clermont, dans de pareilles circonstances, arrivait avec mission de remonter la discipline et de réparer les fautes de son prédécesseur.

Frédéric, le royal historien, trop peu apprécié chez nous, raconte qu'au moment le plus critique de ses affaires, après Kloster-Zeven et avant Rosbach, obligé d'avoir recours à tout, d'employer la ruse et la négociation, il envoya à Richelieu un colonel Balbi déguisé en bailli. Ce colonel connaissait le duc pour avoir fait quelque campagne en Flandre avec lui. Balbi essaya de lui insinuer des propositions pour ramener la Cour de Versailles à des sentiments plus pacifiques et moins autrichiens, et voyant que le maréchal ne se croyait pas assez d'influence à Versailles pour s'y faire négociateur, il se rabattit à lui demander qu'il voulût au moins avoir quelque ménagement pour les provinces du roi où il faisait la guerre. « En même temps, ajoute Frédéric, on régla avec lui les contributions ; et il n'est pas douteux que les sommes qui passèrent entre les mains du maréchal ne ralentirent dans la suite considérablement son ardeur militaire (1). »

Le mot est terrible. Cette parole de Frédéric marque son homme. Ainsi le duc de Richelieu entre en une sorte de connivence avec l'ennemi pour argent, et cela s'appelle l'homme chevaleresque du xviiie siècle ! Oh ! vieux chevaliers, types d'honneur et de probité, où étiez-vous ? L'admiration, l'engouement pour un tel homme, même après les déprédations avérées du Hanovre, est, à mes yeux, une des lèpres du xviiie siècle. La tête d'une société est bien malade quand elle prend pour son idéal de pareils Don Juans, dont le vice surtout est contagieux. Le maréchal de Richelieu, dans les camps comme dans la société, a été un dépravateur public.

Le comte de Clermont était honnête homme ; mais

---

(1) Vérifiez, si vous voulez, sur l'édition Decker de Berlin, la seule authentique. — Ne pas se fier aux éditions françaises qui se disent exactes et fidèles, mais qui en imposent.

sa probité était-elle d'une trempe à réagir contre d'aussi désastreux exemples? La réponse à une semblable question est déjà faite : il n'est pas un de ceux qui nous ont lu jusqu'ici qui ne sache à quoi s'en tenir. Les contemporains, apparemment, n'y virent pas si clair. On se disait qu'il aurait d'excellents et fermes lieutenants généraux, il avait demandé Chevert, Saint-Germain Contades : Chevert fut retenu à Paris par une maladie grave. M. de Crémille devait être son major général : par malheur, on le lui retira pendant la campagne. On avait cherché à l'entourer de tous les secours. Par malheur encore, il eut pour conseil plus particulier et pour régent M. de Mortaigne, personnage opiniâtre et qui ne justifia en rien cette confiance. Il partit de Paris le 1er février 1758. Sa mission, après le scandale des maraudes et pillages effrontément exercés, même en pays soumis, semblait être d'abord de discipline autant et plus que de guerre. Il avait ordre, en arrivant à l'armée, d'écrire à tous les Électeurs et princes de l'Empire avec lesquels on n'était point en guerre, « pour leur donner part du choix que le roi avait fait de lui, et leur marquer que Sa Majesté était dans la ferme résolution de faire observer la plus exacte discipline dans ses troupes et d'empêcher toute vexation. » Arrivé à l'armée, ses fautes de général commencèrent dès le premier jour. Il avait pour adversaires les premiers lieutenants de Frédéric, le duc Ferdinand de Brunswick, et son neveu le prince héréditaire, un héros dans toute l'ardeur de la jeunesse. C'était l'illustre Pitt qui, arrivé au pouvoir, avait persuadé au roi d'Angleterre de mettre le duc Ferdinand de Brunswick à la tête de l'armée des alliés et de le demander au roi de Prusse, afin d'abolir toute trace d'une Convention honteuse. Le duc Ferdinand, dès la fin de novembre, s'était rendu à Stade, en Hanovre, par des chemins détournés, et il y avait trouvé aux environs, comme premier noyau, un corps de trente mille hommes que le maréchal de Richelieu, dans sa légèreté, avait négligé de désarmer. Le comte de Clermont, mal informé et sans coup d'œil, ne se méfiait d'abord que du prince Henri de Prusse à sa droite : il eut l'idée d'y fortifier un camp. Sur l'observation de Rochambeau, que le péril était surtout pour les quartiers de gauche et que le prince Henri ne pouvait guère s'éloigner de la Saxe, le comte de Clermont répondit : « Il faut toujours remuer de la terre, cela en imposera à l'ennemi. » — « Je partis donc pour ma destination, nous dit Rochambeau, après une réponse aussi lumineuse. » Mais bientôt l'attaque rapide se dessina vers les quartiers de gauche, où les princes de Brunswick portaient leur effort. Ce fut une suite ininterrompue d'échecs et de revers de l'Aller et du Weser au Rhin. On n'avait que le temps d'évacuer sur toute la ligne et de se replier en abandonnant les malades, les farines. On brûlait les équipages, on jetait du canon dans les rivières : c'était un complet délabrement. Des hommes courageux, tels que M. de Morangiès, gouverneur de Minden, laissé sans secours, se rendaient avec le poignard dans le cœur, mais avec une tache à leur nom. Les fièvres sévissaient pendant ces marches précipitées. Vers la fin de mars, le comte de Clermont lui-même fut pris d'une esquinancie qui le mit à toute extrémité. Les alliés firent onze mille prisonniers dans cette course victorieuse de février en mai. Ils étaient sur le Rhin en juin et obligèrent le comte de Clermont à le repasser.

C'était le moment ou jamais d'une bataille. On en attendait la nouvelle à Versailles, non sans anxiété. Trois ou quatre jours auparavant, le maréchal de Belle-Isle, ministre de la guerre, ayant reçu un courrier du comte de Clermont, qui n'apportait que des détails sur la position de l'armée, jugea pourtant devoir en rendre compte immédiatement au roi; il le trouva dans la cour du château, déjà en carrosse, prêt à partir pour le pavillon de Saint-Hubert, et il n'hésita pas à faire arrêter le carrosse pour donner les lettres à lire : « Cela dura un demi-quart d'heure, nous dit M. de Luynes, et fit un spectacle, car il n'est pas ordinaire de voir un secrétaire d'État, ni qui que ce soit, faire arrêter les carrosses du roi, et c'est peut-être la première fois que cela est arrivé, au moins depuis longtemps. » Une victoire, en effet, eût été un grand soulagement après une aussi triste campagne, et, sans réparer les fautes, elle les eût couvertes; l'honneur du comte de Clermont eût été sauvé. Mais le prince fit dans cette dernière position, et sur une échelle resserrée, les mêmes fautes qu'il avait commises dans l'ensemble. Négligent jusqu'à la fin et mal instruit des mouvements de l'ennemi, il remettait d'établir une communication facile de sa droite à son centre et de son centre à sa gauche, et quand on lui en parlait, il disait qu'il le ferait faire *dans deux jours*. On pouvait garnir cette gauche de redoutes ; mais on se flattait que les ennemis n'oseraient jamais marcher à nous. Des bois et des haies qui étaient sur notre front auraient dû être fouillés et gardés : il n'en fut rien, et dans la journée du 23 juin, dans ce triste combat de Crefeld, le jeune Gisors, à la tête des carabiniers, eut à charger de l'infanterie qu'il perça avec une valeur incroyable; mais il fut atteint à mort d'un coup de feu à la haie (1). Les dispositions étaient si mal prises ou plutôt si totalement absentes, qu'on ne s'aperçut que la gauche était tournée qu'au moment de l'attaque, et que toutes les forces de la droite et du centre furent inutiles de ce côté. Lorsqu'il fallut opérer la retraite et retirer la grosse artillerie, ce furent des officiers qui durent prendre sur eux de l'escorter et de faire l'arrière-garde : ils n'avaient pas reçu d'ordre. Je ne saurais rendre, même après une étude fort légère, tout ce qu'inspire le spectacle d'une telle impéritie, d'une telle insouciance. Que serait-ce si je racontais toute la vérité? Le comte de Clermont était à table lorsqu'il apprit cette attaque de sa gauche. Il se leva sans se hâter autrement. Son conseiller Mortaigne lui dit qu'il allait ordonner de faire marcher des troupes de l'aile droite pour soutenir la gauche. Sentant l'absurdité de cette manœuvre et pour lui donner à enten-

(1) Cette figure intéressante du comte de Gisors, l'honneur de l'armée et « l'un des meilleurs sujets du royaume », est devenue l'objet d'une étude historique particulière sous la plume de M. Camille Rousset. — On verra plus loin le compte rendu de ce volume consacré à mettre en lumière une noble et touchante figure, de la famille des Hippolyte de Seytres et des Vauvenargues.

dre qu'il se méprenait, le prince adressa à Mortaigne un de ces dictons vulgaires et même grossiers que recueille un Suétone ou un Bachaumont, mais qui ne sont pas faits pour *le Moniteur* (1). Digne cousin de Louis XV, il se moquait de son conseiller, au moment où il le laissait maître absolu d'agir et de prendre le mauvais parti. Il lui arriva de dire un peu plus spirituellement, en se désolant avec son neveu le prince de Condé : « Ce n'était pas la peine à M. de Belle-Isle de m'envoyer un tuteur ; j'en aurais bien fait autant tout seul. » Ce prince, quand il parlait ainsi, n'avait plus rien de cet aiguillon de la gloire qui prend au cœur les nobles natures et les laisse dévorées de douleur après

---

(1) J'écrivais alors dans *le Moniteur,* et cela eût été vrai de tout autre journal. Dans un livre, et en écrivant chez soi, on est plus libre. Il existe au Dépôt de la guerre des Mémoires inédits du marquis de Voyer, fils du comte d'Argenson, sur la campagne de 1758. C'est dans ces Mémoires qu'on lit le passage suivant (dans la crise de la bataille, le comte de Saint-Germain, fortement engagé à la gauche, envoie demander du soutien) : « L'envoyé de ce général
« avait trouvé à pied dans la plaine M. le comte de Clermont, qui,
« après l'avoir écouté, se retourna pour piss... M. de Mortaigne dit
« qu'il allait ordonner de faire marcher des troupes de l'aile droite
« pour soutenir l'aile gauche. Son Altesse Sérénissime répondit
« tout en piss... : « Mortaigne, prenez garde de prendre votre c...
« pour vos chausses. » Sans doute, ajoute M. de Voyer, que ce prince
« sentit l'absurdité de tirer d'un point aussi éloigné que la droite
« le secours nécessaire à la gauche ; mais il eut la faiblesse de ne
« pas s'opposer à ce ridicule arrangement. » Supposez un moment en imagination que le prince de Condé, dans la gloire des journées de Rocroy et de Lens, et à la faveur d'un songe comme le figurent les poëtes épiques, aperçoive tout à coup, dans l'avenir, un de ses descendants perdant une bataille dans une telle posture et sur un tel mot, et demandez-vous ce qu'il en dira !

un affront. Tout ce qu'il y avait eu d'âme guerrière en lui s'était éteint. Son élévation avait révélé son néant moral et sa nullité.

Notre armée frémissait de rage. Le comte de Clermont avait pris son parti de tout. Rappelé sur le coup et relevé de son commandement, il était rendu à Versailles le vendredi 21 juillet; il y vit le maréchal de Belle-Isle, et ensuite le roi dans son cabinet. « Le roi lui dit qu'il le trouvait maigri; il lui parla de sa santé, de la ville de Cologne, de l'élection du pape; enfin il fit la conversation avec lui pendant trois quarts d'heure comme à l'ordinaire. » Roi et prince du sang, voilà des gens assurément d'humeur commode et sans bile : je ne les en félicite pas. Puis cela dit, et sa visite faite, le comte de Clermont, comme si de rien n'était, s'en retourna à Berny (1).

Cependant les divertissements de Berny avaient aussi reçu leur échec : sans parler des dettes où tant de spectacles et de violons à payer avaient jeté le prince, il n'y avait plus moyen, comme auparavant, de venir à chaque fête, dans un couplet final, célébrer invariablement le héros de Lawfeld ou de Raucoux. Les lauriers étaient

(1) On peut voir, au chapitre IX du *Traité des grandes opérations militaires* par Jomini (4ᵉ édit., 1851, tome II, pages 1-38), le jugement définitif que la science militaire et l'histoire ont porté sur cette campagne de 1758, qui a immortalisé dans le plus triste sens le nom du comte de Clermont. Grâce à la conduite qu'il tint d'un bout à l'autre de cette campagne, son nom est désormais un des trois ou quatre qui viennent le plus naturellement sous la plume toutes les fois qu'on a à citer des généraux pitoyables de l'ancien régime, « les Villeroy et les Marsin, les Clermont et les Soubise. »

coupés. Les épigrammes et les refrains satiriques avaient pris le dessus. Le *général des Bénédictins,* comme on l'avait surnommé dans la dernière guerre, était désormais averti de songer tout de bon à se réformer. Pendant cette période de déclin, le comte de Clermont vécut plus habituellement dans une petite maison qu'il avait rue de la Roquette. Il subit la loi du temps : il devint dévot avec les années. C'est alors sans doute que, pour apaiser ses scrupules et pour épurer le passé, il contracta un mariage de conscience avec Mlle Leduc. Il ne fit que suivre le courant de l'opinion publique en se mettant du parti contraire à la Cour dans l'affaire des Parlements et en s'abstenant de paraître à la séance royale pour le Parlement-Maupeou. Cependant il put, ainsi que les autres princes du sang, engagés dans la même opposition parlementaire, entendre vanter, à cette occasion, son courage civil et ses vertus de citoyen. Il mourut le 16 juin 1771, avec cette légère auréole de popularité. Il avait soixante-deux ans. Comme il était bienfaisant et charitable, il fut regretté par les pauvres gens de son faubourg.

Voici une assez jolie anecdote, recueillie en dernier lieu par M. Jules Cousin, et qui témoigne en effet de la bonté du prince. Louvigny, son capitaine des chasses, avait, dans une ronde de nuit, surpris un braconnier des plus habiles nommé La Bruyerre : il l'avait remis à la disposition de M. d'Estimonville, capitaine des chasses du prince de Condé, qui l'avait fait jeter en prison. Le braconnier était à Bicêtre. Le comte de Clermont s'avisa alors de dresser toute une liste de questions sur les ruses du braconnage et les secrets du métier qui font partie de l'art du chasseur; il donna ordre à Louvigny de ménager au prisonnier toutes les facilités pour y répondre à son aise, lui promettant sa liberté et mieux encore s'il consentait à tout dire. La Bruyerre, se piquant d'honneur, répondit sur tous les points avec tant de franchise et de promptitude, que le prince non-seulement le fit remettre en liberté, mais lui donna une place de garde de ses chasses, comme pour vérifier en sa personne le dicton : « Il n'est si bon garde qu'un vieux braconnier. » Il en résulta un volume intitulé : *les Ruses du Braconnage, mises à découvert par L. La Bruyerre, garde de S. A. S. Mgr le comte de Clermont,* qui se publia à Paris l'année de la mort du prince. C'est ainsi que le comte de Clermont aimait à se venger.

En résumé, ce rejeton d'une grande race avait de vagues instincts, de bons commencements, mais rien de complet. Le caractère lui a manqué : il est resté en deçà de tout. Il n'a pas été général, quoique ayant assez bien fait la guerre au début. — Il n'a pas été bon académicien, quoique ayant consenti à se faire nommer, et il n'a pas eu le courage du discours de réception. — En trempant aussi avant que personne dans les mœurs et dans les licences du jour, il n'a pas su soutenir la gageure ni être jusqu'au bout un hardi viveur comme Maurice de Saxe, ou un libertin de bel air comme Richelieu. — Mélange peu relevé d'homme d'Église, d'homme de guerre, d'homme de plaisir et finalement de dévot; au demeurant, fort bonhomme, mais un Condé dégénéré.

Lundi 2 décembre 1867.

ŒUVRES DE VIRGILE.

TEXTE LATIN,

PUBLIÉ D'APRÈS LES TRAVAUX LES PLUS RÉCENTS DE LA PHILOLOGIE,
AVEC UN COMMENTAIRE CRITIQUE ET EXPLICATIF, ETC.,

PAR M. E. BENOIST (1).

Il y a eu entre les destinées d'Homère et celles de Virgile, dans les temps modernes, une grande différence. Vers la fin du siècle dernier, à la suite et à l'occasion de la découverte du texte et des scolies de l'*Iliade* dans la bibliothèque de Saint-Marc par Villoison, et de l'édition qu'il en donna à Venise en 1788, il s'est fait toute une révolution sur Homère, sur la manière d'envisager les poëmes homériques, leur mode de composition, leur mode de transmission longtemps

(1) In-8°, à la librairie Hachette, boulevard Saint-Germain, 77. — La première partie seulement avait paru, contenant les *Bucoliques* et les *Géorgiques*, avec une Introduction et une Notice.

oral, et aussi il s'en est suivi de graves remaniements dans la constitution du texte lui-même. Il ne s'est passé rien de semblable sur Virgile. Un grand et admirable érudit, un complet humaniste et un critique supérieur, Heyne, avait repris à temps, un siècle à peine après le Père de La Rue, toutes les questions concernant le divin poëte qui n'avait cessé d'être présent et bien connu ; et précisément à la même époque où Wolf méditait ou proclamait sa révolution sur Homère, Heyne achevait de donner sa seconde, puis bientôt sa troisième édition du Virgile monumental où tout est rassemblé, éclairci, prévu en quelque sorte, et où il semble qu'il n'y ait plus que d'insignifiants détails à ajouter ou à corriger. Au moment où tout Homère était remis en question, Virgile semblait plus définitivement assis que jamais. En présence de ce sort nouveau et aventureux qui attendait les poëmes homériques, ainsi lancés derechef à travers tous les périls de la critique sur le vaste océan des conjectures, un admirateur attristé du vieil Homère, se voyant arraché tout à coup à ses habitudes, aurait pu, par contraste, adresser aux amis de Virgile ces paroles de félicitation empruntées au poëte lui-même :

> Vivite felices, quibus est fortuna peracta
> Jam sua ; nos alia ex aliis in fata vocamur.
> Vobis parta quies. . . . .

« Heureux Virgile, heureux les virgiliens, vous qui êtes au port! nous, les amis d'Homère, nous voilà rejetés sur les flots et ballottés de destins en destins pour je ne sais combien de temps encore! Vous, vous n'avez qu'à relire et à jouir! »

Cet état de calme et de stabilité pour Virgile et son peuple a duré jusqu'en 1841 environ, c'est-à-dire pendant près de cinquante ans. Et pour emprunter encore à l'ordre politique une comparaison frappante, je dirai que, grâce à Heyne, à sa docte et sage critique compréhensive, progressive et conciliatrice, on a eu la réforme de Virgile sans en avoir la révolution. Wolf a fait son 89 sur Homère; mais Virgile, comme la Constitution anglaise qui se perfectionne sans se détruire, a continué de durer (1).

Cependant tout marche. Les années et le travail des hommes apportent (ne fût-ce que lentement) leurs modifications incessantes et leurs résultats. On s'est aperçu, à un certain moment, que l'édition de Heyne ne répondait plus à tout, que sur bien des points il y avait à

(1) Il ne faudrait pas croire cependant que l'édition de Heyne ait eu tout d'abord et partout le succès et l'autorité qu'elle devait avoir. Dans la Correspondance fort intéressante de Fox et de Gilbert Wakefield, le savant critique, il y a un endroit où Fox, sur une remarque de Wakefield, relative à l'*Énéide,* lui dit qu'il ne possède pas le *Virgile* de Heyne et qu'il n'a jamais eu l'occasion d'y regarder. A quoi Wakefield répond : « Vous m'étonnez extrêmement en me disant que vous n'avez point Heyne. Je sais que c'était de mode, il n'y a pas longtemps encore, pour bien des gens, de déprécier ses travaux sur Virgile, et particulièrement parmi ces messieurs d'Eton qui se piquent en tout d'être *les premiers de la création.* Mais je ne voudrais à aucun prix être privé de son édition, non plus que de celle de Burmann : elles sont absolument essentielles, à mon jugement, non-seulement pour un *examen critique,* mais encore pour une *intelligence élégante* de ce parfait et délicieux auteur. » (Lettre à Fox, du 22 avril 1801.)

dire, soit pour la constitution du texte, soit pour l'orthographe ancienne à rendre plus conforme aux meilleurs manuscrits, soit pour la part d'autorité à attribuer aux premiers commentateurs. Spohn et Wagner, de pieux disciples de Heyne, ont commencé ce travail de révision et de contrôle comme sous les auspices encore et sous l'invocation du maître. Wagner, en donnant la quatrième édition du Virgile consacré, et en paraissant demander grâce pour s'être permis d'y indiquer quelques corrections et d'y ajouter partout où il avait pu des perfectionnements, terminait sa préface par cette sorte d'adjuration aux mânes vénérables : « Mais toi, Ame pieuse et ingénue de Heyne, si ta pensée s'abaisse encore sur ces choses, pardonne, je t'en supplie, s'il m'est échappé, chemin faisant, quelques mots non assez respectueux à ton égard ; pardonne, si ma médiocrité a avancé quelque chose qui ne soit pas assez digne d'un si grand nom et d'une si grande renommée dont tu as acquis la plus grande part par ton zèle à éclairer ces mêmes poëmes. Certes, lorsqu'il est si difficile d'exceller en une seule partie, je ne puis assez admirer la force presque divine de ton esprit qui a su embrasser tant et de si grands sujets, que ce qui suffirait à plusieurs pour éterniser leur nom se rencontre réuni en toi seul. Aussi en trouvé-je à peine un autre dont l'exemple se puisse recommander à l'égal du tien pour exciter l'émulation de la jeunesse, éprise de ces nobles études. Oh ! qu'elle ne cesse de faire à ton école le grave apprentissage des Muses ; qu'elle s'accoutume à considérer tes travaux, et qu'elle t'ait pour modèle dès ses jeunes ans! (1) » Certes, ce n'était pas là le langage d'un disciple révolté; et pourtant Wagner était déjà, par le cinquième volume qu'il ajoutait en 1841 aux quatre tomes de Heyne, un disciple qui ne se tenait pas pour entièrement satisfait de ce qu'on possédait et qui voulait faire un pas de plus.

Ce pas en avant, il le faisait dès lors lui-même en réformant l'orthographe du poëte, en essayant de son chef une édition critique qui, d'abord introduite sous le couvert de Heyne, mais bientôt détachée de sa souche et marchant seule hardiment, devint le point de départ et donna le signal de toute une nouvelle série de travaux. Le fait est, me disent de bons juges, que l'exemple de Philippe Wagner a complétement renouvelé la critique de Virgile (2).

Toute une race de nouveaux philologues est née depuis, pour qui évidemment Heyne n'est plus le grand

---

(1) Wagner, dans ces derniers mots de sa Préface, détournait et appliquait, moyennant un léger changement, à son maître Heyne les beaux vers que Virgile a mis dans la bouche d'Évandre, confiant à Énée son fils Pallas et l'envoyant apprendre le métier des armes sous le héros troyen:

. . . . Sub te tolerare magistro
Militiam et grave Martis opus, tua cernere facta
Adsuescat, primis et te miretur ab annis!
(Æn., VIII, 515.)

(2) Pour être juste avec Wagner qui, plus modeste et plus sobre que d'autres, n'a pas cru devoir accuser sa méthode d'une manière aussi tranchée, il faut avoir sous les yeux son *Virgile* dans la troisième édition, essentiellement améliorée (*superioribus multo præstabilior*), qui a paru en 1861.

prêtre de Virgile. Je craindrais, en les énumérant, de n'être pas assez précis et de ne point faire à chacun sa part. Sans parler de Hofman Peerlkamp, l'ingénieux, l'osé, le téméraire en conjectures, celui qui enlève à Virgile non-seulement des vers çà et là, mais des épisodes tout entiers, il y a tout un bataillon régulier, Forbiger, Paldam, Haupt, Ladewig,... Dübner (chez nous, petite édition Didot), Ribbeck, et enfin M. Benoist qui aspire à nous en tenir lieu et à les résumer tous à notre usage. De toute la docte bande, Ribbeck, avec ses cinq volumes armés et hérissés d'un bout à l'autre de toute une forêt de variantes, ses *Prolegomena* en tête, me paraît être le plus considérable et celui avec lequel il faut compter de plus près. Mais, quelles que soient la sévérité et l'exigence qu'apportent les nouveaux venus dans la récension des textes et dans l'épluchure des moindres scolies, il me semble que tous sont encore virgiliens, en ce sens qu'ils ne se mangent pas trop entre eux et qu'ils ne font pas comme les homérisants qui, quand ils s'en mêlent, ont de vraies querelles à mort, des colères d'Achille et d'Ajax. Ici on ne diffère que sur des points après tout légers et dont le nombre est assez circonscrit.

M. Eugène Benoist, qui dans la Collection d'éditions savantes entreprise par la maison Hachette, vient d'ouvrir la marche et de l'inaugurer dignement par Virgile, est un ancien élève de l'École normale, hier encore simple professeur au lycée de Marseille, tout récemment chargé du Cours de littérature ancienne à la Faculté des lettres de Nancy en remplacement de

M. Burnouf. Il a pour collègue homonyme et pour doyen à la même Faculté M. Benoît, auteur estimé d'un *Essai sur Ménandre* et d'un *Éloge de Chateaubriand*. Lui, il a fait ses premières armes et ses preuves d'érudit philologue sur deux comédies de Plaute, *la Cassette* (*Cistellaria*) et *le Cordage* (*Rudens*). Il est homme du métier aux yeux des gens du métier; il a la méthode, il ne s'agit plus que d'oser l'appliquer.

M. Benoist s'est vu tout d'abord obligé de tenir compte de nos habitudes et de nos résistances classiques ; et il a dû faire quelques concessions. Ainsi, dès le titre, sur le nom de Virgile. Virgile est un doux nom, cher à l'oreille et au cœur de tous : il est devenu tel à travers les âges ; il s'est francisé sous cette forme, et nul ne peut songer à nous le ravir : mais en latin il est bien certain que le nom est *P. Vergilius Maro*. Il y aura bientôt quatre cents ans que le grand humaniste de la Renaissance, Politien, prenait la peine de démontrer cela dans un chapitre de ses *Miscellanées*. Il prouvait la forme de *Vergilius* par les marbres et les inscriptions, par les manuscrits les plus anciens et les plus authentiques, tant les manuscrits de Virgile même que ceux des auteurs qui l'ont cité. Depuis, on n'a jamais rien eu de raisonnable à opposer contre, et pourtant on continue chez nous d'imprimer obstinément en tête des éditions latines *Virgilius*. La philologie a eu beau rendre son arrêt, la librairie tient bon et ne veut pas se soumettre. Craindrait-on quelque émeute du quartier Latin ? Il serait vraiment digne de la maison Hachette de vulgariser enfin cette réforme qui ne prend quelque importance que parce qu'on y résiste. Grande nation qui avez renversé la Bastille, allons, il en est temps, décidez-vous, dans le titre d'un livre classique scolaire, à permuter *i* en *e*.

Sur l'orthographe de Virgile, le savant éditeur nous avertit qu'il a dû aussi transiger et céder quelque peu à l'usage, — au moins bon usage : « Il n'est pas possible, dit-il, dans l'état actuel des études grammaticales en France, d'adopter une orthographe scientifique pour un classique latin dont l'usage est répandu. » Cet aveu ne laisse pas d'être grave. Nos études grammaticales latines pécheraient-elles donc par les fondements? Est-il donc vrai qu'en enseignant les éléments on se soit ainsi laissé si fort arriérer par rapport à la science? — L'éditeur nous dit également qu'il a suivi la ponctuation de Wagner un peu malgré lui; car les virgules lui semblent trop multipliées dans ce système, lequel est d'ailleurs beaucoup plus sobre que celui de nos éditions françaises. « S'il n'eût fallu prendre garde, dit-il, de trop heurter les habitudes des lecteurs auxquels est destiné le présent livre, j'aurais fait comme M. Haupt, qui supprime toujours la virgule entre deux phrases ou membres de phrase unis par une conjonction copulative : le meilleur parti serait, ce me semble, de se conformer aux règles des Anciens. » Ce n'est pas sans quelque chagrin que j'enregistre de semblables aveux. Avis à nos jeunes maîtres! C'est à eux d'avoir raison de la routine, de remettre au pas l'enseignement secondaire, et de faire que l'humaniste, en nos écoles, rejoigne au plus tôt le philologue.

Après l'introduction fort instructive où il a amplement exposé l'état de la critique virgilienne, M. Benoist a mis en tête de son édition une Notice développée sur le poëte, dans laquelle il concilie heureusement les qualités françaises avec les connaissances allemandes. Il y maintient cette ligne d'admiration et d'enthousiasme, ce concert de louanges qui n'est pas joué, qui est sincère chez nous, et qu'il serait injuste de supprimer, de sacrifier entièrement à de pures *leçons* (*lectiones*), même exactes et utiles. Ne demandons pas tout à fait à chaque pays les mêmes procédés; Virgile nous l'a dit :

Nec verro terræ ferre omnes omnia possunt.

Chaque terroir a son fruit auquel il se complaît (*Nunc locus arvorum ingeniis*). Assemblons, s'il se peut, tous les fruits dans notre collecte finale, et n'en écartons aucun; mais que chaque nation conserve, dans cette émulation commune, le coin de génie qui lui est propre. En profitant de ce qu'apporte l'exigeante sagacité d'un Ribbeck, n'abjurons pas le goût des Fénelon et des Fontanes, le sentiment rapide qui est une lumière. Nous avons à défendre notre tradition aussi. M. Benoist s'est montré préoccupé de ce soin : en faisant plus et mieux que d'autres, il est si indulgent pour ses devanciers, et pour l'un d'eux en particulier, qu'il me rend presque embarrassé dans l'expression des éloges que je lui dois ainsi que tout lecteur.

Le caractère de son commentaire en ce qui est des *Bucoliques* et des *Géorgiques* est une grande clarté, une part de grammaire, facilement et largement traitée, sans sécheresse aucune, l'indication rapide des variantes qui ont été proposées, et une certaine part aussi de critique littéraire et admirative que nos voisins d'outre-Rhin n'admettent pas d'ordinaire à ce degré. Dans la première Églogue, par exemple, à l'endroit où Mélibée félicite Tityre d'avoir su conserver son champ :

> Fortunate senex, ergo tua rura manebunt!
> Et tibi magna satis.....;

voici tout le commentaire que M. Benoist a comme appendu en ornement à ces deux vers :

« Ces deux vers sont, dit-il, une description du domaine de Virgile. Situé entre la colline et le fleuve, il était enveloppé d'un côté par des roches que les pluies avaient mises à nu et qu'aucune végétation ne recouvrait, de l'autre par le marécage que formaient les inondations du Mincio, et où le jonc tenait la place de l'herbe. Sur les bords de nos ruisseaux, on peut voir bien des prairies qui offrent un pareil aspect. Mais je comprends que Virgile l'aimât. Quoique je me sois interdit tout rapprochement avec les auteurs français, je ne puis m'empêcher de transcrire la description d'un paysage semblable, que j'ai lue il y a quelques mois : « L'endroit était charmant ; le pré, doucement incliné vers « l'eau, était tout parsemé de spirée-reine-des-prés, de « grandes salicaires pourpres qui dépassaient princièrement « la foule pressée des vulgaires plantes fourragères. Nous « avions pour siéges et pour lit de repos de larges blocs « de grès, masses hétérogènes descendues jadis de la colline « et enfouies dans la terre, que leur dos usé et arrondi perce « de place en place... Ces beaux grès, propres et sains, « semés dans l'herbe sous un clair ombrage, invitent au « repos. Voyez, à cent pas de nous, comme le ruisseau est

« gracieux en se laissant tournoyer mollement dans cette
« déchirure du terrain! C'est lui qui a dévasté cette petite
« rive; il lui a plu, après avoir glissé docile et muet dans
« les prairies, de faire ici une légère pirouette et d'y
« amasser un peu de sable pour y sommeiller un instant
« avant de reprendre sa marche silencieuse et mesurée.
« Tout s'est prêté à son innocente fantaisie; la berge
« s'est élargie, les iris et les argentines se sont approchés
« pour jouer avec l'eau, les aulnes se sont penchés
« pour l'ombrager, et l'homme, en établissant là un gué,
« lui a permis de s'étendre et de repartir sans effort. Il y
« a dans tout cela une mansuétude que l'on ne trouve
« pas dans la grande culture des plaines ou dans la lutte
« avec les grands cours d'eau. La petite culture a bien
« ses petits ennemis; mais elle s'arrange avec eux et leur
« cède quelque chose pour recevoir quelque chose en
« échange. Si ce ruisseau était mieux réglé dans son cours,
« ce pré serait moins frais et moins vert, de même que si
« ces roches qui en mangent une partie étaient extirpées du
« sol, le sol, effondré par les pluies, s'en irait combler et
« détourner le ruisseau. » (George Sand, *Monsieur Sylvestre*.) — Il est impossible de donner un plus charmant commentaire de *lapis nudus* et de *magna satis*. »

Il y aurait de l'inconvénient sans doute à multiplier de semblables commentaires; mais celui-ci, en admettant même que l'à-propos soit un peu cherché, a pour lui toutes les excuses. La paraphrase sent ses *Géorgiques*. Il ne me déplaît pas que Mme Sand, le grand paysagiste, soit produite comme interprète dans l'intelligence de Virgile. Elle le connaît, en effet; elle l'a abordé dans l'original; et ceci me remet en mémoire une phrase charmante d'une de ses lettres, écrite vers la fin de 1848 ou au commencement de 1849, dans un

temps où on la croyait plus occupée qu'elle ne l'était
de politique. Il arrive trop souvent que de loin on
se fait des monstres de ceux qu'on a cessé de voir.
Elle écrivait alors de Nohant à une de ses amies :
« Vous croyez que je bois du sang dans des crânes
d'aristocrates? Eh! non, j'étudie Virgile et le latin. »
Ce n'est donc pas un désaccord, c'est plutôt une harmonie, que son nom se rencontre dans un commentaire littéraire de Virgile.

Il est encore un autre passage où M. Benoist s'est
donné pleine carrière : c'est à l'endroit des *Géorgiques*
(livre I, 322) où le poëte, décrivant une tempête dé-
vastatrice des moissons, montre les épais nuages qui
viennent de la mer : *Collectæ ex alto nubes.* M. Benoist
entend par *ex alto* non point *ex alto cœlo,* mais *ex alto
mari*, et il ajoute à l'appui de ce sens :

« Les nuages qui amènent la pluie semblent toujours venir
de la mer Tyrrhénienne. Si je consulte des souvenirs personnels, je n'hésiterai pas à entendre *ex alto* de la mer. Je
n'oublierai jamais un voyage de deux jours que j'ai fait, au
mois d'avril 1864, sur la Rivière de Gênes, au milieu d'un
temps épouvantable et pendant lequel tous les détails ici
énumérés par Virgile se reproduisaient avec une vérité singulière. A chaque instant de gros nuages noirs s'amonce-
laient au large, puis approchaient du rivage. Au moment où
ils rencontraient l'Apennin, nous étions inondés d'un déluge
de pluie, qui, remplissant d'abord les fossés d'irrigation et
d'écoulement ainsi que les chemins, faisait des champs
situés entre la montagne et la mer de vrais lacs; puis les
nombreux ruisseaux que la route traverse grossissaient à vue
d'œil et à grand bruit. Quelquefois nous étions obligés
d'attendre que l'eau fût moins haute; souvent nous traver-

sions à grand'peine, tandis que les roues jusqu'au moyeu et le plancher de la voiture étaient mouillés. Enfin, au milieu du tonnerre et des éclairs, la vague se brisait avec fracas à notre droite, et le vent faisait plier et gémir les bois plantés sur les premières croupes de la montagne. J'avais déjà assisté deux ou trois années auparavant à quelque chose de semblable, au mois de septembre, dans les environs de Lucques. Les mêmes effets doivent se reproduire sur toute la côte italienne; et Virgile, composant les *Géorgiques* à Naples, voyait certainement se former dans le golfe les tempêtes qui venaient fondre sur les campagnes voisines. »

Il est deux façons de commentateurs : ceux qui se resserrent, qui écrivent sur une marge étroite et y font tenir le plus de choses dans le moins de mots. Orelli, dans son exquis commentaire latin d'Horace, autant que j'en puis juger, me paraît le modèle du genre. L'illustre philologue Wolf disait dans ses cours : « Messieurs, vous ne saurez bien une chose que quand vous pourrez *l'écrire sur votre ongle :* tant que vous ne pourrez pas l'y faire tenir, dites-vous que c'est que vous ne la savez pas encore assez bien. » Orelli et ceux de son école semblent avoir suivi le précepte. Mais il y a une autre manière de commentateurs, et ceux-ci fort utiles et particulièrement agréables; ils ont l'abondance des vues; un développement naturel, et judicieux ou fin, ne les effraye pas : j'y mettrais en tête le bon Eustathe, le commentateur d'Homère. Si Bernardin de Saint-Pierre s'était fait *ex professo* le commentateur de Virgile, il aurait été le pendant. M. Benoist participe, à quelques égards, de cette dernière famille qui a richesse et fécondité.

Le savant Dübner, dont la perte prématurée est presque irréparable pour les Lettres anciennes, a eu le temps, avant de mourir, de rendre compte de ce premier volume de *Virgile* de M. Benoist (1). Il en avait revu les épreuves, et il était plus à même que personne d'en apprécier et d'en marquer tous les mérites. Sur une des Églogues, la septième, il a adressé une demi-critique à M. Benoist pour une note qu'il a jugée insuffisante. Voici le cas, qui ne laisse pas d'être intéressant pour tous les lecteurs de Virgile et pour ceux qui savent encore par cœur les vers appris dès l'enfance. Dans cette Églogue VII, le berger Mélibée raconte qu'étant à la recherche d'un bouc égaré, il a rencontré le chevrier Corydon et le berger Thyrsis, prêts à se disputer le prix du chant :

> Ambo florentes ætatibus, Arcades ambo,
> Et cantare pares et respondere parati.

Daphnis, qu'ils ont établi juge de leur querelle, avise Mélibée et l'engage à s'asseoir à côté de lui. La lutte commence. Chacun des chantres tour à tour débite son couplet, et, quand ils ont assez alterné de la sorte, Mélibée à qui l'on doit le récit déclare que Thyrsis, à la fin, essayait vainement de prolonger un débat où il avait le dessous. « Depuis ce temps, conclut-il, Corydon est pour moi Corydon, c'est tout dire : — le synonyme de chant pastoral et de poésie. » Or l'illustre Heyne, qui avait pourtant le goût si exercé, a dit que les vers

(1) Dans la *Revue de l'Instruction publique* du 19 septembre 1867.

de Thyrsis ne lui semblaient point tellement inférieurs
à ceux de Corydon, et que Virgile, s'il l'avait voulu,
aurait pu tout aussi bien retourner la préférence.
M. Benoist, en réponse à Heyne, croit remarquer que,
dans les strophes attribuées à Thyrsis, Virgile a
apporté moins de justesse et d'exactitude aux comparaisons et aux images que pour les couplets de Corydon.
Il semble, en effet, à première vue que Thyrsis, dans
les répliques qu'il donne à son rival, s'efforce de
renchérir et qu'il se traîne un peu à la remorque.
Mais cette explication paraît insuffisante à M. Dübner
qui, poussant plus loin l'analyse, prétend trouver
dans la suite des strophes de Thyrsis des exemples
caractérisés de méchant naturel, d'exagération, d'incohérence et de mauvais goût, que l'harmonie du
rhythme et l'élégance de la forme déguisent à peine.
En un mot, il croit sentir toute une *ironie* de Virgile
dans le fonds d'idées prêtées à Thyrsis. Et pour n'en
citer qu'un exemple, dès la seconde strophe, Corydon
suppose un jeune chasseur qui dédie à Diane la tête
d'un sanglier et les cornes d'un cerf; et, si ses chasses
continuent à être heureuses, il promet à la déesse, au
lieu d'un buste, un socle de marbre, d'où elle s'élancera en pied avec le cothurne couleur de pourpre.
Rien assurément de plus gracieux ni de mieux approprié. Mais en revanche, Thyrsis, que va-t-il répliquer?
Il suppose un pauvre jardinier qui offre au gardien de
son enclos, à Priape, quelques gâteaux et une cruche
de lait. C'est assez, dit-il, pour une si petite surveillance. Mais il possède aussi un assez maigre troupeau :

« Je me suis contenté jusqu'ici, dit-il, selon que mes ressources me le permettaient, de te faire une statue de marbre ; mais, si mon troupeau redeviend fécond et complet, tu auras une statue d'or :

> Nunc te marmoreum pro tempore fecimus ; at tu,
> Si fetura gregem suppleverit, aureus esto.

Quoi ! un pauvre jardinier aurait déjà pu élever à Priape une statue de marbre, et si son troupeau se refait et augmente, il lui en promet une d'or ! Est-ce raisonnable ? Ne sent-on pas le désir de renchérir à tout prix sur Corydon ? Il y a peut-être de l'art dans ces couplets de Thyrsis, mais il n'y a pas de bon sens ; la pensée est tirée par les cheveux. C'est sur quoi insiste en détail M. Dübner. Corydon représente pour lui la poésie vive, simple et naturelle, Thyrsis l'effort pénible et le fatras. Il faudrait joindre son analyse à une réimpression de cette Églogue. Virgile aura peut-être voulu se moquer de quelque poëte de sa connaissance, qui péchait par une pareille veine de prétention et de mauvais goût.

Toutes les leçons nouvelles ne me satisfont pas ; ou du moins il en est une à laquelle, malgré toutes les autorités critiques, je me refuse à adhérer. C'est à la fin de la troisième Églogue, de celle où Damœtas et Ménalque se rencontrent, s'injurient assez gravement et finissent par se défier dans un duel de chant pastoral. Après plusieurs couplets élégamment alternés, le vieillard Palémon, qu'ils ont pris pour juge, se déclare impuissant à décerner le prix entre deux talents qui lui semblent égaux. Chacun lui paraît digne de la génisse qui fait l'enjeu :

> Non nostrum inter vos tantas componere lites.
> Et vitula tu dignus et hic : et quisquis amores
> Aut metuet dulces, aut experietur amaros.

Je donne l'ancien texte, et je traduis de la sorte : « Il ne m'appartient point de trancher entre vous un si grave procès. Tu mérites la génisse, toi, et lui aussi : et quiconque également saura se méfier des douceurs de l'amour, ou en éprouvera l'amertume. » C'est le dernier vers qui n'a point satisfait les interprètes. Heyne inclinait même à retrancher les deux derniers vers comme peu dignes de Virgile. Les manuscrits consultés ne donnent rien de plus clair, et l'on est obligé de tirer à soi. Dübner n'a pas hésité à mettre :

> Et vitula tu dignus, et hic. Et quisquis amores
> Haud metuet, dulces aut experietur amaros.

C'est-à-dire : « Quiconque est assez hardi pour ne pas craindre l'amour, celui-là en fera l'expérience ou douce ou amère. » Quelle que soit la simplicité du bonhomme Palémon, cela me paraît trop ressembler à une vérité de La Palisse. M. Benoist change aussi le texte à sa manière, mais il ne me paraît pas sûr d'avoir trouvé le mot de l'énigme. Dans le doute, je préfère encore et l'ancien texte que confirment les manuscrits, et l'ancienne version qui ne me paraît pas si contraire au goût.

Ce Palémon est un bon vieillard qui n'est pas fâché

de nous faire part de ses petites réflexions. Il dit aux deux bergers qu'ils méritent chacun le prix, et il prend sur lui d'ajouter que quiconque appartient à la catégorie des vrais amoureux et y a fait ses preuves méritera également le prix. Or, faire ses preuves en amour, c'est en savoir le bien et le mal : c'est se méfier de l'amour dans ses douceurs et l'avoir aussi éprouvé dans ses amertumes. Je ne vois pas que ce sens, qui est assez fin, soit mal placé dans la bouche d'un vieillard un peu troubadour et maître, à sa manière, dans la gaie science. Ce Palémon me paraît être un peu comme le vieillard de *Daphnis et Chloé,* qui a eu affaire à l'Amour oiseau et qui s'est essoufflé à le poursuivre ; il est, à sa manière encore, comme la femme de Mantinée : il est docteur en amour ; et il place son dire un peu à tort et à travers, même sans grand rapport avec ce qui précède. J'ai beau tourner et retourner le passage, je ne vois pas encore une fois que tous les efforts qu'on a faits pour changer le texte et lui donner, à vrai dire, une entorse, aient abouti à rien de plus satisfaisant que ce premier sens tout naturel de l'ancienne version, — une maxime en l'honneur des amoureux.

Avec les légers défauts qu'une critique minutieuse y peut relever, les *Eglogues* de Virgile restent charmantes ; il ne faut point leur demander sans doute l'entière et expressive rusticité des *Idylles* de Théocrite, ni la réalité du cadre et de la composition ; mais ce serait une autre erreur que de les considérer comme un genre factice, allégorique, parce qu'il s'y mêle de l'allégorie et de l'allusion. Le détail des *Bucoliques* est d'une continuelle et parfaite observation rurale, d'une peinture fidèle, prise sur nature, et du *rendu* le plus délicat; elles sont bien d'un poëte qui a vécu aux champs et qui les aime, et chaque fois qu'on sort de les relire, on ne peut que répéter avec M. de Maistre : « L'*Énéide* est belle, mais les *Bucoliques* sont aimables. »

Ayant écrit moi-même autrefois une Étude sur Virgile, il m'est resté quelque surcroît d'idées et de remarques que je demande à joindre ici comme un dernier hommage et tribut au souverain poëte à qui j'aurais aimé, moi aussi, à élever mon autel.

Je me suis plu, dans mon ancienne Étude, à donner dans des exemples déterminés le secret du mode de composition et d'imitation propre à Virgile, mode savant et ingénieux s'il en fut, qui consiste d'ordinaire à combiner plusieurs éléments en un et à leur donner sous cette dernière forme une valeur, une âme toute nouvelle. On a pu voir, en quelque sorte, l'abeille à l'œuvre à travers une ruche de verre. Or voici encore un exemple très-particulier de ce mode d'imitation éclectique qui lui est propre et par lequel, en empruntant d'Homère, il y change, il y ajoute, et je dirais, il le perfectionne, si la poésie d'Homère était de ces choses qui se laissent perfectionner. Mais Virgile, par ce procédé complexe et d'une habileté exquise, atteint certainement à l'idéal de la poésie polie et civilisée.

Un des endroits les plus admirés, et que l'on cite comme exemple de la sensibilité virgilienne, est celui du livre XII de l'*Énéide* (vers 542 et suiv.). C'est aux approches du duel terrible et suprême entre Énée et

Turnus. En se cherchant dans la mêlée, les deux héros immolent à l'aveugle tout ce qui se présente devant eux : des guerriers qui avaient jusque-là échappé y trouvent le terme de leur destin. L'un de ceux qui succombent est cet Æolus auquel le poëte fait une si touchante apostrophe, et qui vient mourir là dans les champs de Laurente, si loin de son berceau, de la maison paternelle qui était à Lyrnèse au pied de l'Ida :

> Te quoque Laurentes viderunt, Æole, campi
> Oppetere. . . . .
> . . . .
> Hic tibi mortis erant metæ : domus alta sub Ida,
> Lyrnesi domus alta, solo Laurente sepulcrum.

Depuis Macrobe jusqu'à M. de Chateaubriand, on s'est accordé pour célébrer le charme attendrissant de cette peinture. La répétition, la reprise de *domus alta* à la fin d'un vers et au commencement du vers suivant a paru avec raison un de ces accents particuliers au génie du poëte, et que même l'on ne retrouverait pas dans Racine. C'est un sanglot, un soupir, une note distincte dans la gamme virgilienne.

Tout cela est vrai, mais il n'est pas moins vrai que la beauté du vers célébré chez Virgile est empruntée d'Homère, qu'elle est empruntée et pour la pensée et pour la forme, mais empruntée d'une certaine manière qui n'est pas directe, qui n'est pas vulgaire, que Virgile seul a su introduire, et dont il vaut la peine de remettre ici sous les yeux une entière explication.

Ce qui, dans le passage de Virgile, appartient à l'imitation directe est bien simple, et je dirai qu'il n'y avait pas grande difficulté et grand mérite à cela, s'il s'y était borné. Au chant XX de l'*Iliade,* chant terrible et sublime où Jupiter déchaîne les dieux, leur donne toute licence de se mêler aux guerriers et de les protéger selon leurs prédilections et leurs caprices, sauf à lui de rester assis en spectateur au sommet de l'Olympe, dans ce chant XX où bouillonne toute l'âme de l'*Iliade,* Achille à la colère duquel Neptune vient de soustraire Énée, Achille exaspéré exhale sa fureur en menaces; il parle de tout massacrer, et de son côté Hector essaye de rassurer les Troyens, et d'une voix puissante il les exhorte à marcher contre Achille : « Achille, s'écrie-t-il, ne mettra pas à effet toutes ses paroles. S'il en mène l'une à bonne fin, il laissera l'autre à moitié boiteuse ; pour moi, je vais à sa rencontre, *dussent ses mains être comme la flamme,* — oui, *dussent ses mains être comme la flamme,* et dût sa force égaler l'acier (1). » Notez ici la répétition et la reprise : *dussent ses mains être comme la flamme,* qui est à la fin d'un vers et au commencement du vers suivant. — Et c'est alors qu'Apollon s'approchant d'Hector et lui conseillant au contraire d'éviter Achille, Hector se replonge au milieu des guerriers, un peu effrayé de l'avis mystérieux qui a résonné à son oreille. Achille, de son côté, fait de même et se précipite au milieu des Troyens, frappant à droite et à gauche ; — nous y voici : « Il frappe

(1) Le texte ici est nécessaire :

Τῷ δ' ἐγὼ ἀντίος εἶμι, καὶ εἰ πυρὶ χεῖρας ἔοικεν,
Εἰ πυρὶ χεῖρας ἔοικε, μένος δ' αἴθωνι σιδήρῳ.
(Iliade, XX, 371.)

d'abord Iphition, le vaillant fils d'Otrynte, chef de peuples nombreux, que la nymphe Néis avait engendré au valeureux Otrynte, au pied du Tmolus neigeux, dans le gras pays d'Hyda. » Achille le pourfend et s'écrie : « Gis ici, fils d'Otrynte, le plus effrayant des hommes, c'est ici qu'est ton trépas ; et ta naissance est au bord du lac Gygée, où est ton domaine paternel, près de l'Hyllus poissonneux et du tournoyant Hermus. » Nous avons là un exemple de la beauté homérique dans toute son étendue et son expansion : elle est volontiers éparse et non concise. Le contraste entre la distance de la tombe et du berceau y est marqué, et même par deux fois : il s'agit non pas du même Ida que dans Virgile, mais d'une ville d'Hyda, en Lydie. On a même, par la bouche d'Achille, une indication géographique des fleuves qui serait assurément plus à sa place venant du poëte.

Or maintenant, nous allons nous rendre bien compte du procédé de Virgile : il s'empare de cette intention de sentiment qu'il y a dans le contraste des lieux, dans la distance qui sépare le berceau et la tombe. Ce contraste, naturellement, va se dessiner davantage dans le trépas d'un guerrier né en Phrygie et venant mourir aux champs du Latium. Le poëte supprime les superfluités : il ne fait pas dire à Turnus ce que Turnus ne peut savoir et ce qu'il n'aurait guère le temps de rappeler au fort de la mêlée. Ce je ne sais quoi de mélancolique que le poëte veut imprimer à la physionomie de son guerrier, il le grave et le condense dans cette répétition du *domus alta* qui fait la note fondamentale, et il prend l'idée de cette particularité rhythmique, de cette répétition à effet, non dans le passage même d'Homère sur le guerrier mort, mais *dix-huit vers* plus haut, à l'endroit où Hector, se faisant fort de braver Achille, répétait coup sur coup à la fin et au commencement du vers les mêmes mots : « *Dussent ses mains être comme la flamme...* » Évidemment le voisinage des deux passages saillants lui a donné l'idée de les unir, de les combiner. Seulement cette répétition qui, chez Homère faisant parler Hector, accentuait un sentiment héroïque et belliqueux, Virgile, qui n'oublie rien et qui ne fait rien comme un autre, Virgile, en s'en emparant, la transpose aussitôt sur le mode sensible et pathétique; il la dépayse si je puis dire, pour qu'elle ne soit pas trop reconnaissable : voilà un des traits de son art; le coup de clairon redoublé est devenu, grâce à lui, un écho de flûte plaintive; il a soin de le reporter, ainsi adouci, et de le confondre dans son imitation du guerrier mort, gisant si loin de son berceau : cette imitation s'en relève et prend un tour original qui n'est plus de l'Homère : c'est du Virgile, et l'on a un admirable exemple de plus du genre de beauté poétique qui lui est propre et qui se désigne de son nom.

Pour peu qu'on prenne la peine de suivre et de refaire par soi-même, devant son *Homère* et son *Virgile* ouverts en regard, le petit travail délicat que je viens de décrire, on arrivera, comme moi, à se rendre parfaitement compte de ce procédé accompli de la poésie studieuse et réfléchie du tendre Virgile : deux ou trois couleurs qui viennent se fondre en un seul rayon, deux ou trois sucs divers qui ne font qu'un seul et même miel.

Mais n'allez point pour cela appeler Virgile un « compilateur de génie », comme je vois que l'a fait tout récemment un professeur de rhétorique, d'ailleurs fort estimable, et qui a cru bien dire; tout mon sens critique se révolte contre une pareille appellation qui tend à confondre le vulgaire et le rare, le grossier et le délicat, l'engeance des Trublet et la famille des Virgile, et à méconnaître une des formes les plus fines, une des sources les plus secrètes de l'invention poétique. Est-ce donc que nous ne saurions plus en France la valeur des termes, et que les à peu près suffisent désormais à ceux qui devraient tenir d'une main légère la balance des esprits?

Il me reste à exprimer non un conseil, mais un vœu et un désir. J'aimerais, ai-je dit, que nos éditions françaises des classiques anciens gardassent, tout en se perfectionnant, un caractère français. Nous sommes, à bien des égards, d'un autre goût que nos voisins d'outre-Rhin. Des choses exactes, mais trop sèches, ne nous satisfont pas, et la justesse la plus scrupuleuse ne saurait faire bannir l'agrément ni en tenir lieu. J'aimerais donc que, dans une édition de Virgile comme celle-ci, indépendamment de la partie philologique et critique proprement dite, il y eût et un peu de rhétorique (j'entends de la bonne, la seule dont M. Benoist soit capable), et aussi quelques accessoires historiques qui fissent ornement. J'ai souvent remarqué avec plaisir, dans l'édition *Clarke-Ernesti* d'Homère, qu'il y est fait mention de la plupart des circonstances historiques mémorables où les vers d'Homère ont joué un rôle moyennant quelque allusion ou citation heureuse, par exemple dans la bouche d'un Épaminondas, d'un Xénocrate ou d'un Alexandre. Plutarque est une mine féconde pour ce genre d'indications dans l'Antiquité. J'aimerais qu'on en fît ainsi pour Virgile. Combien de fois, au sein du Parlement d'Angleterre, M. Pitt, M. Canning, n'ont-ils pas amené dans leurs discours quelque magnifique citation de l'*Énéide* ou même des *Géorgiques (Nosque ubi primus equis... Celsa sedet Æolus arce...*)! Hier encore M. Lowe, dans un discours d'une prophétie mélancolique, trouvait moyen de citer naturellement le *Non tibi Tyndaridis...* (1) J'aimerais qu'un éditeur moderne de Virgile enregistrât au passage tous ces beaux et magnifiques emplois du poëte. Que si la tradition est nécessaire pour recueillir ce que l'histoire régulière ne dit pas toujours, hâtons-nous pendant qu'il en est temps; que M. Benoist (car je pense à lui) interroge l'inépuisable et bienveillante mémoire du comte Adolphe de Circourt; elle ne lui fera pas défaut pour toutes ces illustres anecdotes de l'éloquence parlementaire anglaise depuis plus d'un siècle (2). Je m'étais souvent proposé ce joli chapitre d'aménités virgiliennes. Ce sont les Anglais qui en fourniraient la meilleure partie : leurs hommes d'État

---

(1) Voir, dans le *Journal des Débats* du 24 mai 1867, l'article de M. Prevost-Paradol.

(2) Je consulte aussi l'un de mes amis qui sait bien des choses,

osent montrer en toute rencontre qu'ils ont été nourris dans le commerce des grands auteurs de l'Antiquité. Parcourant la correspondance de Swift avec Pope, j'y relève cette belle réponse de lord Oxford (Harley) qui sait, entre autres, celles de la politique anglaise autant et plus que personne, M. Paul Grimblot ; je mets ici le résultat de ces diverses consultations auxquelles Virgile trouve toujours son compte par quelque à-propos heureux et plein de grandeur :

« En 1723, Swift publia à Dublin un de ses plus célèbres pamphlets, les *Lettres d'un Drapier,* contre le privilége donné à un certain Wood de frapper de la petite monnaie de cuivre pour la circulation exclusive de l'Irlande. Ce privilége avait reçu l'approbation de Newton. Il rencontra la plus violente opposition en Irlande, très-injustement, cela n'est pas douteux. Les *Lettres d'un Drapier,* — un chef-d'œuvre, soit dit en passant, — mirent l'Irlande en feu, et le Gouvernement fut forcé de retirer le privilége donné à Wood. Sur ces entrefaites, lord Carteret, nommé vice-roi d'Irlande, arriva à Dublin (octobre 1724), et son premier acte fut de publier une proclamation promettant 300 liv. st. à celui qui lui nommerait l'auteur des *Lettres d'un Drapier,* que tout Dublin connaissait : l'imprimeur avait déjà été arrêté. Le lendemain lord Carteret (depuis comte de Granville) tint son premier lever : Swift s'y présenta pour rendre ses devoirs au vice-roi, qu'il avait fort connu en Angleterre dix ans auparavant. On raconte que Swift, en entrant, adressa à lord Carteret, et à haute voix, de violents reproches pour sa proclamation de la veille. Lord Carteret le laissa dire, et quand il eut fini, au milieu de la stupeur générale, il se contenta de lui répondre tranquillement :

> Res duræ et regni novitas me talia cogunt
> Moliri. . . . . »

— Autre anecdote, une anecdote politique fort belle, qu'on ne sera pas fâché de connaître dans ses détails, et qui nous mène également à une noble citation de Virgile :

« En 1765, le roi George III voulait se débarrasser à tout prix de son premier ministre George Grenville, qui ne le laissait pas gouverner. Il ne voulait pas davantage des chefs du grand parti

à lord Halifax qui, assistant à un changement dans le ministère, priait lord Oxford d'épargner ceux des gens de lettres qui avaient part aux faveurs de la précédente administration, et notamment M. Congrève. Lord

whig, et il s'imagina qu'il aurait meilleur marché de Pitt, qu'il avait obligé en 1761 de sortir du ministère et qui, depuis, vivait fort à l'écart, faisant pourtant à l'occasion une vive opposition à son beau-frère George Grenville. Le roi envoya son oncle, le duc de Cumberland, offrir à Pitt, qui était à la campagne (17 juin 1765), carte blanche pour former une administration. Pitt n'avait pas de parti, pas d'amis politiques ; mais il était si populaire, on avait une si grande idée de son génie, il exerçait un tel ascendant dans la Chambre des communes, qu'il aurait pu former un ministère, en faisant, comme avait fait George Grenville, une scission dans le parti whig, un tiers-parti comme nous dirions. Il n'avait qu'un seul ami personnel sur qui il pût compter, et dont le concours, l'assistance lui était indispensable : son beau-frère, le comte Temple, frère aîné de George Grenville, le chef de cette grande famille, alors si riche et si considérable. Lorsque Pitt avait été forcé de quitter le cabinet en 1761, Temple seul avait donné sa démission avec lui. Leur union jusque-là avait été celle de deux frères. Pitt, dans sa combinaison, voulait faire de Temple le premier lord de la Trésorerie, c'est-à-dire un premier ministre. Temple refusa obstinément, et dissuada Pitt de se prêter à une combinaison qui ne servait que les calculs et les intérêts personnels du roi. Il s'était déjà réconcilié avec son frère George Grenville, et il aurait préféré qu'au lieu de le chasser du ministère, Pitt et lui, Temple, s'unissent à leur frère et beau-frère George, et que tous trois de concert fussent les maîtres de la situation. Cette combinaison était impossible, car le roi, qui voulait se débarrasser d'un maître impérieux, n'aurait pas consenti à s'en donner trois. Pitt, abandonné par Temple, céda, mais à son très-grand regret, et c'est alors qu'il dit à lord Temple en levant la main et d'un ton mélancoliquement solennel :

> Extincti te meque, soror, populumque patresque
> Sidonios urbemque tuam. . . . . *

Oxford répondit à l'instant par ces deux vers de Virgile, et comme si le doute seul lui faisait injure :

> Non obtusa adeo gestamus pectora Pœni,
> Nec tam aversus equos Tyria Sol jungit ab urbe.

C'était une manière élégante de dire : « Nous prenez-vous pour des barbares? » Ce n'est certes pas un premier ministre français de ce temps-là, ni l'abbé Dubois, ni le cardinal Fleury, ni plus tard M. de Choiseul, qui s'amuserait à ces bagatelles. D'Aguesseau seul en eût été capable, mais d'Aguesseau était à peine un ministre (1). Il y aurait à chercher si parmi nos anciennes et grandes figures parlementaires, L'Hôpital, Harlay, Du Vair, Lamoignon, il n'y a pas eu, à l'occasion, en un jour d'honneur ou de danger, quelque illustre citation de Virgile; car nous aussi Français, nous avons notre manière d'aimer Virgile, de le pratiquer familièrement et de l'appliquer. La France et l'armée viennent de

---

(1) Je sais bien un exemple où une heureuse citation de Virgile a failli, chez nous, se rattacher à un grand événement politique. Le ministère du 1ᵉʳ mars 1840, présidé par M. Thiers, eut de grandes et sérieuses velléités dans la question d'Orient. Il ne tint pas à lui que la France ne prît quelque résolution vigoureuse qui eût amené un conflit avec l'Angleterre. Après un Conseil où la question avait été une dernière fois agitée, où toutes les raisons s'étaient produites, toutes les considérations pour et contre, et où, chaque chose bien pesée, le Cabinet se décidait pour l'action avec toutes ses chances, on allait se séparer : la discussion s'était prolongée jusque bien avant dans la nuit ; M. de Rémusat, ministre patriote et lettré, s'écria en se levant et en concluant le débat : « *Fata viam invenient...* » Par malheur, la décision resta sans effet; le roi ayant reculé au dernier moment, le Cabinet donna sa démission, et le ministre en fut pour sa belle allusion virgilienne.

perdre un militaire de distinction, esprit poli, délicat, homme de bien, — homme comme il faut, — le duc de Fezensac. M. Patin m'a souvent fait remarquer qu'une des plus belles épigraphes et des mieux appliquées est celle que M. de Fezensac a mise à l'*Histoire de mon régiment pendant la retraite de Russie;* elle est prise du second livre de l'*Énéide :*

> Illiaci cineres et flamma extrema meorum,
> Testor in occasu vestro nec tela nec ullas
> Vitavisse vices Danaum, et, si fata fuissent
> Ut caderem, meruisse manu (1)...

« Cendres d'Ilion, incendie suprême, tombeau des miens, je vous prends à témoin que, dans votre ruine, je n'ai rien fait pour éviter les traits des Grecs, ni aucun des hasards funestes, et que si le destin avait été que je tombasse, j'ai tout fait pour mériter de mourir. » — Quelle plus belle manière et plus touchante, pour un soldat, de s'excuser de n'être point mort, d'avoir survécu à un immense désastre! J'aimerais, dans une édition complète de Virgile, que toutes ces neuves et agréables circonstances, qui achèvent de graver les beaux vers et de les rendre présents à l'esprit, fussent notées chemin faisant et rappelées.

(1) Je donne ce passage comme il est dans toutes les éditions anciennes ; je résiste de toutes mes forces à le ponctuer et à le couper comme le voudrait Peerlkamp et comme Ribbeck lui-même l'a adopté, en mettant la virgule avant *Danaum* et en rapportant ce *Danaum* à *manu.* Cela me paraît une contorsion. En suivant le texte traditionnel, je crois obéir au sens le plus naturel et au courant le plus virgilien.

Lundi 2 mars 1868.

OBSERVATIONS
SUR
L'ORTHOGRAPHE FRANÇAISE

PAR M. AMBROISE-FIRMIN DIDOT

1867

Il se fait en ce moment à l'Académie française une tentative de révolution contre laquelle la majorité de la Compagnie résiste encore ; mais il est à croire qu'elle cédera : tranquillisez-vous, c'est une révolution à propos du Dictionnaire. Il y a Dictionnaire et Dictionnaire. Il ne s'agit pas ici du nouveau Dictionnaire de l'Académie, du Dictionnaire *historique,* dont M. John Lemoinne se raillait agréablement l'autre jour, et qui, en dépit des épigrammes, se poursuit avec une sage et patiente lenteur : il s'agit du Dictionnaire *de l'usage,* tant de fois publié, perfectionné, et dont l'Académie a décidé qu'elle allait donner une nouvelle édition, la sixième, qui ne mettrait guère plus de trois années à paraître. En ma qualité d'ancien novateur et révolutionnaire romantique qui est de temps en temps repris d'une velléité de mouvement, j'ai regretté dans ces derniers mois de ne pouvoir aller soutenir à l'Académie la cause de l'innovation ; mais elle est soutenue bien mieux que par moi par le respectable et docte M. Didot, l'imprimeur en titre de l'Institut. Ceux qui ne le connaissent que par ses savantes éditions des auteurs anciens, par ses belles éditions des classiques modernes, par les bijoux d'éditions d'Horace ou d'Anacréon, par sa traduction de Thucydide qu'il reprend et revoit à soixante-quinze ans avec la vigilance et les scrupules d'un helléniste consommé, ne s'imagineraient point aisément à quel point il est hardi, avancé, presque téméraire, pour les réformes qu'il propose d'introduire dans l'orthographe : et en cela cependant il n'est que logique et conséquent.

Notre langue française vient en très-grande partie du latin. C'est un fait reconnu et que les philologues et critiques qui se sont occupés de l'histoire de la langue et qui ont étudié la naissance de la Romane, d'où la nôtre est dérivée, ont mis de plus en plus en lumière. L'un de ces derniers historiens et qui s'est dirigé d'après la méthode et par les conseils des vrais maîtres, M. Auguste Brachet, a parfaitement exposé (1) cette formation de notre idiome. Mais ce n'est pas du latin savant, du latin cicéronien, c'est du latin vulgaire parlé par le peuple et graduellement altéré, que sont

(1) *Grammaire historique de la Langue française*, par M. Auguste Brachet ; 1 vol. in-18, à la librairie Hetzel, 18, rue Jacob.

sortis, après des siècles de tâtonnement, les différents dialectes provinciaux dont était celui de l'Ile-de-France, lequel a fini par se subordonner et par supplanter les autres; lui seul est devenu la langue, les autres sont restés ou redevenus des patois (1). Quand je dis que cette langue romane des xie et xiie siècles est sortie du latin vulgaire et populaire graduellement *altéré,* j'ai peur de me faire des querelles; car, d'après les modernes historiens philologues, les transformations du latin vulgaire ne seraient point, à proprement parler, des altérations : ce seraient plutôt des développements, des métamorphoses, des états successifs soumis à des lois naturelles, et qui devinrent décidément progressifs à partir d'un certain moment : il en naquit comme par voie de végétation, vers le xe siècle, une langue heureuse, assez riche déjà, bien formée, toute une flore vivante que ceux qui l'ont vue poindre, éclore et s'épanouir, sont presque tentés de préférer à la langue plus savante et plus forte, mais plus compliquée et moins naïve, des âges suivants. Je n'ai point à entrer dans cette discussion, ni à chicaner sur cette préférence; ce que je voulais seulement remarquer, c'est que sous cette première forme lentement progressive et naturelle tous les mots français qui viennent du latin et

(1) Je dois pourtant faire observer, afin de mitiger ce que ces assertions paraîtraient à quelques-uns renfermer de trop absolu, que M. Brachet excepte et laisse en dehors de cette génération du latin vulgaire un sixième environ des mots français, dont l'étymologie lui échappe et peut avoir d'autres origines. Les défenseurs des vieilles racines celtiques et indigènes peuvent garder un restant d'espoir de ce côté.

par le latin du grec ont été adoucis, préparés, mûris et fondus, façonnés à nos gosiers, par des siècles entiers de prononciation et d'usage : ils sont le contraire de ce qui est calqué et copié artificiellement, directement. Ils n'ont pas été transportés d'un jour à l'autre et faits de toute pièce, tout roides et tout neufs, d'après une langue savante et morte, que l'on ne comprend que par les yeux et plus du tout par l'oreille. A ce vieux fonds de la langue française il y a peu à réformer pour l'orthographe. Les mots en ayant été prononcés et parlés par le peuple, des siècles durant, avant d'être notés et écrits, toutes ou presque toutes les lettres inutiles ont eu tout le temps de tomber et de disparaître. Quand ils ont été écrits pour la première fois, ils ne l'ont pas été par des savants. L'usage a donc amené et produit pour ce vieux fonds domestique la forme qui, ce semble, est définitive. La difficulté est surtout pour les mots savants et d'origine plus récente, importés à partir du XVIe siècle, depuis l'époque de la Renaissance, et la plupart tirés du grec avec grand renfort de lettres doubles et de syllabes hérissées. Ces mêmes historiens de la langue et qui l'admirent surtout aux XIIe et XIIIe siècles, dans sa première fleur de jeunesse et sa simplicité, sont portés à proscrire, à juger sévèrement toute l'œuvre de la Renaissance, comme si elle n'était pas légitime à son moment et comme si elle ne formait pas, elle aussi, un des âges, une des saisons de la langue. M. Auguste Brachet, qui n'est nullement favorable aux néologismes du XVIe siècle, déclare en même temps absurde la tentative qui consisterait aujourd'hui à réduire et à simplifier, en les écrivant, bon nombre des doctes mots introduits alors. « Puisque l'orthographe du mot, dit-il, résulte de son étymologie, la changer, ce serait lui enlever ses titres de noblesse. » Telle cependant n'a pas été et n'est point l'opinion de beaucoup d'hommes instruits et d'esprits philosophiques depuis le XVIe siècle jusqu'à nos jours.

Sans doute l'introduction de la plupart de ces mots s'étant faite par les savants et d'autorité, pour ainsi dire, non insensiblement et par le peuple, ce ne saurait être à la manière du peuple et, comme cela s'est passé pour le premier fonds ancien de mots latins, par une usure lente et continuelle, que la simplification devra s'opérer. Mais la même autorité qui a importé les mots et vocables scientifiques peut intervenir pour les modifier. Ainsi rien n'oblige d'user perpétuellement de cette orthographe grecque si repoussante dans les mots *rhythme, phthisie, catarrhe,* etc.; et il y a longtemps que Ronsard et son école, tout érudits qu'ils étaient, avaient désiré affranchir et alléger l'écriture courante de cet « insupportable entassement de lettres. » Ils n'y étaient point parvenus.

L'histoire des tentatives faites depuis le XVIe siècle pour la simplification de l'orthographe nous est présentée fort au complet par M. Didot en son intéressante brochure, et il en ressort que, pour réussir à obtenir quelque chose en telle matière et pour triompher de l'habitude ou de la routine, même lorsque celle-ci est gênante et fatigante, il ne faut pas trop demander, ni demander tout à la fois.

Joachim Du Bellay le savait bien, lui qui dans son *Illustration et Défense de la Langue,* où il proposait en 1549 tant d'innovations littéraires, n'a pas voulu les compliquer de l'emploi de l'orthographe nouvelle de Louis Meigret qu'il approuvait en principe, mais qu'il savait trop dure à accepter des récalcitrants.

Ces projets de réforme radicale dans l'orthographe, mis en avant par Meigret et par Ramus, ont échoué; Ronsard lui-même recula devant l'emploi de cette écriture en tout conforme à la prononciation : il se contenta en quelques cas d'adoucir les aspérités, d'émonder quelques superfétations, d'enlever ou, comme il disait, de *racler* l'*y* grec : il avait d'ailleurs ce principe excellent que « lorsque tels mots grecs auront assez longtemps demeuré en France, il convient de les recevoir en notre *mesnie* et de les marquer de l'*i* français, pour montrer qu'ils sont nôtres et non plus inconnus et étrangers. » — Et pour le dire en passant, cette règle est celle qui se pratique encore et qui devrait prévaloir pour tout mot ou toute expression d'origine étrangère. Ainsi pour *a-parte :* un *a-parte,* des *a-parte*; on l'écrivait d'abord en deux mots, et le pluriel ne prenait pas d'*s*; mais, l'expression ayant fait assez longtemps quarantaine et ayant mérité la naturalisation, on en a soudé les deux parties, on en a fait un seul mot qui se comporte comme tout autre substantif de la langue, et l'on écrit : un aparté, des apartés. — C'est ainsi encore qu'il est venu un moment où les *quanquam* sont devenus les cancans. Mais les *errata,* bien que si fort en usage et qui devraient être acclimatés, ce semble, n'ont pu encore devenir des erratas, comme on dit des opéras (1).

Corneille, après Ronsard, apporte à son tour son autorité en cette question de la réforme de l'orthographe. Dans l'édition qu'il donna, en 1664, de son *Théâtre* revu et corrigé, il mit en tête un Avertissement où il exposait ses raisons à l'appui de certaines innovations qu'il avait cru devoir hasarder, afin surtout, disait-il, de faciliter la prononciation de notre langue aux étrangers. Ces idées et vues de Corneille, excellentes en principe, me paraissent avoir été un peu compliquées et confuses dans l'exécution. Le grand poëte n'était pas un esprit pratique (2).

Ce qui est certain, c'est qu'une extrême irrégularité orthographique, une véritable anarchie s'était introduite dans les imprimeries pour les textes d'auteurs français au XVII° siècle : il était temps que le Dictionnaire de l'Académie, si longtemps promis et attendu, vînt y mettre ordre.

(1) Chose bizarre ! *errata* employé au singulier est devenu un mot français puisqu'on dit un errata ; et au pluriel il est resté un mot étranger et latin, puisqu'il ne prend pas d'*s* et qu'on écrit des *errata* et non des erratas. C'est à des irrégularités de ce genre que les décisions de l'Académie peuvent porter remède.

(2) L'excellent biographe de Corneille, M. Taschereau, tout en voulant bien m'approuver, m'écrit : « Une seule réserve en faveur de Pierre Corneille. Il a été plus pratique que vous ne le dites. Il serait bien bon, pour guider le lecteur dans la prononciation, d'adopter ses deux espèces de lettre *s* sous les deux formes qu'il propose, l'une sonnante et l'autre grave. Il n'y a que ce moyen d'indiquer, par exemple, qu'on doit prononcer différemment deux mots souvent identiques, comme dans cette phrase : « Le vent *est* à l'est. »

Dans la préparation de ce premier Dictionnaire, et dans les cahiers qui en ont été conservés, on a les idées de Bossuet qui sont fort sages et fort saines. Il est pour une réforme modérée. Il est d'avis de ne pas s'arrêter sans doute à l'orthographe *impertinente* de Ramus, mais aussi de ne pas s'asservir à l'ancienne orthographe, « qui s'attache superstitieusement à toutes les lettres tirées des langues dont la nôtre a pris ses mots; » il propose un juste milieu : ne pas revenir à cette ancienne orthographe surchargée de lettres qui ne se prononcent pas, mais suivre l'usage constant et retenir les restes de l'origine et les vestiges de l'antiquité autant que l'usage le permettra.

Le premier Dictionnaire de l'Académie, qui parut en 1694, ne se contint point tout à fait, à ce qu'il semble, dans les termes où l'aurait voulu Bossuet, et l'autorité de Regnier Des Marais, qui accordait beaucoup à l'archaïsme, l'emporta.

Ce ne fut qu'à la troisième édition de son Dictionnaire, celle qui parut en 1740, que l'Académie se fit décidément moderne et accomplit des réformes décisives dans l'orthographe. Il y avait eu Fontenelle et La Motte, avec leur influence, dans l'intervalle. Si l'on compare cette troisième édition à la première, elle offre, nous dit M. Didot, qui y a regardé de près, des modifications orthographiques dans cinq mille mots, c'est-à-dire dans le quart au moins du vocabulaire entier. Il se fit un grand abatis de superfluités de tout genre : « des milliers de lettres parasites disparurent. » C'est à cette troisième édition, où pénétra l'esprit du xviiie siècle, qu'on dut de ne plus écrire *accroistre, advocat, albastre, apostre, bienfaicteur, abysme, laict, allaicter, neufvaine*, etc.; toutes ces formes surannées et gothiques firent place à une orthographe plus svelte et dégagée. L'abbé d'Olivet eut la principale part dans ce travail; il fut en réalité le secrétaire et la plume de l'Académie; elle avait fini, de guerre lasse, par lui donner pleins pouvoirs; il s'en explique lui-même dans une lettre au président Bouhier, du 1er janvier 1736, et l'on est initié par lui aux coulisses du Dictionnaire. Et où n'y a-t-il pas de coulisses, je vous en prie?

« A propos de l'Académie, écrivait-il à son confrère le président, il y a six mois qu'on délibère sur l'orthographe; car la volonté de la Compagnie est de renoncer, dans la nouvelle édition de son Dictionnaire, à l'orthographe suivie dans les éditions précédentes, la première et la deuxième; mais le moyen de parvenir à quelque espèce d'uniformité? Nos délibérations, depuis six mois, n'ont servi qu'à faire voir qu'il était impossible que rien de systématique partît d'une Compagnie. Enfin, comme il est temps de se mettre à imprimer, l'Académie se détermina hier à me nommer seul *plénipotentiaire* à cet égard. Je n'aime point cette besogne, mais il faut bien s'y résoudre, car, sans cela, nous aurions vu arriver non pas les calendes de janvier 1736, mais celles de 1836, avant que la Compagnie eût pu se trouver d'accord. »

Au moment de mettre sous presse, on fut encore arrêté quelque temps, du fait de l'imprimeur :

« Coignard, écrivait l'abbé d'Olivet (8 avril 1736), a depuis six semaines la lettre A, mais ce qui fait qu'il n'a pas encore commencé à imprimer, c'est qu'il n'avait pas pris la précaution de faire fondre des E accentués, et il en faudra beaucoup parce qu'en beaucoup de mots nous avons supprimé les S de l'ancienne orthographe, comme dans *despescher, teste*, *masle,* que nous allons écrire *dépêcher, tête, mâle,* etc. »

Le xvie siècle avait été hardi ; le xviie était redevenu timide et soumis en bien des choses ; le xviiie reprit de la hardiesse, et l'orthographe, comme tout le reste, s'en ressentit : elle perdit ou rabattit quelque peu, dès l'abord, de l'ample perruque dont on l'avait affublée. L'abbé de Saint-Pierre, qui fut le premier à réagir contre la mémoire de Louis XIV, faisait imprimer ses écrits dans une orthographe simplifiée qui lui était propre ; mais le bon abbé tenait trop peu de compte, en tout, de la tradition, et on ne le suivit pas. D'autres esprits plus précis et plus fermes étaient écoutés : Dumarsais, Duclos, — n'oublions pas un de leurs prédécesseurs, le Père Buffier, un jésuite doué de l'esprit philosophique, — l'abbé Girard, — mais Voltaire, surtout, Voltaire le grand simplificateur, qui allait en tout au plus pressé, et qui, en matière d'orthographe, sut se borner à ne demander qu'une réforme sur un point essentiel, une seule : en la réclamant sans cesse et en prêchant d'exemple, il finit par l'obtenir et par l'imposer.

Cette réforme, toutefois, qui consistait à substituer l'*a* à l'*o* dans tous les mots où l'*o* se prononçait *a*, ne passa point tout d'une voix de son vivant : elle n'était point admise encore dans la quatrième édition du Dictionnaire de l'Académie, qui parut en 1762. Tout au plus y avait-on écrit *connaissance, connaître, ivraie,* jusqu'alors écrits par *o*. Mais ce ne fut que dans la cinquième édition, publiée de nos jours, en 1835, que l'innovation importante, déjà admise par la généralité des auteurs modernes, trouva grâce aux yeux de l'Académie, et que la réforme prêchée par Voltaire fut consacrée.

Il y eut des protestations individuelles remarquables. Charles Nodier, par inimitié contre Voltaire d'abord, par l'effet d'un retour ultra-romantique vers le passé, par plusieurs raisons ou fantaisies rétrospectives, continua de maintenir et de pratiquer l'*o*. La Mennais aussi, radical sur tant de points, était rétrograde et réactionnaire sur l'*o* : il affectait de le maintenir. Chateaubriand de même ; c'était un coin de cocarde, un lien de plus avec le passé. Au reste, notre xixe siècle a présenté sur cette question de l'orthographe, et comme dans un miroir abrégé, le spectacle des dispositions diverses qui l'ont animé en d'autres matières plus sérieuses : il a eu des exemples d'audace et de radicalisme absolu, témoin M. Marle ; une opposition ou résistance soi-disant traditionnelle, témoin Nodier et son école ; un éclectisme progressif, éclairé et assez large, témoin le dictionnaire de l'Académie de 1835 ; mais, depuis lors, il faut le dire, le siècle ne paraît point s'être enhardi : il y aura de l'effort à faire pour introduire dans l'édition qui se prépare toutes les modifications réclamées par la raison, et qui fassent de cette publication nouvelle une date et une étape de la langue. C'est à quoi cependant il faut viser.

Ne nous le dissimulons pas : il s'est fait depuis quelques années, et pour bien des causes, une sorte d'intimidation générale de l'esprit humain sur toute la ligne. La réforme de l'orthographe elle-même y est comprise et s'en ressent; on est tenté de s'en effrayer, de reculer à cette seule idée comme devant une périlleuse audace. Tout le terrain gagné en théorie depuis Port-Royal jusqu'à Daunou semble perdu. Nous avons à prendre sur nous pour redevenir aussi osés en matière de mots et de syllabes que l'était l'abbé d'Olivet.

On objecte toujours l'usage; mais il y a une distinction à faire, et que Dumarsais dès le principe a établie : c'est la prononciation qui est un *usage*, mais l'écriture est un *art*, et tout art est de nature à se perfectionner. « L'écriture, a dit Voltaire, est la peinture de la voix : plus elle est ressemblante, meilleure elle est. » Il importe sans doute, parmi tous les changements et les retouches que réclamerait la raison, de savoir se borner et choisir, afin de ne point introduire d'un seul coup trop de différences entre les textes déjà imprimés et ceux qu'on réimprimerait à nouveau; il faut les réformer, non les travestir. J'ai sous les yeux les deux premiers livres du *Télémaque*, un texte classique imprimé selon les modifications que M. Didot propose à l'Académie. On peut différer d'avis sur tel ou tel point; mais mon œil n'est nullement choqué de l'ensemble. Il y a, d'ailleurs, quantité de corrections à introduire dans le nouveau Dictionnaire et qui ne sauraient faire doute un moment. Pourquoi, dans le verbe *asseoir*, l'Académie ne met-elle l'*e* qu'à l'infinitif, et pourquoi, dans le verbe *surseoir*, met-elle l'*e* à l'infinitif et de plus au futur et au conditionnel? — Pourquoi écrit-elle *abattement, abattoir,* avec deux *t*, et *abatis* avec un seul? — Pourquoi *charrette, charretier,* avec deux *r*, et *chariot* avec une seule ? — Pourquoi *courrier* encore avec deux *r*, et *coureur* avec une seule ? — Pourquoi *banderole* avec une seule *l*, et *barcarolle* avec deux ? — Pourquoi *douceâtre* et non *douçâtre*, comme si l'on n'avait pas le *c* avec cédille, etc., etc. (1)? Le Dictionnaire écrit *ostrogot :* pourquoi alors écrire *gothique ?* Ce sont là des inconséquences ou des distractions qu'il suffit de signaler et qui sont à réparer sans aucun doute.

L'introduction de l'*f* au lieu de *ph* dans quelques mots compliqués est plus capable de faire question. Il est bien vrai qu'autrefois, dans sa première édition, l'Académie avait écrit *phantôme, phantastique, phrénésie,* et que depuis elle a osé écrire *fantôme, fantastique, frénésie,* etc. Osera-t-elle bien maintenant appliquer la même réforme à d'autres mots et faire une économie de tous ces *h* peu commodes et peu élégants, écrire *nimfes, ftisie, diftongues…?* Je vois d'ici l'étonnement sur les visages. Et l'étymologie? va-t-on s'écrier. Mais cette étymologie, on s'en est bien écarté dans les exemples cités tout à l'heure. Et puis cette raison qu'il faut garder aux mots tout leur appareil afin de maintenir leur étymologie est parfaitement

---

(1) Il y a un fort bon écrit d'un grammairien estimable, feu M. Pautex, *Errata du Dictionnaire de l'Académie* (1862). Ce travail, fait sans aucune malveillance, est un des instruments les plus utiles à avoir sous la main pour l'édition nouvelle.

vaine; car, pour une lettre de plus ou de moins, les ignorants ne sauront pas mieux reconnaître l'origine du mot, et les hommes instruits la reconnaîtront toujours. Ce sont là toutefois des questions de tact et de convenance où il importe d'avoir raison avec sobriété.

Je ne puis tout dire et je ne prétends en ce moment que signaler l'estimable et utile travail, depuis longtemps réclamé, que l'Académie vient d'entreprendre, en l'exhortant (sous la réserve du goût) à oser le plus possible; car ses décisions qui seront suivies et feront loi peuvent abréger bien des difficultés, et, notre génération récalcitrante une fois disparue, les jeunes générations nouvelles n'auront qu'à en profiter couramment.

Une innovation toute typographique que M. Didot propose, et qui est aussi ingénieuse que simple, c'est que, de même qu'on met une cédille sous le c pour avertir quand il doit se prononcer avec douceur, on en mette une aussi sous le *t* dans les cas où il est doux et où il doit se prononcer comme le c : *nation, patience, plénipotentiaire,* etc. Je ne crois pas qu'il puisse y avoir d'objection contre cette heureuse idée toute pratique et qui parle aux yeux.

Tout ne se passera pas aussi coulamment. En dehors des réformes d'orthographe, il y aura à revoir et à étendre les définitions de certains mots dont l'acceptation s'est considérablement élargie. Ainsi, pour le mot *lyrique* par exemple, dont le sens ne se borne plus à des pièces d'opéra, comme du temps de Quinault ou de M. de Jouy, mais qui comprend et embrasse, selon les meilleurs critiques, tout un vaste ensemble de poésie intime ou personnelle et d'épanchements de l'âme, en regard et à côté des genres *épique* et *dramatique* : il faudra, bon gré, mal gré, tenir compte de ces progrès de l'Esthétique, comme on dit. Mais surtout la question des nouveaux mots à introduire ne sera pas la moins grosse (1). Remarquez bien qu'il ne s'agit pas, pour que cette introduction soit plausible et motivée, de considérer uniquement si un mot de formation relativement récente est bon ou mauvais, s'il présente un sens agréable ou non : il s'agit simplement de savoir s'il a cours et s'il est nécessaire, s'il peut être suppléé par un autre plus ancien, son parfait équivalent. Je prends vite un exemple, et je ne crains pas de le prendre parmi les mots les plus suspects, les plus

---

(1) Si l'on cherchait des autorités, on aurait ici celle de Fénelon, si favorable à l'introduction des termes nouveaux dès qu'ils sont jugés nécessaires. Fénelon, qui ne fut de l'Académie que bien après Bossuet, et trop tard pour participer au travail du premier Dictionnaire, a donné, on le sait, d'excellents préceptes pour les occupations de la Compagnie, indépendamment de cette obligation principale et perpétuelle du Dictionnaire ; il lui a en quelque sorte taillé sa tâche : et avec quelle largeur, quel sentiment vif de la tradition, et aussi quelle intelligence présente du lendemain ! Et en particulier sur cet article des termes en usage : « On a retranché, disait-il, si je ne me trompe, plus de mots (du vieux langage) qu'on n'en a introduit... Je voudrais n'en perdre aucun et en acquérir de nouveaux. Je voudrais autoriser tout terme qui nous manque et qui a un son doux sans danger d'équivoque... J'entends dire que les Anglais ne se refusent aucun des mots qui leur sont commodes : ils les prennent partout où ils les trouvent chez leurs voisins. De telles usurpations sont permises. » Fénelon, si délicat, n'était pas *petite bouche*.

compromis d'avance. *Émotionner* est assurément un vilain mot. Ne l'admettons pas dans le Dictionnaire, dira-t-on; ne lui donnons point le droit de cité; *émouvoir* suffit. — A quoi je réponds : Non, *émouvoir* ne suffit pas.; car il est des cas où j'emploierai *émotionner* et où j'en aurai besoin. Et, par exemple, si je veux définir la manière de tel historien moderne qui, à force de dramatiser l'histoire, l'a énervée ; qui, en peignant les hommes de la Révolution, les a décrits dans un détail minutieux et impossible, comme Balzac fait pour ses héros de roman ; si, parlant de cet historien, je dis : « L... (Lamartine), dans son Histoire de la Révolution et dans les scènes qu'il y retrace, ne se contente pas d'exciter les sentiments de pitié ou d'indignation, il ébranle les nerfs; il ne se contente pas d'émouvoir, il veut émotionner; » — eh bien ! *émotionner,* dans ce cas-là, je le demande, n'est-il pas français et selon l'acception la plus juste? Il est vrai qu'en l'introduisant dans le Dictionnaire, il faudrait bien indiquer que ce mot *émotionner* ne saurait s'appliquer avec propriété que dans un sens abusif et défavorable.

Et *baser,* ce verbe néologique, que je voyais hier encore désigné d'une mauvaise note par une plume attique, faut-il donc absolument le proscrire, lui fermer la porte dans le nouveau Dictionnaire? Je sais que c'était le cauchemar de Royer-Collard, et qu'un jour qu'une discussion s'était élevée à l'Académie sur ce verbe *baser,* et que quelques-uns ne semblaient pas trop éloignés de l'admettre, il coupa court à la discussion en disant : « S'il entre, je sors. » Mais l'usage a triomphé de bien d'autres résistances, et les Caton de la langue peuvent eux-mêmes avoir tort, sinon en droit, du moins en fait. Caton est entêté, mais un fait est encore plus entêté que Caton. On me dit qu'on peut suppléer à ce verbe *baser* par les mots *fonder*; *établir*, et qu'il n'y a nulle nécessité d'innover. Voyons un peu, je vous en prie. Nous vivons dans une époque parlementaire ou approchant, dans une époque oratoire : on discute le budget; il y a des discussions de chiffres; eh bien! dans un débat de cet ordre, je suppose qu'un des orateurs contendants, qu'un interlocuteur, apostrophant le rapporteur du budget, lui demande sur quoi il se fonde dans telle ou telle supputation qui aboutit à un nombre de millions ou de milliards : est-ce que le rapporteur parlant du haut de la tribune ne sera pas en droit de dire dans une langue parfaitement congrue et correcte : « Mon argumentation, messieurs, vous me demandez sur quoi elle repose : je la base sur une triple colonne de chiffres, tous exacts et vérifiés... etc. » Est-ce que ce mot *baser*, avec son emphase, sa sonorité même qui remplit la bouche et qui porte jusque sur les derniers bancs de la Chambre, ne sera pas ici le mot oratoire plutôt que le mot plus sourd ou plus faible : je la *fonde* ou je l'*établis?* » Donc il y a des cas où le mot est juste, où il est plus à sa place que tout autre. Pourquoi donc ne l'introduirait-on pas dans la nouvelle édition du Dictionnaire, tout en indiquant qu'il ne saurait s'employer justement que dans un sens un peu technique, dans un sens administratif, plutôt que dans la langue littéraire?

Le verbe *capitaliser* ne se trouve pas non plus dans la dernière édition du Dictionnaire de l'Académie; il n'a trouvé place que dans le Complément. C'est un tort. Quoiqu'il semble appartenir tout entier à la langue économique et financière (ce qui est déjà quelque chose), il peut trouver son emploi heureux dans la langue littéraire. Ainsi M. Viguier, cet esprit distingué et délicat, ce maître du bon temps, celui même dont j'ai fait ici, il y a quelques mois, un éloge funèbre (1), écrivait au sujet de Chateaubriand dans une lettre à M. Benoît, auteur d'un Discours couronné par l'Académie :

« Si, dans nos anciennes causeries, ce sujet (de Chateaubriand) s'est rencontré, vous m'aurez vu sans doute plus affecté que la postérité ne veut l'être de ses défauts qui heurtaient rudement le temps présent, mais qui se fondent aujourd'hui comme des nuances dans le caractère esthétique du grand artiste ou dans la perspective du passé. Quand on est assez vieux pour avoir vu une grande destinée individuelle s'accomplir à travers ses inégalités, ses caprices, ses luttes, ou même ses scandales, il est bon de vieillir encore pour voir comment tout cela se réduit et se *capitalise* dans une somme de qualités éminentes et de gloire consacrée. »

Se peut-il un jugement plus élevé et mieux rendu? Peut-on mieux penser et mieux dire, et avec une impartialité plus haute ? C'est absolument comme Gœthe aurait dit s'il avait pensé en français.

Et *formuler* (car je me fais en ce moment, par sup-

---

(1) Dans *le Moniteur*. — Cet article nécrologique se retrouvera plus loin dans le présent volume.

position, l'avocat de toutes les causes sinon mauvaises, du moins douteuses, non pas tant pour les faire prévaloir que pour montrer dans quel sens elles peuvent être défendues) : on abuse aujourd'hui de ce mot *formuler*, on l'emploie indifféremment pour *exprimer*, *énoncer*. Mais il est bien des cas, pourtant, où il trouverait sa place. On dira très-bien de quelqu'un de dogmatique et de tranchant : « Il formule ses opinions en articles de loi. » *Exprimer*, enfin, ne remplace pas *formuler* dans certains cas où l'on appuie sur le sens. M. Royer-Collard n'exprimait pas ses jugements, il les formulait. Ne serait-ce pas à dire, à indiquer dans un Dictionnaire du présent usage ?

Mais je conviens que sur cette pente il y a à prendre garde et qu'il est un point où il est juste de s'arrêter. C'est au bon goût et au bon sens à le reconnaître. Un ancien ministre et conseiller d'État d'un précédent régime, homme de beaucoup d'esprit et de beaucoup de littérature (1), racontait agréablement ceci aux dépens d'un de ses collègues, meilleur administrateur que grammairien : « Du mot *règle*, disait-il, on a fait *régler*; de *régler*, on a fait *règlement*; de *règlement*, on a fait *réglementer*... C'est déjà un peu fort, et dans les commissions on n'en fait pas d'autres; mais on ne s'en est pas tenu là : de *réglementer*, on a fait *régle-*

---

(1) M. Sylvain Dumon qui, après avoir présidé avec bien de la distinction un des comités du Conseil d'État, a été ministre des travaux publics, puis des finances. Il possédait au plus haut degré le genre d'éloquence ou plutôt d'élocution propre au Conseil d'État, le langage des affaires avec facilité, élégance, et même une nuance d'agrément, mais sans rien de la fausse rhétorique.

mentation... Passe encore ; mais un jour Ducos ne s'est-il pas avisé de vouloir faire de *réglementation* le verbe *réglementationner!* Oh ! pour le coup, on s'est insurgé et l'on a crié holà ! » Ce que cet ancien ministre, homme d'esprit, a observé là à l'occasion d'un mot spécial, l'Académie, avec son sens délicat, aura à le faire à l'occasion de bien des mots nouveaux : elle aura à indiquer le point et le temps d'arrêt, le degré d'innovation possible et permis ; mais qu'elle ne l'oublie pas, ce point à déterminer n'est point fixe, ni donné par les livres ou par les anciens vocabulaires : il est mobile, et c'est à l'usage et au goût combinés à le saisir et à l'indiquer.

Ainsi encore, le goût des collections a augmenté de nos jours : c'est une manie, c'est une fureur. Tout le monde collectionne, celui-ci des autographes, celui-là des eaux-fortes, tel autre des porcelaines et des faïences. De là est venu le mot *collectionneur* et le verbe *collectionner :* il sera difficile de les éviter, car ils répondent à un goût nouveau, à un besoin nouveau. L'usage les impose. Toutes les fois qu'un usage s'obstine, c'est qu'il a sa raison d'être.

Le mot *énormément* encore s'emploie sans cesse. Il se dit indifféremment pour *beaucoup.* Pourquoi ne ferait-on pas remarquer que ce sens excessif est devenu tout naturel dans une époque excessive elle-même, qui dans l'habitude porte tout à l'excès, et où l'on ne croit avoir *beaucoup* que quand on a *trop?*.

Je ne fais que poser des questions sans prétendre le moins du monde les résoudre. Il y aura de quoi occuper, on le voit, et passionner innocemment bien des séances de l'Académie. Car, selon la remarque de l'abbé de Choisy, ces disputes sur la langue et l'orthographe ne finissent point; et il ajoute « qu'elles n'ont jamais converti personne ». Ici pourtant il convient qu'elles aboutissent et que l'on conclue : la moindre partie des réformes proposées sera déjà un progrès, si on l'accepte.

M. Didot, pour revenir à lui, le sait bien : il demande le plus pour obtenir le moins. Sans doute il a raison et mille fois raison; mais depuis quand a-t-il suffi dans les choses humaines, et même dans les choses littéraires, d'avoir cent mille fois raison? C'est déjà beaucoup si l'on ne vous donne pas tout à fait tort. Il en est de l'orthographe comme de la société : on ne la réformera jamais entièrement; on peut du moins la rendre moins vicieuse. Parmi les regrets de M. Didot et dont il faut qu'il fasse son deuil, l'un des plus vifs est sur ce mot même d'*orthographe* : en effet il n'y eut jamais de mot plus mal formé. Il fallait dire *orthographie*, comme on dit *philosophie, biographie, télégraphie, photographie*, etc. Que dirait-on si le nomenclateur de ces derniers arts avait imaginé de les intituler la *photographe*, la *télégraphe*? Mais commettre cette ânerie pour le mot même qui répond juste à bien écrire, convenez que c'est jouer de malheur. L'ironie est piquante. Qu'y faire? Tous les décrets académiques ou autres n'y peuvent rien. Tirons-en une leçon. Cette espèce d'accident et d'affront qui a défiguré tout d'abord d'une manière irréparable le mot même exprimant l'art d'écrire avec rectitude, nous est un avertissement qu'en telle matière il ne faut pas ambitionner une réforme trop complète, que la perfection est interdite, qu'il faut savoir se contenter, à chaque reprise, du possible et de l'à peu près.

P.-S. J'ai le plaisir d'annoncer que les discussions de l'Académie sur les mots nouveaux ont commencé : dans la séance de jeudi dernier, le premier des mots importants qui se présentait marqué d'un astérisque, *Absolutisme,* a été débattu et admis. *Radicalisme* le sera aussi. L'Académie est dans la bonne voie (1).

(1) Je faisais tout ce que je pouvais, on le voit, pour enhardir et pour émoustiller l'Académie ; mais je crains bien d'en avoir été pour mes frais : on m'assure que, depuis, elle est retombée à sa timidité naturelle et qu'elle concédera bien peu des réformes désirées. M. Didot n'obtiendra pas même le *minimum* de ses demandes. Oh! le xixe siècle, à en juger du moins par la tête de la société et de la littérature, est bien peu le fils de son père le xviiie. Plus il avance en âge, plus il se *cotonise* et s'affadit. Cela se trahit dans les moindres choses comme dans les plus grandes. Il n'y a de vivace que ce qui est hors cadre.

Lundi 16 mars 1868.

LE COMTE DE GISORS

1732 — 1758

ÉTUDE HISTORIQUE

PAR M. CAMILLE ROUSSET (1).

Si jamais il y eut une chute profonde, irréparable, et d'où il semblait qu'on ne dût jamais se relever, ce fut assurément celle du surintendant Fouquet et de toute sa famille. Louis XIV avait été dur, implacable. A peine s'était-on un peu adouci dans les dernières années de cette captivité rigoureuse. Fouquet mourait à Pignerol en mars 1680, presque au lendemain du jour où l'on avait enfin permis aux siens de le visiter dans ce donjon où il languissait depuis quatorze ans. Un de ses petits-fils, celui qui devint le maréchal de

(1) Un volume in-8°; à la librairie Didier, 35, quai des Augustins.

Belle-Isle, ne naissait qu'en 1684. Il était le fils aîné du troisième fils du surintendant. Rejeton prédestiné entre beaucoup d'autres, il venait à temps. Louis XIV avait épuisé sa colère : vieillissant lui-même et devenu dévot, il sentait tout bas peut-être qu'il avait de ce côté quelque compte à rendre, quelque expiation à offrir au Ciel. La mère du surintendant, et qui lui survécut peu, Mme Fouquet, — une vraie mère de douleurs, — avait la réputation d'une sainte, et toute sa vie s'était passée au service des pauvres : elle inspirait la vénération autour d'elle. Plus d'une personne de la famille offrait l'image des vertus chrétiennes. Il y avait de quoi ramener les cœurs les plus durs à des sentiments de pitié et de sympathie ; décidément, il y avait rachat : les tortures morales et physiques du prisonnier, les épreuves et les mérites de sa famille avaient dépassé et couvraient les fautes. Ainsi en jugèrent tous les contemporains (1). Lorsque le petit-fils de Fouquet, M. de Belle-Isle, âgé de seize ans, vint à Paris, jeune homme de bonne mine, ayant « de l'esprit, du tact, les sentiments et les façons d'un vrai gentilhomme », grandement apparenté d'ailleurs, allié aux Lévis et aux Charost, l'intérêt de la société se porta sur lui ; on ne pensa à rien moins d'abord qu'à le faire entrer dans les mousquetaires du roi : on y réussit. Le jeune homme, au bout d'un an, devint capitaine de cavalerie, se distingua dans toutes les campagnes, de 1702 à 1708, obtint le grade de brigadier et, bientôt après,

(1) Voir M. Chéruel, *Mémoires sur la vie publique et privée de Fouquet;* 2 vol., 1862.

la charge de mestre de camp général des dragons.
Cette charge, qui devenait vacante par la retraite du
marquis d'Hautefeuille, coûtait cher à acquérir, —
cent mille écus environ ; — il fallait de plus l'agrément
exprès du roi. Chamillart, ministre de la guerre, n'avait
jamais osé mettre sur la liste des candidats le petit-
fils de Fouquet ; mais, quand il présenta cette liste au
roi, ce fut Louis XIV le premier qui lui adressa cette
question : Pourquoi il n'y avait pas mis le comte de
Belle-Isle ? Évidemment Mme de Maintenon avait agi
sous main : elle se souvenait que le pauvre Scarron
avait été l'un des pensionnés de Fouquet ; elle eut du
moins ce mérite de n'oublier jamais son passé. Une
réaction tardive s'opérait en haut lieu : avec l'effet
naturel du temps, il n'est pas défendu d'y deviner (me
trompé-je ?) un peu de repentir pour tant de duretés
impitoyables. Le jeune Belle-Isle était fait pour en profiter. Sa personne, son air et son tour de génie se prêtaient à la faveur. Il n'avait pas seulement du courage,
il avait du coup d'œil, des idées, du brillant ; il séduisait
à première vue. Il avait le don de persuasion. Louis XIV
mort, il ne cessa de pousser sa fortune ; il s'y rencontra encore de légères et courtes vicissitudes ; mais,
depuis le ministère du cardinal de Fleury, il n'avait
cessé d'avoir le vent en poupe. Lieutenant général
en 1731, gouverneur de Metz et des trois Évêchés, ambassadeur auprès de la Diète électorale en 1741, presque
aussitôt maréchal de France, il unissait une double
réputation diplomatique et militaire. Il avait eu de
tout temps ses prôneurs et admirateurs enthousiastes,

presque ses croyants. Son frère, son unique frère restant de quatorze enfants qu'ils étaient, le chevalier de Belle-Isle, qui ne faisait qu'un avec lui, l'appuyait en tout de sa solidité et de son bon sens; le maréchal y jetait de sa poudre d'or. Il était l'homme des vastes projets. Il avait du grand dans l'imagination. Il remaniait volontiers la carte des États, et il agitait les problèmes d'équilibre politique. Ses plans sortaient des données habituelles à la timidité du règne de Louis XV, et il n'aurait pas même eu besoin d'être dans le royaume des timides pour paraître hardi; il allait de lui-même à l'extraordinaire et semblait partout et toujours sûr de son fait : son étoile avait de bonne heure triomphé de tant d'influences contraires. Il ne lui avait jamais été donné sans doute de tenir toutes ses promesses; il n'était jamais allé au bout de toutes ses entreprises; mais il n'avait jamais non plus subi d'échec éclatant, et les circonstances les plus critiques avaient tourné encore à son honneur. Il avait donc atteint à la plus haute fortune, sinon à la puissance; sa considération en Europe était au moins aussi grande que dans le royaume; il avait tous les dehors de l'autorité et du crédit, et quelque chose de la réalité. Ayant épousé en secondes noces une Béthune, veuve elle-même du marquis de Grancey, il avait trouvé en elle une compagne aimable, une auxiliaire active et habile autant que délicate, la grâce jointe à de la vertu. Il en avait eu deux fils, dont un mort en bas âge et un seul survivant, le comte de Gisors, celui dont M. Camille Rousset vient de nous donner l'histoire, jeune homme charmant et sage, sur qui reposaient toutes les espérances du maréchal et tout l'avenir de cette race des Fouquet, ainsi restaurée et ressuscitée du fond de l'abîme. Jamais le vers du poëte ne trouva mieux son application :

..... In te omnis domus inclinata recumbit.

Tout cet échafaudage, tout ce patrimoine accumulé d'ambitions et de rêves portait désormais sur une seule tête.

M. Camille Rousset, conservateur des archives historiques au Dépôt de la Guerre, a sous la main des trésors dont il sent le prix et dont le Gouvernement lui permet de n'être point avare. Il s'entend à les mettre en œuvre comme personne : son *Louvois* est un monument ; son *Noailles* est un intéressant épisode. Il nous donne cette fois le tableau des campagnes auxquelles prit part le jeune comte de Gisors. Il a élargi le cadre, en y faisant entrer les dépêches des généraux, des ministres, la correspondance de la Cour et de la favorite. Cette histoire d'un jeune colonel, fils du ministre de la guerre, est devenue sous sa plume l'histoire même de l'armée; on en a toute une peinture fidèle pour le matériel comme pour le moral, à la date de 1757-1758. C'est le plus bas moment. L'historien de Louvois a eu ici, par contraste, à nous retracer le dépérissement de la discipline sous Louis XV, comme il nous en avait expliqué la vigueur et le ressort aux meilleures années de Louis XIV. Il avait montré comment une bonne armée se crée et s'organise, il nous montre aujourd'hui comment elle se fond et se défait; on sait mieux, après l'avoir lu, ce qu'il faut entendre par ces mots de corruption et de décadence; on s'en fait une trop juste idée, en même temps qu'on sait aussi faire la part des exceptions, de la valeur, du désintéressement et de l'intégrité, qui se personnifient en quelques nobles figures, même aux plus tristes moments de cette monarchique histoire.

De toutes ces exceptions, la plus notable et la plus pure est celle du comte de Gisors. Vauvenargues nous a offert par lui-même, et dans la personne de son ami Hippolyte de Seytres, l'idéal d'un jeune militaire dévoué à son roi, à sa patrie, à ses devoirs, amoureux de la gloire dans l'âge des plaisirs, et sachant associer au culte moderne de l'honneur quelque chose de la vertu telle que l'entendaient les Anciens. Le comte de Gisors nous montre en action ce même modèle, ce parfait exemple d'une jeunesse sérieuse, appliquée, tournée au bien. Comblé au début de toutes les faveurs et porté comme sur les bras de la Fortune, il n'est en rien enivré ni ébloui; il n'y voit qu'une raison de plus de justifier son précoce avancement par son mérite. Surtout il semble radicalement guéri du travers originel des Fouquet et dont son père même n'était point du tout exempt, de ce qui est vanité et présomption, le trop d'entreprise, l'audace et le *vaste* des pensées : lui, il est modéré dès vingt ans, modeste, appliqué, prudent, et il ne semble amoureux que d'une juste gloire. Il n'y a qu'une voix sur ses qualités. Elles furent dès l'abord reconnues des étrangers et hautement témoignées par eux durant ses voyages. Revenu parmi les siens, et dans les rangs de l'armée où il servait, il était cité comme le plus accompli des colonels. A entendre le concert de louanges qui l'entouraient de son vivant et qui consacrèrent sa mémoire au lendemain de sa mort, quand il fut tué à vingt-six ans en chargeant l'ennemi à Crefeld, on serait tenté de le croire parfait, trop parfait. C'est là un beau défaut, convenons-en, au milieu des vices du xviiie siècle.

La difficulté pouvait sembler grande d'écrire tout un volume à propos d'un de ces jeunes hommes dont la courte vie, tranchée en sa fleur, peut se résumer dans le mot de Virgile : *Tu Marcellus eris!* M. C. Rousset, sans sortir de son sujet, a trouvé moyen de le fertiliser et de le nourrir. Le comte de Gisors, né le 27 mars 1732, fut l'objet tout particulier des soins paternels. Assez délicat de complexion, on n'avait rien négligé pour le fortifier de bonne heure et l'aguerrir. Il fut soumis dès l'enfance à une règle sévère, à une gymnastique presque lacédémonienne. Levé tous les jours à quatre heures du matin, on lui défendait les veilles tardives. Pourtant, lorsque dans la suite il était obligé de veiller, il continuait d'observer ses habitudes matineuses. Le grand Frédéric, qui n'était pas des plus tendres, ne put s'empêcher de le remarquer quand il eut vu M. de Gisors et pris connaissance de son régime : « Il se couche trop tard, disait-il, et se lève trop matin. Je suis trop ami de son père pour ne pas y mettre ordre au plus tôt et ne pas m'intéresser à la conservation de sa santé. » Le jeune homme était mince, de grande taille et d'une assez jolie figure. On soigna chez lui l'esprit autant que le corps. Il eut pour précepteur un abbé de Mange, un de ces bons abbés dévoués et lettrés, personnage domestique, comme les grandes familles en avaient alors. Dès l'âge de treize ans, il fut colonel en titre d'un régiment qu'on avait levé, d'accord avec le roi Stanislas, et qui avait nom *Royal-Barrois*. A quinze ans il fut présenté à Versailles et à Trianon par son père, qui l'emmenait en Provence d'où il allait chasser les Autrichiens. Le comte de Gisors y servit de secrétaire au maréchal et y fit aussi ses premières armes. Dans cette campagne, le chevalier de Belle-Isle périt bravement, l'épée à la main, à l'assaut des retranchements piémontais, au col de l'Assiette près d'Exiles. La douleur du maréchal fut profonde : il perdait son bras droit, son conseil et une moitié de lui-même. Ce séjour en Provence et à Nice, mêlé de guerre et de diplomatie, se prolongea pendant toute l'année 1748 et jusqu'au mois de février 1749. Le comte de Gisors y fit l'apprentissage de l'une et de l'autre ; et il semble que, s'il eût vécu davantage, c'est à cette seconde carrière, la diplomatie, que sa délicate santé comme ses goûts l'eussent définitivement porté.

La paix amena une grande réforme des troupes, à commencer par les corps de nouvelle création ; le régiment de Royal-Barrois fut supprimé. Le maréchal de Belle-Isle en conçut d'abord de l'humeur : il eût voulu une exception par rapport à lui en particulier. On l'apaisa, et on dédommagea amplement son fils en le nommant colonel du régiment de Champagne, un des six vieux corps de l'infanterie française. Le nouveau colonel n'avait que dix-sept ans. A cette occasion, son père composa pour lui une *Instruction* détaillée que de bons juges considèrent comme un chef-d'œuvre en son genre et qui contient tous les préceptes militaires et moraux capables de former un parfait colonel. Le comte de Gisors en fit l'objet constant de son étude et de son émulation. Le respect et la docilité sont des traits caractéristiques de cette nature, qui nous représente au sérieux, et sans nuance d'épigramme, un Télémaque ou un Grandisson dans les camps (1).

Quand il eut vingt et un ans, on le maria ; et, comme le remarque M. C. Rousset, ce fut chez un arrière-petit-neveu du cardinal Mazarin que le petit-fils du surintendant Fouquet alla chercher une digne compagne pour son fils. Le comte de Gisors épousa la fille de l'aimable duc de Nivernais. Elle n'avait que treize ans, et le mariage se borna d'abord et longtemps à la cérémonie. La jeune épouse, qui, dans des lettres familières, est appelée *ma Reine* ou *ma petite Huchette,* de même que le jeune époux avait pour sobriquet Mlle *Colette,* ne nous offre que des traits assez peu définis. Elle adorait son mari, dont elle n'eut point d'enfants ; elle était fort pieuse et même passionnée dans les

(1) Chabanon a écrit un mot qui est la critique de *Grandisson* et des romans trop vertueux : « Depuis Aristote tout le monde a senti et répété que l'humanité dépeinte devient plus intéressante par ses faiblesses mêmes. » (Lettre de Chabanon à Mme de La Briche après la lecture des Mémoires manuscrits de cette dame).
— Si quelqu'un a jamais paru propre à faire mentir ce mot, ç'a été le comte de Gisors.

querelles molinistes, déjà une petite « mère de l'Église », ainsi qu'on l'entrevoit par une raillerie du comte (1). Celui-ci paraît l'avoir adorée fidèlement et sans qu'on puisse apercevoir ombre de distraction ou de faiblesse, durant ses années de voyage ou de guerre.

En effet, à peine marié, on le fit voyager. Son père n'y épargna rien, c'est tout simple. On sait que « le

(1) On est fâché d'être obligé de dire que Mme de Gisors, en vieillissant, paya par de l'aigreur et du fanatisme la rançon de sa vertu. Cela s'est vu souvent chez ces femmes du grand monde. Il est vrai que celles qui ont commencé plus gaiement finissent quelquefois de la même façon acariâtre, croyant racheter par là leur passé. Mais enfin, dans une Relation de la mort de Voltaire, adressée à l'impératrice Catherine par son ambassadeur à Paris, le prince Bariatinsky (juin 1778), et qui a été publiée pour la première fois dans le *Journal des Débats* du 30 janvier 1869, on lit : « Dès que le bruit de sa maladie et le danger de son état se répandirent dans Paris, la haine sacerdotale qui ne pardonne point se déploya dans toute son activité. Les dévotes intriguèrent auprès de l'archevêque de Paris. Parmi ces dévotes de profession, il y en eut deux surtout qui se distinguèrent par leur fanatisme : Mme la duchesse de Nivernais et Mme de Gisors, sa fille. Ces dames, qui sont sur la paroisse de Saint-Sulpice, allèrent trouver le curé de cette paroisse, qui est aussi celle de M. de Voltaire, et firent promettre à ce pasteur imbécile et aussi fanatique qu'elles de ne point enterrer M. de Voltaire s'il venait à mourir. Il le leur promit... » Elles ne s'en tinrent pas là, et quand elles surent que le neveu de Voltaire, l'abbé Mignot, faisait transporter le corps de son oncle pour être enterré dans son abbaye de Scellières, vite les deux grandes dames, ces deux bonnes âmes acharnées au bien, relancèrent le cadavre ; elles écrivirent à l'évêque de Troyes pour l'engager à s'opposer à l'inhumation en qualité d'évêque diocésain ; « mais heureusement pour l'honneur de l'évêque, ces lettres arrivèrent trop tard, et Voltaire fut enterré. » (*Vie de Voltaire*, par Condorcet.) — C'est ainsi que Mme de Gisors, cette sainte veuve, crut devoir justifier son renom de mère de l'Église. Voilà le revers de médaille de la vertu.

total des voyages de M. de Gisors coûta à M. de Belle-Isle entre 90 et 100,000 francs ». Il avait pour l'accompagner deux officiers de distinction de son régiment de Champagne : c'était une manière de Mentor en deux personnes. Il commença par l'Angleterre, continua par l'Allemagne et la Pologne, et finit par la Scandinavie. M. C. Rousset a retrouvé une partie de son Journal de voyage. Le comte de Gisors étudiait de près les hommes, les institutions ; il fut guidé et piloté à certains jours en Angleterre par Horace Walpole, qui garda de lui la meilleure idée, et qui, en apprenant sa mort, écrivait : « Je suis très-chagrin de la mort du *duc* de Gisors ; il m'avait été recommandé quand il vint en Angleterre. Je le connaissais beaucoup, et j'avais aussi bonne opinion de lui qu'en avait tout le monde. Il était plus sérieux et plus appliqué à se perfectionner qu'aucun jeune Français de qualité que j'aie jamais vu. Combien Belle-Isle est malheureux de survivre à son frère, à son fils unique et à sa bonne oreille ! » Le maréchal, à la fin, était très-sourd. Toujours un peu de plaisanterie se mêle aux regrets même des meilleurs des mondains.

Tout ce que M. C. Rousset nous cite du Journal de M. de Gisors témoigne en effet d'un esprit sérieux et appliqué, qui a du sens et de la finesse. Lorsque de Londres il passa sur le théâtre de Potsdam, qu'il fut en présence de la famille royale de Prusse et du grand Frédéric, il eut fort à s'observer. La considération dont jouissait son père lui ouvrait tous les accès : il sut bientôt se faire compter par son propre mérite. Le maréchal Keith, Écossais de naissance et l'un des principaux lieutenants de Frédéric, en écrivait de grands compliments à son père, et en rabattant tout ce qu'on peut attribuer à la politesse, il est bien certain que le jeune homme se fit estimer par son tact, sa mesure et son intelligence. Keith le loue, entre autres qualités, d'avoir dérobé à sa nation « le simple bon sens anglais ». Surtout, lorsqu'il revint auprès de Frédéric en Silésie après avoir visité Vienne, avoir vu l'impératrice Marie-Thérèse et l'armée impériale assemblée à Kolin, M. de Gisors fut en butte à des questions réitérées de la part du pénétrant monarque : c'était un pas glissant, d'où il se tira sans indiscrétion comme sans embarras. Il sut répondre à propos, avec vérité, et sans sacrifier les absents. En définitive, il laissa la meilleure impression après lui. Frédéric, dans une lettre à l'abbé de Prades, avait dit peu de jours après son arrivée à Berlin : « Écrivez en lettres d'or qu'il est arrivé ici un jeune seigneur français, rempli d'esprit, de bon sens et de politesse. » A son départ pour la Suède, c'était le prince Henri qui écrivait à M. de Gisors en manière d'adieu : « Unir à la jeunesse le caractère et les talents, c'est être né avec des qualités rares ; les perfectionner, les embellir et les rendre utiles, mérite l'admiration de tout le monde. Vous devez vous connaître à ce portrait ; il fait l'apologie de l'estime que j'ai pour vous. Je blesse sans doute votre modestie, mais c'est un amour-propre poussé à l'excès qui m'entraîne à faire l'éloge de mon discernement. »

Rappelé brusquement du Nord par la maladie et la mort de sa mère, le comte de Gisors reparaissait dans le monde de Paris et de Versailles avec une éducation achevée. Il possédait ce qui a manqué bien longtemps à la plupart des Français de tout rang : il connaissait l'étranger, et il avait par devers lui des termes exacts de comparaison. Un des amis de sa mère, un Danois de distinction, le baron de Bernstorf, lui écrivait sans pouvoir être soupçonné de flatterie : « Pour renfermer bien des choses dans une seule parole, je vous trouve tel que je vous souhaite. Les plaisirs n'étouffent point vos sentiments ; vous n'oubliez ni vos pertes, ni vos regrets, ni vos devoirs, et le tumulte de la Cour et de Paris ne prend rien sur vos réflexions. Continuez, monsieur, d'être supérieur à ce qui a énervé, abattu, anéanti tant d'hommes ; soyez toujours ce fils, cet époux, cet ami que vous êtes ; faites voir à un siècle qui semble l'ignorer que l'on peut être très-sage, très-appliqué, et en même temps infiniment aimable. Soyez l'exemple du bonheur qui suit la vertu, et pardonnez cette tirade à la tendresse qui me l'a arrachée. »

Tous enfin s'accordaient à célébrer en lui le don le plus rare, qui a été départi à si peu, et peut-être à moins d'hommes encore que de femmes, la raison précoce, le fruit dans la fleur, un esprit mûr dès le premier duvet :

Sotto biondi capei canuta mente.

A son retour, le comte de Gisors donna un bon exemple : il ne craignait pas la mort, mais il craignait la petite vérole et ses laideurs. Il avait vu les succès de l'inoculation en Angleterre. Lui-même il se fit inoculer : ce ne fut point sans en demander la permission à son père et sans l'agrément du roi. L'opération réussit et fit événement (15-19 avril 1756).

La guerre recommençait. Le maréchal de Belle-Isle entra au Conseil le 16 mai 1756; il remplaçait le maréchal de Noailles comme ministre d'État, en attendant qu'il devînt lui-même ministre de la guerre. Nous avons dans le livre de M. Rousset une histoire complète des campagnes faites en Westphalie et dans le Hanovre en 1757 et 1758. Trois généraux s'y succédèrent, sous lesquels le comte de Gisors eut à servir, le maréchal d'Estrées, le maréchal de Richelieu et le comte de Clermont : le premier seul (sauf un peu d'humeur et de rudesse en paroles) était selon son cœur et emportait son estime. J'ai déjà parlé, et ici même, de cette guerre à l'occasion du comte de Clermont. Je n'ai pas envie d'y revenir : on ne repasse pas deux fois à plaisir sur ces tristes tableaux. M. Camille Rousset, muni des papiers d'État et de toutes les correspondances confidentielles, donne un récit qui peut être considéré comme définitif. Dans toute la première partie de la campagne, qui se termine à la victoire d'Hastenbeck, le maréchal d'Estrées lutte contre les difficultés qui naissent de la nature du pays, du défaut des subsistances, et du propre désordre de son armée, surchargée d'officiers généraux inutiles, d'équipages fastueux et parasites. Pour en donner une faible idée, il suffira de dire que le comte de Gisors, un colonel exemplaire, a pour lui vingt-trois chevaux, sept de plus que ne portait l'ordonnance, et que le maréchal n'a pas moins de vingt-huit secrétaires, dont Grimm était un : qu'on juge par là du reste. Le maréchal (danger plus grave) a près de lui dans le chef de son état-major, le comte de Maillebois, une âme damnée de Richelieu, un ennemi, un malin esprit et, peu s'en faut, un espion et un traître. Après des fatigues et des retardements sans nombre, il gagne cette bataille d'Hastenbeck, où Gisors et le régiment de Champagne se distinguent à la prise d'une principale redoute ; victoire qui, incomplète au point de vue militaire, ne laisse pas d'être décisive par ses résultats (26 juillet 1757). C'est le comte de Gisors qui est chargé d'en porter la nouvelle à la Cour. Le lendemain même de cette victoire, le maréchal d'Estrées est remplacé par Richelieu, dont l'intrigue menée de longue main aboutit à contre-temps. J'ai dit dans les articles sur le comte de Clermont ce qui était à penser de cette affreuse campagne de Hanovre à laquelle présida Richelieu, et du délabrement qui s'ensuivit, le pillage, l'infâme maraude et l'hôpital. Le comte de Gisors fit tout pour rallier autant que possible son régiment autour du drapeau, le préserver de l'excès d'indiscipline et le maintenir avec une sorte de gaieté dans les misères, à travers les glaces ou les boues de la retraite. Quand on se décida à envoyer le comte de Clermont pour remplacer Richelieu, en février 1758, cette Altesse arrivait avec des intentions honorables sur l'article de la probité, mais avec une parfaite incapacité en tant que chef militaire. On ne saurait assez insister sur ce néant du comte de Clermont et sur ce sans-gêne plus que philosophique qu'il apportait dans de si graves conjonctures. Après l'avoir désiré et sollicité avec instance au début de cette guerre, il n'a plus l'air de tenir à son commandement, et à chaque contrariété on le voit prêt, pour ainsi dire, à remettre les mains dans ses poches, et disant que pour pis aller il lui restera toujours l'agrément d'aller tirer les perdreaux à Berny. Les pitoyables résultats de ce manque d'amour-propre et de caractère sont assez étalés dans le livre de M. C. Rousset et ressortent à chaque instant des récits, même les plus modérés et les plus circonspects, du comte de Gisors (1). La triste bataille de Crefeld (23 juin), où les troupes firent si bien leur devoir, mais

---

(1) Dans une lettre du 18 juin à son père, cinq jours avant la bataille de Crefeld, M. de Gisors écrivait : « Je n'ai pu jusqu'ici vous parler à cœur ouvert ; vous verrez avec amertume que, si les choses demeurent dans l'état où elles sont, il n'y a pas le moindre succès à se promettre ; les plus grands malheurs sont à craindre, au contraire. M. le comte de Clermont, dépourvu de toute connaissance du pays, incapable de former aucun projet par lui-même, ne veut être constamment gouverné par personne, et cependant se rend toujours à l'avis du dernier. Il ne prévoit rien et est peu affecté des dangers présents, s'amuse d'une bagatelle et perd le temps à des promenades inutiles. Voilà quel est notre général... » A ce témoignage on peut joindre celui du marquis de Voyer, qui écrivait le lendemain de la défaite : « On ne peut que plaindre ce prince que je crois peu coupable. Je le compare à une glace également susceptible de rendre l'image d'un imbécile et d'un habile homme ; il est maladroit de l'avoir obligé à représenter d'aussi plats objets. » Ces plats objets, c'étaient les conseillers qu'on lui avait donnés.

où elles furent si mal commandées, est exposée de point en point; et, quoique le hasard de la guerre soit aveugle, on a quelque peine à ne pas mettre sur le compte du général en chef et de ses conseillers ou, comme on disait ironiquement, de *M. l'abbé* et de ses *novices,* cette mort du comte de Gisors qui n'était plus alors colonel de Champagne, mais qui venait d'être promu au commandement des carabiniers. C'est en combattant à leur tête qu'il tomba. « Rien n'a été aussi absurde et aussi courageux que la charge de ce corps, » a dit le marquis de Voyer, présent à l'action, et qui blâmait cette manœuvre d'une course de cavalerie violente à travers l'infanterie hanovrienne. Ce fut au retour de cette charge, la première qu'il eût conduite, que le comte de Gisors reçut presque à bout portant un coup de feu dans les reins. La mort s'ensuivit trois jours après (26 juin). Blessé, il eut encore la force d'écrire quelques mots à son père :

« Mon très-cher père, je vous écris avant de me faire saigner; je vous prie de n'être pas inquiet de ma blessure. Je ne l'ai reçue du moins qu'après avoir percé avec les carabiniers l'infanterie hanovrienne. Faites passer cette lettre à ma femme. Je vous aime et vous respecte de tout mon cœur. »

Quand l'armée dut évacuer Neuss, ce qui eut lieu le surlendemain de la défaite, il était hors d'état d'être transporté. Le comte de Clermont dut le recommander aux soins généreux du prince Ferdinand de Brunswick. Ce furent les adversaires qui lui rendirent les honneurs militaires suprêmes. Son cœur seul put être rapporté en France. Le major du régiment de Champagne, M. de Vignolles, appelé par le mourant, et qui avait reçu ses derniers soupirs, écrivait du camp près de Cologne, le 28 juin 1758 :

« Nous venons de perdre le meilleur sujet du royaume et la plus belle âme ; il était doué de trop de vertus pour vivre dans un siècle aussi corrompu. Je ne l'ai pas quitté d'un moment et lui ai rendu mes derniers devoirs. Il a été enterré ce matin. Le prince Ferdinand lui a rendu les plus grands honneurs ; il y avait à son convoi deux escadrons, un régiment d'infanterie, de l'artillerie, etc. Je n'ai osé ni oserai écrire à ce malheureux citoyen (*le maréchal de Belle-Isle*).' J'ai perdu le seul protecteur, ce n'est rien, mais le plus tendre et le plus sincère ami que j'eusse. Je le pleurerai toute ma vie, et vous le pleurerez avec moi.

« Ce pauvre seigneur a toujours eu sa connaissance ; il a mis ordre à sa conscience de lui-même. Il a été pleuré à l'armée des ennemis comme dans la nôtre. »

Dans le premier moment, un sentiment de regret unanime s'associa comme une trop faible consolation et un bien juste hommage à l'immense douleur du maréchal de Belle-Isle ; mais la malignité qui se glisse partout, et qui est si prompte à se venger d'un premier mouvement de sympathie, trouva bientôt mauvais qu'il n'eût point résigné le ministère tout aussitôt après la mort de son fils. Il fit mine d'en vouloir sortir, il est vrai, mais il se laissa persuader assez aisément d'y rester sous couleur de patriotisme, et il y était encore quand il mourut en janvier 1761, à la veille, dit-on, d'être remercié par le roi. Cela lui valut des couplets satiriques et des épigrammes (1). Il avait cru devoir instituer, par son testament, le roi même pour héritier de ses grands biens et pour légataire universel : était-ce, comme on l'a prétendu, dans l'espérance d'être enterré à Saint-Denis à côté de M. de Turenne? Quoi qu'il en soit, l'ambitieux encore et le glorieux parurent chez lui survivre à tout et surnager jusqu'à la fin. On remarqua qu'il y avait très-peu de monde, et même de monde officiel, à son service funèbre. C'est qu'on ne va le plus souvent aux enterrements que pour ceux qui vous y voient, et il ne laissait personne après lui.

Qu'aurait été le comte de Gisors, s'il avait vécu ? quel rôle aurait-il tenu? quelle place dans les affaires? quelle influence eût-il exercée, le cas échéant, dans les futures destinées de son pays? On l'ignore; on ne peut même le conjecturer. Cette parfaite culture à laquelle rien n'avait manqué et qui avait si bien réussi, ce respect absolu pour son père, cette soumission, cette juste égalité de sentiments en tout, ou cette réserve qui était une vertu à son âge, ne laissent pas deviner quelle nature de génie particulière pouvait être en lui, et s'il avait du génie ou seulement un parfait mérite; car, quand on a tant de bon sens à vingt-cinq ans, aura-

(1) On fit notamment ce couplet qui se chantait dans la galerie de Versailles, à la cantonade :

> J'ai perdu ma femme et mon fils,
> Après le chevalier mon frère ;
> Je suis sans parents, sans amis,
> Hors l'État, dont je suis le père;
> Hélas ! je vais le perdre encor
> Sans dire mon *Confiteor*.

t-on du génie à cinquante? M. de Gisors était guéri, je l'ai dit, de tous les défauts de sa famille, de la vanité, du vaste, de l'*indéfini*. Il était arrivé à la perfection; il semble qu'il n'avait plus qu'à mourir... Songeons pourtant que, s'il lui avait été donné de vivre l'âge de son père, soixante-dix-sept ans, il serait mort seulement en 1809. Quelle longueur et quelle diversité de carrière! Quel champ ouvert à l'hypothèse!... Arrêtons-nous, ne cherchons pas l'impossible. Rendons-lui dans notre pensée quelque chose des mêmes honneurs que lui ont payés ses contemporains. Qu'il nous apparaisse de loin tel qu'il fut; qu'il demeure à nos yeux comme une belle image. Pour moi, il me rappelle exactement, dans l'exemple moderne le plus analogue, ce Pallas, fils d'Évandre, tué à son premier combat et qui, après avoir quitté son vieux père pour apprendre la guerre sous Énée, lui est ramené dans une pompe solennelle et touchante :

> . . . . . Quem non virtutis egentem
> Abstulit atra dies et funere mersit acerbo.

J'aimerais que, dans les explications qu'on donne de Virgile, on fît désormais ce rapprochement, qu'on rattachât ces noms fraternels de l'histoire et de la poésie; qu'on liât entre eux ces deux mémoires pour en faire une plus vivante immortalité. Lui aussi, Gisors comme Pallas, s'il avait un vieux père que sa mort navrait, du moins il n'avait plus de mère :

> . . . . Tuque, o sanctissima conjux,
> Felix morte tua, neque in hunc servata dolorem,

s'écriait le vieil Évandre. — Malgré le caractère tout historique du livre de M. C. Rousset, je ne crois pas que la poésie soit de trop pour ajouter à l'idée de son héros parfait une dernière auréole et pour projeter sur cette intéressante figure je ne sais quel reflet d'une imagination attendrie. Quoique nous ne vivions plus aux âges antiques, ne dédaignons pas la Muse : elle seule encore est capable de mettre un dernier charme, un attrait sensible, là où était déjà l'estime.

Ce qui s'oppose le plus à l'impression poétique en présence des personnages trop voisins de nous, c'est la moquerie, l'ironie, *ce grand dissolvant des temps modernes,* comme on l'a appelé. Elle épuisa tout son feu contre M. de Belle-Isle, fort peu semblable en cela au bon Évandre. M. de Gisors y échappa; il avait trop peu vécu encore dans cette Cour de Louis XV, la plus méchante des Cours.

Lundi 8 juin 1868.

LE
GÉNÉRAL FRANCESCHI-DELONNE

SOUVENIRS MILITAIRES

PAR

LE GÉNÉRAL BARON DE SAINT-JOSEPH (1).

M. le baron de Beauverger a trouvé dans les papiers de son beau-père, le général Anthoine de Saint-Joseph, une intéressante notice qu'il a revue et publiée avec un soin pieux. J'ai pris un grand plaisir à l'entendre lire, il y a quelques mois, dans un temps où je n'étais guère capable d'une application continue; cette Notice m'a touché à la fois par la singularité de la destinée individuelle qu'elle retrace, et par les réflexions morales et humaines qu'elle suggère : je me suis promis d'en

(1) Une brochure in-8°, imprimerie de Martinet, rue Mignon, 2.

LE GÉNÉRAL FRANCESCHI-DELONNE. 247

faire part à mes lecteurs, à mon premier loisir, et de les associer, s'il se peut, aux sentiments que j'avais éprouvés moi-même au récit de cette simple et véridique histoire.

Jean-Baptiste Franceschi-Delonne naquit à Lyon en 1767 (1). Ses premiers goûts, sa première vocation, le portaient vers la sculpture : il y réussissait et promettait un artiste distingué ; il avait remporté, je ne sais en quelle année au juste, le premier prix dans un des con-

(1) J'ai fait rechercher à Lyon l'acte de baptême du général Franceschi. Ce n'est pas sans peine que mon ami M. de Chantelauze a retrouvé cet acte aux registres de la paroisse de Sainte-Croix. Franceschi était *jumeau*. Je donne ici les pièces telles quelles. Le père était probablement Piémontais, mais si peu lettré qu'il ne savait pas même comment son nom devait être écrit suivant l'orthographe italienne.

« N° 228 des actes de l'année 1767. — Charles-Joseph, fils de Regle Francisqui (*sic*), plâtrier, et de Marie-Barbe Dellone (*sic*), son épouse, enfant jumeau, *né le premier* le jour d'hier, a été baptisé ce jourd'hui cinq septembre mil sept cent soixante-sept dans l'église paroissiale de Sainte-Croix par moi vicaire soussigné ; le parrain a été Charles-Joseph Genelle, me chocolatier, la marraine Françoise-Virgine Giraud, épouse de Jean-André Gely, aussi plâtrier ; le parrain et le père ont signé, non la marraine qui a déclaré ne savoir, de ce enquise. Signé : Genelle, Regle Francesqui ; Carrier, vicaire ; Bruyas, prêtre.

« N° 229. — *Jean-Baptiste* (c'est le nôtre), fils de Regle Francisqui, plâtrier, et de Marie-Barbe Dellone, son épouse, enfant jumeau, *né le second* le jour d'hier, a été baptisé ce jourd'hui cinq septembre mil sept cent soixante-sept dans l'église paroissiale de Sainte-Croix par moi vicaire soussigné ; le parrain a été Jean Giroud, me tailleur de pierre, la marraine Benoîte Bourbaton, épouse dudit Giroud ; le parrain et le père ont signé, non la marraine qui a déclaré ne savoir, de ce enquise. Signé : Regle Francesqui, Giroud ; Carrier, vicaire ; Bruyas, prêtre. »

Ne dédaignons pas ces humbles origines. J'en ai toujours voulu

cours pour Rome (1). Mais la révolution, qui appelait à son aide ses enfants, l'enleva à l'art. Il avait vingt-cinq ans en septembre 92 : il s'enrôla à Paris au chant de la *Marseillaise,* au chant du *Départ.* « Il entra en qualité de sous-lieutenant au 9ᵉ bataillon de Paris, compagnie des Arts. » Ses premiers services, aux armées de la Moselle et de Sambre-et-Meuse, le firent remarquer de ses chefs, les généraux Debelle et Kléber, qui le proposèrent à l'avancement dans l'arme de l'artillerie à laquelle il était d'abord attaché. Un refus du ministre de la guerre jeta Franceschi dans la cavalerie, et quoique une organisation douée comme la sienne eût été partout à sa place, il dut à ce contre-temps de se trouver lancé dans la voie d'une vocation qui lui était plus spéciale.

Apprécié de bonne heure du général de division Soult dans la période républicaine, attaché à lui en qualité d'aide de camp pendant la glorieuse campagne d'Helvétie, Franceschi ne cessa l'année suivante, notamment pendant le siége de Gênes, d'être chargé de missions importantes et hardies dont il s'acquitta avec

---

à ce biographe de Hoche qui, écrivant sous l'inspiration de la famille, s'était bien gardé de dire qu'il était fils du garde du chenil de Louis XV. — Le cas de Franceschi nous est un nouvel exemple de la soudaine émancipation des enfants du peuple au premier coup de trompette de la Révolution. Une note du ministère de la guerre, rédigée au lendemain de sa mort, nous apprend qu'il était le dernier de *quatre* frères, tous militaires et morts au service.

(1) Je dis ceci d'après la notice, mais les chercheurs les plus compétents auxquels je me suis adressé n'ont pas retrouvé trace, je dois le dire, de ce prix de Rome qu'il aurait obtenu. Il était peut-être simplement désigné pour l'avoir.

bonheur (1). Le général Soult, qui ne le perdait pas de vue, le fit nommer colonel en novembre 1803, lors de la formation du camp de Boulogne. Franceschi, devenu titulaire du 8ᵉ hussards, prit une part active aux opérations de la campagne de 1805.

Et ici je ne puis m'empêcher d'établir un rapprochement et un parallèle. Auguste Colbert, dont M. le marquis de Colbert-Chabanais, son fils, publie en ce moment les *Traditions et Souvenirs* (2), de dix ans plus jeune que Franceschi, courait en toute hâte la même carrière, car ils semblaient tous, alors, pressés de se signaler, d'immortaliser leur nom et de mourir. Nommé colonel du 10ᵉ de chasseurs à cheval au lendemain de Marengo, à l'âge de vingt-trois ans, Auguste Colbert allait prendre une part non moins active, sous Ney, à la première moitié de cette incomparable campagne de 1805. Lui aussi, il était nommé cette année-là général de brigade, dans la même promotion que Franceschi, et enfin il devait trouver en Espagne également le terme de sa courte et brillante carrière. Mais quelle différence toutefois dans les chances de fortune et dans

(1) « Plusieurs officiers non moins heureux qu'intrépides avaient réussi à traverser la ligne anglaise pour donner avis de ce qui se passait soit dans Gênes, soit à l'armée. Reille et Franceschi surtout s'étaient signalés par leur dévouement ; le dernier apporta le 26 mai (1800) des nouvelles du premier Consul, qu'il avait quitté le 20 au pied du Saint-Bernard. L'espoir d'un prochain secours ranima les cœurs les plus abattus... » (Jomini, *Histoire des Guerres de la Révolution*, tome XIII, p. 223.)

(2) *Traditions et Souvenirs, ou Mémoires touchant le temps et la vie du général Auguste Colbert* (1793-1809) ; Paris, Didot, rue Jacob, 56. — Trois volumes sont publiés.

le lot de renommée ! Auguste Colbert, dès vingt-trois ans, était en pleine lumière, et il y resta ; il ne cessa de combattre sur une scène en vue, sous l'œil de César, en soldat de la grande armée, et sa mort sur le champ de bataille l'illustrait à jamais aux yeux de la patrie. Franceschi, distingué par d'aussi méritoires services, illustré un moment dans la gloire même d'Austerlitz à laquelle il contribuait, se voyait bientôt rejeté par le sort dans des tâches lointaines, ingrates, aux extrémités de la lutte. Prisonnier par accident, enlevé par une guérilla, enfermé, frappé de langueur, mourant après seize mois de misère sur un lit d'agonie, il ne parvenait point à apprendre distinctement son nom à la France et à l'histoire.

Mystères de la destinée, trois fois obscurs et insondables ! Pourquoi celui-ci, pourquoi pas celui-là ? Les uns ont l'étoile au front jusque dans la mort ; les autres, à partir d'un certain jour, n'ont que la *jettature* et le guignon.

Et puisque j'ai nommé Auguste Colbert, j'indiquerai, au tome III des Mémoires publiés par son fils, la belle Instruction envoyée par lui au ministre de la guerre, ce compte rendu de la situation morale de son régiment au moment de la paix d'Amiens et de la rentrée en France. Je ne craindrai pas de comparer ce document à la belle Instruction donnée par le maréchal de Belle-Isle à son jeune fils, le comte de Gisors, lorsqu'il fut nommé colonel. L'ancienne France et la France nouvelle, le vieux maréchal disciple de Boufflers et le jeune colonel d'après Marengo se rencontrent dans un sentiment d'esprit patriotique et de moralité militaire élevée.

Austerlitz semblait présager à Franceschi le plus beau sort. Ses qualités, dès l'ouverture de la campagne, avaient pu s'appliquer et se développer avec bien de la distinction. « A la tête de son régiment, toujours à l'avant-garde, quelquefois avec un corps d'infanterie, il lui avait été donné d'assurer et d'éclairer les marches et les mouvements du 4ᵉ corps (maréchal Soult) depuis nos frontières jusqu'à Ulm, Vienne et Austerlitz. » Les jours qui avaient précédé et suivi la grande bataille, et dans la journée même, l'officier de cavalerie et l'homme de guerre en lui avaient fait leurs preuves avec éclat.

Il s'agissait pour le maréchal Soult, arrivé des premiers avec ses forces sur le plateau d'Austerlitz, de s'éclairer au loin sur sa droite, afin de s'assurer que les corps d'armée venus d'Italie sous les archiducs ne menaçaient pas le flanc de l'armée française et ne cherchaient pas à se réunir par la Hongrie avec le gros des Austro-Russes. On serait surpris de savoir avec quel petit nombre, avec quel chiffre réduit de sabres, mais d'autant plus mobiles, tous confiants, dociles à sa voix et aussi intelligents qu'impétueux, Franceschi s'acquitta de cette mission délicate et hardie. Il avait fini, après un vigoureux combat au-dessus du confluent de la Taya, par être forcé de se replier devant les forces supérieures des Russes, mais non pas sans les avoir de son mieux contenus et retardés. Présent à Austerlitz avec ses escadrons diminués, l'Empereur apercevant cette faible troupe demande quelle est cette cavalerie. Au nom de Franceschi : « Toujours mon hussard, dit-il, toujours partout, toujours intrépide!... »

Ce mot de l'Empereur, l'ordre de Berthier dicté du champ de bataille et enjoignant au colonel Franceschi du 8ᵉ hussards d'achever la déroute de l'ennemi en coupant, détruisant ou prenant ses débris de colonnes, ce rôle principal et actif en un si grand jour, semblaient assurer désormais la destinée militaire de Franceschi et fixer son étoile.

Que fallait-il de plus en effet? Ses talents, son intelligence, sa spécialité de courage et d'habileté, on venait de les voir à l'œuvre par un de ces soleils qui ne laissent rien dans l'ombre, et la suite des épreuves, même en des circonstances moins heureuses, ne fera que les confirmer. Toujours alerte, infatigable, se montrer partout, paraître et disparaître, se diviser, se rejoindre, se multiplier comme par enchantement; à la tête d'une vaillante élite, simuler le nombre, décupler le chiffre par la qualité et la vélocité; en couvrant les siens, en les éclairant, tromper l'ennemi, lui donner le change, lui faire craindre un piége, lui faire croire qu'on est appuyé; dans les retraites profiter des moindres replis, d'un ruisseau, d'un mur, du moindre obstacle, pour le chicaner, pour le retarder, « pour l'obliger à mettre trois ou quatre heures à faire une lieue de chemin »; victorieux, le soir ou le lendemain des grandes journées, fondre et donner sans répit, à bride abattue, s'imposer à force d'assurance, et avec une poignée de braves ramasser des colonnes entières d'infanterie, les ramener prisonnières; à chaque instant, à nouveaux frais, sur un échiquier nouveau, proportionner son jeu à l'action voulue, y faire des prodiges de coup d'œil, d'adresse, de tactique non moins que d'élan et d'intrépidité : — si tel est le rôle d'un parfait officier de cavalerie légère, nul n'y surpassa Franceschi.

Le voilà donc général de brigade au lendemain d'Austerlitz; tout lui a souri jusqu'ici : il a forcé l'entrée de la grande carrière; il est au premier rang des émules dans cette arme d'avant-garde qui cite avec orgueil les noms des Conflans, des Ziethen, parmi les maîtres du genre et les héros du passé, et qui, après le brave Stengel, légué par l'ancien régime à l'armée d'Italie (1), a déjà sa pléiade nouvelle, les Murat, les Kellermann, les Lasalle, les Colbert... Pourquoi, comme eux, n'arriverait-il pas à la gloire ? Il y atteignait déjà.

Premier échec, première déviation. Franceschi est envoyé à Naples, où le prince Joseph était devenu roi. Il y servait sous le général Reynier : il se trouvait à la malencontreuse bataille de Sainte-Euphémie, livrée avec imprudence aux Anglais à peine débarqués, et qu'on ne mit pas une demi-heure à perdre (4 juil-

---

(1) Sur Stengel, « le parfait modèle du général d'avant-poste », qui fait la transition de l'ancienne armée à la nouvelle, il faut voir la belle page que lui a consacrée Napoléon dans le récit de la première campagne d'Italie. Stengel tomba blessé à mort d'un coup de pointe en chargeant à Mondovi. Le Dépôt de la Guerre possède sur lui le dossier le plus complet, d'où l'on tirerait une notice d'un caractère tout à fait neuf et original. M. Camille Rousset avait pris la peine d'en faire un excellent résumé à mon usage, et je l'aurais donné si je ne craignais les longueurs.

let 1806). Franceschi, par une charge vigoureuse exécutée à temps, refoula une colonne anglaise qui prenait l'offensive, et fit que la retraite put s'opérer du moins avec plus d'ordre. Son activité habile s'employa ensuite dans les Calabres à soumettre l'insurrection, à la contenir, à protéger les places restées fidèles. Le roi Joseph se l'était attaché comme premier aide de camp. Le général Mathieu Dumas, ministre de la guerre, lui donna en mariage sa seconde fille, Octavie, qu'il trouva toute prévenue en sa faveur. Les rares et aimables qualités du général Franceschi, son excellente éducation, ses talents d'agrément, son esprit supérieur, sans compter son haut mérite militaire, tout parlait pour lui et lui conciliait l'affection. Son mariage fut célébré au mois de février 1808, dans la chapelle du palais de Portici (1).

Mais le roi Joseph, moins de six mois après, dut quitter Naples pour l'Espagne. Il emmena avec lui Franceschi. La jeune femme du général avait résolu d'y suivre son mari et de partager toutes ses fortunes. Un vaste champ de bataille semblait ouvert d'abord à

(1) Le dossier de Franceschi au Dépôt de la Guerre contient un extrait de l'acte de mariage du général, daté du 15 février 1808; mais il s'y remarque une circonstance singulière : c'est que l'âge du contractant y est tout à fait dissimulé. Franceschi, né en 1767, avait quarante et un ans en 1808, et il est dit dans l'acte de mariage : «...Se sont présentés M. Jean-Baptiste-Marie Franceschi de Lonne, général de brigade, etc., âgé de *trente-deux ans cinq mois*, né à Lyon le *huit septembre mil sept cent soixante-quinze*, fils de M. Pierre-Regle Franceschi et de Marie-Barbe Delonne, son épouse, tous les deux décédés à Lyon..., et Mlle Anne-Adélaïde-Octavie Dumas... » L'explication la plus probable, c'est que, se mariant avec une

ses talents : il n'aspirait qu'à les déployer au grand jour. Le décousu qui présida trop souvent aux opérations de la Péninsule le faisait souffrir. Les efforts n'étaient pas en proportion avec les résultats, et l'honneur qui en revenait ne répondait pas aux difficultés de la tâche Franceschi écrivait de Valladolid, le 28 novembre 1808, au général Mathieu Dumas :

« Mon cher père, me voici avec le maréchal duc de Dantzick ; vous remarquerez qu'en quatre mois j'ai commandé les avant-gardes des maréchaux Ney, Victor, Soult, Bessières et Lefebvre. Croyez-vous que ce soit assez ? Pensez-vous que ce passage successif d'un commandement à l'autre me fasse le plus grand plaisir possible ? Si vous croyiez cela, mon cher père, vous vous tromperiez, parce qu'il en résulte pour moi une peine infinie et pas la moindre petite portion de gloire.

« *Heureusement que le cœur est bon ;* sans cela il y a bien quelques mois que j'en aurais par-dessus la tête. . »

Il avait retrouvé en décembre 1808 le chef qui savait le mieux l'apprécier, le maréchal Soult. Le général Moore était en retraite : La Romana protégeait à Mansilla, en avant de Léon, la marche des Anglais. On lit

jeune personne de vingt ans, Franceschi n'aura pas été fâché de se rajeunir. Le fait est qu'il ne paraît pas avoir produit alors son véritable acte de baptême, et un extrait de cet acte n'est pas inséré dans l'acte de mariage; il est dit seulement « qu'il a été donné lecture des actes de naissance des futurs ». Je mets ces petites irrégularités sur le compte de la coquetterie militaire qui aime, elle aussi, à se retrancher quelques années : il m'en coûterait de penser que le brillant général ait voulu esquiver toutes les qualifications ouvrières et plébéiennes qui abondaient dans son véritable acte de baptême.

dans une lettre de Napoléon au roi Joseph, datée de Benavente, 31 décembre 1808 :

« Le maréchal Soult a battu 3,000 hommes de La Romana à Mansilla, en a pris 1,500 et deux drapeaux. C'est Franceschi qui a battu ces 3,000 hommes avec sa cavalerie. Il doit être entré hier à Léon et marcher sur Astorga. »

Duroc dit à ce propos au maréchal Soult, en le rencontrant à Astorga le 1er janvier 1809 : « Monsieur le maréchal, vous avez donné de belles étrennes à l'Empereur. » L'Empereur savait à qui il les devait (1).

On fit la seconde expédition de Portugal. Elle offrit de tout autres difficultés que la première. Franceschi s'y porta avec toute l'énergie que réclamait l'acharnement de la résistance. Lorsqu'il fallut rétrograder et faire la retraite devant Wellington, de La Vouga sur Porto, sans autres troupes que de la cavalerie, Franceschi se surpassa encore et mérita l'estime de l'adversaire.

Lord Wellington, retrouvant peu de temps après Franceschi prisonnier, lui rendait justice en ces propres termes :

1. Dans une conversation qu'il eut avec Rœderer aux Tuileries le 11 février 1809, Napoléon, se plaignant du roi Joseph et relevant les illusions auxquelles il était sujet, a dit : « Il est persuadé « qu'avec quelques paroles il s'attache les militaires. Il est dans « une grande erreur. Il comblerait d'honneurs Merlin, Franceschi, « qu'avec un signe je leur ferais tout quitter pour venir avec moi. — « Pourquoi? — C'est qu'il n'est pas militaire, et que je le suis ; tous « me reconnaissent pour leur maître. Ils ne voient point en lui « un guerrier : il a beau faire, les militaires ne s'y tromperont « jamais... » — Franceschi, qui n'avait que le grade de général de brigade en France, était général de division au service du roi Joseph, son premier aide de camp et l'un de ses écuyers, etc.

« Monsieur le général, dans cette retraite, j'ai été plus content de vous que de mon général de cavalerie ; vous n'aviez que 600 chevaux, lui en avait 1,500, il avait du canon, et je le soutenais avec une division d'infanterie ; mais vos manœuvres ont été si habiles, vos mouvements si prompts, vos charges exécutées avec tant d'assurance, que moi-même je vous ai toujours soupçonné d'avoir de l'infanterie derrière vous et de me tendre un piége, ce qui m'a fait constamment agir avec mes masses. »

Ici tout s'arrête. La fortune se retourne, et avec le malheur, l'originalité de la destinée et du caractère de Franceschi va d'autant mieux se dessiner.

Le maréchal Soult crut devoir charger Franceschi d'une mission très-importante dont il ne pouvait confier le secret à un officier plus digne de la remplir. Il s'agissait d'aller à Madrid expliquer au roi Joseph et à son major général, le maréchal Jourdan, le mouvement qu'il se proposait de faire sur les derrières de l'armée anglo-espagnole, commandée par lord Wellington.

« Le maréchal Soult demandait au roi d'Espagne de manœuvrer avec ses forces réunies devant lord Wellington, de manière à le tenir en échec, *mais sans hasarder une action sérieuse,* jusqu'à ce que l'armée du maréchal fût en mesure d'attaquer l'armée anglaise par son flanc gauche et ses derrières, sur la rive droite du Tage, et de lui couper toute retraite. Le succès de cette opération combinée paraissait infaillible, et devait décider du sort de la guerre. C'eût été une seconde bataille d'Almanza (1). »

(1) *Souvenirs* du lieutenant général comte Mathieu Dumas tome III, page 399.

Au lieu de cela, et le messager manquant comme on va le voir, le roi Joseph livré à ses seules inspirations se résolut à donner intempestivement la bataille de Talavera et n'eut qu'une victoire peu décisive (1). Le général Foy, qui fut dépêché quand on sut la prise du général Franceschi, arriva trop tard à Madrid.

Franceschi, sentant le prix du temps, s'était mis en marche au galop et à toute bride. Il avait quitté le 25 juin (1809) Puebla de Sanabria, où était le quartier général, n'emmenant avec lui que son officier d'ordonnance, Bernard, capitaine au 4ᵉ de hussard, et le capitaine de Saint-Joseph, aide de camp du maréchal Soult. On avait passé Zamora. Le général n'avait pas voulu d'escorte : il n'avait qu'un guide, qui le trahit. A moitié route de Toro à Tordesillas, le postillon proposa de prendre un chemin de traverse dans des blés très-hauts, lorsque tout d'un coup se levèrent des guérillas en partie cachés, vêtus de longs manteaux, armés de fusils. Il n'y avait pas moyen de fuir : les chevaux de poste étaient mauvais et exténués. La guérilla était celle de Juan Mendieta, dit le *Capucino*. Le chef, soit qu'il reconnût Franceschi qui lui avait plus d'une fois donné la chasse dans cette même contrée, soit qu'il le flairât et le devinât, fit un geste et arrêta les poignards, les sabres qui menaçaient, il fit relever les tromblons et les fusils : *La paz, la paz !* s'écria-t-il *(la paix !)*. Il sentait qu'il avait fait une bonne prise : il lui importait de la garder. On entraîna les prisonniers loin des

---

(1) Ce ne fut pas même une demi-victoire.

routes, dans un bois voisin. Le Duero était à deux pas. On y descendit, on le traversa sur un bac. On était aux mains de bandits bien décidés à ne lâcher leur proie que moyennant rançon et à bonnes enseignes. On marchait en silence : le chef ne prononçait pas un seul mot, les guérillas ne parlaient entre eux qu'à voix basse. Quand on s'approchait d'un couvent et qu'on se disposait à y entrer, les moines donnaient un avis, et on reprenait sa route. D'étape en étape, à travers la province de Salamanque, évitant les villes ou ne les traversant que de nuit, constamment entourés d'argus, sur des chevaux harassés, on perdait toute chance de secours ou d'évasion. Le récit de M. de Saint-Joseph, fort exact, fort circonstancié, ne manque pas d'un sentiment d'émotion qui dispose à la pitié. Je ne crois rien m'exagérer, mais ce récit naturel, qui d'une part nous montre des populations exaspérées, fanatisées, sauvages, des chefs et des gouverneurs timides et obligés de hurler avec la populace, de peur de la voir se déchaîner ; qui, d'autre part, nous fait entrevoir des âmes humaines comme il s'en rencontre partout, des cœurs pétris d'un meilleur limon et qui s'attendrissent au spectacle des peines et des souffrances de leurs semblables ; ce récit, sans y viser, a quelque chose de pathétique et de tout à fait virgilien :

« Au coucher de la lune, l'obscurité devint profonde ; les guérillas perdirent toute trace de chemin et nous surveillèrent de plus près. Nous errions depuis longtemps au milieu des bois et des bruyères, et nous nous disposions à mettre pied à terre pour bivouaquer, lorsque les aboiements d'un chien se firent entendre ; nous nous en rapprochâmes aussitôt, et je fus surpris de trouver, sur un plateau élevé, au lieu d'un troupeau et d'une cabane, seule rencontre qui me parût possible dans un pays aussi sauvage, une maison attenante à une grande bergerie. Ses habitants furent empressés de nous donner l'hospitalité ; leurs attentions me touchèrent. Ils furent les premiers qui, par leurs témoignages d'intérêt à notre malheur, en adoucirent l'amertume. Leur accueil me fit aimer ces montagnes où l'homme se plaisait encore à pratiquer la bienfaisance. »

On arrive le 2 juillet à Ciudad-Rodrigo, où commandait le duc del Parque. Les prisonniers sont introduits dans la place, sous l'escorte d'un détachement de cavalerie, les yeux bandés d'un mouchoir. La vue de ces trois mouchoirs blancs faisant bandeau sur le visage de trois officiers à cheval eut cela d'heureux qu'elle changea subitement la fureur du peuple en surprise et bientôt en gaieté : ils durent à cela peut-être de ne point être écharpés et mis en pièces. Le duc del Parque, précédemment rallié au roi Joseph et qui avait même été capitaine de ses gardes, connaissait particulièrement le général Franceschi ; mais ce gouverneur, sur l'intérêt duquel on avait fondé des espérances, dut jouer en public la sévérité et la colère. Il se contenta de prendre des mesures pour la sûreté des prisonniers, et de les bien traiter pendant leur séjour de vingt-quatre heures dans la place où il commandait ; ils furent dirigés le lendemain sur Séville.

Ils retrouvèrent à deux pas sur la route les guérillas, qui ne renonçaient pas aisément à eux et qui se joignirent aux chasseurs de l'escorte donnés par le duc del Parque. Dans ce pénible voyage vers Séville, à travers l'Estramadure, en longeant les frontières du Portugal, le troisième jour après leur départ de Ciudad-Rodrigo, ils vinrent se heurter fort inopinément au quartier général de lord Wellington (sir Arthur Wellesley), qui était établi à Zarsa-la-Mayor. Ils avaient traversé les camps de l'armée anglaise et s'étaient rendus sur la place de Zarsa, où ils attendaient les billets de logement devant la maison de l'alcade, où logeait le général en chef, lorsqu'une jeune femme parut au balcon et, à leur vue, poussa un cri :

« Quelle ne fut pas ma surprise, nous dit le narrateur, en reconnaissant une jeune Espagnole, nommée Isidaure, qui avait suivi en Portugal la division du général Franceschi! Le colonel d'un régiment de chasseurs lui avait sauvé la vie en Galice; elle s'attacha à lui par reconnaissance et par inclination; on lui savait gré parmi nous de son courage et de sa fidélité à son libérateur. Faite prisonnière des Anglais à la retraite de Porto, où son cheval fut blessé, elle demanda à être conduite à Wellington, qui lui offrit de suivre l'armée anglaise jusqu'à ce qu'elle pût rejoindre le régiment de son colonel.

« Notre malheur l'affligea vivement; elle nous fit connaître à sir Arthur Wellesley, et nous rendit auprès de lui toutes sortes de bons offices. A peine étions-nous arrivés à nos logements, que plusieurs officiers de ce général vinrent nous prier de sa part d'accepter à dîner avec lui. Le futur lord Wellington fit placer notre général à sa droite, et, en présence du commandant des guérillas et des officiers de notre escorte qui s'étaient mis à table, le traita avec la plus grande distinction. »

C'est alors que Wellington adressa au général Franceschi les paroles d'éloge que j'ai citées plus haut; mais il n'osa faire davantage ni accéder à la demande du général d'être considéré comme prisonnier des Anglais et envoyé en Angleterre. Franceschi n'était pas un prisonnier ordinaire, c'était un prisonnier national; la vindicte espagnole était en jeu : Wellington, qui avait nouvellement pied en Espagne, évita tout conflit d'autorité et crut devoir s'abstenir.

Les prisonniers durent reprendre, à travers monts et à travers vaux, leur triste itinéraire. Ils eurent bientôt à passer le Tage. On évita Alcantara, qui était le point le plus rapproché, de peur d'une émeute de la populace. On retrouvait ces fureurs et ces menaces jusque dans les moindres villages. On dut remonter et traverser l'Alagon, rivière assez considérable qui se jette dans le Tage, et ce n'est qu'au delà qu'on risqua le passage du fleuve même. Jamais rien ne ressembla moins à la romance que ce passage funèbre et sinistre. M. de Saint-Joseph nous y fait assister :

« La chaleur que la saison et notre rapprochement du Midi rendaient chaque jour plus forte ; notre marche dans un pays sans routes, brûlé, sillonné par de longues fentes, où l'on eût dit qu'un vent dévastateur venait d'exercer ses ravages, l'épuisement des chevaux, nos fatigues, nos peines morales, tout nous rendit excessivement longue et pénible la petite distance de l'Alagon au Tage.

« On n'aperçoit ce fleuve qu'en arrivant sur le bord de l'encaissement profond et à pic dans lequel il coule. Mes regards plongèrent pour le voir, et je découvris sur sa surface, comme au fond d'un précipice, un bac de forme triangulaire. Un sentier incliné et très-roide y conduisait ; nos chevaux y passèrent, non sans danger, et le général, M. Bernard et moi, fûmes embarqués les premiers.

« Lorsque je me trouvai sur ce fleuve, ses bords escarpés et menaçants, l'ombre qui en descendait et se projetait sur ses vastes contours, sa marche lente et silencieuse, sa profondeur qui rembrunissait ses ondes, me rappelèrent l'Achéron des anciens; la rame de notre nocher, debout à l'angle du bac, sa barbe épaisse, ses rides, son front sourcilleux, prêtaient plus de vraisemblance à cette illusion. L'abord de la rive opposée offrit quelques difficultés ; un chemin détourné nous conduisit sur un plateau qui domine le fleuve, à une grande élévation. Quelques arbres peu chargés de verdure y donnaient un faible ombrage contre les rayons ardents du soleil ; ce fut là notre Élysée. Je m'étendis à l'ombre de ces arbres, et j'y trouvai un peu de repos, pendant que l'escorte traversait le Tage. »

En arrivant à Albuquerque, une imprudence de l'aide de camp du duc del Parque, qui prit les devants pour faire le logement de l'escorte et qui prévint les habitants de la qualité des prisonniers, faillit les faire massacrer. Plus loin, à Badajoz, ils entrèrent les yeux bandés comme à Ciudad-Rodrigo. Comme il était midi, heure de la sieste, que tout était désert et que personne n'était prévenu, ils parvinrent sans malencontre à la caserne où ils furent logés. Ils poussèrent enfin vers Séville, en traversant la Sierra Morena. A une demi-lieue de Séville, un conflit eut lieu entre le commandant de l'escorte et les guérillas qui sentaient que leur proie allait décidément leur échapper. Ils arrachèrent au général une dernière dépouille, sa giberne : il consentit à la livrer ; mais, montrant ses décorations : « Vous aurez ma vie, dit-il, avant que vos mains y aient touché. »

Les prisonniers ne firent que traverser Séville pendant la nuit. Ils passèrent le Guadalquivir sur un pont de bateaux. L'escorte nouvelle que leur avait donnée la Junte, composée de vingt hommes d'infanterie, les conduisit à Grenade. L'officier qui la commandait eut pour eux des égards. Sauf un ou deux endroits de la route, les habitants en général se montrèrent plus portés à compatir à l'infortune qu'à y insulter. M. de Saint-Joseph, qui avait lu le *Gonzalve* de Florian, compare les rêves de ses jeunes années à la réalité qui, même en en rabattant, lui paraît encore belle. Les prisonniers, auxquels s'en était joint un quatrième, le capitaine Villiers, recueilli à Badajoz, furent enfermés dans une tour de l'Alhambra. Il ne fallait rien moins d'abord que les murs de cette forteresse pour les mettre à l'abri de tout danger :

« Le jour même de notre arrivée, vers le soir, une forte rumeur se fit entendre sur la place où notre tour était située, l'air retentissait de cris tumultueux. L'adjudant (du gouverneur de l'Alhambra) entre et nous conduit sur la terrasse de la tour. Une immense population couvrait l'Alhambra et la vaste promenade de l'Alameda, qui la sépare de Grenade ; hommes, femmes, enfants nous demandaient avec acharnement. A notre vue, toute cette populace s'agite comme une mer en furie, pousse des hurlements, se porte sur la tour et menace de forcer la garde. On nous fit rentrer aussitôt. A la nuit seulement, cette foule effrayante s'écoula vers Grenade.

Elle revint le lendemain à la même heure. Il fallut nous

faire monter de nouveau sur la tour et employer ensuite la force pour dissiper ces forcenés. Leurs gestes étaient significatifs; ils n'annonçaient rien de moins que le désir de voir tomber nos têtes. »

De telles scènes, on en conviendra, en dépit de toutes les descriptions d'un Chateaubriand, sont bien faites pour gâter la poésie du lieu et l'enchantement de la perspective.

Cette fureur cependant s'apaisa à la longue. L'homme n'est pas toujours sanguinaire : le peuple, à la fin, ne s'occupa plus d'eux; quelques adoucissements se mêlèrent peu à peu aux rigueurs de la captivité. M. de Saint-Joseph avait sauvé du pillage deux petits volumes de *Gil Blas*, un portefeuille renfermant papier, crayon, canif. Le crayon fut offert au général qui, revenant à ses premiers goûts, se mit à tracer aussitôt sur les murs de sa chambre des dessins pleins d'âme et de talent. M. de Saint-Joseph, dans son enfance, s'était souvent amusé autour de la table de famille à disposer avec de petites bandes de papier des étoiles de différentes couleurs; une épingle et des ciseaux étaient ses seuls instruments pour ce travail. L'homme se ressouvint des jeux de l'enfant. Il obtint de l'invalide qui les gardait des papiers de couleur; il eut l'idée d'en faire des croix, il se dit qu'avec des croix on devait réussir en Espagne. Un officier de garde consentit à les faire circuler. En retour il put obtenir quelques livres, le *Voyage de La Pérouse*, un volume de Racine, etc. La chambre des aides de camp était transformée en cabinet de lecture. Le général, souvent seul dans la sienne, s'occupait, lorsque la tristesse ne l'accablait pas, à des dessins, à des bas-reliefs : il était redevenu sculpteur. Il se plut particulièrement à figurer une jeune femme se balançant sur un fauteuil et élevant dans ses bras son jeune nourrisson qui se penchai vers elle. Il donna pour pendant à ce bas-relief un jeune homme accroupi, caressant un enfant qui jouait sur le dos d'un chien : son imagination se reportait ainsi vers sa jeune épouse et vers les joies domestiques dont il était sevré.

Ce qu'il eut à souffrir durant cette longue captivité, que rien ne trompait ni ne consolait, et qui dans la suite ne fit que changer de cadre et de barreaux, nul ne le sait : il contenait stoïquement ses impressions. Le respect qu'il inspirait autour de lui ne permettait pas d'aller au fond de ses pensées. Il y eut un temps où il crut à la délivrance, où il espéra. Mais la Junte prétendait ne l'échanger que contre le général Palafox, pris à Saragosse, contre celui-là et contre nul autre, et cette exigence ne rencontra que refus. L'Empereur ne voulut pas (1). Toutes les autres combinaisons proposées par le roi Joseph, par les maréchaux Soult et Suchet, échouèrent. Quand le général eut compris que cette chance unique lui était refusée, il se vit prisonnier

---

(1) Palafox était un trop gros morceau pour le lâcher contre un général, même très-distingué, de brigade. Napoléon, qui le gardait prisonnier à Vincennes, le considérait comme un précieux otage politique ; il ne le renvoya qu'après les désastres de 1813, espérant s'en faire un moyen d'arrangement avec les Espagnols. (Voir dans la Correspondance de Napoléon sa lettre à M. de Melzi, du 25 décembre 1813.)

pour toujours, et l'ombre s'abaissa dans son esprit. Que l'on se figure ce que ce militaire d'avant-garde, cet infatigable éclaireur d'avant-poste, devait ressentir d'une inaction qui brisait sa destinée et l'enchaînait au moment où elle était en plein essor. Celui qui avait le coup d'œil et la célérité de l'épervier était mis en cage. Qu'y a-t-il de surprenant s'il s'y ronge et s'il en meurt?

Mais ce qui le navrait surtout, c'était moins encore l'idée de gloire que le sentiment d'affection. Il aimait sa jeune femme, qui devait elle-même mourir de sa mort. « Je ne souffre que pour elle : » c'étaient par moments les seuls mots qu'il pût prononcer.

Le capitaine de Saint-Joseph, beau-frère du maréchal Suchet, fut plus heureux :

« Le 26 du mois de septembre (1809), dans l'après-midi, nous étions à table, nous raconte-t-il, lorsque le gouverneur de l'Alhambra, qui rarement était venu nous voir, suivi de l'adjudant et de l'officier de garde, entra dans notre appartement, et me montrant une lettre : « *Vous partez pour être échangé,* » me dit-il. — « *Nous partons !* » m'écriai-je aussitôt en me jetant au cou du général et lui remettant, sans l'ouvrir, une lettre de ma sœur (Mme la maréchale Suchet), dont j'avais reconnu l'écriture. — « *Vous partez seul,* » me dit le général en me la rendant. Ces mots brisèrent mon âme, ma joie disparut ; il me sembla que je ne partais plus, et je n'éprouvai d'autre émotion de plaisir, en lisant la lettre de ma sœur, écrite de Saragosse, que celle d'avoir des nouvelles de ma famille et d'apprendre qu'elles étaient satisfaisantes.

« J'essayerais en vain de décrire les combats continuels qui, pendant les deux jours que je restai encore dans l'Alhambra, s'élevaient dans mon cœur. Lorsqu'on vint me chercher pour partir, lorsqu'il fallut me séparer de mon général, de mes compagnons d'infortune, leur faire mes adieux, les forces m'abandonnèrent; je tombai dans les bras du général, je pressais son cœur contre le mien, je le baignais de mes larmes et je sentis couler les siennes : « Mon ami, me dit-il d'une voix émue, pars, va porter de mes nouvelles à mon Octavie, va travailler à me rendre à son amour. » Je m'éloignai de lui à ces mots et me sentis entraîné, comme malgré moi; je descendis sans m'en apercevoir les marches de la tour; je traversai les portes de l'Alhambra, et je me trouvai sous la croisée du général. Ce malheureux ami, mes camarades, tendaient leurs mains vers moi à travers la grille et m'adressaient leurs vœux pour le succès de mon voyage. »

Après le départ du capitaine de Saint-Joseph, c'est l'aide de camp Bernard qui devient le narrateur et qui adresse à son camarade la relation des derniers mois de cette triste captivité. Les succès des armées françaises sur les frontières de l'Andalousie forcèrent le gouverneur de Grenade à mettre ses prisonniers en sûreté. Un soir on vint les faire lever à minuit, et on les dirigea en toute hâte sur Malaga. Cette dernière ville était en pleine insurrection quand ils arrivèrent. On eut peine à soustraire le général à la fureur populaire. La foule criait : *Mort à Franceschi! au fameux Franceschi!* et dans ce cri sauvage la haine le confondait avec un autre général Franceschi, Corse, chef d'état-major du général Sébastiani, et sur le compte duquel il courait d'atroces et absurdes légendes (1). On

(1) On racontait qu'il faisait rôtir les petits enfants espagnols échappés aux baïonnettes françaises.

parvint enfin à l'embarquer, ainsi que d'autres compagnons d'infortune, pour Carthagène, sur un mauvais bâtiment marchand qui n'était pas même lesté et qui faisait eau de toutes parts. Mais voilà qu'arrivés en vue de Carthagène, le gouverneur les empêche de débarquer, prétendant n'avoir pas d'ordre à recevoir de celui de Malaga, et le bâtiment dut faire voile vers Majorque. Le gouverneur de Majorque, à son tour, le général Reding, Suisse au service d'Espagne, se refusa obstinément à les recevoir ; « il y mit même une dureté qui semblait tenir de la cruauté bien plus que des circonstances, car il accompagna son refus de la menace de couler bas le navire, s'il n'avait pas viré de bord dans les vingt-quatre heures. » On dut reprendre le large. Il s'éleva une tempête furieuse. Les matelots et le capitaine avaient perdu la tête : ce fut le général et son aide de camp qui montèrent sur le pont et qui, par leur sang-froid, rendirent du cœur à l'équipage. Revenus à Carthagène, le gouverneur se décida enfin à les y recevoir prisonniers. Ils eurent pour toute prison une vieille caserne de l'arsenal avec des couchettes délabrées et infectes. Je laisse parler le capitaine Bernard :

« Encore, dans cette misérable situation, s'il nous eût été permis de jouir d'un peu de liberté, nous eussions rendu grâces au ciel. Mais non : une garde nombreuse, insolente, impitoyable, nous tourmentait sans cesse ; un seul mot, la moindre observation, quoique faite avec douceur, ne nous valait autre chose de ces cerbères que des injures et la baïonnette sur la poitrine.

« Il fallut se résigner, et l'exemple de notre étonnant ami nous y détermina. A de si mauvais traitements il n'opposait que le calme le plus parfait, une patience admirable : nous fîmes nos efforts pour l'imiter, et l'amour que nous lui portions tous ne contribua pas peu à opérer un tel miracle.

« Nous supportâmes ainsi les malheurs de notre captivité en cherchant à nous consoler mutuellement. Je ne tardai pourtant point à m'apercevoir que les chagrins minaient insensiblement le général ; il ne mangeait presque plus, se plaignait sans cesse de maux de nerfs, et, de plus, il était presque hors d'état de s'occuper. »

D'honorables négociants de Carthagène, les Valarino, trouvèrent moyen de faire pénétrer dans la prison des consolations, des secours d'argent : le général les partagea avec tous les prisonniers. On recommençait à espérer en l'avenir et en la délivrance, lorsqu'un bâtiment arrivé des côtes d'Afrique apporta les germes de la fièvre jaune. Le général, déjà affaibli, se sentit atteint, du premier jour : il jugea du caractère de son mal et de l'issue. Ses compagnons s'opposèrent à ce qu'on l'envoyât à l'hôpital ; il resta soigné par eux dans la vieille caserne. Le médecin, le visitant l'avant-veille de sa mort, eut l'imprudence de dire en espagnol à l'aide de camp Bernard, assez haut pour être entendu : « Il est perdu : déjà les extrémités sont mortes. » Le général avait saisi les fatales paroles, et, avec le sourire le plus doux et le plus gracieux, il répondit au médecin par le vieil adage du pays : « *Asi s'accavi la cuenta!* » (*Ainsi finit l'histoire.*) — Il se retourna sur le côté, ne parla plus, et le médecin partit.

Toute cette fin de la relation du capitaine Bernard est trop simple et trop touchante pour qu'on en veuille rien retrancher. Le général Franceschi ne meurt pas seulement comme un soldat, avec le courage, la résignation et en silence ; il meurt comme un homme, payant tribut à chaque affection, épuisant en quelque sorte la nuance de chaque sentiment :

« Vainement, nous dit l'aide de camp fidèle, je retournai auprès de son lit et m'efforçai de lui persuader que le médecin n'avait pas dit ce qu'il croyait avoir entendu : il me tendit la main, me la serra en me regardant tendrement, et quelques larmes sillonnèrent son visage. Je ne pus me contenir, je me jetai à son cou, je sanglotais, et j'y serais resté longtemps si nos malheureux camarades ne fussent venus m'en arracher. Il profita de ce moment (remarque bien ceci, mon cher Saint-Joseph) pour rassembler le peu de forces qui lui restaient encore, et, s'étant mis sur son séant, il nous reprocha pour ainsi dire notre faiblesse ; il était, en effet, plus calme que nous tous, son visage était serein, et, quoique les ombres de la mort s'y fissent déjà apercevoir, il avait quelque chose de noble, d'imposant, d'auguste : « Qu'est-ce donc que mourir, mes amis (1) ? » nous dit-il du ton le plus doux. Il nous tendit la main à tous l'un après l'autre, nous remercia des soins que nous lui avions donnés, fit des vœux pour notre bonheur et nous congédia.

« Les Espagnols, qui se montraient de temps à autre dans notre prison, témoignèrent le désir de voir le général, à ses derniers moments, approcher des sacrements, et comme ils insistaient sur ce point, disant qu'en cas de refus les autres prisonniers pourraient en être plus maltraités, j'en parlai amicalement à notre malade. Il m'autorisa immédiatement à faire appeler un bon prêtre français qui était depuis longtemps à Carthagène (il se nommait M. Dupont). Je le priai de venir, et je le conduisis moi-même auprès du lit de notre

---

(1) C'est le mot de Turnus dans l'*Énéide* (XII, 646) :

Usque adeo-ne mori miserum est ?...

ami... Le général sourit, accueillit on ne peut mieux le bon ecclésiastique et lui dit ce qu'il voulut.

« M. Dupont, avant de sortir de la prison, me tira à part et me dit ceci : « Quel homme, monsieur, que votre général!... Je serais bien garant, d'après l'entretien que je viens d'avoir avec lui, qu'il fut toujours le plus vertueux des hommes. » Je n'ai jamais oublié ce peu de mots, et j'avoue que, quoiqu'ils ne m'aient rien appris de nouveau, j'ai cependant eu du plaisir à les entendre de la bouche de ce bon prêtre.

« Deux heures avant sa mort, le général m'appela auprès de lui; il voulut se mettre de nouveau sur son séant, mais les forces manquaient. Comme de coutume, il était extrêmement calme et avait toute sa présence d'esprit. Seulement je remarquai que sa voix s'éteignait sensiblement.

« Après m'avoir fait ses recommandations de tout genre, il me dit adieu, me fit signe de me retirer et parut vouloir se recueillir. Voilà quel fut notre dernier entretien.

« Ses derniers moments furent, comme sa vie entière, dignes en tout d'admiration. Quelle perte, mon cher Saint-Joseph, quelle irréparable perte nous avons faite! »

Le général Franceschi mourut le 23 octobre 1810. Il avait quarante-trois ans. Un décret de l'Empereur, du 4 janvier 1811, assignait une pension de 6,000 francs à Mme la baronne veuve Franceschi, « en considération des services distingués de son mari. » Elle ne lui survécut que de seize mois à peine et succomba à sa douleur (1). Elle avait la délicatesse de faire parvenir des secours au chef de guérillas, le *Capucino,* tombé au pouvoir des Français et détenu au fort de Joux. Cette

---

(1) Voir les *Souvenirs* du comte Mathieu Dumas, tome III, page 402.

généreuse femme rendait ainsi le bien pour le mal, et peut-être aussi entendait-elle remercier par là ce chef d'avoir empêché, au moment de la capture, le massacre de son mari.

Telle est cette touchante histoire qui tranche, ce me semble, sur les autres récits de cette époque célèbre. Elle suggère plus d'une réflexion mélancolique, plus d'une pensée. Qu'en ressort-il, en effet, et qu'y voit-on? Avant tout, le hasard et la bizarrerie des destinées; cette fatalité « qui préside aux événements de notre vie, qui paraît dormir dans les temps calmes, mais qui, dès que le vent s'élève, emporte l'homme à travers l'air comme une paille légère »; les premiers succès, l'entrain du début, les heures brillantes de la vie, les espérances déjà couronnées; puis les revers, les lenteurs, les mécomptes, les difficultés tournant à la ruine; la prison, la souffrance, une épreuve sans terme; une longue agonie dans l'âge de la force; une nature d'élite écrasée, victime et martyre des persécutions; les haines aveugles des foules, les sauvages préjugés des races; l'horreur des guerres injustes; toujours et partout, çà et là, quelques âmes bienfaisantes et compatissantes; notre pauvre humanité au naturel et à nu, en bien et en mal; une belle mort enfin, délicate et magnanime.

Le propre du général Franceschi était d'inspirer des affections vraies et durables. Le général de Saint-Joseph, avant de mourir, eut à cœur de consacrer la mémoire de son ancien chef, et cette pieuse pensée lui a porté bonheur : l'humble Notice honore aujourd'hui, à son tour, et protége la mémoire de M. de Saint-

Joseph; elle donne de lui et de sa manière de sentir la plus respectable idée. J'engage M. de Beauverger à faire, dans une seconde édition, non plus une brochure, mais un petit volume de cet épisode *virgilien* (je tiens à ce mot) de la grande épopée militaire des dix années. Tous ceux qui ont lu M. de Fezensac, tous ceux qui aiment Xavier de Maistre le liront.

Lundi 29 juin 1868.

MÉMOIRES DE MALOUET

PUBLIÉS PAR SON PETIT-FILS

M. LE BARON MALOUET (1).

Les derniers travaux sur la Révolution française ont éclairci sans doute bien des points, mais n'ont peut-être pas également simplifié les idées. On a besoin de se replacer à quelque distance et de se reporter à la tradition première pour retrouver une vue nette de l'ensemble. Or voici ce qui ressort pour moi le plus clairement de cette longue étude multipliée, qui a mis successivement en relief tant de moments et ravivé ou réhabilité avec plus ou moins de critique tant de figures ; voici l'aperçu et le résumé total, après qu'on a rabattu les exagérations et réduit les partis de chaque historien. Il y a eu dans le cours de la Révolution diverses générations politiques qui chacune ont eu leur

(1) Deux volumes in-8°; Didier, 35, quai des Augustins.

raison d'être et jusqu'à un certain point leur légitimité : il convient de les accepter à leur heure sans les répudier et sans les confondre, sans en épouser une seule à l'exclusion des autres, sans prétendre juger historiquement les hommes d'un mouvement en se mettant au point de vue des hommes d'un courant différent ou contraire. Ainsi l'on a, à l'origine, les Constituants, et, sans tenir compte des nuances, je comprends sous ce nom tous ceux qui ont voulu sincèrement, à un certain jour, l'alliance de la royauté et de la liberté : Malouet tout le premier et ses amis, beaucoup de leurs adversaires au début, adversaires déclarés en apparence et qui ne l'étaient au fond qu'à demi, depuis Mirabeau lui-même jusqu'au Barnave de la fin.— Sont venus ensuite les Girondins, et j'appelle ainsi tous les hommes du second moment, ceux d'après la fuite de Varennes, la plupart provinciaux, s'échauffant et s'enflammant à mesure que les premiers se refroidissaient, et qui sont entrés dans l'arène politique avec des pensées républicaines honnêtes, avec la conviction arrêtée de l'incompatibilité de Louis XVI et de la Révolution, apportant d'ailleurs dans la discussion et la conduite des affaires plus d'ardeur et de générosité ou d'utopie que de réflexion et de prudence, depuis Brissot, Roland et sa noble femme, jusqu'à Condorcet. — Puis les Montagnards : ceux-ci violents, exaspérés, partant d'un principe extrême, s'inspirant d'une passion outrée, mais bon nombre également sincères, patriotes, d'une intégrité exemplaire, ne songeant dans l'établissement de leur terrible dictature temporaire qu'à la défense du territoire et au salut de la Révolution : Carnot, Cambon, Robert Lindet, Jean-Bon Saint-André, d'autres moins en vue comme Levasseur, Baudot... Pour les juger avec équité, il faut faire la part du feu, la part de la fièvre, et sacrifier sans doute beaucoup des idées applicables aux temps ordinaires ; mais, historiquement, à leur égard, ce n'est que justice.— Puis, la Terreur passée, il y a eu les hommes fermes, modérés, honorables, qui ont essayé de fonder l'ordre et le régime républicain en dépit des réactions, les hommes de l'an III, Thibaudeau, Daunou, La Revellière-Lépeaux...— Je compterai ensuite une autre génération d'hommes politiques, ceux de 1797, de la veille de Fructidor, très-honnêtes gens d'intention, un peu prématurés d'action et d'initiative, qui voulaient bien peut-être du régime légalement institué, mais qui le voulaient avec une justice de plus en plus étendue et sans les lois d'exception : les Barbé-Marbois, les Portalis, les Camille Jordan. — Enfin il y eut, à la dernière heure du Directoire, les hommes qui en étaient las avec toute la France, qui avaient soif d'en sortir et qui entrèrent avec patriotisme dans la pensée et l'accomplissement du 18 brumaire : Rœderer, Volney, Cabanis... Je crois que je n'ai rien omis, que tous les moments essentiels de la Révolution sont représentés, et que chacun de ces principaux courants d'opinion vient, en effet, livrer à son tour au jugement de l'histoire des chefs de file en renom, des hommes *sui generis* qui ont le droit d'être jugés selon leurs convictions, selon leur formule, et eu égard aux graves et périlleuses circonstances où ils intervinrent. Mais quand on a ainsi fait preuve de largeur d'idées et d'un sentiment historique aussi impartial, aussi désintéressé qu'on le peut désirer d'une nature intelligente, on n'en est que plus à l'aise pour apprécier, pour définir à leur avantage et à leur honneur les hommes du premier mouvement, du plus manifestement légitime de tous, de celui de 89, et particulièrement ceux d'entre eux qui furent les plus irréprochables, les plus éclairés et les plus purs. Et l'on ne saurait contester aucune de ces qualités à Malouet.

Malouet, né à Riom, en Auvergne, le 11 février 1740, n'avait pas moins de quarante-neuf ans quand les élections de 89 le portèrent aux États-Généraux. Comme un bon nombre de ses collègues, il arrivait à cette assemblée déjà mûr et tout formé par l'ancien régime pour le nouveau. Il nous représente bien en sa personne tout ce qu'il y avait de lumières, de raisonnables idées de réformes, de sages vues administratives et pratiques, de vœux philosophiques honorables et de justes pressentiments politiques, dans les hommes de la seconde moitié du xviiie siècle. Ses Mémoires, dans toute la première partie, nous font assister au cours de sa longue et instructive expérience.

Il appartenait à une famille d'humbles magistrats provinciaux; il était né dans cette condition d'honnête et solide médiocrité, entretenue durant quelques générations, et qui, pour l'individu distingué, est peut-être le plus sûr des points de départ. Un oncle, homme de mérite, qu'il avait dans l'Oratoire et qui était régent de philosophie, l'avait appelé à quatorze ans au collège de Juilly, et le jeune Malouet s'était cru lui-même, dans le premier moment, de la vocation pour être oratorien. Il porta quelque temps l'habit religieux, mais s'en dégoûta vite. Il aimait les belles-lettres : il fit son droit avec quelque succès, tout en y mêlant quelques essais de poésie. Il avait fait sa tragédie à dix-huit ans, — une *Mort d'Achille,*—plus deux comédies. Ce goût pour les lettres proprement dites, quand on n'a que des études de l'antiquité fort faibles, qu'on sait à peine du latin et pas du tout de grec, est un des traits qui caractérisent le Français, surtout celui d'alors, et qui le différencient profondément des hommes politiques de l'Angleterre. Malouet, qui passe pour un des politiques français les plus amis de la Constitution anglaise, différait donc profondément des Anglais à l'origine et par l'éducation même.

Il avait à peine dix-huit ans, et il courait risque, ainsi livré à lui-même dans les hasards de Paris, de se dissiper et de tourner aux habitudes légères, si son oncle l'oratorien, qui ne le perdait pas de vue, n'avait trouvé le moyen de le dépayser brusquement en le faisant attacher au comte de Merle, nommé depuis quelques années ambassadeur en Portugal et qui partait seulement alors (janvier 1759) pour sa destination. Cet ambassadeur, homme aimable et bienveillant, emmena avec lui Malouet à Lisbonne et le traita dès le premier jour sur le même pied et avec la même amitié qu'il eût fait un jeune parent. La véritable éducation, celle du monde et des affaires, commença alors pour ce droit et judicieux esprit :

« C'était, nous dit-il, un bienfait inappréciable pour moi que cette vie intérieure (l'intimité du comte de Merle), toute différente de celle que j'avais menée auparavant. La nécessité d'une bonne contenance, d'une conduite mesurée et d'une circonspection habituelle dans une société d'un ordre supérieur, redressa tous mes écarts d'imagination et calma une vivacité de caractère qui, sans ce secours, m'eût conduit fréquemment à l'étourderie. J'appris à me taire, à écouter attentivement ce qui valait la peine d'être retenu, à m'ennuyer quelquefois sans en avoir l'air, et enfin à dissimuler mes premières impressions qui m'avaient jusque-là dominé. Je reçus les premières leçons de l'usage du monde, et je pris le goût de la bonne compagnie qui m'a toujours fait fuir ce qui ne lui ressemblait pas.

« J'étais le plus jeune et le plus questionneur de l'ambassade. M. de Merle me menait souvent avec lui chez les princes et les ministres, de sorte que j'ai eu occasion de voir fréquemment le fameux marquis de Pombal, qui n'était pas un grand ministre, comme le disent ses panégyristes, mais qui avait plus d'esprit et surtout plus de caractère que tout ce qui était à la cour de Portugal, où la maison royale, le ministère et le palais, ne présentaient pas un personnage marquant... »

Il avait beaucoup écrit sur ce qu'il avait vu et observé en Portugal durant les dix-huit mois qu'il y passa ; ses notes se sont perdues : l'essentiel, c'est qu'il y avait surtout acquis un commencement d'observation et d'expérience.

Le comte de Merle rappelé lui continua à Paris sa bienveillance active. Faute de mieux, Malouet se vit d'abord attaché à l'armée du maréchal de Broglie en qualité d'inspecteur de la régie des fourrages. Il fit deux campagnes et observa encore bien des choses. Il vit comment se perdent les batailles et le revers des défaites comme des victoires. La mort de son père contribua à le mûrir, par le premier grand chagrin qu'il éprouva. La paix de 1763 ayant fait cesser le prétexte du traitement dont jouissait Malouet, ses amis lui firent obtenir une autre manière non pas de sinécure, mais de place superflue ou parasite de création nouvelle, celle d'inspecteur des embarquements pour les colonies. Un collègue qu'on lui avait donné y échoua et ne parvint pas à se faire agréer par l'administration régulière des ports : Malouet, plus modeste et plus sensé, en arrivant à Rochefort, alla tout d'abord trouver l'intendant, s'en remit à lui de ses instructions et se le concilia. Pendant deux années que dura cette sorte d'inspection, il ne négligea rien pour s'instruire à fond des principes et des formes de l'administration de laquelle il relevait :

« J'avais un accès libre dans tous les bureaux où je voulais prendre des renseignements. Ce fut principalement au contrôle de la marine que se dirigèrent mes recherches. J'y trouvai toute la Correspondance de Colbert ; je fis l'extrait de tous ses règlements, auxquels tant d'autres ont été si inutilement ajoutés, car ce grand ministre est le premier et le seul qui ait laissé dans tout ce qu'il a fait l'empreinte d'un esprit aussi juste qu'étendu : aucun de ses successeurs n'a pu le remplacer. En parcourant tous ces registres, je voyais la progression des idées fausses à mesure qu'elles s'éloignent des bons principes ; je retrouvais la cause des désordres qu'entraînent toujours, dans les opérations administratives, l'instabilité des règles, la variation des décisions, la multiplicité des écritures et l'innovation des formes. J'étudiai l'histoire de la marine militaire, celle de sa gloire et de sa décadence. J'acquérais ainsi l'habitude du travail, de la maturité dans mes idées ; je m'étais déjà exercé sur divers objets, j'avais vu différents pays, beaucoup d'hommes et de choses; j'avais donc, dès cette époque, des opinions arrêtées sur les intérêts et les devoirs des hommes, sur la morale, sur l'administration, sur la politique. Ces opinions, dans d'autres circonstances, ont pu se développer, devenir plus réfléchies; mais je ne me rappelle pas en avoir jamais changé. »

Malouet, en ces deux années d'études originales, faites aux sources, avait acquis la première étoffe, non-seulement du commissaire administrateur de Cayenne et de la Guyane, non-seulement de l'intendant de Toulon, mais celle du conseiller d'État qu'il fut depuis, du grand administrateur, créateur de l'arsenal d'Anvers, et du ministre de la marine. Il y a, dans la vie, de ces années primordiales et fécondes, de ces assises fondamentales : on n'a plus ensuite qu'à bâtir dessus.

En même temps qu'il s'instruisait des principes, il était déjà témoin des fautes, témoin éveillé et averti, ce qui est d'un appoint inappréciable pour l'instruction, et le plus parlant des commentaires. L'idée qui prit au duc de Choiseul, après la paix de 1763, de remplacer la perte du Canada par un grand établissement de cultivateurs européens dans la Guyane, se conçoit à peine en théorie : « Il paraît aujourd'hui incroyable, écrivait Malouet en 1802, en se reportant au début de sa vie administrative, qu'un homme d'autant d'esprit que M. de Choiseul ait adopté le projet de faire cultiver les marais de la zone torride par des paysans d'Alsace et de Lorraine. » Mais, si le plan n'était pas raisonnable, les détails d'exécution dépassaient tout. Chargé d'inspecter les hommes et les approvisionnements destinés à cette expédition aventureuse, Malouet pouvait dire :

« C'était un spectacle déplorable, même pour mon inexpérience, que celui de cette multitude d'insensés de toutes les classes qui comptaient tous sur une fortune rapide, et parmi lesquels, indépendamment des travailleurs paysans, on comptait des capitalistes, des jeunes gens bien élevés, des familles entières d'artisans, de bourgeois, de gentilshommes, une foule d'employés civils et militaires, enfin une troupe de comédiens, de musiciens, destinés à l'amusement de la nouvelle colonie. J'étais loin de penser alors que j'irais, jeune encore, visiter les tombeaux de ces infortunés, et que, malgré cet exemple frappant, qui coûtait à l'État 14,000 hommes et 30 millions, j'aurais bientôt à lutter contre de semblables folies. »

Ces folies, qu'on croit toujours avoir épuisées, sont prêtes à recommencer toujours : tantôt la rue Quincampoix et le Mississipi, tantôt Cayenne. L'histoire de Malouet, à cette époque et depuis, se compose presque tout entière des abus, des iniquités dont il est témoin, contre lesquelles il lutte, même quand il en est en partie l'instrument ; des bons conseils qu'il donne et qu'on ne suit pas ; des utiles réformes qu'il propose, qu'il consigne dans des rapports et qui restent la plupart sur le papier. Parti pour Saint-Domingue en qualité de sous-commissaire, et bientôt ordonnateur au Cap, il se marie, il devient propriétaire ; il assiste pendant cinq années à l'exercice d'un système colonial dont il prévoit et dénonce les funestes conséquences. Il est permis, d'après son récit même, de conjecturer que cet esprit juste et modéré, ce caractère honnête et droit de Malouet, n'étaient pourtant pas toujours accompagnés d'une adresse pratique et d'une insinuation suffisantes; que la modération même de ses vues et les raisons combinées qu'il y introduisait n'étaient propres à réussir qu'à demi auprès d'esprits entiers, prévenus en faveur d'idées absolues, ou intéressés à des systèmes contraires. Et, par exemple, il n'était pas pour l'affranchissement des noirs, à l'exemple des philosophes, et en même temps il demandait assez d'adoucissements à cet odieux état de l'esclavage pour paraître aux yeux des colons un ami des noirs, un *négrophile* : il ne contentait personne. Ce fut un peu, de tout temps, sa destinée. En toute discussion il avait pour principe de prendre dans les opinions extrêmes en présence ce qui lui paraissait raisonnable pour composer la sienne, et il comptait un peu trop ensuite, pour la faire prévaloir, sur la force et la justesse de ses raisonnements. Inflexible dans la modération, il y portait un peu de roideur et n'évitait pas l'isolement : d'où vient qu'il fut toujours plus estimé qu'écouté, et plus écouté que suivi.

Sa santé, atteinte par le climat, le ramena en France en 1773. Il avait trente-trois ans. Il fut naturellement très-consulté d'abord dans les bureaux de la marine sur tout ce qui se rapportait au régime colonial. Il eut affaire successivement à deux ministres, M. de Boynes, qui dirigea en dernier lieu la marine sous Louis XV, et à M. de Sartine, qu'il nous fait bien connaître. Une lettre écrite dans un mouvement d'humeur et confiée à des mains infidèles faillit briser à ce moment la carrière de Malouet et lui suscita une affaire des plus désagréables auprès des ministres, sur le compte desquels il s'était exprimé un peu à la légère. Il sut réparer son imprudence par une fermeté de conduite qui le fit estimer davantage. Sans se contenter d'une sorte de pardon et de gracieuse indulgence, il exigea justice en bonne forme, et de la part des offensés eux-mêmes; et (chose rare!) il l'obtint. L'odieux jugement dont il s'était vu flétri par le Conseil de Saint-Domingue fut cassé sur sa requête par un arrêt rendu en Conseil d'État, qui qualifia le précédent arrêt de faux et de calomnieux. M. de Sartine, M. de Maurepas lui-même, se montrèrent justes et généreux envers le subordonné qui avait eu quelques torts à leur égard, mais non pas ceux dont ses ennemis l'avaient chargé. Malouet eut fort à se louer, en cette circonstance, du comte de Broglie, l'ancien correspondant de Louis XV, caractère passionné, âme ferme, et qui se fit spontanément l'avocat et le champion de l'honnête homme calomnié. On apprend par le récit détaillé de cette intrigue à mieux connaître les mœurs du gouvernement sous Louis XVI, et cette douceur de civilisation qui suppléait souvent au manque de principes et de doctrines. Le morose abbé de Mably, qui voyait tout en noir et ne pouvait surtout rien approuver dans un ministre, ne voulut jamais croire à l'heureuse solution de cette affaire qui avait eu, à l'origine, le caractère d'une machination, et il disait de son ton bourru à Malouet : « Monsieur, je me connais un peu mieux que vous en hommes et en ministres, attendu que je vous ai précédé dans le monde d'une quarantaine d'années; je vous annonce donc nettement qu'avant deux ans vous êtes un homme perdu. » Malouet, loin de se perdre, sortit de là apprécié et prisé à sa vraie valeur. Nommé commissaire général de la marine et membre du Comité de législation pour les colonies, son avis était fort demandé sur toutes les questions de sa compétence ; et quand un homme à projets, un aventurier utopiste, le baron de Bessner (un digne contemporain de Mesmer), proposa un établissement chimérique à la Guyane et en présenta à l'avance les plans réalisés et dessinés aux yeux sur le papier, on voulut bien consulter tout particulièrement Malouet ; on se décida même à l'envoyer sur les lieux, sauf ensuite à faire tout le contraire de ce qu'il aurait dit et observé. Le xviiie siècle, à cette fin d'ancien régime, était l'âge d'or des contradictions et des inconséquences ; mais n'y a-t-il que le xviiie siècle qui soit ainsi ?

Après trois années environ de séjour en France (1773-1776), Malouet repartit donc, chargé d'une mission de confiance pour la Guyane française. Les mémoires et rapports dans lesquels il a consigné les résultats de son enquête et de son administration, publiés depuis plus de soixante ans, ne sont pas sans offrir un certain côté littéraire ; administration à part, ils sont agréables de diction et élégants. Malouet savait décrire ; et déjà, à son premier voyage d'Amérique, allant à Saint-Domingue, il avait occupé les loisirs de la traversée à composer un petit poëme en prose : *Les quatre parties du Jour à la mer.* Ce petit poëme, dans lequel la périphrase continuelle rachète amplement l'absence de la rime, ressemble tout à fait à une traduction élégante d'un poëme moderne en vers latins. A côté des descriptions obligées, chaque chant contient de petits épisodes ingénieusement retracés et des passages de réflexions philosophiques ou de sentiment. Je signalerai une prière qui est dans le chant du *Matin* et qui, à défaut d'originalité dans le style, se recommande par une véritable élévation de pensée. Il serait aisé, d'ailleurs, de faire sourire en citant des parties ou des phrases détachées, et ce ne serait pas juste; nous laissons passer tous les jours et nous louons des choses qui paraîtront pour le moins aussi singulières et aussi artificielles, quand la mode n'y sera plus.

Dans les deux ou trois années passées à Paris depuis son retour de Saint-Domingue, Malouet avait beaucoup vu de gens de lettres en renom : il connaissait d'Alembert, Diderot, Condorcet ; il se lia intimement avec l'abbé Raynal, très-curieux et avide de tout ce qui intéressait le commerce et l'histoire des colonies : mieux que personne il saura nous le montrer au naturel. Malouet, par sa femme, était beau-frère de Chabanon de Maugris, lequel lui-même était frère cadet de Chabanon l'académicien. C'était une charmante famille que ces Chabanon, une famille des plus lettrées, des plus virtuoses, des mieux douées pour les arts comme aussi des plus unies et des plus aimantes. Les connaisseurs en matière de xviiie siècle font cas d'un petit écrit posthume de l'académicien Chabanon, qui a titre : *Tableau de quelques circonstances de ma vie ; précis de ma liaison avec mon frère Maugris* (1795). Je paye un tribut personnel de reconnaissance en saisissant l'occasion d'en parler. Ma jeunesse rêveuse aimait autrefois à y chercher un avant-goût de ces biographies intimes, de ces romans vrais, dont j'essayais d'accréditer le genre (1). Malouet nous ouvre un jour assez particulier sur cet homme de lettres aujourd'hui oublié, qui ne fut point dans les premiers rangs ni même dans les seconds au XVIIIe siècle, mais dont la physionomie vue de près offre un intérêt attachant. Chabanon était un créole spirituel et d'une jolie figure, qui unissait des études sérieuses à des talents d'agrément, helléniste et bon violon, lisant en grec Homère, que Suard n'avait jamais pu lire en entier, même en français ; homme de société et sensible, d'un tour romanesque, qui ressentit et inspira de vives tendresses et des sympathies délicates; qui fut cher à d'Alembert et à Chamfort. M. le baron Malouet (un éditeur comme il y en a peu) a fait de lui le sujet d'une note excellente où il a réuni plus d'un trait piquant. Chabanon était un homme de nuances ; il avait eu des succès variés et en plus d'un genre ; mais il n'avait excellé en aucun. Il avait eu toute la réputation à laquelle il pouvait prétendre par ses ouvrages ; mais il sentait peut-être qu'il n'avait pas fait tout ce qu'il aurait pu, qu'il n'avait pas rempli tout son mérite. Voici de lui quelques jolis vers, d'un sentiment modeste et décou-

---

(1) Ce petit volume de Chabanon, publié par Saint-Ange, parut dans le même temps que les *OEuvres de Chamfort,* données par Ginguené. Rœderer, dans le *Journal de Paris* du 17 prairial an IV (5 juin 1796), établissait à cette occasion un parallèle entre les deux auteurs et marquait le contraste de leur procédé en amour.

ragé, et dont probablement il se faisait tout bas l'application à lui-même : on n'est pas accoutumé à ces tons simples et à ce goût sans fard au xviiie siècle :

> Un rayo qui nous luit, un souffle qui nous mène,
> Voilà de quoi dépend la destinée humaine.
>   C'est au sort à nous bien placer ;
>   Il y fait plus que la sagesse ;
> Le hasard du succès doit en calmer l'ivresse :
> Il pourrait même apprendre au sage à s'en passer.

La maison de Verberie, où Malouet avait mis ses deux filles en partant pour son long voyage, appartenait aux Chabanon. Il y avait des saisons de solitude, et d'autres saisons toutes d'amusement. On y recevait la meilleure compagnie de Paris ; on y jouait la comédie. Préville y avait son rôle, tout en faisant répéter les autres, et, pour premier précepte à ses camarades de société, il voulait, quand on avait à jouer le soir, qu'on s'habillât dès le matin, pour *donner des plis à ses habits* (c'était son mot) et ne point paraître neuf et emprunté. Il en résultait que les aimables hôtes de Verberie couraient en costume dès le matin, au grand étonnement des paysans qui regardaient par-dessus la haie, et ils avaient l'air de jouer la bergerie tout le jour.

Au mois de septembre 1776, Malouet s'embarqua au Havre pour Cayenne et la Guyane ; il n'en revint que deux ans après, en septembre 1778 ; on était en pleine guerre d'Amérique : il fut pris dans la traversée par un corsaire et conduit en Angleterre, où il trouva tous les égards et tous les secours, mais il dut y laisser bonne partie de ses collections. Renvoyé immédiatement en France et reçu à Versailles, il fut traité par le roi avec bonté et par les ministres avec toute la considération due à son mérite et à ses services.

Ses services administratifs durant cette mission complexe et si bien comprise, il est donné à tous les esprits sérieux de les apprécier dans la collection de ses mémoires et rapports spéciaux, imprimés dans le temps même ou publiés depuis sous le Consulat. Le côté simplement narratif, que nous trouvons reproduit dans les présents Mémoires, est aussi instructif qu'intéressant. Malouet s'y place, par sa date du moins, entre Bernardin de Saint-Pierre et Chateaubriand. Son *Voyage à la Guyane* vient bien après le *Voyage à l'Ile de France* de Bernardin de Saint-Pierre (publié en 1773), et avant celui de Chateaubriand au pays des Natchez. Malouet, s'il n'est pas un peintre, est assurément un écrivain. De bons connaisseurs en ont jugé ainsi. De nos jours, M. Ferdinand Denis a réimprimé ce *Voyage à la Guyane* dans un petit volume qu'il a fait précéder d'une préface affectueuse (1853). Suard l'avait recueilli, le premier, dans ses *Mélanges*, en 1803. Je ne répondrais même pas que ce dégoûté de Suard ne préférât de beaucoup les justes récits, les descriptions calmes et tempérées de Malouet, sinon à celles de Bernardin de Saint-Pierre, du moins aux pages fulgurantes du peintre d'*Atala*. Ce qui est vrai, c'est qu'il y a profit et plaisir à suivre Malouet dans ce voyage d'exploration en Guyane, dans ses visites chez les principaux colons, à les écouter, comme il fit lui-même, exposant chacun leurs observations pratiques,

leurs expériences variées et concordantes sur ce sol
trompeur qui rendait si vite, mais qui s'épuisait si
promptement; à le suivre encore dans ses courses à
travers les forêts, à noter, chemin faisant avec lui, de
curieux phénomènes d'histoire naturelle concernant les
fourmis, les serpents, les singes, et en général sur les
mœurs des animaux, qui, n'étant gênés par rien dans
ces vastes solitudes, y forment librement des groupes
et y atteignent à tout le mode relatif de sociabilité dont
ils sont capables. Les Indiens de ces contrées, les Ga-
libis, se rencontrent naturellement au premier plan du
tableau : ils sont présentés sous un jour vrai, sans engouement ni dénigrement, avec leurs qualités comme
avec leurs défauts. Malouet, sur cette question de l'état
de nature si chère au xviiie siècle, se tient à égale distance des enthousiastes à la Jean-Jacques et des civili-
sateurs à tout prix. En même temps qu'il souffle en
souriant sur les utopies du baron de Bessner, il réduit
les théories des philosophes de cabinet à leur valeur.
En un mot, il voit juste, et il rend comme il voit : il
n'exagère rien. Les amours d'un jeune Indien et de sa
jeune épouse, qui voyagent avec lui sur la même pi-
rogue, sont touchés avec simplicité et délicatesse. Suard,
en publiant en 1803 toute cette partie littéraire et morale du *Voyage* de Malouet, avait probablement la pensée
de faire opposition, — une opposition de salon et très-
mitigée, — au succès d'*Atala :* mais que peut un des-
sin juste et fin en regard d'une éclatante et passionnée
peinture? Il en fut de cette sage et pure esquisse de
Malouet, en présence du météore littéraire de Chateau-

briand, comme il en avait été en politique de ses opinions modérées à côté des foudres de Mirabeau. Le monde, en littérature comme en tout, est à ceux qui frappent fort. Heureux le monde si ces puissants et ces forts frappent juste en même temps !

Une anecdote, racontée dans le *Voyage à la Guyane*, soulève une petite question littéraire. Malouet, explorant le pays, fut fort surpris de rencontrer dans un îlot, au milieu de l'Oyapock, un invalide du temps de Louis XIV, blessé à la bataille de Malplaquet, et qui avait 110 ans en 1777. Il vivait depuis quarante ans dans ce désert. Il était aveugle, assez droit, très-ridé : la décrépitude n'était que sur sa figure et non point dans ses mouvements. Une longue barbe blanche lui descendait à la ceinture. Il y avait vingt-cinq ans qu'il n'avait mangé de pain, ni bu de vin ; Malouet lui fit faire un bon repas qui réveilla ses souvenirs :

« Il me parla de la perruque noire de Louis XIV, qu'il appelait *un beau et grand prince,* de l'air martial du maréchal de Villars, de la contenance modeste du maréchal de Catinat, de la bonté de Fénelon, à la porte duquel il avait monté la garde à Cambrai. Il était venu à Cayenne en 1730 ; il avait été économe chez les Jésuites, qui étaient alors les seuls propriétaires opulents, et il était lui-même un homme aisé, lorsqu'il s'établit à Oyapock. Je passai deux heures dans sa cabane, étonné, attendri du spectacle de cette ruine vivante. La pitié, le respect, imposaient à ma curiosité ; je n'étais affecté que de cette prolongation des misères de la vie humaine, dans l'abandon, la solitude et la privation de tous les secours de la société. Je voulus le faire transporter au fort, il s'y refusa : il me dit que le bruit des eaux, dans leur chute, était pour lui une jouissance, et l'abondance de la pêche une ressource; que puisque je lui assurais une ration de pain, de vin et de viande salée, il n'avait plus rien à désirer.

« Il m'avait reçu d'abord avec de grandes démonstrations de joie ; mais, lorsque je fus près de le quitter, son visage vénérable se couvrit de larmes ; il me retint par mon habit, et prenant ce ton de dignité qui sied si bien à la vieillesse, s'apercevant, malgré sa cécité, de ma grande émotion, il me dit : « Attendez ; » puis il se mit à genoux, pria Dieu, et, m'imposant ses mains sur la tête, il me donna sa bénédiction. »

Ce vieux soldat, *Jacques Des Sauts*, comme on l'appelait (probablement parce qu'il habitait près de la chute de l'Oyapock), est-il réellement l'original qui a suggéré l'idée de Chactas, également aveugle, également contemporain du siècle de Louis XIV, et qui se souvenait toujours de Fénelon, « dont il avait été l'hôte ? » Il n'est pas impossible, en effet, qu'il y ait un reflet de l'un à l'autre. Les voyages de Malouet, même avant d'être publiés, étaient connus ; il les racontait volontiers. Chateaubriand put en entendre le récit de sa bouche ou de celle d'un tiers, à Londres, pendant les années d'émigration. Il n'est pas moins vrai qu'autant il est simple et naturel qu'un invalide, soldat sous Louis XIV, soit allé vieillir et mourir très-tard à la Guyane (n'y ayant d'extraordinaire en cela que la longévité du personnage), autant il est singulier qu'un sauvage, un pur Natchez, soit venu à la Cour de Louis XIV et s'y soit vu admis dans la familiarité des grands hommes, pour retourner ensuite s'ensauvager de nouveau dans ses solitudes. Il n'y a aucune parité réelle entre ces deux existences, et ce n'était pas la peine à Chateaubriand d'imiter pour si peu. Aussi le fait de cette imitation ou de cette réminiscence, fût-il un instant admis, reste au fond assez indifférent. Jacques Des Sauts, quand il serait de quelque chose à Chactas, ne rendrait pas celui-ci moins étonnant, ni moins invraisemblable, et j'ajouterai, ni moins poétique.

Car, si j'insiste sur les qualités de Malouet, ce n'est pas que je le mette le moins du monde en comparaison avec le grand peintre, avec le grand fascinateur de notre âge; je sais tout ce qui lui manque. Pour des choses neuves il n'a jamais d'expressions créées; il n'a jamais la couleur qui saisit ni le trait qui grave. L'effet général chez lui est trop poli, trop doux. Réussir à plaire si parfaitement à Suard est une garantie de distinction assurément, mais non pas d'originalité.

Après une mission à Marseille pour la vente de l'arsenal, Malouet fut nommé intendant à Toulon et y passa les huit années qui précédèrent la Révolution (1781-1789), et qui furent, dit-il, les plus heureuses de sa vie. Cette administration active, qui fut marquée par la rentrée de la grande escadre du comte d'Estaing, ne fut point sans avoir à l'intérieur ses incidents, ses difficultés et ses conflits. Malouet se montra ferme, quand il le fallut, dans l'intérêt de ses administrés, et toujours humain et bienfaisant. Esprit cultivé comme il l'était, il trouvait à exercer ses goûts avec agrément et dignité. Il voyait et recevait au passage l'illustre marin Suffren, le comte de Haga (Gustave III); l'académicien Thomas, qui s'en revenait de Nice à Lyon pour y mourir; le président Dupaty, qui partait pour son sémillant voyage d'Italie ; le comte de Choiseul-Gouffier, qui s'en allait en Grèce, emmenant avec lui l'abbé Delille ; et ainsi pour tous les visiteurs de marque. L'abbé Raynal lui arrivait un jour à l'improviste et s'en venait loger chez lui : il n'y resta pas moins de trois années ! Mais nous réservons cet abbé Raynal pour un autre jour. On sait la touchante histoire de Montesquieu à Marseille, délivrant, sans se faire connaître, le père du jeune batelier Robert, esclave à Tétouan : Malouet a une histoire toute pareille et à faire le pendant de celle de Montesquieu dans la *Morale en action*. Il découvrit au bagne un jeune homme de vingt-quatre ans, condamné aux galères à perpétuité pour un assassinat dont il était innocent. Cette histoire de Malouet, racontée par lui-même à M. Suard et imprimée par celui-ci dans ses *Mélanges*, porte tout à fait le cachet de cette période dernière et sensible du xviiie siècle, dans laquelle M. de Montyon fondait des prix de vertu. Modèle des hommes en place et des administrateurs, bon et juste autant qu'éclairé, Malouet n'était pas sans se reprocher bien souvent d'assister aux abus, même en les corrigeant de son mieux dans le détail ; mais il se sentait hors d'état d'y remédier à fond et d'y couper court à la racine, et il en souffrait.

C'est dire qu'il était mûr et tout prêt quand les suffrages des électeurs de Riom, ses compatriotes, vinrent le chercher et le prendre pour député aux États généraux. Je tire d'un des premiers mémoires qu'il composa pour un des comités de l'Assemblée cette page curieuse, qui se rapporte à son intendance de Toulon, **et qui** achève de nous édifier sur ce que c'était que l'ancien régime, confié même aux meilleures mains :

« J'ai quatre-vingts commis sous mes ordres qui travaillent du matin au soir ; ils expédient annuellement pour le ministre plus de vingt rames de papier ; ils tiennent plus de quatre cents registres et plus de huit cents rôles. Je signe tout ce qu'on demande à Versailles, et je ne conçois pas qui peut avoir le temps de le lire après moi. Mes ports de lettres coûtent au roi, indépendamment des paquets contre-signés, de 12 à 15,000 livres, et, en sus de cette immensité d'écritures, les frais d'imprimerie pour les états, bordereaux, etc., s'élèvent annuellement à 16,000 livres.

« Cependant, dans cette surabondance de moyens, il me manque ceux de rendre des comptes et de m'en faire rendre ; d'assurer les approvisionnements, de pourvoir aux besoins pressants, de régler les dépenses, de résister aux consommations, de m'occuper efficacement de ce qui est nécessaire et de proscrire ce qui est inutile ou nuisible, c'est-à-dire que ce que je ne fais pas constitue l'administration, et ce que je fais pourrait en être retranché, ainsi que ma place et une grande partie des papiers et des commis. »

Quand on en est là dans tous les ordres, les réformes graduées, telles que les concevait Malouet et qu'il les provoquait de ses conseils comme de ses vœux, sont-elles possibles, et n'en est-on pas venu, bon gré, mal gré, à ce point extrême où, à moins d'un génie au sommet, il n'y a d'issue qu'une révolution ?

MÉMOIRES DE MALOUET

PUBLIÉS PAR SON PETIT-FILS

M. LE BARON MALOUET

(SUITE.)

I.

Malouet, au moment où il arriva à l'Assemblée nationale, objet premier de tous ses vœux, était déjà dépassé et désabusé. La seule nouvelle de la convocation des États généraux l'avait comblé de joie, et il avait désiré d'en être; mais envoyé à Paris par ses compatriotes de Riom, dès le mois de novembre 1788, un peu avant les élections, pour demander que la ville fût le chef-lieu du bailliage, il avait trouvé un régime moral peu rassurant, et avait pu reconnaître un Paris tout autre que celui qu'il avait laissé : « Lorsque je vis l'état de la capitale, où je n'étais pas entré depuis près de trois ans, la chaleur des discussions politiques, celle des pamphlets circulant, l'ouvrage de M. d'Entraigues, celui de l'abbé Sieyès, les troubles de Bretagne et ceux du Dauphiné, mes illusions disparurent. » Il avait emporté de M. Necker, après son premier ministère, une très-haute idée : en le retrouvant à la tête des affaires et en s'entretenant avec lui, il dut en rabattre, et, en ne cessant de rendre justice à ses intentions, il s'aperçut de toute l'hésitation de son caractère, qui se conciliait avec une opinion très-exagérée de son crédit et de son ascendant sur les esprits. « Il avait, remarque-t-il finement de ce premier ancêtre des doctrinaires, un *orgueil timide,* qui se reposait sur ses moyens, sur sa célébrité, et qui lui faisait craindre sans cesse de se compromettre avec l'opinion publique, qu'il ne savait plus gouverner lorsqu'il s'en voyait contrarié. » A la veille des élections, Malouet avait déjà son plan arrêté qu'il communiqua à M. Necker et à son collègue, M. de Montmorin; mais il ne put jamais décider le premier, qui, voyant et analysant avec beaucoup de sagacité les inconvénients de chaque mesure, se complaisait dans la balance. Le plan de Malouet consistait, d'abord, à en avoir un, à ne pas affronter cette grande crise « sans aucun préparatif de défense, sans aucune combinaison; à savoir bien nettement ce qu'on voulait concéder, jusqu'où l'on voulait porter les réformes, à le dire, à le déclarer hautement, de manière à retrouver le tout en substance dans le texte des cahiers de bailliages, ce qui, selon l'état de l'opinion en province, lui semblait alors fort possible ; à ne pas s'en remettre pour ces points essentiels à une réunion de douze cents législateurs tirés de toutes les classes, la plupart sans expérience, sans habitude de discussion et de méditation sur ces graves matières, exposés à tous les souffles de l'opinion extérieure, et livrés au flux et reflux des grandes assemblées. Et lui-même il proposait à l'avance au ministre ces cahiers tels qu'il les entendait et tels qu'il était à peu près sûr de les obtenir, en faisant aux communes la plus large part possible, mais en limitant, en taillant, pour ainsi dire, à l'avance les sujets futurs proposés à la discussion. M. Necker, au contraire, par toutes sortes de raisons plausibles, s'en tint à la non-intervention des ministres dans les préliminaires des États généraux : il crut par là faire d'autant mieux apprécier la pureté des intentions du roi. On sait de reste qu'il n'y gagna rien et que la méfiance, soufflée par la malignité et trop justifiée par les intrigues de la Cour, n'en fit pas moins son chemin. Après cela eût-il suffi d'avoir un plan arrêté, *deux mois plus tôt*, pour le faire prévaloir et pour éluder les événements? C'est ce qu'il est difficile d'admettre. Quoi qu'il en soit, l'appréciation de Malouet et la définition qu'il donne de l'état des choses sont parfaitement justes. Dès la fin de 1788, ce n'était plus le roi qui parlait, c'était l'*avocat consultant de la Couronne*, « demandant conseil à tout le monde et ayant l'air de dire à tout venant : *Que faut-il faire? que puis-je faire? que veut-on retrancher de mon autorité? que m'en laissera-t-on?* »

Lorsque les députés arrivèrent ensuite avec leurs mandats et leurs instructions écrites, Malouet eût été d'avis également que les ministres s'y appuyassent pour déterminer l'objet et la portée des débats. L'idée d'Assemblée *constituante* naquit, selon lui, » de l'état passif et incertain du monarque, s'effaçant lui-même devant le nouveau pouvoir qu'il avait appelé à l'origine pour consolider le sien, non pour l'annuler. « Toute la politique de Malouet eût consisté à faire de la première Assemblée une *Législative* et non une *Constituante*. Son adversaire théorique direct était l'abbé Sieyès, qui voulait tout pour le tiers-état et par le tiers-état, et il faut convenir que, si la disposition enflammée des esprits servit puissamment le triomphe du grand métaphysicien révolutionnaire, la méthode expectante et hésitante du roi et de ses ministres y vint en aide à souhait.

Les portraits que trace Malouet dans un de ses premiers chapitres, et qui forment comme sa galerie des États généraux, n'approchent certes pas, même de bien loin, de ceux qu'un Retz a tracés dans sa galerie de la Fronde, et un Saint-Simon dans ses tableaux de la Régence; mais les principaux traits sont fort justes, fort ressemblants, et le mot propre du caractère de chacun est souvent donné. On a ainsi le duc d'Orléans, Mirabeau, La Fayette, Mathieu de Montmorency, le futur consul Lebrun, ce dernier très-agréablement dessiné; car Malouet s'entend mieux à montrer ces caractères moyens qu'à exprimer les personnages extrêmes :

« Enfin un homme dont la fortune s'est élevée depuis au niveau de ses talents, dont les opinions s'étaient manifestées pour la conservation des trois Ordres, arrive comme vaincu dans le camp des vainqueurs ; et là, sans se mêler jamais à aucune autre discussion que celle des finances, il abandonne la Constitution à sa triste destinée dans toutes ses conséquences politiques ; mais il la soutient, il la défend dans tout ce qui est relatif aux impôts, aux monnaies, aux assignats, aux recettes et aux dépenses de l'État. Ses rapports sur toutes ces questions, éloquents et sensés, ont fait voir, dans le consul Lebrun, un sage traversant avec calme les orages révolutionnaires [1]. »

Pour qualifier ceux de ses collègues honnêtes gens, mais qui ont gardé en eux du sectaire, tels que Rabaut-Saint-Étienne, le ministre protestant, et le janséniste Camus, il les reconnaît hommes de conscience, mais ils avaient, dit-il, la *conscience factieuse*.

Lui-même, Malouet, il est caractérisé par d'autres en termes assez piquants, selon leur point de vue. D'Éprémesnil le surnommait *l'hérétique à bonnes intentions*; Mirabeau disait de lui, en lui appliquant ce que Plutarque a dit d'un ancien, *qu'il tenait de bons propos mal à propos*, Un royaliste violent, un esprit étroit et

---

[1] Cette sagesse de se retrancher dans les questions de finances est la preuve assurément d'un bon esprit et très-prudent, très-attentif à ne pas se compromettre. Napoléon, qui s'entend à juger son monde, a dit en courant sur le prince Lebrun un mot qu'il ne faudrait pourtant pas négliger dans un portrait complet ; c'est dans une lettre à son aide de camp Lemarois, datée de Mayence, 21 avril 1813 : « ... Mandez cela au général Vandamme et à *l'architrésorier* en Hollande, *dont l'habitude est d'avoir grand'peur.* » Ce sont là de ces traits qui traversent un homme et qui sont versibles sur tout son passé.

systématique, M. Ferrand, le prenait sur un autre ton, et il alla jusqu'à imprimer dans une brochure de 93 « que Malouet *méritait d'être pendu, bien qu'il fût un honnête homme.* »

Un des endroits les plus intéressants du récit de Malouet est le chapitre de ses relations avec Mirabeau. Malouet avait d'abord contre l'éloquent tribun de grandes préventions : sous l'empire du soupçon universel qui planait sur cette tête fameuse et que ne démentaient pas les apparences, il n'était pas éloigné de le considérer comme un chef de conjurés, et il se tenait envers lui à distance respectueuse. Mirabeau, large et ouvert, l'avait au contraire distingué en raison de sa fermeté honnête et de sa réserve même. Vers la fin de mai 1789, Malouet fut fort étonné de se voir recherché de sa part ; Mirabeau lui fit dire par deux de ses amis genevois, Du Roveray et Dumont, qu'il lui demandait un rendez-vous. Malouet, qui avait volontiers le premier mouvement circonspect et la répulsion un peu prompte, ne dissimula point sa répugnance à recevoir chez lui l'équivoque personnage ou à l'aller visiter : rendez-vous fut pris pour le soir en maison tierce, chez les négociateurs mêmes. C'est ici que se passe une scène due à l'histoire, et qu'il ne lui est plus permis d'ignorer ou de négliger (1) :

(1) De même que les royalistes s'étaient fait une Marie-Antoinette de convention et à leur guise, les libéraux se firent longtemps un Mirabeau à souhait et à leur usage. M. Thiers, dans son *Histoire de la Révolution*, œuvre de sa jeunesse, n'a point échappé entièrement à ce genre d'illusion. Il lui a paru impossible que Mirabeau, le premier, eût fait une démarche auprès de Malouet pour arriver

« Monsieur, me dit M. de Mirabeau, je viens a vous sur
« votre réputation, et vos opinions, qui se rapprochent plus
« des miennes que vous ne pensez, déterminent ma dé-
« marche. Vous êtes, je le sais, un des amis sages de la
« liberté, et moi aussi ; vous êtes effrayé des orages qui
« s'amoncellent : je ne le suis pas moins. Il y a parmi nous
« plus d'une tête ardente, plus d'un homme dangereux ; dans
« les deux premiers Ordres, dans l'aristocratie, tout ce qui a
« de l'esprit n'a pas le sens commun ; et, parmi les sots, j'en
« connais plusieurs capables de mettre le feu aux poudres.
« Il s'agit donc de savoir si la monarchie et le monarque sur-
« vivront à la tempête qui se prépare, ou si les fautes faites,
« et celles qu'on ne manquera pas de faire encore, nous en-
« gloutiront tous. »

« Il s'arrêta là, comme pour me laisser le temps de dire
quelque chose. L'impression que me fit cette déclaration est
difficile à peindre : je n'y retrouvais point l'homme que
j'avais entendu, ni celui qu'on m'avait signalé, ni celui dont
je connaissais l'histoire ; mais je n'avais pas le droit de lui
demander compte de sa conduite ; ses talents m'étaient con-

à MM. Necker et de Montmorin, et il a écrit que c'était Malouet
qui avait fait les avances auxquelles Mirabeau s'était souvent
refusé. Depuis que les preuves du contraire ont abondé et qu'on
a eu les papiers du comte de La Marck, ce passage de l'*Histoire
de la Révolution* n'a pas été modifié : l'illustre historien revoit peu
ses ouvrages, il aime à les laisser dans leur première improvisa-
tion ; il est douteux qu'il ait jamais relu son *Histoire de la Révolution,* pleine d'inexactitudes pour les détails (c'était inévitable au
moment où il l'écrivit), mais qui reste vraie dans les ensembles et
par la touche juste et large qu'il a su donner des principaux
moments de ce grand drame. L'éditeur des présents Mémoires, M. le
baron Malouet, a cru cependant devoir faire une note intitulée:
Mirabeau, Malouet et Thiers, pour établir et venger la véracité de
son père, contestée trop à la légère par l'historien. Il y a témoin
et témoin, mais quand Malouet affirme un fait à sa connaissance,
il faut le croire : M. Thiers l'a trop oublié, et il ne s'est pas soucié
de réparer depuis.

nus. Soit qu'il fût ou non de bonne foi dans l'ouverture qu'il me faisait, je n'eus garde de la repousser, et je lui dis : « Monsieur, j'ai une telle opinion de vos lumières, que je ne « balance pas à croire ce que vous me dites, et je suis très-« impatient d'attendre ce que vous allez y ajouter. » — « Ce « que j'ai à ajouter est fort simple, me dit M. de Mirabeau. « Je sais que vous êtes l'ami de M. Necker et de M. de Mont-« morin, qui forment à peu près tout le Conseil du roi ; je ne « les aime ni l'un ni l'autre, et je ne suppose pas qu'ils aient « du goût pour moi ; mais peu importe que nous nous ai-« mions, si nous pouvons nous entendre. Je désire donc con-« naître leurs intentions : je m'adresse à vous pour en obtenir « une conférence. Ils seraient bien coupables ou bien bornés, « le roi lui-même ne serait pas excusable, s'il prétendait ré-« duire ces États généraux aux mêmes termes et aux mêmes « résultats qu'ont eus tous les autres : cela ne se passera pas « ainsi ; ils doivent avoir un plan d'adhésion ou d'opposition « à certains principes. Si ce plan est raisonnable, dans le « système monarchique, je m'engage à le soutenir et à em-« ployer tous les moyens, toute mon influence, pour empê-« cher l'invasion de la démocratie qui s'avance sur nous. »

« Ces paroles m'allaient au cœur, continua Malouet. Qui m'eût dit que M. de Mirabeau était le seul homme dans mon sens, qu'il voulait ce que je voulais, ce que j'avais tant et si inutilement conseillé ? J'eus de la peine à contenir toute ma satisfaction, car j'étais si prévenu contre lui, qu'il me restait l'inquiétude d'un piége, d'une ruse dont il fallait me défendre. Je lui dis que je ne doutais pas de la bonne foi et des bonnes intentions du roi et des ministres ; que tout ce qu'il y avait de raisonnable et de possible en améliorations, en principes et moyens d'un gouvernement libre, était dans leurs vues. — « Eh bien ! qu'ils se hâtent donc de le dire « et de le prouver, répondit Mirabeau. Mais ce ne sont pas « des paroles vagues, c'est un plan arrêté que je demande ; « et s'il est bon, je m'y dévoue. Si, au contraire, on veut nous « jouer, on nous trouvera sur la brèche. »

Malouet promet la conférence pour le lendemain. Il court chez M. Necker, chez M. de Montmorin ; il les trouve froids à son récit. « Tous les deux détestaient Mirabeau et ne le craignaient pas encore. » M. de Montmorin révèle ses secrets griefs, trop réels, contre un homme qu'il estime peu et dont il a déjà eu à se plaindre dans une de ces circonstances qui ne s'oublient pas. Quant à M. Necker, « il ne disait rien et regardait le plafond, suivant son habitude ; » et l'on a cru remarquer en effet que d'ordinaire l'horizontalité de son front était en raison directe de l'incertitude de son esprit (1). Toutefois la conférence fut convenue pour le lendemain, huit heures du matin. Malouet eut le tort de ne pas s'y rendre, de ne pas accompagner Mirabeau, et de ne pas prendre sur lui de le piloter : une fausse délicatesse l'en empêcha. Mirabeau arriva donc seul chez M. Necker, et il se trouva en présence d'un ministre silencieux et glacé, qui commença par lui dire : « Monsieur, M. Malouet m'a dit que vous aviez des propositions à me faire : quelles sont-elles ? » A ce mot de *propositions* articulé d'un certain ton, Mirabeau bondit, et toisant son interlocuteur : « Ma proposition, dit-il, est de vous souhaiter le bonjour ; » et il sortit. Revoyant Malouet à l'Assemblée, il passa,

(1) Le portrait le plus saillant de M. Necker est encore celui qu'a tracé M. de Montyon dans ses *Particularités et Observations sur les Ministres des Finances ;* on y lit, entre autres coups de crayon d'après nature : « ... Ses mouvements étaient inégaux, brusques, forcés ; il portait la tête fort élevée et même renversée, et il y avait de l'affectation dans cette contenance : car le degré de renversement de sa tête était un thermomètre de la situation politique. »

tout rouge de colère, à côté de lui, et lui dit, en enjambant un des bancs qui les séparaient : « Votre homme est un sot, il aura de mes nouvelles. » Les négociations de Mirabeau avec M. de Montmorin et avec la Cour ne se renouèrent que bien plus tard, après la retraite de l'incompatible M. Necker, par l'entremise du comte de La Marck. Malouet n'en fut point informé d'abord, et quand il le fut en février 1791, et par Mirabeau même, il entra avec vivacité dans la discussion du plan; mais Mirabeau touchait à sa fin, et il emporta avec lui les dernières espérances un peu sensées du parti monarchique. La dernière des conférences nocturnes, dans laquelle Mirabeau expose ses idées et crayonne en traits de feu le rôle qu'il ambitionne de prendre, est une page d'histoire et d'éloquence qui paraît ici pour la première fois : elle rejoint bien, pour les compléter, les révélations du comte de La Marck. Malouet, dans ses *Lettres sur la Révolution*, publiées en 1792, s'était contenté de dire, en racontant seulement la première tentative de Mirabeau en mai 1789 :

« Là finissent nos relations, et j'ai été deux ans sans lui parler; mais, peu de temps avant sa mort, ayant encore été provoqué par lui à une explication sur sa conduite dans la Révolution, qui m'avait bien souvent indigné, il me rappela cette anecdote, et me montra des sentiments dont il faudrait pouvoir citer les preuves et les témoins, pour être cru. » (4ᵉ Lettre.)

Que l'on mette aujourd'hui cette phrase mystérieuse et pleine de sous-entendus en regard de la page des Mémoires où éclate le Mirabeau véritable dans toute sa hideur et sa beauté (1) : rien ne nous montre mieux combien l'histoire a de doubles fonds, et tout ce que la postérité a à faire avant d'arriver sur bien des points à savoir le dernier mot; il y aura auparavant à lever bien des scellés et à ouvrir bien des serrures.

Malouet se trouvait vis-à-vis des deux ministres, M. Necker et M. de Montmorin, dans une situation singulière; sa montre n'était jamais en accord avec la leur. Il avait conseillé, on l'a vu, qu'avant les élections un plan fût énoncé en principe dans une proclama-

---

(1) Voici la page :

« Mirabeau était harassé : il avait déjà le germe de la maladie dont il est mort; ses yeux enflammés et couverts de sang sortaient de leur orbite ; il était horrible; mais jamais je ne lui ai vu plus d'énergie, plus d'éloquence : « Il n'est plus temps, me dit-il, de « calculer les inconvénients. Si vous en trouvez à ce que je propose, « faites mieux, mais faites vite ; car nous ne pouvons vivre long-« temps. En attendant, nous périrons de consomption ou de mort « violente. Plus vous insistez sur le mal qui existe, plus la répa-« ration en est urgente. M'en contestez-vous les moyens? Nommez « celui qui, avec la même volonté que moi, est dans une meilleure « position pour agir. Toute la partie saine du peuple, et même « une portion de la canaille, est à moi. Qu'on me soupçonne, « qu'on m'accuse d'être vendu à la Cour, peu m'importe ! Per-« sonne ne croira que je lui ai vendu la liberté de mon pays, que « je lui prépare des fers. Je leur dirai, — oui, je leur dirai : Vous « m'avez vu dans vos rangs luttant contre la tyrannie, et c'est elle « que je combats encore ; mais l'autorité légale, la monarchie « constitutionnelle, l'autorité tutélaire du monarque, je me suis « toujours réservé le droit et l'obligation de les défendre.

« Prenez bien garde, ajouta-t-il, que je suis le seul dans cette « horde patriotique qui puisse parler ainsi sans faire volte-face. Je « n'ai jamais adopté leur roman, ni leur métaphysique, ni leurs « crimes inutiles. »

« Sa voix tonnante, comme à la tribune, ses gestes animés, l'abon-

tion aux bailliages : on n'en avait rien fait, et, après avoir tout laissé aller, M. Necker eût voulu ensuite que le roi reprît l'exercice de son pouvoir souverain. « Une violence timide succédait à une imprudente circonspection. Il était écrit que tout se ferait à contresens. »

Malouet lui-même convient, d'ailleurs, qu'il eut aussi, à cette époque, ses erreurs de vue et ses préventions (1). Au premier abord, tout député du tiers-état qu'il était, il avait, selon la remarque de Montlosier, une attitude de grand seigneur et de grandes ma-

dance et la justesse de ses idées m'électrisèrent aussi. Je secouai toutes mes préventions, tous mes doutes, et me voilà partageant son émotion, louant ses projets, son courage, exaltant ses moyens ; mais ma péroraison le mit en colère : « Vous réparerez mieux que
« personne, lui dis-je, le mal que vous avez fait. » — « Non, » me répondit-il en relevant la tête, « je n'ai pas fait le mal volontaire-
« ment : j'ai subi le joug des circonstances où je me suis trouvé
« malgré moi. Le grand mal qui a été fait est l'œuvre de tous, sauf
« les crimes, qui appartiennent à quelques-uns. Vous, modérés,
« qui ne l'avez pas été assez pour m'apprécier ; vous, ministres,
« qui n'avez pas fait un pas qui ne soit une faute ; et vous, sotte
« Assemblée, qui ne savez ce que vous dites ni ce que vous faites,
« voilà les auteurs du mal. Si vous voulez savoir ensuite ceux
« auxquels j'impute le plus de sottises, de fausses vues et de mau-
« vaises actions, ce sont MM... »

« Cette intéressante conversation se serait prolongée jusqu'au jour, si nous ne l'avions vu épuisé de fatigue, couvert de sueur, avec une fièvre assez forte et ne pouvant plus parler. »

(1) Le Français est toujours Français ; même lorsqu'il est le plus prudent et le plus circonspect, il y a des choses dont il ne doute pas. On parle toujours de l'Angleterre à tort et à travers pour l'opposer à la France. Cela ne date pas d'hier, et sir Samuel Romilly a fait cette remarque dès 1789 : « La confiance qu'ils (les Français) ont en eux-mêmes, dit-il, et leur résistance à se laisser

nières qui lui allaient fort bien et qu'il devait à la dignité de sa nature autant qu'aux hauts emplois qu'il avait exercés. Avec plus de liant, sans nul doute, avec plus d'entregent et plus d'ouverture, placé comme il l'était entre les extrêmes, ayant des amis parmi les aristocrates les plus ardents comme parmi les plus modérés, il aurait pu être plus utile qu'il ne le fut. Mais « j'avais eu le tort, nous dit-il, de me séparer beaucoup trop tôt et beaucoup trop ouvertement du parti populaire, où je voyais alors un bien plus grand nombre de factieux qu'il n'y en avait réellement. » Il dut pourtant à sa bonne réputation et à son renom mé-

---

renseigner par les personnes les plus capables de le faire, est chose remarquable. Je dînais un jour chez M. Necker, à Versailles, à un grand dîner où beaucoup de députés étaient présents : parmi lesquels M. Malouet, un homme des plus considérables. C'était un jour où il y avait eu grand tumulte à l'Assemblée nationale, et l'évêque de Langres, qui était pour lors président, avait dû agiter sa sonnette pour commander le silence jusqu'à la briser : mais tout avait été inutile. La conversation en vint sur cet incident. Malouet fit observer qu'en Angleterre, à la Chambre des communes, le plus grand ordre régnait, et que cela était dû à la souveraine autorité dont était investi le *speaker* qui avait pouvoir, si un membre causait du désordre, de lui imposer silence, par manière de punition, pour deux mois ou pour tout autre laps de temps déterminé. M. Necker se tourna vers moi comme étant le seul Anglais présent, et me demanda s'il en était ainsi. M. Malouet avait été si positif et si affirmatif dans son assertion que je pensai que la manière la plus polie de le contredire était de répondre que je n'en avais jamais ouï parler ; mais cette réponse ne servit qu'à donner à ce galant homme l'occasion de montrer sa supériorité sur moi : il se pouvait, dit-il, que je n'en eusse point entendu parler, mais le fait n'en était pas moins hors de doute. » — Si un Malouet est ainsi, que sera-ce donc d'un fat ? — (*Memoirs of the life of sir Samuel Romilly*, t. I, p. 107.)

rité d'honnêteté d'être, par la suite, le confident des repentirs de plus d'un de ceux qu'il avait d'abord trop absolument jugés.

A le bien voir, il ne compte nullement alors comme acteur dans le grand drame de la Révolution. Du moment que c'était une révolution et non une réforme, il n'était plus qu'un vaincu ; il a été battu et annulé dès le 14 juillet, dès le serment du Jeu de Paume. Mais il a une vraie valeur comme témoin et annotateur à certains moments de l'action, et il convient de lui savoir gré de n'avoir point quitté l'Assemblée après les 5 et 6 octobre, à l'exemple de Mounier et de quelques autres. Il ne pratiqua point la doctrine de l'abstention, et il se résigna à un rôle ingrat avec courage et constance.

Vainement il essaye de fonder le club des *impartiaux* sur la fin de 89 et en janvier 90 ; puis la société *monarchique,* qui succède (mais pas immédiatement) à la tentative avortée du club des *impartiaux* et qui n'eut jamais que deux séances. Malouet est trop sage pour obtenir de ses amis les exagérés les concessions nécessaires, et le flot démocratique qui monte ne permet pas à ces digues légères de s'établir en face de lui pour lui barrer le chemin. Mais, s'il marche de mécompte en mécompte, Malouet ne se déconcerte pas trop ; il se rattache jusqu'à la fin aux branches de salut qui restent, et en même temps il dévie le moins qu'il peut de sa ligne moyenne jusque dans sa fidélité obstinée à la monarchie.

Deux incidents particuliers mirent Malouet en scène

et méritent d'être rappelés : l'un, dans la séance du 21 novembre 1789, où il se vit dénoncé pour une lettre de lui écrite au comte d'Estaing, et qu'on avait interceptée. Cette dénonciation, faite à la légère, mais qui dans le premier moment parut foudroyante, fut immédiatement suivie d'une revanche complète et du triomphe de l'accusé. Les péripéties émouvantes et rapides se succédèrent comme dans une pièce de théâtre. Toutes les qualités de Malouet, son calme, sa fermeté, sa ténacité même dans le bon droit, le fond de chaleur et d'énergie qui couvait sous son air digne, et qui se démasquait dans les occasions, s'y montrèrent à leur avantage.

L'autre incident, qui fit événement dans l'Assemblée et qui est resté mémorable, fut sa motion (15 août 1790) pour le rappel à Paris de l'abbé Raynal, frappé depuis 1781 par un arrêt du Parlement, et le singulier remercîment qu'adressa ensuite l'abbé Raynal à l'Assemblée dans le sens et par le conseil de Malouet. C'est pour la première fois que la conduite de l'abbé Raynal dans cette solennelle circonstance nous est complétement expliquée, et ceci nous mène naturellement à parler des relations intimes établies de tout temps entre Malouet et le célèbre abbé : on peut dire même que l'on ne connaît bien Raynal que d'aujourd'hui, et qu'avant les éclaircissements inattendus qui nous viennent de ce côté on manquait à son égard d'un élément essentiel de jugement.

II.

Raynal est loin de mériter l'oubli et l'espèce de mépris où il est tombé. Il est plus facile de dédaigner et de railler sa grande *Histoire philosophique* que de la lire en entier, et cependant on en tirerait encore profit. On y sent à travers les déclamations et on y retrouve des fonds de mémoires exacts et neufs pour le temps, fort instructifs et intéressants en substance, sur l'origine et les vicissitudes des établissements européens dans les deux Indes. Le tort de l'abbé est dans la sauce qu'il y a mise, que surtout il y a fait mettre de toutes mains par ses amis, et qui jamais ne lui semblait d'un ragoût philosophique assez relevé.

Né en 1713 dans le Rouergue, élevé chez les Jésuites et engagé lui-même dans la Société, l'abbé Raynal n'en était sorti que vers 1748, à l'âge de trente-cinq ans (1). Il s'était fait d'abord connaître dans le monde littéraire par des écrits d'une compilation utile et agréable ; mais ce ne fut que lorsqu'il eut choisi le vaste sujet de l'Histoire du commerce qu'il crut véritablement avoir rencontré sa veine et embrassé sa vocation. Il se consacra tout entier à l'œuvre qui devait remplir la seconde moitié de sa vie, et que depuis la première

(1) Il a eu un beau mot pour définir la Société de Jésus, qu'il connaissait bien : « C'est, disait-il, une épée dont la poignée est à Rome, et la pointe partout. » Ce qui ne l'empêcha pas, quand les Jésuites furent supprimés, de se faire honneur de prendre jusqu'à un certain point leur parti.

édition (1770) il ne cessa de retravailler par lui-même ou par d'autres : singulière et périlleuse manière de l'améliorer.

Il connut Malouet et s'attacha naturellement à lui comme à l'un des meilleurs guides qu'on pût désirer pour la connaissance des colonies. Comment Malouet, modéré en tout, en vint-il à contracter une liaison si intime avec un aussi fougueux écrivain que l'abbé Raynal, au point d'en faire son hôte, son commensal, sa société de chaque jour? Lui-même va nous l'expliquer, non sans avoir fait au préalable sa profession de foi :

« Ma première éducation, dit-il, mes premières études me ramenaient plutôt aux idées religieuses qu'elles ne m'en éloignaient. Dans le peu de temps que j'avais passé à l'Oratoire, je n'avais point acquis une foi robuste : la philosophie de Descartes était celle des Oratoriens; sa méthode, que les théologiens n'admettent pas, m'avait extrêmement frappé; je ne voyais pas pourquoi on l'employait dans tel raisonnement pour l'exclure dans un autre; mais j'étais loin de douter de tout. Si l'incompréhensibilité des mystères révélés épouvantait ma raison, les merveilles de la nature me démontraient évidemment son auteur et l'existence d'un ordre moral à côté de l'ordre physique. Cette barrière, que je n'ai jamais franchie, m'a toujours fait repousser les opinions licencieuses, les déclamations indécentes contre la religion et le gouvernement... Je m'attachai cependant à l'abbé Raynal, quelques années après notre connaissance, mais surtout lorsqu'il m'eut confié ses regrets d'avoir abandonné à Diderot la refonte de son grand ouvrage, où celui-ci a inséré toutes les déclamations qui le déparent. C'est alors que je m'éloignai de Diderot et que j'encourageai Raynal à réparer sa faute, ce qu'il fit, non-seulement dans sa fameuse Lettre à l'Assemblée constituante, mais en travaillant chez moi à une nouvelle édition que les excès de la Révolution et la terreur dont il était frappé dans les dernières années de sa vie lui ont sans doute fait brûler, si on ne l'a pas trouvée dans ses papiers. »

Voilà un Raynal assez inattendu assurément, et je ne sais si Malouet, en le déchargeant d'un côté, parviendra à le relever de l'autre. Quoi! Raynal se laisse monter la tête par Diderot, au point de lui livrer son œuvre chérie, de l'aliéner comme une matière de librairie, comme un pur canevas, pour qu'il y insère des tirades d'un certain genre! Diderot ne se charge de la besogne qu'à une condition léonine : *Tout ou rien*, et Raynal en passe par là! Et Mallet du Pan, un ami de Malouet, complète la révélation en nous disant :

« Ces morceaux postiches sont faciles à distinguer par le style et par leur virulence. J'en ai vu l'état et le prix entre les mains de M. D., ancien receveur des finances, qui conclut le marché entre Raynal et Diderot. Ce dernier reçut de son confrère 10,000 livres tournois pour ses amplifications convulsives... »

Mais qu'est-ce donc après cela que l'originalité de Raynal, ou même la valeur de sa personnalité? Qu'est-ce que la trempe de son caractère ou de son esprit? On s'en fait une assez triste opinion, et malgré son savoir, son vaste magasin de connaissances, traversées par un mouvement d'idées incontestable, on se demande s'il était autre chose, dans son siècle, qu'un infatigable moulin à conversation, — infatigable à coup sûr, mais aussi parfois très-fatigant.

Tous les contemporains sont d'accord pour caractériser la conversation de l'abbé Raynal : elle manquait essentiellement de charme. « L'abbé Raynal est fort mal à son aise partout où il ne pérore pas colonies, politique et commerce. » C'est Diderot qui dit cela dans une lettre à Mlle Voland (4 octobre 1767).

Gibbon, parlant des visites qu'il recevait en sa maison de Beauséjour à Lausanne, écrivait à lord Sheffield (30 septembre 1783) :

« Hier, après midi, je me couchai ou m'assis du moins, et m'établis pour recevoir des visites; et au même instant voilà quatre nations différentes qui remplissent ma chambre. La plus bruyante fut à elle seule la voix de l'abbé Raynal, qui, de même que votre ami, a choisi ce lieu comme asile de liberté et de travail historique. Sa conversation, qui pourrait être très-agréable, est insupportablement élevée, tranchante et même offensante. Vous le prendriez pour le seul monarque et l'unique législateur du monde. — Adieu (1). »

Le prince de Ligne n'eût pas été le prince de Ligne, c'est-à-dire l'homme aimable et léger par excellence, s'il eût senti autrement :

(1) Sir Samuel Romilly qui, jeune et voyageant en Suisse, avait vu l'abbé Raynal en cette même année 1783, se montre encore plus sévère. Voici ses propres paroles : « A Lausanne, je rencontrai l'abbé Raynal, mais il ne me laissa aucune admiration, soit de ses talents, soit de son caractère. Ayant lu avec transport les éloquents passages de son célèbre ouvrage, je m'étais formé la plus haute idée de l'auteur; mais mon attente fut désagréablement déçue. J'étais en ce temps-là rempli d'horreur pour l'esclavage dans les Indes occidentales et pour le commerce des esclaves, et l'Histoire de Raynal n'avait pas peu aidé à fortifier en moi ces sentiments; mais, quand je vins à l'aborder sur ces sujets, il me parut si froid et si indifférent, que je conçus de lui une opinion

« Quel homme pesant que ce Raynal, quoique gascon (*pas tout à fait gascon*), dont l'accent était fait pour être amusant! Il racontait régulièrement deux fois de suite la même anecdote qu'on savait d'ailleurs, et il ne faisait entre ces première et deuxième narrations que frapper de deux doigts bien secs sur une table, en disant : *C'est joli, je ne sais pas si on en sent toute la finesse.* »

Mais c'est le grand Frédéric qui est le plus amusant à entendre sur le compte de l'abbé. Dans une lettre à d'Alembert du 18 mai 1782, il lui annonce l'arrivée à Berlin du solennel exilé qui fuyait l'arrêt du Parlement :

« Mais savez-vous ce qui vient d'arriver aujourd'hui? Moi qui croyais l'abbé Raynal enfermé dans quelque prison de votre Inquisition, je le vois arriver ici. Il viendra chez moi cette après-dînée, et je ne le quitterai point que je ne l'aie coulé à fond. »

Napoléon disait : Je connais le *tirant d'eau* de chacun de mes généraux, et Frédéric aussi aimait à *couler à fond* ses philosophes. — Ici il y a une pause dans sa lettre; le roi reçoit la visite de Raynal et ne reprend la plume qu'après :

tout à fait défavorable. Sa conversation était certainement assez inférieure à son célèbre ouvrage pour autoriser le bruit assez généralement répandu que les plus beaux passages n'étaient pas de lui. » (*Memoirs of the life of sir Samuel Romilly*, t. I, p. 70.) Il faut que Romilly ait vu Raynal en un mauvais jour; car habituellement ce n'était pas la verve ni la chaleur, telle quelle, qui lui manquaient. Jean de Muller qui le vit à Berne a dit de lui : « Il aime à parler, sa conversation est instructive, et c'est un honnête homme. » (*Études sur l'histoire littéraire de la Suisse française*, par E.-H. Gaullieur, 1856; il y a une bonne anecdote sur Raynal.)

« Enfin, j'ai vu l'auteur du *Stathoudérat* et du *Commerce de l'Europe*. Il est plein de connaissances qu'il doit aux recherches curieuses qu'il a faites ; *j'ai cru m'entretenir avec la Providence*. Tous les gouvernements sont pesés à sa balance, et l'on risque le bannissement à oser avancer modestement devant lui que le commerce d'une puissance est de quelques millions plus lucratif qu'il ne l'annonce. Reste à savoir si ces notions qu'il a recueillies ont toute l'authenticité qu'on désire dans de pareilles matières. »

Et l'homme en effet est coulé à fond.

C'est au retour de ces voyages en Prusse et en Suisse que Raynal s'en vint un jour tomber à Toulon à l'hôtel de l'intendance. Il est mieux de passer sans transition d'un récit à l'autre ; ce sont des changements à vue, et le lecteur y reçoit presque la même impression au vif qu'un témoin et un contemporain :

« Il m'écrivit de Berlin, nous dit Malouet, qu'il avait grande envie de passer du nord de l'Allemagne au midi de la France, et que probablement il viendrait à Toulon, où il arriva un mois après. Il se fit conduire chez moi : c'était un jour d'assemblée ; nous avions alors une escadre hollandaise en rade, commandée par l'amiral Kinsbergen, homme d'un rare mérite ; nous avions de plus un vaisseau de guerre suédois : tous ces étrangers et plusieurs officiers de la marine française se trouvaient à l'intendance, lorsqu'on annonça l'abbé Raynal, que personne n'attendait. Ce fut un coup de théâtre pour l'assemblée. L'abbé, après m'avoir embrassé, vit là un auditoire intéressant : il attaqua l'amiral sur l'ouverture de l'Escaut, qui était la grande querelle du moment entre l'Autriche et la Hollande ; il nous fit un résumé des droits, des prétentions respectives, des traités et contre-traités, et conclut juste, à son ordinaire, que la France avait intérêt à soutenir la Hollande dans cette contestation. Après avoir parlé pendant trois heures sans lasser personne (1), il me dit qu'il était à jeun depuis vingt-quatre heures, qu'il ne vivait que de lait et qu'il n'avait pu en trouver sur la route. Il paraissait en effet épuisé. Je le fis rafraîchir et reposer. Sa visite a duré trois ans et se serait prolongée, s'il l'avait voulu. C'était l'hôte le plus commode, le moins exigeant que j'aie connu... »

Ces trois ans de séjour étaient devenus un sujet de plaisanterie pour les amis, et il ne s'en fâchait pas. Un jour, à Verberie, comme il arrivait, selon son habitude, portant à la main un paquet très-sommaire enveloppé dans un mouchoir de couleur, Chabanon qui, de la fenêtre, le voyait venir, lui cria : « L'abbé, tu arrives avec ton bagage; tu viens donc ici pour trois ans? »

Raynal unissait bien des contradictions et des inconséquences; il était à la fois riche, bonhomme et parasite. On a beaucoup dit dans le temps que lui, le grand abolitioniste, il avait réalisé des bénéfices sur un vaisseau négrier. Il faisait ses parcimonies en particulier et ses munificences pour le public. La renommée parlait de lui comme d'un bienfaiteur universel et enregistrait ses donations qui ne restaient pas toutes à l'état de projets : il proposait d'élever à ses frais un monument au Grutli pour les trois Suisses libérateurs

---

(1) *Sans lasser personne!...* il faut le croire puisque Malouet le dit; mais la curiosité y était pour beaucoup, et une première fois n'est pas coutume. — Malouet adoucit les traits quand il parle de l'abbé Raynal; évidemment il avait pour lui un faible, comme on en a pour les gens d'esprit sur lesquels on exerce de l'action. Il lui savait gré d'une modification d'idées dans laquelle il se sentait pour quelque chose.

et il faisait les fonds de deux prix à l'Académie de Lyon. Le jeune lieutenant d'artillerie, Napoléon Bonaparte, concourra bientôt pour l'un ce ces prix (1). — Garat a appelé Raynal le grand maître des cérémonies de la philosophie au xviii⁰ siècle : sur la fin il s'en croyait bonnement le grand pontife ou le plénipotentiaire en titre, et s'exagérait sa puissance morale. Ce fut surtout en ces années passées chez Malouet que ses opinions se modifièrent, et que la peur le prit sérieusement de voir la France mettre en pratique les doctrines de ses livres. Ce philosophe, qui par moments pouvait paraître un énergumène à ses lecteurs, n'était plus, quand on l'entretenait de près, qu'un enthousiaste des idées de M. Necker, un ministériel de cette nuance; il n'allait guère au delà en politique. Il avait, dès 1788,

(1) Ce n'est point seulement par ce discours, dont le thème philosophique était « les vérités et les sentiments qu'il importe le plus d'inculquer aux hommes pour leur bonheur, » que le nom de Bonaparte se trouve à bon droit rattaché au souvenir de l'abbé Raynal : le jeune lieutenant d'artillerie, dans sa première veine d'enthousiasme, avait désiré connaître le célèbre écrivain et lui avait rendu visite en passant à Marseille. Il lui avait depuis adressé, par l'un de ses frères, une esquisse manuscrite de l'histoire de la Corse. Le Musée britannique possède la lettre autographe qu'il écrivit à cette occasion à l'abbé Raynal, et qui est datée d'Ajaccio, l'an 1ᵉʳ de la liberté (1790) : « Monsieur, il vous sera difficile de vous ressouvenir, parmi le grand nombre d'étrangers qui vous importunent de leur admiration, d'une personne à laquelle vous avez bien voulu faire des honnêtetés. L'année dernière vous vous entreteniez avec plaisir de la Corse; daignez donc jeter un coup d'œil sur cette esquisse de son histoire; je vous présente ici les deux premières lettres: si vous les agréez, je vous en enverrai la fin... » (Voir *Souvenirs diplomatiques* de Lord Holland, à l'*Appendice*.)

des prévisions sinistres : il en faisait part à Malouet, qu'il essayait d'effrayer et qu'il s'efforçait de prémunir, Quoi qu'il en soit, il fut l'occasion d'une faute pour ce sage esprit. Demander à l'Assemblée, par une motion spéciale, le rappel à Paris d'un écrivain célèbre, frappé d'un arrêt injuste sous le précédent régime, était chose toute simple et louable, de la part surtout d'un ami de quinze ans ; mais voir là une occasion de faire la leçon à l'Assemblée, présenter, ériger tout d'un coup un pareil homme en censeur de la Révolution, lui l'écrivain en nom et l'endosseur avoué de tant de tirades révolutionnaires, ce n'était pas une idée heureuse ni un à-propos. L'espèce de jeu de scène et de surprise qu'on ménagea et sur laquelle on comptait en cette circonstance ne pouvait qu'ajouter au mauvais effet.

Lundi 13 juillet 1868.

MÉMOIRES DE MALOUET

PUBLIÉS PAR SON PETIT-FILS

M. LE BARON MALOUET.

(SUITE ET FIN.)

I.

Il y a dans les *Mémoires* de Malouet une phrase dont je ne saisis pas bien le sens : c'est lorsque, venant de parler des projets de M. de Bouillé pour le rétablissement de l'autorité royale, il ajoute :

« J'imaginai cependant de donner un successeur à Mirabeau ; et la reine, qui ne connaissait pas mon projet, quoique j'en eusse prévenu M. de Montmorin, eut un moment d'humeur contre moi, et dit publiquement à son jeu qu'elle ne concevait pas comment M. Malouet n'avait pas cédé au côté gauche l'honneur de faire une motion pour le retour à Paris de l'abbé Raynal. »

Donner l'abbé Raynal pour successeur à Mirabeau,

lequel d'ailleurs n'était pas mort au moment où Malouet fit sa motion! Songer à lui substituer l'abbé Raynal, vieux, fatigué, moins grand que célèbre, dès longtemps retiré de la scène, qu'une dernière affaire, un dernier conflit allait achever de ruiner et d'user, et qui enfin n'était pas membre de cette Assemblée devenue souveraine! j'ai peine à le comprendre. Quel rapport, même lointain et accidentel, pouvait-il y avoir entre un tel homme et Mirabeau? Les souvenirs de Malouet laissent fort à désirer ici pour la précision.

Il fut cependant convenu entre Malouet et Raynal que celui-ci, qui vivait depuis quelques années à Marseille, enverrait à l'Assemblée une lettre de remontrances, concertée entre eux deux, dans laquelle il la blâmerait de ses excès, de ses fautes, en faisant lui-même amende honorable de quelques-uns de ses écarts. Mais il fallait encore un prétexte pour une telle lettre, et il n'eût pas été prudent au signataire de l'écrire et de l'envoyer de Marseille, où la Révolution avait un ardent foyer. La députation d'Aix venait précisément de se mettre à la disposition de Raynal pour demander son rappel à Paris et faire annuler l'arrêt du Parlement qui subsistait encore. L'abbé, en remerciant la députation, lui répondit que M. Malouet lui faisait la même proposition concernant son retour, et qu'il désirait en avoir l'obligation à son amitié. Moyennant ce biais, Malouet se trouva chargé de la motion dont personne au dehors ne soupçonnait la portée ; le secret en fut gardé jusqu'au dernier moment entre M. de Montmorin, M. de Clermont-Tonnerre, l'abbé et lui. La motion, dans les termes où la fit Malouet le 15 août 1790, était à peu près telle que l'eût pu faire un membre du côté gauche. L'orateur s'en référait en commençant à la proposition de Mirabeau du mois de juin précédent, par laquelle le grand tribun avait demandé, aux applaudissements de l'Assemblée, qu'elle portât le deuil pour la mort de Benjamin Franklin :

« Messieurs, lorsqu'on vous a dit dans cette tribune : *Franklin est mort,* vous vous êtes empressés d'honorer sa mémoire. Je viens vous rappeler aujourd'hui que, parmi nos concitoyens, il existe, pour nous et pour la postérité, un vieillard vénérable qui fut aussi le précurseur de l'apôtre de la liberté, et dont la vieillesse est flétrie par un décret lancé contre sa personne et ses écrits : c'est l'abbé Raynal, qui réclame aujourd'hui par ma voix la justice, les principes et la protection de l'Assemblée nationale. Qu'il me soit permis, messieurs, de m'honorer à vos yeux d'une mission que je dois à l'amitié de cet homme célèbre... »

Ce rapprochement de Raynal et de Franklin ne pouvait passer que grâce à l'illusion de l'amitié : Franklin, véritable patriarche, par un mélange unique de simplicité, de finesse et de douce ironie, avait offert à quiconque l'avait approché dans sa vieillesse le modèle du sage, conseillant à demi-voix et souriant, un des vrais pères ou parrains de la société de l'avenir. Raynal, emporté et hors de mesure, n'était plus qu'un prophète de malheur décontenancé et désappointé, s'agitant et déclamant comme toujours, bien qu'en sens contraire.

L'abbé Raynal accourut à Paris, et ici le second acte

de la pièce commence. On y mit pourtant de la réflexion et du temps; près de dix mois s'écoulèrent, et je ne m'explique pas bien ce retard, cette longueur d'entr'acte, dont Malouet ne nous rend pas compte et qui semble disparaître à ses yeux dans le raccourci de ses souvenirs. On guettait probablement une occasion, et l'on tenait jusque-là l'abbé en réserve. La mort de Mirabeau, survenue le 2 avril 1791, dut en effet donner le coup de cloche, et l'on crut peut-être avoir trouvé cette occasion propice dans la discussion qui s'éleva sur les principes de la liberté religieuse.

Dans quels termes l'abbé Raynal va-t-il donc s'y prendre pour remercier l'Assemblée et pour la morigéner en la remerciant? Depuis longtemps déjà il n'était guère qu'un prête-nom, et d'autres que lui parlaient par sa bouche. Ce fut le cas encore cette fois : l'adresse qu'il envoya à l'Assemblée fut un composé des phrases de M. de Clermont-Tonnerre et de Malouet, entre lesquelles il avait lardé quelques-unes des siennes. Toutefois Malouet pensait qu'en général la pièce avait un ton de censure et une force de logique qui devait produire un grand effet, émanant d'un philosophe aussi célèbre. On l'avait fait imprimer à l'avance, et toute l'édition, à l'abri de la saisie, attendait chez Malouet le moment de s'envoler; les initiés comptaient sur un immense succès d'opposition et de surprise. Le président de l'Assemblée, M. Bureaux de Pusy, au reçu du manuscrit, ne se dissimula point l'orage qu'il allait exciter en faisant donner lecture d'une pareille lettre. On était au lendemain du jour où l'Assemblée avait décerné des

honneurs suprêmes à la mémoire de Voltaire et décrété
la translation de ses restes au Panthéon. L'annonce
d'une lettre de l'abbé Raynal sembla tout d'abord un
à-propos. Malouet nous rend à merveille l'effet extérieur et les péripéties de cette séance du 31 mai 1791 :

« Le président eut à peine prononcé le nom de l'abbé
Raynal et le titre de son adresse à l'Assemblée, que la salle
retentit d'applaudissements. Il n'y eut pas moyen d'entendre
ce qu'il ajoutait, en tremblant, que l'Assemblée serait peut-
être étonnée des censures que l'auteur mêlait à ses hommages. Un bruit affreux d'enthousiasme, d'admiration, au
nom de l'abbé Raynal, ne permettait d'entendre autre chose
que : *Lisez! lisez vite! La lecture de l'adresse!* Les patriotes se persuadaient que le côté droit voulait l'empêcher.
C'étaient des cris, des gestes de commandement et le piéti-
nement usité dans les grandes occasions. Enfin l'écrit fatal
est remis à un secrétaire ; il monte à la tribune ; un silence
profond succède au tumulte, et la gravité respectueuse, les
compliments de l'exorde entretenant les premières dispositions, on voyait le ravissement des spectateurs et des députés
patriotes de recevoir cet hommage solennel du patriarche de
la démocratie. Le premier paragraphe rétrograde sur les
maux, les excès de la révolution, rembrunit tout à coup les
figures ; on se dresse, on se regarde, on s'indigne ; mais on
s'attend à des retours aux bienfaits, aux grands résultats de
régénération sociale. La patience échappe à quelques-uns ; on
leur impose silence. Ce n'est plus une adresse, c'est un drame
dont chacun veut voir le dénoûment : on écoute encore, le
secrétaire poursuit ; il arrive à l'effrayant tableau des désordres, des crimes, de la dissolution qui s'avance : le côté droit,
qui avait d'abord été consterné de l'hommage, s'exalte sur la
censure. On entend d'un côté : *Bravo!* et de l'autre : *Quelle
audace! Vengeance! L'Assemblée est insultée! C'est du
Malouet!* Le tumulte s'accroît ; vingt députés se lèvent à la

fois pour demander la parole ; on dénonce l'auteur, le président, le secrétaire. On parle de mettre le premier au Temple, de destituer les deux autres. Robespierre monte à la tribune, et c'est la première, la seule fois que je l'ai vu adroit et même éloquent. Je fus si frappé de ce qu'il dit, que je ne l'ai jamais oublié... »

Les phrases de lui que cite Malouet ne ressemblent à celles que je vois citées ailleurs que par le fond de la pensée; la sténographie, on le sait, était encore dans l'enfance. Il paraît bien qu'après le premier tumulte toute la fin de la lettre avait été entendue assez patiemment; Robespierre tira de là son exorde :

« J'ignore quelle impression a faite sur vos esprits la lettre dont vous venez d'entendre la lecture; quant à moi, l'Assemblée ne m'a jamais paru autant au-dessus de ses ennemis qu'au moment où je l'ai vue écouter avec une tranquillité si expressive la censure la plus véhémente de sa conduite et de la Révolution... Je ne sais, mais cette lettre me paraît instructive dans un sens bien différent de celui où elle a été écrite... Je suis bien éloigné de vouloir diriger la sévérité, je ne dis pas de l'Assemblée, mais de l'opinion publique, sur un homme qui conserve un grand nom ; je trouve pour lui une excuse suffisante dans une circonstance qu'il vous a rappelée, je veux dire son grand âge. Je pardonne même, sinon à ceux qui ont pu contribuer à sa démarche, à ceux du moins qui sont tentés d'y applaudir, parce que je suis persuadé qu'elle produira dans le public un effet tout contraire à celui qu'on en attend... »

C'était dix fois juste. Il y eut un *tolle* général au dehors contre l'abbé philosophe qui, après s'être *déprétrisé* autrefois, venait se *déphilosophiser* aujourd'hui.

Son inconséquence lui valut dans les journaux du temps mille injures. Un homme qui n'en disait pas, André Chénier, adressa, par la presse, une lettre *à Thomas Raynal,* datée du lendemain 1ᵉʳ juin, dans laquelle il le prenait à partie et lui rendait la leçon que toute jeunesse généreuse qui se respecte a droit de renvoyer à la vieillesse inconsidérée qui s'oublie. En voici le début qui donne le ton ;

« L'Assemblée nationale venait de décerner des honneurs à la mémoire de Voltaire : c'est le lendemain de ce jour qu'on lui annonce une lettre de vous. Ce moment inspira sans doute un vif intérêt à tous ceux qui aiment la Constitution, et qui ont étudié les causes de la Révolution à qui nous en sommes redevables. En vain tous les citoyens s'abstiennent d'interrompre les travaux de l'Assemblée, quand ils n'ont rien à lui demander : elle sentait, chacun sentait comme elle, que vous pouviez être excepté ; qu'elle pouvait donner quelques instants à votre conversation ; et il y eût eu à vous de la noblesse et de la dignité à vous reconnaître ce droit et à savoir en user. Voltaire, Montesquieu, Rousseau, Mably sont morts avant d'avoir vu fructifier les germes qu'ils avaient semés dans les esprits : vous vivez, vous qui avez avec eux préparé les voies de la liberté ; et, *comme dans ces associations ingénieuses où les vieillards qui survivent héritent de toute la fortune de leurs confrères morts,* on se plaisait à voir accumuler sur votre tête le tribut de reconnaissance et d'hommages que l'on ne peut plus offrir qu'à leur cendre... »

L'abbé Raynal, devenu homme de génie à l'ancienneté, en héritant successivement des morts, et par le mouvement naturel de la *tontine* des réputations, un homme de génie par survivance, c'était bien cela ! Mais il n'avait pas su profiter de cette chance unique, il avait manqué à la belle mission qui lui était échue par le bénéfice du temps; et après lui avoir représenté les contradictions flagrantes dans lesquelles le plaçait sa démarche, le ton et le caractère de ses anciens écrits qui juraient du tout au tout avec ce dernier acte, la palinodie qu'il semblait s'être réservée pour son chant du cygne, André Chénier lui traçait en regard le canevas de la véritable lettre qu'il aurait dû écrire, lettre sévère et digne, qui eût pu contenir un examen critique et judicieux de la Constitution, sans rien rétracter, sans rien démentir des principes.

Maiouet, dans cette affaire et pour cette petite pièce montée à loisir, ne sut donc point se placer au vrai point de vue du public et du théâtre. Il ne se dit point que l'autorité de Raynal (si autorité il y avait) ne pouvait se séparer du fond des doctrines qu'il avait si ostensiblement soutenues et proclamées; que son changement d'idées graduel et sincère, remontant à quelques années et connu seulement de quelques amis, ne pouvait que lui nuire en éclatant comme une conversion subite et en s'étalant comme un exemple de plus de la versatilité humaine; que les hommes célèbres et les personnages publics ne sont pas seulement ce qu'ils sont, mais ce qu'ils paraissent; que l'auteur de l'*Histoire philosophique* était le dernier des hommes qui eût le droit de rappeler si solennellement à la modération ceux qu'il avait de longue main excités et échauffés; que c'était tout au plus ce qu'aurait pu tenter un Mirabeau, se transformant de tribun séditieux en tribun conservateur : et encore aurait-il eu de terribles difficultés personnelles à vaincre :

Quis tulerit Gracchos de seditione querentes ?

Se servir de Raynal comme on le fit en cette circonstance, c'était donc le compromettre sans résultat et l'exposer immanquablement à être traité par la démocratie irritée de *bonhomme* qui radote et d'esprit qui baisse. Toute cette scène et cette machine du 31 mai ressemblaient trop à une niche qu'on avait voulu faire à l'Assemblée : et on ne fait pas de niche aux révolutions. Ce qu'on peut dire de mieux après coup à la décharge de Raynal, c'est que, s'il était modifié et repenti, du moins il ne s'était pas totalement retourné et qu'il avait gardé de bons restes de lui-même jusque dans sa retraite en arrière. En un mot, tout ce que Malouet nous apprend de Raynal l'excuse peut-être et l'innocente, mais ne le grandit pas. Il put continuer d'être cher à ses amis et leur tenir de fort beaux propos, leur prodiguer de généreux sentiments, et gémir plus haut que personne en se promenant avec eux le soir dans les allées du Luxembourg (1); mais l'homme public ne comptait plus, il s'était brisé du même coup et devant ses contemporains et devant la postérité. Ce

(1) La Notice de M. Jay sur Raynal, qui est en tête de la dernière édition de l'*Histoire philosophique des deux Indes*, Notice vague et générale comme on les faisait en ce temps-là, ne contient qu'une seule anecdote neuve tirée d'une lettre de M. de Lally au comte Portalis : on y voit l'abbé Raynal et M. de Lally au naturel, tous deux gens à démonstrations, à grands sentiments et à embrassades. La scène se passe au jardin du Luxembourg.

n'était pas seulement, comme on disait, un *coup d'épée dans l'eau* que sa malencontreuse Lettre, c'était pis par rapport à lui : comme il avait 77 ans et pas de lendemain, ses amis lui avaient fait faire, pour fin de carrière, une désastreuse campagne (1).

II.

J'aime mieux Malouet quand il ne fait pas de plan d'attaque et qu'il reste sur la défensive. On le voit ho-

---

(1) Lorsque Raynal mourut, il faisait partie de l'Institut national nouvellement créé, et dans la première séance générale qui se tint au Louvre en toute solennité le 15 germinal de l'an IV (4 avril 1796), Le Breton, secrétaire de la Classe des Sciences morales et politiques, lut sur lui une Notice dont Ginguené a parlé ainsi dans la *Décade :* « Ceux qui ont une connaissance exacte des secours qu'il avait eus pour la composition de son *Histoire philosophique et politique* ont trouvé que l'auteur de cette Notice traitait un peu trop problématiquement cette question assez importante, qu'il fallait peut-être résoudre avec une équité sévère. Peut-être aussi, en rendant justice, comme l'a fait l'auteur, aux vertus, aux bonnes actions (qui sont, selon son heureuse expression, le complément des bons ouvrages), à l'obligeance de Raynal, à cet amour généreux de la gloire qui lui avait fait élever à ses frais un monument aux fondateurs de la liberté helvétique, et fonder pour des prix dans cinq diverses Académies des rentes perpétuelles de douze cents livres; peut-être aussi ne fallait-il pas dissimuler le tort qu'il s'était donné en signant et laissant paraître avec son nom, sous l'Assemblée constituante, cette Lettre si déplacée, dont l'auteur est maintenant connu, et le fut même dès ce temps-là. Peut-être enfin n'était-il pas sans utilité pour la morale de remarquer qu'en souffrant dans cette occasion une sorte de flétrissure publique pour une production qui n'était pas de lui, Raynal avait en quelque sorte été puni d'avoir usurpé seul la gloire d'un grand ouvrage où il avait eu tant de collaborateurs. »

norable jusqu'au bout dans ses illusions ou demi-illusions d'homme de bien. Il n'était pas éloigné de croire, par exemple, que si la retraite de Louis XVI auprès de M. de Bouillé avait réussi, et que si le roi était redevenu libre à la tête de cette armée, lui, Malouet, aurait pu réussir comme porteur de paroles au nom de l'Assemblée, et de la part de la gauche modérée ; qu'il eût pu être le *fondé de pouvoirs* et le médiateur d'une conciliation constitutionnelle. Il ne table jamais assez dans ses raisonnements sur la faiblesse des uns, sur la passion et la déraison des autres. C'est au retour de ce voyage de Varennes qu'il reçut un de ces témoignages touchants qui se gravent dans le cœur comme la seule digne récompense du dévoûment désintéressé. S'étant présenté aux Tuileries, il y trouva la famille royale réunie et plus tranquille qu'il ne s'y attendait ; mais l'émotion de la reine et de Madame Élisabeth n'était que plus sensible si elles voyaient quelqu'un dont le dévoûment leur fût connu. Lorsque Malouet entra, la reine dit au jeune dauphin ; « Mon fils, connaissez-vous monsieur ? » — « Non, ma mère, » répondit l'enfant. — « C'est M. Malouet, reprit la reine, *n'oubliez jamais son nom.* » — Ce mot mérite de rester attaché au nom de Malouet dans l'histoire. Si quelqu'un de tout-puissant, mais d'inattentif, l'accusait un jour d'avoir « coopéré à la ruine de l'ancienne monarchie, » il n'aurait — et on n'aurait, — pour sa défense qu'à opposer ce mot mémorable : c'est le bouclier de diamant. La foudre elle-même s'y briserait (1).

Je pensais en disant cela à la lettre de Napoléon à M. Decrès,

Barnave, après le retour de Varennes, ne tarda pas à s'ouvrir à Malouet comme avait fait autrefois Mirabeau : Malouet, par position comme par caractère, devenait naturellement le confesseur des repentis. Cet épisode des *Mémoires*, sans rien apprendre de bien nouveau, est curieux et s'ajoute, pour le confirmer, à ce que l'on connaît de Barnave :

« Je savais, dit Malouet, où il en était vis-à-vis du roi ; je savais qu'il y avait de sa part conviction de ses erreurs, désir sincère de les réparer ; mais il ne convenait pas de paraître instruit de ses projets, s'il évitait de s'en expliquer avec moi. Il avait tout à craindre des jacobins, s'ils le devinaient ; je ne devais pas me montrer en intelligence avec lui, en supposant même qu'il me fît des avances : et il m'en fit. Il débuta par une déférence marquée pour mon opinion sur la question que nous traitions et qui était relative aux colonies. Comme on m'accordait en cette partie plus d'expérience et de lumières qu'aux députés étrangers à cette administration, on ne fut pas étonné des compliments de Barnave ; mais je compris ce qu'ils signifiaient, et je me prêtai volontiers à l'explication qu'il cherchait : il eut l'air, après la séance, de traiter particulièrement avec moi la même question, et nous restâmes seuls au comité.

« J'ai dû vous paraître bien jeune, me dit-il, mais je vous
« assure que j'ai beaucoup vieilli depuis quelques mois. » Je lui répondis qu'en effet je le croyais maintenant arrivé à la maturité de l'âge dont il lui restait la vigueur ; qu'il était temps d'en faire un bon usage, et qu'il en avait les moyens. Nous entrâmes aussitôt en matière. Voici ce qu'il me dit :
« Sauf une douzaine de députés tels que Pétion, Rewbell,
« Buzot, Robespierre, Dubois de Crancé, etc., tous les con-

ministre de la marine, datée de Moscou, 3 octobre 1812 ; je la donnerai tout à l'heure.

« stitutionnels ont le même désir que moi de terminer la Ré-
« volution et de rétablir l'autorité royale sur les plus larges
« bases. La révision des décrets nous en donnera les moyens,
« si le côté droit veut y prendre part sans humeur, sans en-
« flammer le côté gauche par une opposition absolue, si enfin
« vous voulez reconnaître franchement les points principaux
« de la Constitution. Nous élaguerons tout ce qu'il nous sera
« possible d'élaguer sans trop alarmer les démocrates. Mais
« que pensez-vous des projets du côté droit ? Que veut-il ?
« que fera-t-il ? »

Les intentions en étaient là ; mais Malouet ne dirigeait pas le côté droit, et Barnave lui-même ne gouvernait pas la gauche. Chapelier, qui, à l'exemple de Barnave, ne demandait pas mieux que d'entrer dans cette voie de transaction et qui en avait pris même l'engagement secret à la veille de l'ouverture des débats pour la révision de l'acte constitutionnel, fut le premier à y manquer quand on fut à la tribune ; il y manqua, parce qu'on n'est pas libre de rétrograder quand on marche en colonne, parce que la force des choses en ces moments domine les volontés particulières ; parce qu'il y a courant et torrent irrésistible au dedans des assemblées comme au dehors ; parce que les mêmes hommes ne peuvent pas jouer deux rôles opposés à quelques mois d'intervalle devant les mêmes hommes, devant les mêmes murailles ; parce que l'esprit même y consentant, la langue tourne et s'y refuse ; parce que les murs, à défaut des fronts, ont une pudeur ; parce qu'enfin les uns se lassant, d'autres tout frais et tout ardents succèdent, qui ne permettent pas ces petits compromis particuliers avant le complet déroulement des principes et l'entier épuisement des conséquences.

La Constituante close et dissoute sans réélection possible de ses membres, Malouet, « la tête épuisée de travaux, dit-il, et le cœur flétri, » assiste en spectateur du dehors à la Législative. Il publie le recueil de ses *Opinions et Discours*, ses *Lettres sur la Révolution*; il s'acquitte d'une dette de conscience et n'a pour le lendemain que les plus tristes présages. Souvent consulté par la Cour, il sait mieux que personne à quoi s'en tenir sur cette fluctuation d'idées à laquelle elle s'abandonne, sur cette suite de projets et de contre-projets éphémères. C'est ainsi que la page suivante a toute sa valeur, venant de lui; elle résume encore aujourd'hui avec exactitude ce que tant de publications récentes et de correspondances secrètes ont appris et démontré en détail : il vient de faire une revue générale des partis :

« ... Tel était alors l'état de la nation dont les représentants faibles ou corrompus avaient à régler les destinées; ils en étaient incapables. Le roi, la Cour, les royalistes ne l'étaient pas moins. Quelques mesures vigoureuses furent proposées : le roi les rejeta parce qu'il eût fallu s'allier aux constitutionnels, s'appuyer de la garde nationale et des départements. C'était mon opinion, et le roi, depuis son retour de Varennes, avait pris confiance en moi; mais la reine, en m'honorant de sa bienveillance et en ne doutant pas de la pureté de mon dévoûment, ne voulait rien tenter par les constitutionnels, quoiqu'elle fût en rapport et en négociation avec quelques-uns des principaux. Cette politique passionnée, qui a été constamment celle de tous les membres de la famille royale, n'a pas peu contribué à en accélérer la chute. La vertu même et le noble caractère de Madame Élisabeth ne la défendaient pas de cet aveuglement. Le roi seul eût été sincèrement disposé à suivre une marche plus raisonnable. La justesse de son esprit lui faisait apercevoir tout ce qu'exigeait sa position ; mais la faiblesse de son caractère ne lui permettait aucune mesure forte et décisive ; et la reine entretenait son indécision par l'exagération de ses espérances dans l'influence et les plans de l'empereur son frère et du roi de Prusse, quoique Louis XVI eût de l'inquiétude sur le résultat de leur intervention et beaucoup de répugnance à mêler les étrangers aux affaires de la France. Malheureux prince, dont les vertus et les défauts n'avaient rien de complet !... »

A un endroit précédent, à l'occasion d'un projet de translation de l'Assemblée hors de Versailles, avant les 5 et 6 octobre, projet très-avancé, mais auquel Louis XVI trouvait une sorte de honte à se soumettre, sans y substituer pourtant rien de mieux, Malouet, parlant de cette incapacité foncière de Louis XVI à prendre un parti, disait : « Il y a tel capitaine de grenadiers qui l'eût sauvé, lui et l'État, s'il l'avait laissé faire. » Oui, mais ce salut n'eût été que pour l'instant même ; il eût fallu recommencer le lendemain et tous les jours. Ce *capitaine de grenadiers* a manqué à Versailles, comme aux Tuileries, comme à Varennes : il aurait fallu qu'il fût de garde en permanence.

Un moment Malouet a la pensée de partir pour Saint-Domingue, où l'insurrection vient d'éclater, et où des intérêts de fortune l'appellent. Puis à défaut de Saint-Domingue, se voyant chaque jour menacé en France et en pure perte, il songe à passer en Angleterre.

Louis XVI, informé par M. de Montmorin, dit un mot de regret qui suffit pour le retenir. Malouet se décide donc à rester, quoique inutile et n'ayant prise sur aucune des trois personnes royales :

« Je n'étais pour eux qu'un serviteur fidèle, qu'ils ne pouvaient employer dans leur sens ni dans le mien. La reine et Madame Élisabeth étaient persuadés que j'étais dupe des constitutionnels, qu'ils redoutaient plus que les jacobins. Le roi, au contraire, aimait mes opinions politiques, il les partageait ; mais dans leur application il me trouvait trop tranchant, trop pressé de prendre un parti décisif ; il voulait user la démocratie ; il regardait le républicanisme comme une chimère qui ne pouvait durer ; la reine et Madame Élisabeth pensaient de même ; tous les rapports qui leur arrivaient des provinces annonçaient une amélioration sensible dans l'opinion publique !... »

La dose de constitutionnalisme qu'il mêlait toujours à ses conseils écartait Malouet de tous les projets et complots intimes, et on le laissait en dehors. A un moment il put se flatter d'avoir fait accepter de Louis XVI un plan de défense tout intérieur et sans complication de l'étranger. Le roi consentait à signifier aux princes ses frères « que, dans aucun cas, il n'approuvait ni ne permettait leur entrée en France avec les armées ennemies, soit qu'ils s'y réunissent comme auxiliaires, soit qu'ils se crussent en état d'agir en corps séparé. » Malouet proposa pour cette mission secrète auprès des princes son ami Mallet du Pan, qui voyait comme lui en politique : Mallet du Pan, après des retards, partit pour sa mission, muni d'instructions et d'un chiffre. Mais la famille royale jouait jeu double et jeu triple. Malouet ne cesse de nous le répéter sous toutes les formes :

« Ce récit, dit-il, m'oppresse encore en l'écrivant, et il fera le même effet sur ceux qui me liront. Ce n'est pas seulement la faiblesse du roi et son indécision qui l'ont perdu, c'est surtout une disposition malheureuse de son caractère qui le portait à une demi-confiance pour tous ceux de ses serviteurs qu'il estimait, mais jamais à une confiance entière pour aucun. Madame Élisabeth, qui avait plus d'esprit et de fermeté que son frère, participait à ce triste défaut; et, chose encore plus singulière, la reine, qui ne manquait ni d'esprit ni de décision, était sur ce point-là à l'unisson avec le roi et sa belle-sœur. Chacun d'eux avait ses demi-confidents, ses agents, ses négociateurs, qui ne pouvaient se concerter sur rien et devaient se contrarier souvent; mais ce qui est tout à fait inconcevable quand on connaît bien tout ce qu'il y avait de raison, d'instruction et de bons sentiments dans ces trois augustes personnes, c'est qu'à aucune époque de la Révolution ils n'aient demandé ni accepté un plan de conduite raisonnable, et pas même un plan de défense dans le dernier moment de péril; ou qu'ils aient laissé ignorer à ceux dont ils recherchaient et dont ils négligeaient les avis ce qu'ils voulaient substituer à telle ou telle proposition.. »

Cependant les événements de l'intérieur se précipitaient, et le 10 août éclata.

Malouet, plus que suspect, signalé depuis longtemps pour ses liaisons avec la Cour, dénoncé comme membre du comité autrichien, sortit de sa maison, rue d'Enfer, dans la nuit du 10 août, pour n'y plus rentrer. Après avoir traversé toutes sortes de périls, il put se rendre à Gennevilliers, chez Mme Coutard, une femme de ses amies. Au bout d'une quinzaine, il partit avec un passe-port sous un nom supposé ; il arriva sans accident à Boulogne (1), où il s'embarqua pour l'Angleterre.

III.

En mettant le pied sur la terre d'exil, Malouet ne sait pas se défendre des premières illusions du proscrit et de l'émigré : il croit que c'est pour peu de temps, et que l'excès du mal en amènera le remède. Il a la bonne foi d'en convenir et de nous conter lui-même l'espèce de roman qu'il se faisait dans les premiers mois pour un dénoûment à souhait. Il ne tarde pas à être détrompé. La réunion de la Convention et sa façon d'entrer en scène l'avertissent que le temps d'arrêt n'est pas si prochain. Le procès du roi lui rend l'énergie de la douleur. Aussitôt qu'il voit le premier décret qui le met en jugement, il court chez l'ambassadeur de France à Londres, M. de Chauvelin, pour lui demander un passe-port, son intention étant d'aller s'offrir à la Convention pour défendre Louis XVI. M. de

---

(1) Il dit à cet endroit de ses *Mémoires* : « A Boulogne, j'allai descendre hors la ville, dans la maison de campagne d'un de mes collègues, M. du Blaisel, qui me fit entrer la nuit dans sa voiture et me déposa dans une auberge, où il me recommanda. » Il s'agit bien en effet (et je n'en fais la remarque que parce qu'on a élevé une difficulté sur ce point) de M. du Blaisel du Rieu, qui avait été suppléant du duc de Villequier, député du Boulonnais aux États-généraux. M. du Blaisel avait dû siéger à l'Assemblée après l'émigration du duc de Villequier. La campagne du Rieu est sur la grande route de Boulogne, un peu avant le Pont-de-Briques.

Chauvelin ne veut pas prendre sur lui de lui expédier de passe-port, et Malouet écrit sur le bureau même de l'ambassadeur sa demande à la Convention, laquelle, en la recevant, passa à l'ordre du jour, non sans avoir ordonné que le nom du signataire fût inscrit sur la liste des émigrés. Mais cette demande généreuse est un des titres d'honneur de Malouet, et elle justifie le mot de Burke : « M. Malouet est le dernier qui ait veillé au chevet de la monarchie expirante. » — « Quel est ce M. Malouet, écrivait, à cette même date, miss Burney, qui a le singulier courage de s'offrir pour plaider la cause du monarque déchu, au milieu de ses féroces accusateurs ; et comment M. de Chauvelin se hasarde-t-il à transmettre une pareille demande (1) ? »

Le récit des *Mémoires* qui se rapporte à ce séjour de Malouet à Londres laisse à désirer : tous les papiers de ce temps ont été perdus ou détruits. M. le baron Malouet, qui n'a épargné aucun soin, aucune recherche, pour rendre la publication des *Mémoires* digne du nom qu'il porte, a reçu depuis peu, et trop tard pour en profiter, la communication de lettres écrites par son aïeul à Mallet du Pan, depuis le mois de mai 1792 et pendant les années d'exil. Ces lettres de Malouet prouvent encore moins pour la justesse de quelques-unes de ses prévisions que pour la droiture constante de ses vues et de ses vœux. Il ne cesse d'indiquer comme terme et solution de la crise révolutionnaire et de la lutte à main armée en Europe « une monarchie consti-

(1) Lettre de miss Burney à M. Phillips, du 27 novembre 1782 (*Diary and Letters of Mme d'Arblay*; Londres, 1843 t. V, p, 372).

tutionnelle en France; » mais il reconnaît en même temps tout ce qui en éloigne et en sépare.

Une négociation fort contentieuse l'occupa durant ces années et le sauva des ennuis de l'inaction. Les principaux propriétaires de Saint-Domingue, le voyant si bien accueilli de plusieurs membres du Cabinet anglais, lui confièrent leurs intérêts et lui donnèrent leurs pleins pouvoirs « pour solliciter auprès du Gouvernement anglais des moyens de protection contre l'insurrection des nègres, qui était notoirement suscitée par la Convention. » Le point délicat à traiter dans cette affaire, c'était, tout en demandant et en acceptant l'appui de l'Angleterre, de ne pas abjurer sa qualité de Français et de ne pas prétendre disposer de la souveraineté de l'île : il s'agissait donc de constituer une sorte de séquestre provisoire de la colonie sous la garde du Gouvernement anglais, en réservant la question de droit et de souveraineté jusqu'au prochain traité de paix qui interviendrait entre les deux nations. Les éclaircissements que donne Malouet ont pour objet de prouver que, dans la conduite de cette affaire, il sut toujours se montrer Français sans perdre l'estime des Anglais, et qu'en s'exposant sur le moment à des calomnies inévitables, il n'a jamais démérité de ses concitoyens. La démonstration paraît complète en effet.

Demeuré pendant l'émigration ce qu'il était auparavant, un *constitutionnel modéré*, Malouet, sans être précisément brouillé avec la plupart de ses compagnons d'exil, était en désaccord et en guerre habituelle avec eux. Dès qu'il vit un régime régulier établi en France et dès le temps même du Directoire, il ne craignit pas d'engager tous ceux qui avaient espoir et moyen de se rapatrier, surtout les jeunes gens, à faire les démarches nécessaires ; à plus forte raison le leur conseillait-il dès les premiers jours du Consulat. Chose singulière ! l'évêque d'Arras, M. de Gonzié, un des émigrés les plus entêtés et les plus intraitables, s'était arrogé de son autorité privée une sorte de droit de contrôle sur la petite colonie française, et la secrétairerie d'État à Londres n'accordait de passe-port aux émigrés qui en demandaient pour rentrer en France que sur la demande de ce prélat aussi ambitieux que vain et qui, ayant toute sa vie aspiré au ministère, se donnait ainsi la satisfaction de paraître une espèce de ministre *in partibus* des princes français. Malouet a là-dessus un délicieux petit récit qui fait la dernière page de ses *Mémoires*, et qui est un jour ouvert sur ce monde le plus pur de l'émigration ;

« MM. de La Tour du Pin et Gilbert de Voisins, nous dit-il, qui demandaient des passe-ports au ministère anglais, se virent renvoyés à l'évêque d'Arras. Ils ne le connaissaient pas ; ils s'adressèrent à moi. J'allai avec eux trouver l'évêque, et je me gardai bien de reconnaître le droit qu'il s'était attribué de mettre obstacle à la rentrée des émigrés en France. Je lui dis que ces messieurs, qui voulaient quitter Londres, avaient été aussi étonnés que moi d'apprendre dans les bureaux que son consentement était nécessaire pour cela ; que je n'imaginais pas qu'il se chargeât d'une telle responsabilité vis-à-vis des Français expatriés et même vis-à-vis du Gouvernement anglais, et que j'espérais qu'il démentirait cette imputation, qui le compromettrait si le Parlement en avait connaissance.

« L'évêque, sentant bien que sa prétention ne pouvait se soutenir dès qu'elle était contestée, se réduisit à déclamer contre ce découragement des émigrés, qui n'avaient pas la patience d'attendre la contre-révolution. — « Quelle différence
« cependant, nous disait-il, de rentrer dans votre pays en
« proscrits ou de rentrer triomphants ! Vous, monsieur
« Gilbert, vous renoncez donc à occuper au Parlement la
« charge de M. votre père ; car ce n'est pas d'un émigré apos-
« tat qu'on fera jamais un président à mortier. » — « Eh, mon
« Dieu ! lui dis-je, avant de songer à être président, il faut
« avoir du pain, et ce n'est pas en restant à Londres que ce
« jeune homme et sa famille pourront ressaisir quelques dé-
« bris de leur fortune. Veuillez donc bien, monsieur, déclarer
« que vous ne mettez aucune opposition à la rentrée en France
« de M. Gilbert. » Ce qui fut fait d'assez mauvaise humeur. Vint ensuite la demande de M. de La Tour du Pin. « Pour vous, » lui dit l'évêque, « vous pouvez nous être utile et fort utile à
« Paris. » — « Comment cela ? répliqua M. de la Tour du Pin ;
« j'aurai bien de la peine à m'être utile à moi-même. » —
« Je connais, dit l'évêque, vos liaisons avec l'évêque d'Au-
« tun. Vous pouvez lui parler, causer franchement avec lui ;
« lui porter, par exemple, une parole de moi, une propo-
« sition. » — « Et quelle parole, quelle proposition voulez-
« vous que je lui dise ? » — « Le voici : il faut le ramener à
« nous, il faut qu'il nous serve, qu'il engage Bonaparte à traiter avec les princes : nous le ferons connétable. »

« Je pris alors la parole : « Mais pour M. de Talleyrand,
« que ferez-vous ? » — « Certainement, je le servirai de tout
« mon cœur ; il me connaît, il sait que je suis incapable de
« lui manquer de parole. M. de La Tour du Pin peut lui dire
« que, si nous rentrons en France, véritablement il ne peut
« pas y rester ; mais je lui garantis un sauf-conduit pour
« aller vivre en tel pays étranger qui lui conviendra le
« mieux. »

« Voilà quels étaient, même en 1800 (car c'est l'époque de cette conversation), l'esprit, les projets, les combinaisons de ces messieurs. »

Et ces messieurs, s'ils vivaient, seraient toujours les mêmes.

Malouet revint en France en 1802. M. Decrès, ministre de la marine, lui fit offrir par M. de Vaines la préfecture de Santo-Domingo, lors de l'expédition du général Leclerc ; il n'était ni d'un âge ni d'un état de santé à accepter. Le ministre lui en voulut peut-être moins de ce refus que de certains bruits qui couraient parfois et qui semblaient désigner Malouet lui-même comme un ministre possible de la marine ; l'amitié du consul Lebrun pouvait le porter très-haut. Un jour que l'Empereur disait devant M. Decrès, et répondant sans doute à quelque objection : « Mais M. Malouet a bien des amis en France! » — « Oui, Sire, repartit le caustique et intéressé ministre, mais il en a encore plus en Angleterre. » De telles paroles distillées à propos dans le tuyau de l'oreille laissent leur impression durable, indélébile. — Nommé commissaire général de la marine à Anvers, puis préfet maritime, Malouet, pendant sept années, exécuta avec des moyens bornés de grandes choses, et dévora en secret plus d'une amertume (1). L'histoire de sa vie, en ces années de

(1) Dans un écrit, — malheureusement inachevé, — intitulé : *Détails sur mon dernier exil; causes probables,* Malouet nous met dans le secret de ses relations avec M. Decrès, homme d'esprit, mais malveillant et cynique : « Dès la troisième année (de ma gestion à Anvers), nous dit-il, les magasins, les cales, les principaux

l'Empire, est dévolue à son digne petit-fils, qui saura s'acquitter de cette pieuse tâche dans un esprit de vérité et avec mesure. Appelé au Conseil d'État en 1810, il s'en vit éloigné en octobre 1812, sur une lettre de

ateliers étaient terminés ; nous avions en construction sept vaisseaux de ligne, une frégate et deux corvettes. Les coques étaient faites; il était plus que temps de travailler à la mâture, et je n'avais pu obtenir de fonds pour faire un atelier de mâture. Mes plans, mes mémoires se succédaient inutilement : le ministre, lassé de mes importunités, me répond que les ouvriers peuvent fort bien travailler aux mâts en plein air, ce qui n'a lieu dans aucun port et est impraticable dans le climat froid et humide d'Anvers. Malgré cette lettre, je ne balance pas à faire faire un atelier. L'entrepreneur, sur ma parole, achète les matériaux et met la main à l'œuvre. A cette nouvelle, le ministre devient furieux et part pour Anvers, « *pour mettre ordre,* disait-il, *aux entreprises de M. Malouet.* » Un capitaine de vaisseau, qui était son aide de camp, arriva une heure avant lui et vint me prévenir que je trouverais le ministre fort irrité. — « Fort bien, lui dis-je, monsieur, il se calmera ; je suis fort aise qu'il vienne voir par lui-même ce que nous avons fait. » — Effectivement, ma première entrevue à son auberge fut très-froide : il ne me parla de rien, ni moi non plus, il était huit heures du soir : il me donna rendez-vous pour le lendemain matin à sept heures; il y arriva à cinq, je le laissai tout visiter sans paraître avant l'heure convenue; j'allai le trouver à sept heures juste : il avait fait sa tournée. Il vint au-devant de moi, il paraissait ravi. Cette création rapide de chantiers, de magasins, de vaisseaux, sur un terrain qui était deux ans auparavant un quartier de la ville couvert de maisons, ce spectacle auquel il aurait dû s'attendre, l'exalta au point qu'il me fit des compliments ridicules; car il me parla de la gloire que j'avais acquise en attachant mon nom à ce grand monument, et je ne voyais là rien de glorieux. Quand il en fut à l'atelier de la mâture, construit malgré ses ordres :
— « Vous avez bien fait, me dit-il, cela était indispensable. » — « Pourquoi donc, lui répondis-je, m'avez-vous écrit si rudement ? » Sa réplique fut : — « Quand je vous écris des lettres de ce ton-là, f.....-vous-en. » — « Je vous rends grâce de la permission, je pourrai

l'Empereur datée de Moscou. Les causes de cette disgrâce sont encore à découvrir, car un mémoire qu'il avait précédemment adressé sur des questions étrangères à la marine ne suffit point pour l'expliquer (1). La première Restauration trouva Malouet dans la re-

bien en user. » — Telle fut notre conférence dans l'arsenal, en présence des principaux officiers du port, et, dans les deux jours qu'il passa à Anvers, il fut très aimable; il m'accorda tout ce que je lui demandai pour mes subordonnés; mon état-major fut augmenté: il vint dîner chez moi, remarqua avec un air d'embarras la simplicité de mon ameublement qu'il avait réduit au moindre terme, en le fixant à 15,000 francs. Je ne lui demandai point d'augmentation, et il ne m'en proposa pas, non plus que de mon traitement qui était de 18,000 francs, tandis que les autres préfets maritimes avaient 24 et 30,000 francs d'appointements sans les gratifications; mais au moins je ne doutai pas que sa correspondance ne fût désormais plus honnête et que je ne me trouvasse plus à l'aise sur mes opérations. J'eus effectivement une trêve de chicanes et d'humeur pendant six mois, après quoi les refus sur toutes mes opérations, les reproches les plus mal fondés recommencèrent. »

(1) Voici cette lettre impériale qui est en partie une énigme:

« Moscou, 3 octobre 1812.

« Monsieur Decrès, j'ai jugé à propos d'accorder la retraite au conseiller d'État Malouet; vous en recevrez le décret et vous le lui notifierez; vous lui insinuerez également que mon intention est que, sous quinze jours, il ait choisi son domicile à quarante lieues de Paris. Vous ne lui laisserez pas ignorer que je suis mécontent de voir qu'après avoir coopéré à la ruine de l'ancienne monarchie, il continue, à son âge, par inconduite et folie d'esprit, à se mêler encore d'intrigues qui ne peuvent avoir aucun résultat, et qui montrent seulement que les hommes sont incorrigibles. Comment un homme qui a vécu si longtemps chez les Anglais, et à qui je dois supposer des relations très-étendues dans ce pays, au lieu de reconnaître tous les bienfaits dont je l'ai comblé, de prendre leçon de tout ce qu'il a vu depuis trente ans, au lieu de marcher droit, se mêle-t-il de pratiques et de menées qui ne le regardent pas? Il est

traite qu'il s'était choisie en Touraine. Louis XVIII le fit ministre de la marine ; mais les forces du fidèle serviteur étaient à bout, et Malouet mourait bien avant la fin de cette année 1814 (6 septembre). Il avait 74 ans. Sa mort excita un regret universel ; il était autant aimé qu'estimé. Un éloge funèbre de lui par Suard sort du ton des notices chronologiques ordinaires et fait honneur à tous deux. Je ne crois pas que la meilleure manière de servir la mémoire de Malouet soit d'exagérer ses mérites ni d'amplifier son influence, et encore moins de chercher auprès de lui une occasion banale de déclamer contre la Révolution ; mais il manquerait quelque chose à la connaissance de ces temps orageux, si on ne l'écoutait et si l'on ne tenait grand compte de son témoignage. Le père du duc de Crillon actuel avait coutume de dire à son fils : « Allez voir M. Malouet, c'est un homme qu'il faut avoir connu. » Je me contenterai de dire la même chose, et je répéterai à la jeunesse sérieuse : « Allez voir M. Malouet, vous le trouverez dans ses *Mémoires*. »

inutile qu'il m'écrive, mais il est indispensable qu'il s'éloigne de Paris.

« NAPOLÉON. »

On ne s'explique une mesure de cette rigueur que par quelque rapport de police sur Malouet, par quelque extrait d'une lettre privée de lui qui aura été interceptée ; mais, frappant un si sage et si honnête homme, cet acte du pouvoir absolu, empreint d'humeur et inexpliqué, est de nature à faire plus de tort devant l'histoire à celui qui en est l'auteur qu'à celui qui en a été victime.

Lundi 7 septembre 1868.

ŒUVRES INÉDITES

DE

F. DE LA MENNAIS

PUBLIÉES

PAR M. A. BLAIZE (1).

Ces Œuvres inédites, qui se composent en très grande partie de lettres de La Mennais, ont trop peu appelé l'attention. Je ne sais si d'autres articles m'ont échappé, mais je ne vois que M. Scherer qui ait accordé à ces deux volumes leur importance (2). Je le dis tout d'abord, ils sont peu agréables à lire; quoique très-essentiels pour la connaissance intime et profonde de La Mennais, ils n'offrent à première vue rien qui flatte,

(1) Deux volumes in-8°, 1866; chez Dentu, Palais-Royal.
(2) Il faut ajouter M. Xavier Eyma qui leur a consacré un long article dans le journal *la Liberté* du 19 janvier 1867.

rien qui réponde aux désirs de l'imagination. Si quelqu'un avait pu se figurer une enfance et une jeunesse de La Mennais orageuse, passionnée et romanesque dans le genre de celle de Chateaubriand, il en faut bien rabattre : avec quelques-uns des mêmes éléments au fond et plus d'un signe interne de la même race, tout y est triste au dehors, sans lueur aimable et sans éclair décevant. Mais l'originalité individuelle de La Mennais s'y marque de bonne heure tout entière, et quand on a vu s'accomplir toute la destinée de l'homme, ce tableau du commencement, publié le dernier, devient comme une justification frappante et un abrégé vivant qui contenait toute la suite.

M. Blaize, l'éditeur, neveu de La Mennais, a fait précéder cette publication de détails précis concernant la famille. Les Robert de La Mennais appartenaient à l'ancienne bourgeoisie de Saint-Malo. Le père, Pierre de La Mennais, négociant, avait mérité d'être anobli sur la demande même des États de Bretagne, réunis à Rennes en 1786. Les lettres de noblesse, délivrées à Versailles le 12 mai 1788, sont des plus honorables pour lui par les titres civiques qu'elles énumèrent. Pierre de La Mennais s'était signalé par ses services pendant la guerre d'Amérique et depuis, par le zèle et l'habileté de ses entreprises, en fournissant au port de Saint-Malo les matières requises pour la construction et l'armement des navires, en pourvoyant avec la plus grande diligence aux transports nécessaires à l'armée de Rochambeau, et enfin en faisant venir de l'étranger, dans les disettes de 1782 et de 1786, une quantité considérable de blés et de fourrages qu'il avait généreusement livrés au commissaire royal et fait vendre au-dessous du prix courant. Il eut de plus le mérite de ne se prévaloir jamais du titre de son anoblissement, ni des priviléges qui y étaient attachés. Félicité ou *Féli* de La Mennais fut le quatrième de six enfants ; il naquit le 16 juin 1782. Sa mère, qui avait du sang irlandais, était, dit-on, « une femme d'une haute raison, d'une instruction solide et d'une piété éclairée; » elle mourut quand il n'avait que cinq ans. Il n'en avait gardé, disait-il, que deux souvenirs : il se rappelait l'avoir vue réciter son chapelet et jouer du violon. On sait combien il était petit de taille, faible, vif, nerveux et grêle. Son père, absorbé par ses affaires, ne pouvait s'occuper de l'éducation de ses fils. L'aîné se fit marin ; celui des frères qui eut la plus grande influence sur La Mennais, l'abbé Jean, embrassa l'état ecclésiastique. Le jeune Féli fut surtout soigné dans son éducation première par un de ses oncles, Robert des Saudrais. Cette éducation toute domestique fut très-libre et sans contrainte. Il avait pourtant des heures qu'il devait donner au comptoir de son père. « Ce travail aride et assidu, nous dit M. Blaize, n'était guère de son goût. Le foyer paternel lui semblait froid et terne. Il a écrit cette boutade : « L'ennui naquit en famille, — une soirée d'hiver. » — Il avait dix-huit ans, plusieurs projets lui traversaient la tête. En attendant, il aimait la musique, il faisait sa partie de flûte dans les concerts de la Société philharmonique de Saint-Malo. Il se livrait ardemment à l'exercice de l'escrime, et, sans y être de la force d'un Aimé Martin, célébré encore tout récemment par Lamartine (1), il passait pour une bonne lame. En 1802 ou 1803, il eut un duel où il blessa légèrement son adversaire.

Béranger qui, à plus de trente ans de là, eut bien des confidences de La Mennais, a dit dans une lettre à un ami : « Vous avez bien jugé la nature de son esprit. Mais savez-vous que, avec ce petit corps, il a été jadis un vert-galant ; que c'est pour s'arracher aux plaisirs sensuels qu'il a endossé la soutane ? Savez-vous que cet extrait d'homme était un ferrailleur redoutable ? Et en effet, toute sa vie devait être une longue escrime... » Pendant un séjour à la campagne, dans un château près de Sézanne, en 1837, La Mennais, causant en toute liberté, se plaisait à revenir sur ses commencements, sur les souvenirs contrastés de sa jeunesse, et voici en quels termes le jeune précepteur des enfants de la maison a résumé l'impression vivante que lui avaient laissée ces entretiens :

« C'est le matin qu'il était le plus communicatif. Il nous racontait son origine bretonne et, par les femmes, quelque peu irlandaise, origine qui jette un certain jour sur la nature de son génie, son enfance presque sauvage, ses études solitaires au bord de la mer, sa passion pour le cheval, la chasse, les armes, et son audacieux défi à Surcouf, le fameux corsaire qui faisait trembler l'océan Indien : sa jeunesse opulente (?) d'abord, puis indigente à Paris, et sa retraite obscure dans le quartier de la Sorbonne, où, pendant un hiver

(1) Dans le CXLIX⁰ Entretien du *Cours familier de littérature*, page 331.

sans feu, grelottant dans son manteau, il écrivit le premier volume de l'*Essai,* qui le rendit bientôt si célèbre (1). »

Il y a toujours, dans ces souvenirs personnels, à faire la part de l'âme qui les reçoit et qui, sans les transformer, les colore et les grossit un peu en es réfléchissant. Le jeune auditeur de La Mennais a sans doute embelli légèrement les objets vus à distance : il les a poétisés. Le narrateur, en se les représentant à plaisir, se les poétisait aussi. Ce qui est certain, c'est que la Correspondance de La Mennais lui-même, contemporaine des choses de sa jeunesse, n'a pas cette vivacité de teinte; elle s'offre à nous assez terne et sans aucun charme.

Sa première fougue de tempérament passée, les livres devinrent bientôt sa passion principale et dominante. Il est à remarquer qu'il avait vingt-deux ans lorsqu'il fit sa première communion en 1804. Son frère était ordonné prêtre dans le même temps. La terre de La Chesnaie, à deux lieues de Dinan, leur étant échue à tous deux en héritage, ils s'y retirèrent vers la fin de 1805, et dans ce lieu sauvage, au milieu des bois, avec des landes, des champs à peine cultivés alentour, un étang encaissé entre des rochers et des arbres sécu-

(1) Voir un petit volume intitulé *Béranger et La Mennais, Correspondance, Entretiens et Souvenirs,* publié en 1861 par M. le pasteur Napoléon Peyrat. On y trouve des confidences fort directes et authentiques, recueillies avec beaucoup de sincérité par un témoin respectueux et impartial jusque dans son enthousiasme. Cet opuscule, si on le rapproche des deux volumes publiés par M. Blaize, en reçoit une confirmation piquante sur bien des points, et il le leur rend en vivacité : c'est un bon annexe à y joindre.

laires, dans une maison toute rustique, mais pourvue d'une bibliothèque nombreuse, la véritable éducation philosophique, théologique et littéraire de La Mennais commença. Son frère, nommé vicaire à Saint-Malo, y dirigea une école ecclésiastique qui eut bientôt maille à partir avec l'Université naissante, ce qui explique la première haine vigoureuse de La Mennais. Sous l'influence de l'abbé Jean, il reçut la tonsure le 16 mars 1809. On en avait fait mystère jusqu'au dernier moment à son père, qui paraît n'avoir pas été charmé de cette résolution, mais qui s'y résigna. Les lettres qu'on a de cette époque indiquent une veine de dévotion très-vive et assez mystique chez le jeune clerc. Cette joie intérieure est à remarquer chez lui, car elle est rare et elle dure peu. Il lisait les Lettres spirituelles de M. Olier, et il abonda quelque temps dans ces torrents d'onction et de douceur (octobre 1809). Puis, après des élancements de pur amour, on devine des interruptions et des éclipses de grâce, des infidélités même confessées sous forme obscure. La foi d'ailleurs ne paraît jamais avoir fait question dans son esprit durant ces années, même quand il adresse à son frère et à son guide des questions comme celle-ci :

« Sur la Géologie : — Que penser de ces couches superposées et formées de coquillages qui s'éloignent d'autant plus des espèces connues qu'ils sont plus éloignés de la surface du sol ? — Chronologie de l'Hébreu et des Septante : laquelle faut-il adopter ? — Création : peut-on se passer du système de De Luc, qui considère les six jours comme six époques indéterminées ? »

Sa correspondance d'alors donne l'idée d'une vie toute d'étude, de prière, à peine accidentée par quelques voyages de La Chesnaie à Saint-Malo, traversée par de courts et brusques éclairs de gaieté, assujettie d'ailleurs à bien des soins domestiques et de ménage, fort occupée dans un temps à la construction d'une chapelle à La Chesnaie; mais bientôt la maladie que vous appellerez, si vous le voulez, la maladie du génie, l'inquiétude vague, le mécontentement et la nausée du présent, qui sera l'état fondamental et constitutionnel de La Mennais, se dessine et se déclare, et pour ne plus cesser. Ainsi de La Chesnaie, en 1810, il écrit à son frère :

« Sécheresse, amertume, et paix crucifiante, voilà ce que j'éprouve, et je ne veux rien de plus; la souffrance est mon lit de repos. Quelquefois, surtout en lisant les relations des Missionnaires, je serais tenté de m'affliger de ma profonde nullité, qui m'ôte tout moyen d'être jamais utile à l'œuvre de Dieu. Je me sentirais, dans ces moments, un si grand désir de partager les travaux d'un si touchant apostolat ! Mais bientôt je fais réflexion que l'orgueil humilié et dépité a plus de part peut-être dans ces désirs inquiets que le véritable zèle : on est tourmenté de n'être rien, de n'être bon à rien; tout en s'avouant son incapacité, on en souffre; on se figure un état et des occupations auxquels on serait plus propre : quelle misère ! Eh ! pourquoi s'obstiner à vouloir rendre à Dieu des services qu'il ne veut pas recevoir de nous? Mais c'est qu'à tout prix et à toute force il faut nourrir cette vie secrète d'amour-propre qui languit dans l'obscurité et expire faute de pâture dans le vide du parfait anéantissement. Oh! que nous ne sommes rien ! s'écriait Bossuet; et à mon tour je m'écrierais volontiers : Oh! qu'il fait bon n'être rien !

La belle, la sainte vocation ! Mais qu'il est difficile d'y être fidèle !... »

C'est qu'en effet n'être rien n'est pas sa vocation ; ses facultés non occupées l'agitent, le dévorent, l'étouffent, lui causent un malaise indéfinissable ; le trop d'activité renfermée simule à ses yeux l'engourdissement et une sorte de paralysie morale ;

« (1810)... Dis-moi sincèrement ce que tu penses de moi. Je ne me connais plus. Depuis quelques mois je tombe dans un état d'affaissement incompréhensible. Rien ne me remue, rien ne m'intéresse, tout me dégoûte. Si je suis assis, il me faut faire un effort presque inouï pour me lever. La pensée me fatigue. Je ne sais sur quoi porter un reste de sensibilité qui s'éteint ; des désirs, je n'en ai plus ; j'ai usé la vie : c'est de tous les états le plus pénible, et de toutes les maladies la plus douloureuse comme la plus irrémédiable. »

Il croit avoir usé la vie, il ne l'a pas même commencée. Le plus clair, c'est qu'il n'est pas content de son sort. A peine a-t-il fait un pas dans la cléricature qu'il ne se sent aucun attrait à poursuivre, il exprime sous forme mystique et symbolique des fautes dont il s'accuse, et dont il est permis à chacun de soupçonner la nature :

« (La Chesnaie, 1810)... Je crois que le Seigneur m'éclaire, malgré ma profonde indignité ; je crois reconnaître au fond de mon âme quelques faibles rayons de cette lumière qui annonce sa présence et prépare à la goûter. Mon Dieu ! serait-il donc vrai que vous ne m'eussiez pas abandonné ? Je pourrais encore retourner à vous, et vous consentiriez à me recevoir encore ! Le prodigue de votre Évangile ne quitta qu'une fois la maison de son père, n'offensa ce bon père qu'une fois; après s'être assis au festin de réconciliation, il ne retourna point partager avec les pourceaux leur nourriture immonde : à moi seul était réservé ce comble de l'avilissement et de l'ingratitude. Que ferai-je cependant? Ah! il n'y a que vous, ô mon Dieu, qui puissiez m'inspirer ce que je dois faire. Aidez-moi à me reconnaître, pour m'aider ensuite à me changer. Tout est entre vos mains, le conseil et la force, la volonté et l'exécution. Je suis devant vous comme un effroyable néant de tout bien : il ne me reste qu'une timide et mourante espérance, et c'est encore, Seigneur, un de vos dons...

« La cause première de tous mes maux n'est pas, à beaucoup près, récente : j'en portais depuis plusieurs mois le germe dans cette mélancolie aride et sombre, dans ce noir dégoût de la vie, qui, s'emparant de mon âme peu à peu, finit par la remplir tout entière. Abandonné alors à une accablante apathie, totalement dépourvu d'idées, de sentiments et de ressorts, tout me devint à charge, la prière, l'oraison, tous les exercices de piété, et la lecture, et l'étude, et la retraite, et la société; je ne tenais plus à la vie que par le désir de la quitter, et mon cœur éteint ne trouvait une sorte de repos léthargique que dans la pensée du tombeau. »

Je sais tout ce qu'il faut rabattre de ces descriptions désolées où se complaît involontairement la plume qui s'y exerce, et qui s'essaye déjà à l'éloquence ou à la déclamation publique sans s'en douter; mais elles sont trop habituelles et trop opiniâtres chez La Mennais pour n'être pas significatives.

Ce sont presque les seuls endroits à noter à cette époque de la Correspondance. Son talent d'écrivain ne commence à se produire qu'en se niant soi-même, en se plaignant et se déplorant comme incapable et nul, comme atteint de mort et anéanti.

« (La Chesnaie, 1814)... Tout m'est bon, parce que tout m'est, ce me semble, également indifférent. La vue de ces champs qui se flétrissent, ces feuilles qui tombent, ce vent qui siffle ou qui murmure, n'apportent à mon esprit aucune pensée, à mon cœur aucun sentiment. Tout glisse sur un fond d'apathie stupide et amère. Cependant les jours passent, et les mois et les années emportent la vie dans leur fuite rapide. Au milieu de ce vaste océan des âges, quoi de mieux à faire que de se coucher, comme Ulysse, au fond de sa petite nacelle, la laissant errer au gré des flots, et attendant en paix le moment où ils se refermeront sur elle pour jamais? Je sais bien que c'est là de la philosophie humaine, mais tout n'est pas erreur dans la sagesse de l'homme, comme tout n'est pas folie dans sa raison...

« Il semble que le jour ne se lève que pour me convaincre de plus en plus de ma parfaite ineptie. Je ne saurais ni étudier, ni composer, ni agir, ni ne rien faire. Cette incapacité absolue me tranquillise un peu sur l'inutilité de ma vie; je ne puis enfouir ni faire valoir un talent que je n'ai point reçu. A quoi suis-je bon ? A souffrir : ce doit être ma façon de glorifier Dieu. Il ne faut pas gémir sur ce partage, il est encore assez beau... »

Il ne sait comment tirer son talent brut de sa gangue et le mettre en œuvre. Les sujets lui manquent, l'occasion est absente. Il ne s'inspire que de sa propre inaction; il rêve et languit sur place. Il est, toutes réserves faites, dans sa période d'Oberman.

Il est vrai que ces confidences ne vont qu'à l'abbé Jean ; quand il a affaire à d'autres, La Mennais se relève. Les lettres qu'on écrit, si sincère qu'on soit, varient de ton et s'accommodent selon le cœur et le goût des correspondants auxquels on les adresse. Il a des lettres fort belles à un de leurs amis, l'abbé Bruté, qui s'en était allé missionnaire apostolique en Amérique. En parlant à un apôtre, il trouve lui-même des paroles d'apôtre. Il n'est pas reconnaissable quand il est seul ou, ce qui est presque la même chose, en tête-à-tête avec son frère, et quand il a un véritable auditeur. Que sera-ce quand il aura tout un public ?

« La Chesnaie, 21 août 1811.

« Quoique nous ne recevions aucune de vos lettres, nous ne doutons pas, cher et toujours plus cher ami, que vous ne nous écriviez fréquemment ; mais le bon Dieu nous veut priver d'une consolation à laquelle nous serions peut-être trop sensibles. Il nous force de lever en haut les yeux, et de les attacher uniquement sur cette montagne qu'il nous faut gravir par des sentiers différents, mais aboutissant tous au même point, et qui elle-même nous fournit, dans l'abondance des eaux qu'elle fait couler de son sein fécond, tous les secours nécessaires pour parvenir à son sommet... Oh ! que tout ce qui nous touche si vivement, pauvres habitants des vallées, paraît petit, vil et misérable à ceux qui sont placés à cette hauteur ! Que de folie, que d'inanité, à leurs yeux, dans nos désirs, nos regrets, nos craintes, nos espérances, nos vaines joies et nos douleurs encore plus vaines ! Si la Providence nous sépare ici-bas, nous nous désolons comme l'enfant à qui un buisson a dérobé la vue de sa mère, et qui, tout effrayé de cette solitude d'un moment, se désespère comme s'il était éternellement abandonné. Faible chrétien, *sursum corda !* Attache à ton cœur les ailes de la foi aussi bien que celles de l'amour, afin qu'il s'envole, non plus au désert comme la colombe, mais à ce lieu élevé où est bâtie la maison de notre Père... »

Et dans le même temps il écrivait à l'abbé Jean, en retombant sur lui-même et en ayant tout à fait perdu de vue la sainte montagne :

« ... J'ai beaucoup souffert ces deux derniers jours. Quand je considère cette disposition toujours croissante à une mélancolie aride et sombre, l'avenir m'effraye ; de quelque côté que je tourne les yeux, je ne vois qu'un horizon menaçant ; de noires et pesantes nuées s'en détachent de temps en temps et dévastent tout sur leur passage ; il n'y a plus pour moi d'autre saison que la *saison des tempêtes...* »

Ici se trahit le contemporain et le compatriote de René ; et quand je parle de René et d'Oberman à propos de La Mennais, ce ne sont pas des influences qui se croisent ni des reflets qui lui arrivent de droite ou de gauche : c'est une sensibilité du même ordre qui se développe sur son propre fond, mais qui hésite encore, qui se cherche et n'a pas trouvé son accent ; c'est un autre puissant malade, enfant du siècle, qui, dans la crise qu'il traverse et avant de s'en dégager, accuse quelques-uns des mêmes symptômes et rencontre, pour les rendre, quelques expressions flottantes dans l'air et qui se font écho.

Sa tâche était alors très-ingrate. Il préparait lentement les matériaux de l'ouvrage qu'il faisait en commun avec son frère, la *Tradition de l'Église sur l'institution des Évêques;* il en amassait les textes et les mettait en ordre ou les compilait. Il n'y avait pas là de quoi captiver suffisamment son intérêt et occuper sa faculté d'éloquence.

Les événements du premier Empire ne se réfléchissent guère dans cette Correspondance que par le côté ecclésiastique, par la lutte contre l'Université au sujet du petit séminaire de Saint-Malo, et par la participation morale que prend La Mennais aux affaires générales de l'Église. Le Conseil national assemblé en 1811 et ce qui s'y passe lui arrachent des accents de sympathie ou de colère tels qu'on peut les attendre de lui (au tome Ier, page 108, et aussi page 113 : « *L'Église de France a une dure vieillesse...* ») (1). Il est purement ultramontain, comme l'on pense bien, et n'entend à aucune transaction politique. L'évêque de Nantes, Duvoisin, avec ses principes gallicans ou semi-gallicans, n'est pas plus son homme que ne le seront plus tard tous ceux qui chercheront une voie moyenne.

Le futur lutteur ne paraît pas se douter encore qu'il

(1) Ces passages sont beaux ; je ne pouvais que les indiquer en écrivant dans *le Moniteur,* ce n'était pas le lieu pour les citer. Ils méritent d'être donnés en entier et sont le plus éloquent commentaire de ce qu'a raconté de ce Concile national M. d'Haussonville au tome IV de *l'Église romaine sous le premier Empire* · « (La Chesnaie, 1811.) — Gratien arrive et me remet tes paquets. — Comme la Providence se joue des passions humaines et de la puissance de ces hommes qu'on appelle grands ! Il s'en est rencontré un qui a fait ployer sous lui le monde entier, et voilà que quelques pauvres évêques, en disant seulement : *Je ne puis,* brisent ce pouvoir qui prétendait tout briser et triomphent du triomphateur au milieu de sa capitale et dans le siège même de son orgueilleuse puissance ! Que cela est beau ! que cela est divin ! Qui est-ce qui, à ce spectacle, refuserait de croire à l'Église et à ses célestes promesses ? J'ai tremblé de tous mes membres en voyant Duvoisin s'interposer, lui et ses principes gallicans, entre le Pape, entre l'Église, entre le Concile et l'Empereur ; heureusement qu'on lui a dit : *Retirez-vous de là;* et c'est s'en tirer tristement. » — Et encore dans une lettre suivante : « Quel bouleversement ! quelle haine du bien dans ceux qui influent ! Quel présent et quel avenir ! L'Église de France a une dure vieillesse. Entourée d'enfants ingrats que son existence lasse et irrite, elle descend au tombeau en se voilant le visage, et il ne s'est trouvé personne qui essuyât ses derniers pleurs. »

sera bientôt lui-même au premier rang dans la lice. Confiné à La Chesnaie, il craint plus que tout, dit-il, le déplacement et les *aller et venir;* il se figure qu'il est fait pour se tenir coi dans un petit coin :

« Je n'aime guère à changer de place, et, à quelques petits tours près dans le jardin, mes jours comme mes nuits se passent dans la salle. Je n'ai pas mis le pied sur le Perron (*la chaussée de l'étang à la Chesnaie*) : c'est qu'il y a bien loin aussi ! J'étais né pour vivre et mourir dans une cellule, et encore des plus étroites : *in angulo cum libello.* La plus grande ou plutôt la seule incommodité de La Chesnaie est l'éloignement de la paroisse. »

Sous tous ces vœux de petitesse et d'humilité et à travers ces alternatives, il est clair qu'un combat se livre en lui ; est-il fait ou non pour le sacerdoce ? C'est la question qu'il roule et agite en son esprit durant ces années et qu'il mit bien du temps à résoudre. Il s'est arrêté au premier pas dans sa marche vers l'autel, et il ne peut se résoudre à avancer :

« (La Chesnaie, 1844)... Je souffre toujours et même beaucoup. Je suis habituellement dans l'état que les Anglais appellent *despondency*, où l'âme est sans ressort et comme accablée d'elle-même. Peut-être se relèverait-elle un peu si j'étais plus éclairé sur ma destinée. *Cette pauvre âme languit et s'épuise entre deux vocations incertaines qui l'attirent et la repoussent tour à tour.* Il n'y a point de martyre comme celui-là. Ce qui me plaît dans le parti pour lequel je m'étais décidé, c'est qu'il finirait tout, et qu'après l'avoir pris je ne vois pas quels sacrifices il resterait encore à faire : mais cela même n'est peut-être qu'une illusion et qu'un désir produit par un retour subtil de l'esprit de propriété et l'ennui de la souffrance. La croix qu'on porte est toujours celle qu'on ne voudrait point porter : toutes les autres nous paraissent légères de loin. On est fort contre les maux qu'on ne sent pas, et l'on se croit capable de soulever des montagnes, dans le temps même où l'on succombe sous un brin de paille. D'un autre côté, un désir constant, qui semble résister à tous les obstacles et triompher des répugnances naturelles les plus vives, n'offre-t-il pas un caractère de vocation digne au moins d'être examiné ? Toutes ces réflexions se mêlent, se croisent et se combattent dans mon pauvre esprit : je m'y perds, et je tâtonne dans des ténèbres profondes. »

On ne saurait être mieux initié que nous ne le sommes maintenant aux fluctuations et aux perplexités qui précédèrent, — et plus tard (on le verra) aux regrets, aux sombres amertumes qui suivirent incontinent cette fatale détermination au sacerdoce ; car c'est ainsi qu'on a acquis le droit de qualifier une vocation qui parut au monde si ardente, qui fut de tout temps si inquiète et qui se trouva en définitive si fragile.

On aura remarqué que le talent d'écrivain, sans qu'il y vise, lui est venu de lui-même chemin faisant : il y a déjà telle lettre qui pourrait se citer d'un bout à l'autre, notamment l'une de 1812, où il introduit un passage de Fénelon en se l'appliquant, et qui débute en ces termes :

« Je ne peux pas dire que je m'ennuie, je ne peux pas dire que je m'amuse, je ne peux pas dire que je sois oisif, je ne peux pas dire que je travaille. Ma vie se passe dans une sorte de milieu vague entre toutes ces choses, avec un penchant très-fort à une indolence d'esprit et de corps, triste, amère, fatigante plus qu'aucuns travaux, et néanmoins presque insurmontable. Quelquefois, dit Fénelon, la mort me consolerait. Certainement je ne veux pas profaner la mémoire d'un saint par une comparaison odieuse ; mais, avec toutes les différences et les modifications qu'on doit y mettre, je ne pourrais souvent mieux peindre mon état qu'en répétant ce qu'il disait de lui-même ; seulement il faudrait rembrunir un peu les couleurs. (Suit le passage de Fénelon, qui lui-même introduit une citation de saint Augustin.) »

Les années 1812, 1813, sont très-pauvres en correspondances ; sans doute nous n'avons pas tout ce qu'il a écrit. 1814 au contraire est fort riche. La Mennais, dès les premiers jours de la rentrée des Bourbons, vient à Paris, où il fait imprimer l'ouvrage sur la *Tradition de l'Église*; il songe surtout à y fonder quelque feuille ecclésiastique : le polémiste se déclare, et il voudrait attirer dans cette nouvelle sphère d'action son frère l'abbé Jean, cet autre lui-même. Il emploie pour le déterminer les arguments les plus pressants, les plus fraternels : l'abbé Jean se croyant engagé envers l'évêque de Saint-Brieuc ; pur Breton, prêtre dévoué, tout d'application et de pratique, son horizon d'ailleurs était circonscrit et sa voie toute tracée ; il avait en vue mainte œuvre locale à entreprendre ou à poursuivre. La Mennais a mis à peine le pied sur la grande scène, qu'il conçoit l'idée d'un rôle bien différent, d'une action publique à exercer sur l'opinion, et il essaye d'y associer son aîné. Il y avait entre les deux frères, alors si unis en apparence, un malentendu secret qui les séparait à leur insu et qui allait grandir et grossir de plus en plus et démesurément : ce malentendu, c'était le génie d'écrivain et la gloire, pour lesquels l'un était fait et pas l'autre. La Mennais, sans s'en rendre compte, ne pouvait échapper à la tentation. En obéissant au démon intérieur, il s'efforce donc d'entraîner son frère, de le déraciner de sa Bretagne; il cherche les raisons les plus émouvantes; il lui demande si, antérieurement à tout autre engagement, il n'est pas lié envers lui, son enfant d'adoption, son frère à la fois selon le sang et selon l'esprit :

« Quand tu es allé t'établir à Saint-Brieuc, n'espérions-nous pas nous y réunir? Qui t'a empêché de te lier à ce diocèse, si ce n'est la liberté que tu voulais te réserver de le quitter en cas que les événements m'appelassent ailleurs ? Au fond, ne nous devons-nous pas plus mutuellement que nous ne nous devons à qui que ce soit? Pourquoi donc sacrifierions-nous cette sorte de devoir réciproque et tout ensemble notre bonheur à des considérations étrangères? Il y a partout du bien à faire, et ici plus que nulle part... »

Et enfin il lâche le grand argument, plus vrai que lui-même ne le croyait, et que toute la suite de sa vie n'a que trop vérifié :

« J'ajoute un motif d'un grand poids : *j'ai besoin de quelqu'un qui me dirige,* qui me soutienne, qui me relève; de quelqu'un qui me connaisse et à qui je puisse dire absolument tout. A cela peut-être est attaché mon salut. Pèse cette dernière considération. » (Lettre du 30 avril 1814.)

Ce mot donne la clef de La Mennais ; il a besoin d'un guide ! Ceux qui le prirent à un certain moment pour un maître et pour un guide lui-même se sont bien trompés : ce guide était homme à les mener loin en effet et à les entraîner de bon cœur, mais à les planter là aussi, un jour ou l'autre, au beau milieu du chemin. — *J'ai besoin de quelqu'un qui me dirige :* ce *quelqu'un,* il ne s'agit aujourd'hui, quand on étudie la vie de La Mennais, que de savoir le trouver et l'indiquer aux divers moments ; ce *quelqu'un* ce fut l'abbé Jean d'abord, ce fut ensuite l'abbé Carron, qui, joint à l'abbé Jean, lui fit violence et le décida, quoi qu'il lui en coûtât extrêmement, à recevoir les ordres sacrés à la fin de 1815 et dans le carême de 1816. Quand il échappa peu à peu à ces premières influences, La Mennais en chercha d'autres ; il en rencontra une fort douce et insinuante en l'abbé Gerbet, avec qui la part de correspondance contenue dans ces volumes est je ne sais pourquoi masquée sous la suscription *à l'abbé X.* Quand il fit volte-face et qu'il changea subitement de sentiments et de parti, il erra au hasard d'abord, de manière à faire peine et pitié même à quelques-uns de ceux dont il se trouvait devenu l'allié et qui admiraient le plus sa vigueur et sa portée d'intelligence. Un jour on le voyait au bras de Jean Reynaud, un autre jour c'était au bras de Charles Didier. Quand il fonda le journal *le Monde* avec ce même Charles Didier, George Sand et Liszt, on eut un curieux spectacle : c'étaient assurément tous nobles esprits ou talents, pris chacun en soi et individuellement ; mais l'alliance, il faut en convenir, était étrange. Ce trio surtout de noms marquants, Liszt et Sand, La Mennais en tête, faisant la chaîne, avait de quoi renverser. Ce *pas de trois* dansé en public de l'air le plus sérieux avait du bouffon. Charles Didier, roide et guindé, flatté du rôle, s'était fait en ce temps-là son cornac et introducteur d'office dans ce monde nouveau où il se lançait : on ne les voyait plus l'un sans l'autre. La Mennais, certes, aurait pu trouver pis. Mais Béranger, qui aurait pu prétendre aussi à sa part de direction, appréciait mieux que personne la situation délicate et la disposition d'esprit de son nouvel ami quand il écrivait (8 février 1837) :

« ... Il veut se mettre à la tête d'un journal, et je crains d'arriver trop tard pour lui éviter cette folie. Il m'a compris relativement à ses rapports avec Liszt et G. Sand ; mais je crains bien que, facile et bon comme il est, il ne tombe de Charybde en Scylla. C'est la meilleure pâte de petit homme qui soit au monde ; mais le voilà sans carte et sans boussole, et rien ne garantit qu'il n'échouera pas au premier écueil. Cet homme avait besoin d'une route toute tracée d'avance. Hors du catholicisme, — car il en est sorti, — il n'a pas ce qu'il faut pour s'orienter. J'ai fait œuvre de charité, moi philosophe, d'essayer de lui indiquer son chemin ; mais je crains bien qu'il ne m'en sache pas très-bon gré. C'est pourtant par l'attachement qu'il m'inspire que je me suis laissé entraîner à le morigéner. »

Rapprocher ainsi ces témoignages à la fois distants et convergents, c'est faire toucher du doigt les points et les nœuds essentiels. Dans la singulière courbe excentrique décrite par La Mennais tout est d'accord aujourd'hui, tout se rapporte (pour le caractère du moins), tout s'explique.

Revenons en arrière, à cette année 1814 que La Mennais passa en grande partie à Paris, mais auparavant résumons encore une fois l'impression de notre lecture sur cette période antérieure, sur les sept années de La Chesnaie. Je le répète, ce qui frappe dans cette première vie de La Mennais, c'est combien elle est confinée, monotone, sans relations variées, tout ecclésiastique. Le monde extérieur, celui de l'Empire et des guerres brillantes, celui de l'administration à tous les degrés et des affaires, le monde de l'industrie et des arts, celui des beaux-arts, le monde des lettres et de la philosophie humaine, le monde proprement dit, celui de l'élégance et des plaisirs, rien n'y pénètre, rien n'y passe, même à la traverse. Le monde ! il aura beau jeu bientôt à le maudire ; la société ! il sera à son aise pour s'en faire un monstre : il ne les connaît pas, il les ignore. Ce n'est pas connaître le monde, en effet, que de vivre jusqu'à l'âge de trente-deux ans au fond d'une campagne, n'ayant qu'un seul ordre étroit et sévère de rapports et d'intérêts moraux, de n'avoir jamais observé la société moderne dans l'infinie variété de ses conditions, de ses opinions, de ne s'être pas accoutumé de bonne heure à considérer de plain-pied les hommes nos semblables dans la diversité de leurs goûts, de leurs aptitudes, de leurs talents et de leurs mérites, dans les directions multipliées de leur zèle et de leur ardeur, dans leur indifférence même, qui serait bien souvent de la sagesse si elle était plus réfléchie. A cette école de la vie, s'il y avait été mêlé à temps et dans l'âge où l'on se forme, La Mennais aurait-il appris la tolérance, l'indulgence ? Dans tous les cas, il y aurait sans doute aiguisé encore et surtout poli son talent, il aurait appris à le varier (ce dont il ne s'avisa que trop tard). Il y aurait quelque peu émoussé le tranchant de son orgueil ; l'orgueil, a dit

Platon, est le compagnon de la solitude. Il aurait désappris la monotonie de l'invective. En voyant les fautes et les défauts des meilleurs et par où pèchent les forts, il aurait été averti de ne pas mépriser tout à fait la médiocrité elle-même. Au lieu de cela, en dehors de l'étude et d'une lecture assez étendue, mais toute sérieuse, La Mennais jeune n'a que des relations et des préoccupations d'un ordre unique : une guerre, à Saint-Malo, du petit séminaire contre l'Université, Saint-Sulpice à l'horizon pour toute capitale, et deux ou trois amis avec qui il correspond sur les mêmes objets élevés, mais toujours pris d'un seul point de vue; rien d'ailleurs qui vienne renouveler l'esprit et lui offrir une variété d'aliments. S'étonnera-t-on ensuite de ses naïvetés, de ses crédulités en cheveux gris et de ses colères? Les années d'apprentissage, dans la saison utile, lui ont entièrement fait défaut. Son étude elle-même, dans sa direction habituelle, est presque toute tournée à la théologie, aux citations des Pères : à peine Virgile et Horace se laissent-ils quelquefois deviner à travers cette sombre culture; M. de La Mennais lisait le latin, mais il était peu capable de l'écrire; il l'avait appris solitairement et ne s'était formé à aucun des exercices qui, ne fussent-ils bons à autre chose, disposent du moins à apprécier, à goûter avec justesse la belle fleur de l'antiquité (1). Les essais d'écolier qu'a publiés de lui

(1) Dans les *Souvenirs* de M. le pasteur N. Peyrat, alors précepteur dans une famille dont La Mennais était l'hôte, je lis : « M. de La Mennais s'intéressait à nos études; il fit traduire à mon élève dix vers du sixième livre de l'*Énéide*. Rien de plus médiocre que

M. Blaize donnent une pauvre idée du goût et de la méthode qui présidaient à son instruction. Il dut n'arriver qu'à une connaissance en gros des langues anciennes et à des à-peu-près. A la manière dont il citera plus tard les poëtes, Lucrèce ou Horace (1), on voit qu'il se souciait assez peu de la prosodie. Il savait le grec très-mal et n'avait eu pour guide que Gail, et encore par correspondance. Il avait ses raisons pour penser et dire, comme il fit dans la suite : « Trop de littérature efféminine l'esprit, qui finit par mourir phthisique. » Il n'eut guère jamais que la littérature nécessaire, celle qui lui servait d'arme et d'argument, non pas celle qui est agrément, douceur, oubli, passe-temps et délices. Quant aux passions naturelles à la jeunesse, il se les interdit de bonne heure et les supprima; si l'on essaye de regarder de ce côté, on entre-

---

son corrigé. Il était évidemment aussi incapable de rendre Virgile que Rousseau de reproduire Tacite. Le génie ne traduit pas, M. de La Mennais savait fort mal le latin et attribuait la complète incapacité où il était d'écrire dans cette langue à l'étude qu'il en avait faite solitairement. En cela, il était fort inférieur aux grands docteurs gallicans, les Arnauld, les Bossuet, les Fénelon. » — *Gallicans*, c'est-à-dire de l'Église de France ; autrement Fénelon n'est pas gallican.

(1) Dans une lettre du 15 octobre 1814 :

O rus, quando ego te aspiciam, *quando* licebit!

Et dans une lettre du 28 octobre, même année :

O vanæ hominum mentes! o pectora cæca!

Et encore, lettre du 18 juillet 1814 : « Je t'écris, *stante pede in uno*. » Il est vrai que cela se raccommode un peu dans une lettre du 6 avril 1817.

voit qu'il en a senti seulement la violence et l'âpreté, non la tendresse. C'est donc vainement qu'on chercherait chez lui dans toutes ces années, de 1806 à 1814, la trace de quelque chose d'aimable sous sa plume. Il passe son temps à se dévorer lui-même et à forger des armes de controverse.

On a beaucoup dit qu'il y avait un poëte dans La Mennais. Béranger, quand il se trouvait avec lui en compagnie, se plaisait à lui en donner l'honneur et à le dénoncer pour tel. « Nous ne sommes pas ce qu'on se figure, disait-il gaiement : de nous deux, c'est lui qui est le poëte; moi je ne suis qu'un homme de bon sens (1). » C'était une malice et un joli mot. Le poëte, durant toute la jeunesse de La Mennais, ne se montre pas; il nous présente de son état intérieur des analyses expressives : il ne trouve de lui-même ni tableau ni couleurs. Ce qu'il était surtout, ce qu'il allait être d'abord et toujours, c'était un prophète de tristesse et de malheur, un tribun sacré en face d'une société profane, un accusateur public devant une société ennemie, un déclamateur éloquent et passionné, un orateur-écrivain. Cet écrivain, qui se faisait pressentir en bien des lettres antérieures datées de La Chesnaie, se prononce nettement et avec vivacité dans toutes celles qu'il adresse de Paris à son frère en 1814. Le fruit, déjà formé et mûri à l'ombre, n'attendait que ce

(1) Béranger dit notamment le mot au prince Napoléon qu'il rencontrait chez La Mennais (La Mennais donnait en 1847 des leçons de philosophie au prince) : « Voilà de nous deux le poëte; moi, je n'ai qu'un peu de bon sens. »

21.

coup de soleil pour se dorer. Le premier contact avec un monde plus varié a révélé au solitaire ses aspirations puissantes, irrésistibles ; il ne se borne plus à se considérer lui-même comme à La Chesnaie, il se compare : il a conscience de ce qu'il peut désormais, il osera. « J'ai peu de talent, écrit-il (26 octobre 1814), et pourtant en regardant dans ma tête il me semble qu'il y a là quelque chose qui ne demande qu'à sortir. » Les événements politiques pourront encore retarder La Mennais un ou deux ans ; l'écrivain dès lors se sentait prêt, en mesure et de force pour le combat.

Lundi 14 septembre 1868.

ŒUVRES INÉDITES

DE

F. DE LA MENNAIS

PUBLIÉES

PAR M. A. BLAIZE.

(SUITE ET FIN.)

―――

I.

La Mennais en 1814 commence à donner son avis par lettres sur les choses publiques, et pour débuter, il trouve que tout va au plus mal. S'il n'avait jamais plus faussement pronostiqué, on ne saurait l'en blâmer. La première Restauration dans sa courte durée ne fit que fautes sur fautes. C'est pourtant du point de vue ecclésiastique exclusivement que La Mennais juge les affaires, et il est douteux que, si ses idées eussent été suivies, le régime politique d'alors s'en fût mieux trouvé : il n'eût excité qu'un peu plus d'animadversion et de colères. La Mennais se déclare contre ceux qu'il appelle « les jacobins ecclésiastiques, » et par ce nom il désigne tous ceux qui participent plus ou moins au gallicanisme, et qui ne sont pas pour la doctrine absolue de l'infaillibilité. Il semble approuver complétement une brochure de M. de Bonald, *de la Royauté en France,* laquelle ne concluait à rien moins qu'au rétablissement de l'ancien régime autant que faire se pouvait :

« Point de Constitution écrite, point de Chambres, le rétablissement des Parlements tels qu'ils existaient autrefois, sans quoi la France tombera rapidement au dernier degré de la faiblesse et du malheur et sera, avant un siècle, le théâtre d'une nouvelle révolution, semblable à la révolution d'Angleterre de 1688. La prophétie est claire, Dieu nous préserve de l'accomplissement ! »

La Mennais, il est vrai, paraît se prononcer dès lors ouvertement pour la liberté de la presse, et il raille d'une manière fort piquante les projets élaborés par l'abbé de Montesquiou. Sa lettre à ce sujet, écrite à la date du 7 juillet 1814 et qui commence par ces mots : « Je viens de lire le projet de loi *napoléonienne…,* » est mémorable. Elle était déjà en grande partie connue, et par moi-même ; lorsqu'en 1832, il n'y a pas moins de trente-six ans, j'écrivis pour la première fois un morceau développé sur M. de La Mennais, son frère l'abbé Jean voulut bien me faire remettre des notes pour me donner les moyens de n'être pas trop inexact, et il m'envoya précisément copie de cette lettre qui porte un cachet d'absolu libéralisme (1). C'était en effet avec quelques anneaux ainsi choisis à distance, et en omettant bien des intermédiaires, que l'on pouvait parvenir, moyennant un peu de bonne volonté, à établir une espèce de chaîne continue dans la doctrine déjà si disparate et à travers la carrière déjà si accidentée de M. de La Mennais ; mais depuis lors la chaîne s'est rompue à trop d'endroits pour qu'on essaye, par aucun artifice, d'en ressouder les fragments et d'en rejoindre les bouts. Je rappellerai seulement deux ou trois traits de cette lettre :

« N'as-tu pas admiré, dans le discours de M. de Montesquiou, comme quoi les Français ont trop d'esprit pour avoir besoin de dire ce qu'ils pensent ? Quelle ineptie et quelle impudence !...

« Heureux celui qui vit de ses revenus, qui n'éprouve d'autre besoin que celui de digérer et de dormir, et savoure toute vérité dans le pâté de Reims, que nul n'oserait censurer en sa présence ! J'ai bien peur que l'heureuse révolution ne se borne à l'échange d'un despotisme fort contre un despotisme faible. Si mes craintes se réalisent, mon parti est pris, et je quitte la France en secouant la poussière de mes pieds. »

Dès l'entrée du jeu, il est près de perdre patience, et l'on n'est pas à la fin du premier acte qu'il menace déjà de sortir. Il y a d'ailleurs de jolis passages et qui ne sont pas sans gaieté. La Mennais, au milieu de ses humeurs noires, avait ainsi tout à coup des accès et

(1) *Portraits contemporains*, édit. de 1869, au tome I, page 214.

comme des quintes (1) de gaieté; après quoi il rentrait dans les tons sombres:

« (6 juillet 1814)... Ces bons Parisiens sont plaisants à voir dans le frisson de cette fièvre de peur qui semble leur être naturelle et dont ils ne guériront pas plus que moi de ma fièvre nerveuse. Si jamais j'en ai le temps, je ferai en leur faveur un livre sur *l'importance des opinions délicates* (2), ce qui sera un très-beau sujet et très-divertissant, pour peu qu'il soit traité délicatement. »

Il raille agréablement le Conseil ecclésiastique, car ce sont encore les gens de sa robe qu'il épargne le moins :

« Selon ce que j'entends dire, il n'y a pas un homme de tête dans le Conseil ecclésiastique, pas un homme solidement instruit. Ils se tourmentent pour faire quelque chose, et ne sauraient en venir à bout. *Ce sont des chevaux suspendus qui galopent en l'air sans avancer.* L'abbé Brelucque et l'abbé Perrot ne partagent point, etc. »

Et il entre dans le détail des personnes, tout prompt d'ailleurs, selon sa coutume, à tirer des conclusions excessives : « Quiconque voudra faire interdire le

---

(1) De vraies *quintes*. — Il racontait que, sous la Restauration, étant allé un soir assister chez le vicomte Sosthène de La Rochefoucauld à je ne sais quelle séance de ce qu'on appelait la Congrégation, il y avait entendu tant de sottises qu'il n'y put tenir, et en sortant il fut pris d'un fou rire à se tenir les côtes, tellement qu'il avait dû s'asseoir sur un de ces bancs de pierre comme il y en avait alors dans le faubourg Saint-Germain à la porte des hôtels, jusqu'à ce qu'il eût fini de rire tout son soûl.

(2) Allusion au livre de M. Necker, *De l'Importance des Opinions religieuses.*

genre humain, ne manquera pas de témoins qui déposeront de sa démence. » Et c'est l'homme qui tout à l'heure va soutenir théoriquement dans un gros livre la doctrine du sens commun universel ! Mais avec ces esprits emportés et mobiles, qui sont toujours à l'extrémité de leur expression ou de leur pensée, rien ne nous étonne; on n'en est jamais à une contradiction près.

Il porte sur les Jésuites un jugement qui est l'exact contre-pied de tout ce qu'il dira plus tard contre eux dans *les Affaires de Rome* et ailleurs :

« (23 juillet 1814)... J'ai dîné avec cinq Pères de la Foi, qui vont faire leur noviciat à la Visitation. Il n'y a que les Jésuites qui puissent renouveler la religion en France. Le roi le sait, dit-on; mais le roi est faible. Il vaut encore mieux cependant que ce qui l'entoure. »

Il a conscience dès lors de son incompatibilité, s'il fonde quelque chose, et du rôle qu'il doit tenir et qui ne peut être celui d'auxiliaire et de second :

« Si nous faisons un ouvrage périodique, je suis convaincu qu'il faut que nous en soyons absolument les maîtres, et par conséquent les seuls rédacteurs. »

On voit donc qu'avec des idées toutes contraires il a déjà le même caractère qu'il conservera jusqu'à la fin : c'est qu'on peut changer ses opinions et les retourner du tout au tout, on ne change pas son caractère.

Il flotte de projets en projets : tantôt il voudrait attirer son frère à Paris pour y fonder en commun avec lui quelque journal ou revue ; tantôt il rêve de se retirer avec lui à La Chesnaie, et là de se livrer uniquement à la composition d'une *Histoire ecclésiastique* dont il a le plan en tête, « ouvrage de toute une vie ; » tantôt il n'ambitionne que de finir un autre ouvrage projeté ou même commencé, l'*Esprit du Christianisme :*

« Ce serait un bel ouvrage, écrit-il de Paris (5 novembre 1844). Ce que j'aimerais mieux encore pourtant, ce serait de me retirer dans un monastère. On les rétablit à Rome, et ces asiles semblent faits pour moi. Je suis las du monde et de la vie ; plus je vais, plus je m'en dégoûte. Je n'aurai de paix que quand je pourrai dire : *Aufugi fugiens, et mansi in solitudine.* »

En attendant qu'il réalise son rêve de solitude, il est tellement violent et injurieux pour le clergé de son temps, qu'on ne saurait le citer avec convenance. Il voit partout autour de lui une race *dégradée,* des têtes *en délire.* Son *monstrum horrendum* continue d'être l'Université. Sa misanthropie est absolue, ses jugements hors de mesure. Il est vrai que son livre de la *Tradition,* qui vient de paraître, ne trouve pas d'acheteurs :

« (Paris, 22 octobre 1844)... Il n'y a qu'une voix sur la *Tradition ;* tout le monde loue et personne n'achète. Je ne crois pas que Girard en ait vendu 180 exemplaires. Le temps approche où il faudra fonder un nouvel Ordre de Frères ignorantins pour enseigner aux prêtres, voire aux évêques, leur *Credo.* Je ne me mettrai pas de cet Ordre-là, j'aurais affaire à de trop dures têtes. »

« (19 février 1845)... Je n'ai courage à rien, le siècle est trop sot. Et puis une nouvelle culbute me paraît tellement inévitable, qu'il me paraît plus prudent de faire son paquet que de faire des livres. »

Il était retourné à La Chesnaie au moment où il parlait ainsi, et il ne faisait pas plus grâce aux gens du pays qu'à ceux de Paris :

« Je n'ai encore vu, Dieu merci, personne, si ce n'est un lièvre pour qui j'ai conservé beaucoup d'estime, car il s'en alla dès qu'il m'aperçut, sans chercher à entrer en conversation. C'est peut-être la plus raisonnable bête de tout le pays. »

Puis, sautant d'une idée à l'autre :

« La tranquillité dont on jouit ici est l'image la plus ressemblante du bonheur : on voit qu'elle est de la famille. L'âme s'endort au milieu de ces bois tristes, sombres et silencieux. Elle jouit de son inaction, comme le corps jouit du sommeil. Il y a bien du plaisir à penser qu'on ne pense point. Si pourtant, je pense à toi (*il écrit à l'abbé Jean*), et bien souvent, et bien tendrement. »

Il est juste dans tout cela de faire la part de la boutade, quand on écrit librement et à bride abattue. — Il ne prédisait pas si mal en un sens : la première Restauration avait accumulé en peu d'espace trop de sottises pour durer. Le 20 mars éclata. La Mennais, qui est l'homme des brusques résolutions, dont la tête se monte vite (et elle se monterait à moins), qui se voit déjà en idée enveloppé et compris dans la catastrophe, écrit de Saint-Malo à son frère, le 1er avril 1815 :

« Je t'annonce, mon cher Jean, une nouvelle qui te surprendra peut-être ; lorsque tu recevras cette lettre, je serai parti pour les colonies. Il m'a semblé que, dans les circonstances présentes, l'auteur de la *Tradition* ne pouvait sagement demeurer en France. Comme j'ignore combien de temps durera mon absence, j'ai pris le parti de vendre à Ange (1) tout ce que je possède, afin d'emporter de quoi vivre. J'ai mieux aimé lui vendre qu'à un autre, afin que mon bien ne sortît pas de la famille. Je serai obligé de passer par l'Angleterre, n'y ayant point ici de navire prêt à partir pour nos colonies... »

La Mennais se croyait assurément plus compromis par son livre de la *Tradition* qu'il ne l'était. Dans sa soif anticipée de persécution et de martyre, il s'exagérait l'attention dont il était l'objet. S'il était resté à La Chesnaie, personne ne lui en eût rien dit : Fouché avait pour lors d'autre gibier en tête. Quoi qu'il en soit, en quittant la France, La Mennais ne partit point pour les colonies et se contenta de passer les Cent-Jours à Londres. Il y connut un vénérable prêtre breton, autrefois déporté, qui y avait passé les longues années de l'émigration à faire le bien, à fonder des établissements utiles, et qui, rentré en France seulement en 1814, venait, sous le coup du 20 mars, de repartir lui-même pour l'exil. Dans les dispositions morales où était La Mennais quand il aborda l'abbé Carron (2), on s'explique comment ce digne prêtre prit tant d'influence sur lui pendant ces années et véritablement le

(1) M. Ange Blaize, son beau-frère.
(2) Voir sur cette rencontre et cette liaison, page 550 et suivantes de la *Vie de l'abbé Carron*, par un bénédictin de la Congrégation de France, 1866.

gouverna. Nous assistons à une crise nouvelle, une des plus mémorables qui se puissent passer dans une âme de cette volée et de cette puissance. Qu'on veuille se bien représenter en effet l'état orageux de cette âme, de cette imagination de La Mennais, en cette année enflammée de 1815, et à quels assauts contraires il était en proie. La France lui apparaissait comme un gouffre, « comme un épouvantable *enfer* ; » il y échappe et arrive sur la terre étrangère sans ressources, cherchant à gagner le pain de chaque jour. C'est à ce moment qu'un homme simple, un saint homme, tout de bien et de pratique, un confesseur à la Vincent de Paul, se rencontre sur son chemin. Comment n'y verrait-il pas le doigt de la Providence? Il s'attache à lui et se donne sans réserve comme un fils à un père. Toutes les vertus que possède l'abbé Carron ravissent son cœur, et les qualités même qu'il n'a pas, ses limites du côté des idées du siècle et dans l'ordre de l'intelligence philosophique, lui semblent une vertu de plus, un signe de perfection et d'avancement dans la ligne évangélique.

Les Cent-Jours sont terminés, et La Mennais est encore à Londres, où l'abbé Carron se trouve retenu. Les lettres qu'il recommence à écrire nous le peignent au naturel dans l'abattement profond auquel il cédait d'habitude, et d'où il ne sortait que par élans, par les prévisions ardemment lugubres de ses pensées :

« Si je n'écoutais que mon goût, écrivait-il de Londres (5 août 1815), il me conduirait dans nos bois *recto itinere*. C'est toujours là qu'après ses longues et fatigantes courses mon imagination vient se reposer. Mais que la volonté de Dieu se fasse ! Peu importe après tout comment se passe le peu qui me reste de vie. Je crains qu'on ne se trompe beaucoup sur l'utilité dont je puis être : je suis propre à bien peu de chose, si à quelque chose. Mon âme est usée, je le sens tous les jours. Je me cherche et ne me trouve plus (1). Mais encore une fois, qu'importe ? je ne m'oppose à rien, je consens à tout : qu'on fasse du cadavre ce qu'on voudra. »

Voilà pour l'abattement. On ne saurait de termes plus expressifs. Il est comme un *cadavre*,— comme le bâton dans la main du vieillard. Et quant à ses perspectives sur le sort de la France et sur l'avenir qui lui est réservé, il faut les lire longuement développées dans une lettre du 10 août; et bien qu'il y eût alors trop de sujets d'être sombre, il faut se dire aussi qu'à quelques instants de sa vie qu'on le prenne, de semblables tableaux, justifiés ou non, l'assiégèrent toujours : il ne voyait chaque lendemain qu'à la lueur d'une torche funèbre, et sa forte logique elle-même se mettait tout entière, pour les corroborer, au service de ses visions d'épouvante :

« A quels temps, grand Dieu, nous étions réservés ! Et l'horizon s'obscurcit tous les jours; je ne prévois que calamités, révolutions et guerres interminables. L'infâme conduite des Alliés n'est pas propre à ranimer l'espérance de tout homme qui voit un peu au delà du moment actuel; ils tra-

(1) *Je me cherche et ne me trouve plus.* Est-ce une réminiscence ? Au second acte de *Phèdre*, dans la scène II entre Aricie et Hippolyte, il y a :

Maintenant *je me cherche et ne me trouve plus;*
Mon arc, mes javelots, mon char, tout m'importune.

vaillent comme de concert à détrôner le monarque qu'ils nous ont rapporté sur leurs sanglantes baïonnettes. Cet homme (*Louis XVIII*) désormais ne peut plus être vu de la nation que comme l'instrument ou le prétexte de sa honte et de ses malheurs. L'acte de son rétablissement a été signé avec le sang français, à la lueur de nos villes et de nos hameaux incendiés. Une armée étrangère peut seule le maintenir sur le trône; et si cette armée reste en France, si le pillage régulièrement organisé continue, en un mot si l'on nous traite comme Buonaparte a traité l'Espagne, nous n'avons non plus qu'un exemple à suivre, celui des Espagnols; car il n'y a point de maux pour un peuple qui ne soient préférables à la perte de l'honneur et de l'indépendance. En supposant même que rien de tout cela n'arrive, que les ennemis se retirent, que la tranquillité intérieure se rétablisse et que le pouvoir se raffermisse entre les faibles mains où on l'a replacé, que pouvons-nous raisonnablement attendre d'une administration effarée, incertaine, enivrée de tous les principes qui tourmentent la société depuis vingt-cinq ans; d'un chef bon, mais aveuglé au point de méconnaître également et les hommes et les choses, et de placer sa personne sous la protection du poignard des assassins, et l'État sous la sauvegarde des institutions auxquelles la France a été redevable, pour tout bienfait, du règne de la terreur et de celui de Napoléon? Certes, il ne faut être ni prophète, ni fils de prophète, pour prévoir ce qui doit résulter d'un si inconcevable délire. Et qui ne serait effrayé de ces fureurs démagogiques qui semblent avoir saisi soudain une partie de la nation, hommes, femmes, enfants, frénétiques adorateurs de leur épouvantable et risible souveraineté? Pour moi, de quelque côté que je jette les yeux, je n'aperçois que des sujets de trembler, de gémir et de frémir. Le genre humain tout entier marche à grands pas vers sa destruction; il est dans le travail de l'agonie, et, comme un malheureux blessé à mort, il se débat et se roule dans son propre sang. »

Qu'il y ait quelques amères vérités mêlées et broyées dans cette peinture apocalyptique, on ne le saurait nier; mais comment faire le départ du vrai et du chimérique? Il signalait alors (on vient de voir en quels termes), il dénonçait en prophète de malédiction et de malheur la démocratie, celle-là même dont il devait être plus tard le prophète enthousiaste et toujours funèbre, toujours de malheur et de malédiction, mais à l'inverse. Comment, par un retour de réflexion en arrière, ne lui arriva-t-il jamais de se dire que si la société et l'époque lui avaient paru si gâtées et si mauvaises, contemplées d'un premier point de vue, celui du catholicisme et de l'autorité, elles ne pouvaient être également mauvaises et gâtées au même degré, envisagées et reprises du point de vue opposé, celui du libre examen individuel et de la démocratie? car enfin c'était le succès et le triomphe menaçant de l'un des deux systèmes qui faisait le désespoir et la désolation de l'autre; entre les deux désespoirs, il fallait opter. Lui, il n'opta qu'en maudissant toujours et en se bornant à retourner l'imprécation.

« Nous sommes dans un siècle qui lasse le mépris. » Après avoir dit et redit ce mot sur tous les tons pendant près de vingt ans à ses adversaires de gauche, il le répéta sur tous les tons pendant vingt autres années à ses anciens auditeurs de droite, devenus à leur tour ses adversaires. Il faisait oratoirement comme on fait en mathématiques : la formule restant la même, il avait simplement renversé le signe; il n'y avait de changé que la direction.

Mais l'on conçoit que dans cette extrémité d'opinion, d'anxiété et de fièvre, au premier pas de son noviciat et s'ignorant lui-même, il se soit attaché en 1815 à un homme de Dieu, à un esprit de saint qui se rencontra sur sa route ; il écrivait à la même date (10 août 1815) :

« J'ignore encore entièrement ce que je ferai. Mille raisons les plus fortes m'attachent à M. Carron. Il m'aime comme un fils, je l'aime comme un père, comme un ami, comme l'instrument des desseins de Dieu sur moi. Mon sort désormais est lié au sien ; je ne l'abandonnerai jamais, à moins que lui-même ne me montre loin de lui le lieu où Dieu m'appelle... »

Dès ce moment la pensée d'entrer plus avant dans les ordres et d'être prêtre, cette pensée qui, depuis 1809, le tenait en échec et en effroi, lui est revenue et s'est fortifiée en lui. Et comme en tout ceci il ne s'agit de donner tort à personne (ce qui serait puéril), mais seulement d'étudier à fond la situation morale d'une âme, je produirai la suite des passages qui ne laissent rien à désirer et qui sont comme la confession de La Mennais sur ce point capital et décisif de sa carrière. Il écrivait donc de Londres le 27 août 1815 à l'abbé Jean, qui, de son côté, venait en aide à l'abbé Carron et qui poussait dans le même sens :

« Tu m'écrivais, mon cher ami, la veille du jour où tu as offert pour moi le saint sacrifice, et j'ai reçu ta lettre la veille du jour qui a terminé ma retraite. Me voici donc maintenant, grâce à mon bon et tendre père (*l'abbé Carron*), irrévocablement décidé. Jamais je ne serais sorti de moi-même de mes éternelles irrésolutions ; mais Dieu m'avait préparé en ce pays le secours dont j'avais besoin ; sa Providence, par un enchaînement de grâces admirable, m'a conduit au terme où elle m'attendait ; pleine d'amour pour un enfant rebelle, pour le plus indigne des pécheurs, elle m'arrache à ma patrie, à ma famille, à mes amis, à ce fantôme de repos que je m'épuisais à poursuivre, et m'amène aux pieds de son ministre pour y confesser mes égarements et m'y déclarer ses volontés. Gloire à Dieu, gloire à son ineffable tendresse, à son incompréhensible bonté, à cet amour adorable qui, entre toutes ses créatures, lui fait choisir la plus indigne pour en faire un ministre de son Église, pour l'associer au sacerdoce de son Fils ! Mais honte, confusion, humiliation profonde, au misérable qui si longtemps a fui devant son divin maître, et avec une si horrible obstination s'est refusé au bonheur de le servir ! Hélas ! en ce moment même, je ne le sens que trop, si ma volonté tout entière n'était pas entre les mains de mon père bien-aimé, si ses conseils ne me soutenaient pas, si je n'étais pas complétement résolu à obéir sans hésiter à ses ordres salutaires, oui, en ce moment même je retomberais dans mes premières incertitudes et dans l'abîme sans fond d'où sa main charitable m'a retiré. Combien cependant n'est-il pas pressant que je répare tant d'années perdues, et plus que perdues, puisqu'elles ont été remplies des plus horribles offenses contre ce même Dieu qui m'appelle à lui avec une si touchante bonté !... »

En même temps qu'il est décidé à entrer dans le sacerdoce, il ne tient à rien qu'il ne fasse un pas de plus et qu'il n'entre aussi dans la Compagnie de Jésus. Cela paraît dépendre encore, à cette date, du seul abbé Carron :

« Mon père (*toujours M. Carron*) n'ose décider encore si je suis appelé à servir l'Église dans le clergé séculier ou régulier, c'est-à-dire dans la Compagnie de Jésus ; mais il pense que, quoi qu'il en soit de cette vocation, je dois me hâter de marcher vers le sacerdoce et de m'approcher de l'autel d'où mes péchés me repoussent, mais où l'incomparable miséricorde du Seigneur m'ordonne de monter. Cet excellent père consent à être mon guide ; il me permet de ne le point quitter... »

On ne peut se dissimuler, en lisant ces lettres de La Mennais, que son absolue déférence et sa tendresse pour l'homme à qui il s'est donné ne soient pour beaucoup dans sa volonté suprême :

« (Londres, 12 septembre 1815)... Il m'est impossible de peindre sa tendresse et ses bontés pour moi. Sans lui je n'eusse jamais pris le parti auquel il m'a déterminé; trop de penchants m'entraînaient dans une autre route. Aujourd'hui même je ne saurais penser à la vie tranquille et solitaire des champs, à nos livres, à la Chesnaie, au charme répandu sur tous ces objets, auxquels se rattachent tous mes désirs et toutes mes idées de bonheur ici-bas, sans éprouver un serrement de cœur inexprimable, et quelque chose de ce sentiment qui faisait dire à ce roi dépossédé : *Siccine separat amara mors !* »

Mais l'abbé Carron, avec cette ténacité de direction que les plus doux ont souvent à l'égal des plus sévères, le serrait de près et ne lui laissait ni répit ni trêve; il écrivait à leur ami commun, M. Bruté, le 28 octobre 1815 :

« Reposez-vous sur mon cœur et bien spécialement sur ma conscience du sort de ce bien-aimé Féli ; il ne m'échappera point, l'Église aura ce qui lui appartient. »

L'influence personnelle de l'abbé Carron sur La Mennais était très-secondée et favorisée à ce moment par les circonstances. Les événements politiques ouvraient un vaste champ aux imaginations religieuses et mystiques. Si l'on a remarqué avec raison que les grandes crises révolutionnaires et les tempêtes politiques ont pour effet de ramener en foule les naufragés et les vaincus au pied des autels, cela n'est pas moins vrai des intelligences supérieures que l'imagination ou que la sensibilité domine, et qui sont tentées dans ces terribles catastrophes de voir et de discerner comme deux plans et deux sphères, l'inférieure où les lutteurs humains se combattent, la supérieure qui en est comme la transfiguration et où se déroulent dans leur harmonie les causes providentielles. La Mennais était au plus haut degré sous cette impression, qui était également celle de Joseph de Maistre, et il écrivait de Londres le 12 septembre 1815 :

« Selon toutes les vraisemblances humaines, notre pauvre patrie, déjà si malheureuse, est à la veille de plus grandes calamités encore. Personne ne sait comment ceci finira. La main de Dieu est sur l'Europe. La verge qui nous châtie en ce moment sera brisée à son tour. On ne peut que plaindre le roi, qui marche à grands pas vers sa ruine. Il est un des plus étonnants et des plus lamentables exemples d'aveuglement qui aient encore effrayé la terre. Pour juger des événements, il faut aujourd'hui recourir à d'autres règles, à d'autres principes que ceux d'une politique mondaine. Tout est surnaturel dans ce que nous voyons, et les maux comme les remèdes dérivent immédiatement d'un ordre supérieur de causes, aussi élevé qu'impénétrable à la vue de l'homme, dont la sagesse ne fut jamais mieux convaincue de folie. »

N'allez pas, à un homme qui prophétise de la sorte,

venir parler avec quelque estime de la politique pratique qu'essayèrent en ces années, — qu'essayeront bientôt des ministres patriotiques et sages, les Richelieu, les De Serre, les Decazes, les Gouvion Saint-Cyr, les Dessolle; allons donc! il vous rirait au nez avec pitié et n'aurait pas assez de mépris pour de tels empiriques qui s'avisaient d'examiner et de panser une à une, pour les guérir, les plaies de la France.

Mais en même temps (car les extrêmes s'appellent et se touchent), pour échapper aux épouvantes infinies de ses propres conjectures, il se rangeait d'autant plus comme un humble enfant et en véritable aveugle sous la houlette du saint homme auquel il s'était abandonné. Toutes les fois qu'il parle de M. Carron durant cette veine d'alors, on sent qu'il est véritablement sous le charme :

« (Londres, 9 octobre 1815)... Je ne puis t'exprimer avec quelle tendresse j'aime cet excellent père, qui a bien été pour moi l'instrument des miséricordes de Dieu. Sans lui, je me serais perdu vraisemblablement. Je désire aussi infiniment que tu connaisses ses bonnes et aimables dames (1). Tout ce qui approche de M. Carron, excepté moi, lui ressemble plus ou moins. Il semble que sa piété, ses vertus, son âme tout entière, se communiquent à tout ce qui l'entoure : c'est un ange sur la terre... »

C'est seulement quand l'abbé Carron se décide à re-

(1) Les pieuses dames qui avaient été pendant l'exil les fidèles coopératrices de M. Carron, Mlle de Lucière, Mlle de Trémereuc, Mlle de Villiers... Rentrées en France, elles formèrent le petit troupeau réuni aux Feuillantines.

venir en France que M. de La Mennais y rentre lui-même. C'est à ce moment aussi, dans les derniers mois de 1815 et les premiers de 1816, qu'il a fixé l'accomplissement de son sacrifice. Il écrit de Londres à son frère, le 19 octobre 1815 :

« ... Il paraît certain que nous serons à Paris vers la mi-novembre. Écris-moi donc pour cette époque *chez M. Carron, rue Saint-Jacques, carrefour* (lisez *cul-de-sac*) *des Feuillantines*. Je serais bien aise aussi que tu m'envoyasses par roulier à la même adresse quelques couvertures, draps de lit,... etc. Envoie-moi aussi par la même occasion mes vieilles soutanes, si elles existent encore, mes surplis et l'aube qu'on avait faite pour moi. Je désirerais vivement que tu pusses venir à Paris vers le même temps; marque-moi si tu penses que cela soit possible. En me décidant, *ou plutôt en me laissant décider, pour le parti qu'on m'a conseillé de prendre,* je ne suis assurément ni ma volonté, ni mon inclination : je crois, au contraire, que rien au monde n'y saurait être plus opposé; mais je m'attends dans l'avenir à bien d'autres contradictions. Demande à Dieu pour moi la grâce de supporter la vie elle me devient tous les jours plus à charge.

Il ne se dissimule pas un des périls les plus grands auxquels il sera soumis, la tentation d'écrire. M. Carron sent combien il serait essentiel, une fois en France, d'avoir à soi un bon journal religieux : il pense naturellement à La Mennais pour rédacteur. C'est bien là au fond la vocation et le vœu de l'ardent disciple; mais l'écrivain entraîné ne nuirait-il pas au chrétien intérieur et pratique? Il n'est pas sans se le demander et, en homme qui se connaît, sans se faire la réponse :

« Si je me chargeais d'une semblable tâche, je ne pourrais guère m'occuper d'autre chose, et demeurerais par conséquent exposé à tous les dangers qui accompagnent l'état d'homme de lettres, et que M. Carron, d'accord en cela avec le Père Berthier, juge très-grands. De plus, j'ai toute sorte de répugnance pour recommencer à écrire. Rien ne nourrit davantage l'amour-propre, quelque peu de talent qu'on ait, et quelque peu de cas qu'on fasse de cette sottise qu'on nomme réputation. Les œuvres d'une charité active seraient bien plus de mon goût; et si je suis sûr de quelque chose, c'est certainement de l'impossibilité qu'il y aurait pour moi de m'occuper simultanément de deux objets si différents. »

Enfin il est à Paris, et il se décide à faire le grand pas :

« (A l'abbé Jean, 24 novembre 1845)... M. Carron a une singulière confiance en ton avis. Si donc tu ne décides pas le contraire, je resterai près de lui, au lieu d'aller à Saint-Sulpice; nous le désirons tous deux. Je prendrai le sous-diaconat à Noël, et ferai ma retraite au séminaire. Voilà nos arrangements jusqu'ici. Pour les études, Tesseyre (*un sulpicien distingué de leurs amis*) ne m'a pas conseillé des lectures aussi étendues. Décidez, messieurs. »

A sa sœur, Mme Ange Blaize, il écrit à la veille de la retraite pour l'ordination, et toujours dans le même sens d'une soumission passive :

« (Paris, 14 décembre 1845)... Ce n'est sûrement pas mon goût que j'ai écouté en me décidant à reprendre l'état ecclésiastique (1), mais enfin il faut tâcher de mettre à profit pour le Ciel cette vie si courte. Ce qu'on donne à Dieu est bien

---

(1) Il dit *reprendre,* parce qu'il n'avait pas donné suite à la tonsure qu'il avait prise six ans auparavant.

peu de chose, rien du tout, et la récompense est infinie. C'est samedi que commence la retraite ; elle dure huit jours. Je la ferai à Saint-Sulpice, d'où je viendrai rejoindre l'excellent M. Carron. J'ai toujours l'espoir de vous aller revoir au printemps... »

Une lettre toute d'onction de l'abbé Carron à l'abbé Jean, à ce moment, met au grand jour l'âme suavement bénigne et tendre de cet excellent homme :

« (12 décembre 1815)... Je ne vous parlerai, cher ami, de mon bien-aimé fils Féli que les larmes aux yeux : je ne suis point un Paul, et pourtant j'ai dans le même personnage un second Tite, un autre Timothée. Ah ! si vous saviez combien je l'aime ! Il ne vous l'a pas dit, c'est mon secret, et il n'est pas, avec toute sa pénétration, capable de me deviner en entier. Le voilà qui entre dans ma chambre...; il a, suivant vos sages avis, commencé son petit cours d'études. Je pense en tout comme vous et avec vous ; notre maison est une espèce de séminaire, où les pieux exercices se renouvellent chaque jour. Le cher fils a la plus frêle constitution, il a tant souffert sur la mer ! Écoutez-moi, je ne le perdrai pas de vue un instant, et nos respectables dames auront soin de sa délicate santé. »

Mais le ton change : la teinte va se rembrunir. On peut se fier à La Mennais pour que la sérénité et la joie en lui ou autour de lui ne soient pas de longue durée.

II.

Nous entrons dans la série des aveux pénibles dont le public n'avait eu jusqu'ici que l'indice et le soupçon, et qui, dans tous les cas, n'émanaient point de l'intéressé lui-même. Les textes irrécusables, les témoignages directs, longtemps tenus sous clef, sortent enfin et parlent assez haut.

La Mennais vient de recevoir le sous-diaconat; il écrit le lendemain, 24 décembre (1815), à l'abbé Jean :

« Je revins hier de Saint-Sulpice, après avoir reçu le sous-diaconat. *Cette démarche m'a prodigieusement coûté.* Dieu veuille en tirer sa gloire! C'est l'ancien évêque de Quimper, M. André, qui fit l'ordination... »

On le presse fort d'entrer dans la Compagnie de Jésus : il ne fit aucune objection. Il reçoit successivement le diaconat et la prêtrise. Il est ordonné prêtre à Vannes le 9 mars 1816. Le 8 juin suivant, l'abbé Jean écrivait à M. Bruté :

« Féli a été fait diacre à Saint-Brieuc dans la première semaine de carême, et il a été ordonné prêtre à Vannes quinze jours après. *Il lui a singulièrement coûté pour prendre sa dernière résolution.* M. Carron d'un côté, moi de l'autre, nous l'avons entraîné, mais sa pauvre âme est encore ébranlée de ce coup. »

Habemus confitentes... Il est évident, quand on suit l'ordre aujourd'hui si bien établi des faits et des pensées, que l'abbé Jean et M. Carron réunis et se donnant la main le lancèrent dans le sacerdoce. Tout le monde crut bien faire, personne n'est coupable, et l'on se trompa. Déjà le 25 juin, trois mois après, La Mennais, ne se contenant plus, écrivait à son frère la lettre suivante, qui est l'aveu le plus significatif et qui dit tout :

Quoique M. Carron m'ait plusieurs fois recommandé de

me taire sur mes sentiments, je crois pouvoir et devoir m'expliquer avec toi, une fois pour toutes. Je suis et ne puis qu'être désormais extraordinairement malheureux. Qu'on raisonne là-dessus tant qu'on voudra, qu'on s'alambique l'esprit pour me prouver qu'il n'en est rien ou qu'il ne tient qu'à moi qu'il en soit autrement, il n'est pas fort difficile de croire qu'on ne réussira pas sans peine à me persuader un fait personnel contre l'évidence de ce que je sens. Toutes les consolations que je puis recevoir se bornent donc au conseil banal de faire de nécessité vertu. Or, sans fatiguer inutilement l'esprit d'autrui, il me semble que chacun peut aisément trouver dans le sien des choses si neuves. Quant aux avis qu'on y pourrait ajouter, l'expérience que j'en ai a tellement rétréci ma confiance, qu'à moins d'être contraint d'en demander, je suis bien résolu à ne jamais procurer à personne l'embarras de m'en donner; et j'en dis autant des exhortations. Ainsi, par exemple, rien au monde qu'un ordre formel ne me décidera jamais à aller demeurer chez M. de Janson (1). Où que je sois à l'avenir, je serai chez moi, ce chez moi fût-il un grenier. Je n'aspire qu'à l'oubli dans tous les sens, et plût à Dieu que je pusse m'oublier moi-même! La seule manière de me servir véritablement est de ne s'occuper de moi en aucune façon. Je ne tracasse personne; qu'on me laisse en repos de mon côté : ce n'est pas trop exiger, je pense. Il suit de tout cela, qu'il n'y a point de correspondance qui ne me soit à charge. Écrire m'ennuie mortellement, et de tout ce qu'on peut me marquer, rien ne m'intéresse. Le mieux est donc, de part et d'autre, de s'en tenir au strict nécessaire en fait de lettres. J'ai trente-quatre ans écoulés; j'ai vu la vie sous tous ses aspects, et ne saurais dorénavant être la dupe des illusions dont on essayerait de me bercer encore. Je n'entends faire de reproches à qui que ce soit : il y a des destins inévitables; mais, si j'avais été moins con-

---

(1) M. de Janson était à la tête d'une communauté, les missionnaires en France.

fiant ou moins faible, ma position serait bien différente. Enfin elle est ce qu'elle est, et tout ce qui me reste à faire est de m'arranger de mon mieux, et, s'il se peut, de m'endormir au pied du poteau où l'on a rivé ma chaîne : heureux si je puis obtenir qu'on ne vienne point, sous mille prétextes fatigants, troubler mon sommeil !... »

Est-ce assez clair ? Se peut-il plus brusque et plus soudaine métamorphose, révolte plus rude et plus imprévue ? Que s'est-il passé dans cette âme ? Comment et par quel secret revirement l'enfant docile et soumis d'hier est-il redevenu subitement l'esprit amer et mâle, le Breton farouche et indompté, l'homme entier et naturel ? Ample sujet de méditation pour le biographe moraliste.

Et, quelques jours après, dans une lettre du 9 juillet, il réitère et confirme l'aveu, même en l'adoucissant :

« On m'a fait entendre, et, je crois, avec raison, que ma dernière lettre était trop vive. Je ne peux pas en désavouer le fond, parce qu'il ne me paraît que trop vrai, et que l'on ne peut guère s'abuser sur ce qu'on sent ; mais j'aurais dû m'efforcer de mettre plus de mesure dans l'expression. Quoi qu'il en soit, le mieux, ce me semble, est d'éviter de part et d'autre de traiter à l'avenir un pareil sujet. Tout ce qui me le rappelle de près ou de loin me cause une émotion que je ne suis pas le maître de modérer. »

De telles lettres publiées deviennent des pièces biographiques ineffaçables; une page comme celle du 25 juin représente la pierre angulaire de toute une vie. On est obligé de s'avouer qu'on ne connaissait pas l'homme à un certain degré de profondeur auparavant,

La misanthropie de La Mennais, à cette heure, déborde même sur le talent singulier, sur le talent par excellence qui lui a été accordé : il en a fait fi, que dis-je ? il l'a en horreur comme tout le reste :

« (A l'abbé Jean, 4 janvier 1847)... On me presse pour la quatrième fois d'écrire sur le Concordat. Peut-être m'y déciderai-je, quoiqu'avec répugnance... Je sens d'avance qu'enchaîné pour le choix des questions à traiter et pour la manière de les traiter, j'écrirai avec dégoût, mal par conséquent, et il est triste de s'ennuyer pour ennuyer les autres. C'est pourtant l'occupation des trois quarts des hommes. Je regarde que tous mes malheurs, de conséquence en conséquence, viennent de ce que mes parents, bien contre mon gré, m'ont forcé d'apprendre à écrire, et il n'y a pas de jour où je ne redise avec un sentiment profond ce mot d'un ancien : *Utinam nescirem litteras!...* »

Or, maintenant, si j'ouvre le petit livre de M. le pasteur Peyrat, j'y trouve le passage suivant :

« Avec moi, M. de La Mennais ne se départait jamais de sa morale ascétique ni de son pseudo-christianisme incompatibles avec la société et l'univers (*n'oublions pas que M. Peyrat pense et parle en ministre de la Religion réformée*); mais il se relâchait, il s'abandonnait par moments avec Béranger. Il avouait qu'il n'était pas né pour la prêtrise, qu'il s'y était laissé inconsidérément entraîner par le vertueux abbé Carron ; qu'il lui fallait la vie laïque en plein vent et en plein soleil ; qu'il regrettait de n'être pas marié, de n'avoir pas une femme, des enfants; mais que, pour se former une famille, il était déjà trop âgé lorsqu'il rompit avec le sacerdoce. »

Certes, La Mennais, en 1816, eût probablement frémi

de s'entendre s'exprimer de la sorte ; mais l'aveu qui devait sortir plus tard de ses lèvres couvait déjà dans l'amertume cruelle et irrémédiable dont il se sentait abreuvé au fond de l'âme. Il le tint enseveli durant vingt ans (1816-1836); mais, dès 1816, il avait déjà proféré entre ses dents le mot qui éclatera un jour et qui sera le mot de la fin. Il y a dans la vie morale des grandes âmes ardentes de ces cris décisifs : il y a eu tel cri décisif dans la vie de Pascal ; il y a eu tel cri non moins décisif dans la vie de La Mennais, cri longtemps étouffé, mais nous venons de le surprendre.

Après cela il est à croire qu'il se trompait, même en se ravisant et en se créant en idée après coup une autre vie plus heureuse. Sa nature n'était pas de celles qui se guérissent par des conditions extérieures ; elle était trop marquée au fond et en elle-même d'un signe de désespoir, et ce désespoir le ressaisissait souvent sans cause : la bile noire reprenait le dessus. Plus libre, il aurait passé sa vie à chercher sa vocation sans la trouver davantage. Quelqu'un l'a dit : « Il a toujours été un malcontent et une sorte de fataliste. » Le vautour qu'il avait au foie ne le quittait pas et recommençait de temps en temps ses morsures. Lui-même le disait à Béranger dans l'épanchement de ses confidences : « Il y en a qui naissent avec une plaie au cœur. » A quoi le malin répondait : « En êtes-vous bien sûr? Je crois plutôt que nous autres, qui venons au monde pour écrire, grands ou petits, philosophes ou chansonniers, nous naissons avec une écritoire dans la cervelle. » Et Béranger en concluait qu'il ne s'agissait que de verser l'encre sur le papier pour dégager la cervelle elle-même. Mais la recette avec La Mennais était insuffisante : il versait du noir avec éclat dans ses pages, et il en gardait encore de reste dans son esprit. Il engendrait le désespoir et l'inquiétude; son impatience lui faisait une vraie fièvre continue.

« Même au milieu de mes maux, écrivait Béranger (4 juillet 1843), je suis obligé de remettre en selle ce cavalier si souvent désarçonné par son imagination maladive. Est-ce que les tristes *Amschaspands* ne vous ont pas montré le fond d'une âme découragée? Je fais tout ce que je puis pour lui rendre un peu de force et d'espérance, mais j'ai des idées et une façon de voir si différentes des siennes, que je m'y prends sans doute fort mal; et puis *on ne calme pas l'eau agitée en y trempant la main.* »

Voilà le vrai, et Franklin n'aurait pas mieux dit (1).

J'ai indiqué ce qu'il y a de plus curieux et de tout à fait neuf dans les volumes publiés par M. Blaize. Il y aurait bien d'autres détails intéressants à en tirer pour

(1) En paraissant donner si fort l'avantage à Béranger sur La Mennais, je ne prétends point d'ailleurs que, dans cette amitié tardive qui s'était formée entre ces deux hommes célèbres venus de points de l'horizon si opposés, La Mennais ne fût pas le plus naïf, le plus confiant et se livrant avec le plus d'abandon. Béranger (c'était là son faible) ne perdait aucune occasion de se donner le beau rôle, le rôle du sage, et il passait même toutes les limites du sans-gêne lorsque, rentrant chez lui après une visite à La Mennais, il disait à qui voulait l'entendre : « Je viens de voir ce vieux *grigou*... » On aurait du reste à citer de pareils propos de Béranger sur tous ses amis, Thiers, Mignet, Cousin, etc. Chacun avait son paquet. Sur Cousin, par exemple, il y eut un temps où il l'appelait non pas le traducteur, mais « le *laquais* de Platon. »

la biographie du grand écrivain. On le verrait, sur le conseil de son ami l'abbé Tesseyre, entreprenant sans goût et presque à contre-cœur son livre de l'*Essai sur l'Indifférence* (1817), écrivant, sans en prévoir l'effet, ce premier volume, sa plus éloquente philippique, sa catilinaire religieuse qui le bombarda d'emblée à la célébrité, — à la célébrité catholique, comme dix-sept ans plus tard les *Paroles d'un Croyant* le bombardèrent d'emblée à la popularité démocratique, — et dont l'abbé Frayssinous disait : « Cet ouvrage réveillerait un mort. » Remarquez que, moins il était sûr et satisfait de lui, et plus il frappait fort sur les autres. Le siècle et le prochain payaient les frais de son secret et intime *discontentment*. Rien n'y faisait, son incurable pessimisme résistait à tout, même au succès. « Le plus beau jour de ma vie sera celui où je cesserai d'écrire » : c'est ce qu'il se plaisait à répéter, même en plein triomphe. La renommée, la gloire, en lui venant tout à coup, semblait l'avoir irrité et ulcéré, bien loin de l'adoucir (1). Il se cabrait en dedans; il n'avançait qu'à son corps défendant et par manière de corvée dans cette carrière

(1) « (1ᵉʳ mars 1818)... Je ne jouis point du succès, j'en souffre. L'obscurité seule me convenait ; aussi n'est-ce certainement pas de moi-même que j'en suis sorti... » — « (3 mars 1818)... De ma vie je n'ai été si malheureux que je le suis depuis deux ans. Ce que je souffre est inexprimable. Avant cela, je pouvais encore espérer un peu de repos sur la terre; à présent, point. Je regarde la mort et l'embrasse de tous mes vœux. Loin de m'applaudir du succès de mon livre, j'y vois la ruine du seul bien qui me restait pour me rendre la vie supportable, une profonde obscurité ; et je ne me connais pas seulement l'ombre d'une petite consolation. » Il répète le même refrain presque dans chaque lettre.

où, du dehors et pour le public, il avait l'air d'être lancé à plein collier et de vouloir distancer tous les autres :

« (27 décembre 1847)... Je ne saurais prendre sur moi de travailler à mon deuxième volume. Tout m'est à charge, la vie est trop pesante pour moi. J'ai beau me dire à cet égard ce qu'on souhaite, ce qui peut-être est raisonnable au fond, le sentiment l'emporte, il m'écrase. *Quelle terrible pensée que celle d'avoir réduit un être humain en cet état !* »

Ceci est un dernier reproche profond et sourd adressé à son frère pour les vœux indissolubles dans lesquels il se sentait enchaîné. Mais que le talent est donc une puissance trompeuse et capable de faire illusion ! La flamme fait croire à l'ardeur.

On a l'essentiel (1). Ces volumes, donnés par M. Blaize, rejoignent en avançant et côtoient les deux autres volumes de lettres publiées il y a dix ans par M. Forgues. Tout cela, bon gré, mal gré, nonobstant les démêlés et les mésintelligences des honorables éditeurs, se rajuste aujourd'hui et se complète. En définitive, le public y

(1) Parmi les détails les moins agréables qui reviennent souvent sous sa plume, et qui se rattachent aux affaires de ménage et de finance, il en est un de pur trafic ecclésiastique qui ne laisse pas de choquer ; c'est l'article des *messes*, qui est chose toute simple apparemment pour le prêtre catholique, mais qui étonne toujours le chrétien ou même seulement celui qui a lu l'Évangile et qui sait que Jésus a chassé les vendeurs du Temple. Ainsi, dans une lettre à l'abbé Jean, datée de Paris 5 janvier 1816, La Mennais lui dit : « N'oublie pas les *intentions de messes* pour M. Carron. » Et le 24 janvier : « M. Carron est tout zèle, non-seulement pour cette affaire, mais pour toutes celles qui t'intéressent. Il se charge de *100 messes à 20 sols,* et te prie d'en faire compter le montant à sa

retrouve à peu près son compte. — Je ne finirai point sans citer de La Mennais une belle pensée admirablement exprimée ; car je n'ai en tout ceci aucun but de sévérité ni d'indulgence ; je ne tiens qu'à montrer l'homme d'après nature, et je voudrais avoir le temps d'extraire tout ce que j'ai noté de remarquable. Il écrivait, le 27 décembre 1817, à l'occasion d'une brochure de Chateaubriand :

« Cet homme a un grand talent, mais son esprit a peu de racine, et c'est ce qui fait que sa gloire séchera promptement. Comme certains arbrisseaux, il ne se nourrit guère que par les feuilles. J'aime mieux M. de Bonald, chêne vigoureux qui va chercher sa séve à travers les rocs primitifs, jusque dans les entrailles de la terre. »

Il changea probablement d'avis sur M. de Bonald avec les années (1) ; mais peu importe, l'image reste belle. Avec les grands écrivains, c'est encore peut-être la plus sûre manière de conclure.

nièce, Mlle de Roquencourt... » — Et dans une autre lettre de reddition de comptes, du 17 décembre 1817, ce mot jeté en post-scriptum : « Je n'ai plus que *20 messes.* » — Et pendant un voyage, pour subvenir aux frais : « Je te prie de me céder *30 intentions de messes ;* réponds-moi là-dessus avant mon départ pour Turin. » Le piquant est que la lettre où il dit cela est datée de Genève, 23 avril 1824. Et ce grand esprit écrit ces choses sans que la plume lui bronche ! Pour lui il semble que ni Calvin ni Luther ne soient venus. Patience ! dix ans plus tard il aura dépassé Raynal.

(1) Je le crois bien ; sans sortir de ce même volume de correspondance, on lit à la date du 29 janvier 1824 : « Les hommes sans âme sont toujours faibles, quel que soit leur esprit ou leur génie. C'est l'histoire de M. de Bonald. »

Samedi 21 novembre 1868.

ŒUVRES CHOISIES

DE

CHARLES LOYSON

PUBLIÉES

PAR M. ÉMILE GRIMAUD

Avec une lettre du R. P. Hyacinthe, et une Notice biographique
et littéraire par M. Patin (1).

La destinée de Charles Loyson a été assez particulière. Cet élève distingué de la première École normale, ce contemporain et ami intime de Victor Cousin, de bonne heure prosateur distingué, poëte élevé et touchant, esprit mûr, est enlevé à la fleur de l'âge, à vingt-neuf ans, en 1820 ; il emporte avec lui les regrets, les adieux funèbres éloquemment exprimés de ses amis. Puis le silence se fait : d'autres générations succèdent, prennent

(1) Un vol. in-8°, chez J. Albanel, libraire, 15, rue de Tournon.

la tête et s'emparent de la renommée dans le domaine de la poésie. Un critique de cette nouvelle école, — moi-même, — après vingt ans écoulés, je m'avise de rechercher dans le passé ceux de nos devanciers dont les reliques ont quelque prix et qui, sans être arrivés jusqu'à la gloire, méritent un pieux souvenir et l'honneur d'un modeste monument. Je parle de Charles Loyson dans la *Revue des Deux Mondes* (1840) (1). Ses amis, et ils étaient nombreux encore, Cousin, Viguier, Patin, et bien d'autres m'en surent gré ; mais parmi les nouveaux venus, parmi ceux qui occupaient alors le devant de la scène et qui faisaient le plus de bruit, il y en eut d'assez pleins d'eux-mêmes, d'assez infatués et enivrés de l'orgueil de la vie, pour me reprocher ce souvenir donné à un humble mort, comme si par là on les volait eux-mêmes, insatiables qu'ils étaient, dans leur célébrité présente ; je recueillis de ce côté quelques injures (2). Aujourd'hui vingt-huit autres années se sont écoulées, et tout à coup il arrive que dans la génération nouvelle on se ressouvient de Charles Loyson, on revient à lui jusqu'au point de croire qu'une édition choisie de ses

---

(1) L'article a été recueilli dans le tome II des *Portraits contemporains*, édition de 1860.

(2) Notamment de Balzac, le plus avide et le plus grossier des amours-propres littéraires que j'aie connus, et j'en ai connu beaucoup. « La muse de M. Sainte-Beuve, écrivait-il de moi à ce propos, est de la nature des chauves-souris... Sa phrase molle et lâche, impuissante et couarde, côtoie les sujets... ; elle tourne dans l'ombre comme un chacal ; elle entre dans les cimetières... ; elle en rapporte d'estimables cadavres, qui n'ont rien fait à l'auteur pour être ainsi remués : des *Loyson*, etc.

Poésies et de sa prose n'est pas un contre-temps ni un hors-d'œuvre à l'heure présente. Que s'est-il passé? Deux des neveux de Loyson, l'un ecclésiastique savant et distingué, professeur plein de doctrine et de mérite, l'autre prédicateur éloquent, dont la parole a de la flamme et des ailes, ont rajeuni ce nom et l'ont remis en circulation dans une partie de la jeunesse contemporaine. La mémoire de l'oncle en a aussitôt profité. Un reflet de l'éclat que jette la parole du Père Hyacinthe est allé éclairer un tombeau presque oublié, et voilà comment j'ai aujourd'hui à annoncer une édition nouvelle de ces Poésies dont j'avais été le premier à reparler autrefois. A y bien songer, on trouvera qu'il est convenable et juste que la gloire ainsi remonte, qu'il y ait réversibilité, que l'ancêtre (*antecessor*) profite de la célébrité du descendant, et que, par une sorte de culte religieux comme en Chine, les aïeux gagnent et croissent en honneur par les mérites mêmes de leurs petits-neveux.

Charles Loyson, né en 1791 à Château-Gontier, dans la Mayenne, après des études faites au collége de Beaupréau, et devenu déjà professeur, obtint en 1811 la faveur d'entrer à l'École normale pour y fortifier et y compléter son éducation classique, qui avait été un peu hâtive. Il fit partie de la génération dont Victor Cousin était le chef, et qui comptait dans ses rangs Viguier, Larauza, Théodore Gaillard, Mézières, Pouillet, Patin, une riche élite intellectuelle. Une anecdote que je tiens de la bouche même de M. Cousin se rattache à ce temps. Charles Loyson et lui, vers 1812, se décidèrent un matin de dimanche à aller faire visite à Chateaubriand qui logeait alors, je crois, à la place Louis XV. Annoncés comme élèves de l'École normale, ils furent accueillis avec politesse et exposèrent l'objet de leur visite, qui était de soumettre à l'illustre auteur des *Martyrs* un essai de traduction de l'*Iliade* que Loyson avait commencée. M. de Chateaubriand s'en fit lire quelque chose, approuva l'exactitude que cherchait le traducteur, lui demanda plus de fidélité encore et de littéralité, et l'engagea à poursuivre. La semaine ne se passa point sans que lui-même fût venu à l'École normale, alors au collége du Plessis, déposer sa carte à l'adresse des deux jeunes gens. Mais, lorsqu'à l'un des dimanches suivants les deux amis retournèrent pour lui rendre visite et pour jouir de sa conversation, tout en restant très-poli, il leur fit comprendre que d'autres intérêts et d'autres soins le réclamaient pour le moment. La politique, en effet, et ses fureurs vengeresses allaient déjà le ravir aux Lettres.

Loyson lui-même, en ces années de fin d'Empire et au début de la Restauration, était loin de rester étranger à la politique. Si l'on retranche certains cris violents et passionnés qui échappèrent à sa muse dans les premiers moments, de courts accès de la fièvre universelle qui atteignait en sens divers les meilleurs esprits, il était fait évidemment pour traiter de ces questions à l'ordre du jour, et pour en disserter en toute prudence et connaissance de cause. On pourrait même, si on l'étudiait avec suite, non-seulement dans ses poésies, mais dans ses articles de journaux et dans ses brochures, comme je viens de le faire rapidement, on pourrait le présenter comme un type parfait de cette première jeunesse royaliste et bourbonienne à bonne fin, amie et enthousiaste de la Restauration, de laquelle elle ne séparait pas l'idée de liberté ; datant en politique de la protestation de M. Lainé et de ses collègues, peu juste (on ne saurait lui demander des choses contraires) envers l'Empire tombé dont elle ne voyait que les désastres et les malheurs (1). N'oublions pas qu'il s'y mêlait de plus, chez Loyson, une veine de sang vendéen. La Restauration, en durant et en faisant à son jour toutes ses fautes, se chargea plus tard de désenchanter ceux de ces jeunes esprits qui vécurent assez pour la voir dans tout son développement et dans ses extrêmes conséquences ; mais au début une grande espérance animait ces jeunes et loyaux admirateurs de Louis XVIII et de la Charte octroyée.

Le premier Recueil de Loyson, publié en 1817, porte tout à fait le cachet du temps. La gravure qui est en tête et qui représente le *poëte mourant* couché dans un lit à longs rideaux, entouré de ses amis vêtus encore à la

---

(1) Loyson, comme la plupart de ses camarades de l'École normale, était sous l'impression des guerres épuisantes et des dernières coupes réglées et déréglées de l'Empire. Plus d'un de ceux qui se trouvaient en même temps que lui à l'École n'y étaient même entrés que pour éviter la conscription. Un jour que Cousin et Patin en course dans Paris avaient pris pour abréger à travers les Halles, une poissarde les montrant du doigt à l'une de ses commères dit ce mot qui pourrait servir de légende ironique par opposition aux Horace Vernet et aux Charlet : « *Et qu'on disait qui n'y avait pus d'hommes dans Paris ! en v'là deux !* »

mode de 1811, et lui-même, dans cette chambre à coucher d'un ameublement moderne, tenant à la main sa lyre, — une vraie lyre (*barbiton*) ; — la vignette du titre où une femme, une muse en costume d'Empire, apprend l'art de pincer du luth à un petit Amour à la Prud'hon ; les bouts-rimés et les quatrains qui s'entremêlent dans le volume aux pièces sérieuses, tout cela retarde et montre que le nouveau goût qui va naître et qui signalera proprement l'ère de la Restauration n'en est encore qu'à de vagues et craintifs essais. La Dédicace *au Roi* offre une particularité qui caractérise bien aussi les prétentions littéraires de Louis XVIII et en même temps la critique méticuleuse qui régnait alors. L'auteur avait d'abord écrit ainsi cette phrase : « Les rois de France, « Sire, ont toujours regardé l'amour des Français comme « d'un prix égal à leurs plus grands bienfaits. » Cette Dédicace, avant d'être imprimée, fut soumise à Louis XVIII qui la lut et qui se donna le plaisir de faire remarquer que le mot de *bienfaits*, trop rapproché, rimait avec *Français*, et que de plus ce membre de phrase : *comme d'un prix égal à leurs plus grands bienfaits,* faisait un vers alexandrin dans une phrase de prose, ce qui est réputé un défaut. Le monarque puriste suggéra donc une correction, et à la place de : *à leurs plus grands bienfaits,* il proposa ou même il écrivit de sa main : *à leurs plus hautes faveurs.* Une note de l'auteur ne manqua pas de donner à deviner à quelle « auguste critique » il avait dû la correction de cette faute. Mais à côté de ces points minutieux qui aujourd'hui nous font sourire (comme peut-être on sourira de nous un jour pour des travers qui ne pèchent point par la minutie), on lit de beaux vers et bien sentis sur le *bonheur de l'étude,* sur les *goûts du poëte,* d'élégantes imitations de Catulle, de Tibulle, et une ode intitulée *le Jeune Poëte au lit de mort,* écrite à une heure de maladie trop réelle et dans un pressentiment trop vrai qui ne faisait que devancer de bien peu le terme fatal.

Le second Recueil de Charles Loyson, dans lequel étaient comprises les meilleures pièces du premier, et qui avait pour titre *Épîtres et Élégies* (1819), présente un tout autre caractère. L'ère de la Restauration a décidément commencé. Le volume s'ouvre par quatre Épîtres d'une bonne poésie philosophique, adressées à M. Royer-Collard, à M. Maine de Biran, le grand psychologiste, à M. Cousin et à M. Viguier. On sent que tout l'homme est désormais formé chez Loyson. Il entretient les esprits supérieurs auxquels il s'adresse des sujets élevés qui leur sont familiers, et dans une langue doucement égayée d'esprit, heureusement tempérée de raison, d'élégance et d'agrément. Le nom de Maine de Biran, son autorité qui a singulièrement grandi en ces toutes dernières années dans l'école philosophique universitaire, représentée par MM. Ravaisson et Lachelier, rendent particulièrement de l'intérêt à l'Épître à lui adressée par Loyson, qui aura eu l'honneur d'être son ami et son poëte (1). — Plus loin, parmi

(1) Dans une fort bonne Étude, extraite de la *Revue moderne,* sous ce titre : *Un libéral en 1820; Charles Loyson,* M. Émile Beaussire très-compétent sur les questions de philosophie, a contesté

les Élégies du petit volume, à côté de la pièce reproduite, *le Poëte au lit de mort,* on en lit une plus forte et plus neuve, *le Retour à la vie.* De même qu'une conférence sur Millevoye serait privée de son plus gracieux ornement si l'on n'y récitait *la Chute des feuilles,* de même un article sur Loyson serait sans sa couronne si l'on n'y mettait cette élégie du *Retour à la vie;* il y répond à des amis qui, le voyant revenu d'une terrible crise, lui conseillaient d'aller respirer l'air natal :

> Quelle faveur inespérée
> M'a rouvert les portes du jour ?
> Quel secourable dieu du ténébreux séjour
> Ramène mon ombre égarée ?
> Oui, j'avais cru sentir dans des songes confus
> S'évanouir mon âme et défaillir ma vie ;
> La cruelle douleur, par degrés assoupie,
> Paraissait s'éloigner de mes sens suspendus,
> Et de ma pénible agonie
> Les tourments jusqu'à moi déjà n'arrivaient plus
> Que comme dans la nuit parvient à notre oreille
> Le murmure mourant de quelques sons lointains

l'exactitude de cet aperçu. Sans doute, et je suis le premier à le reconnaître, la méthode de Maine de Biran, qui consiste proprement à saisir et à présenter dans un cours d'observations psychologiques la véritable histoire de l'âme, n'a pas attendu pour se produire « ces toutes dernières années; » je n'ai garde d'oublier les Jouffroy, les Damiron, et M. Paul Janet lui-même, ce dernier et brillant élève de M. Cousin. J'ai simplement voulu noter chez les éminents philosophes, MM. Ravaisson et Lachelier, comme un mouvement d'affinité naturelle et un redoublement d'estime pour la large et libre source méditative de Maine de Biran, laquelle me paraît supérieure en sincérité et en plénitude à ce qui en est sorti du côté de l'éclectisme.

Ou comme ces fantômes vains
Qu'un mélange indécis de sommeil et de veille
Figure vaguement à nos yeux incertains.

Vous m'êtes échappés, secrets d'un autre monde,
Merveilles de crainte et d'espoir,
Qu'au bout d'un océan d'obscurité profonde
Sur des bords inconnus je croyais entrevoir !
Tandis que mon œil vous contemple,
L'avenir tout à coup a refermé son temple,
Et dans la vie enfin je rentre avec effort :
Mais nul impunément ne voit de tels mystères ;
Le jour me rend en vain ses clartés salutaires,
Je suis sous le sceau de la mort !
Marqué de sa terrible empreinte,
Les vivants me verront comme un objet de deuil,
Vain reste du trépas, tel qu'une lampe éteinte
Qui fume encor près d'un cercueil.

Pourquoi me renvoyer vers ces rives fleuries
Dont j'aurais tant voulu ne m'éloigner jamais ?
Pourquoi me rapprocher de ces têtes chéries,
Objet de tant d'amour et de tant de regrets ?
Hélas ! pour mon âme abattue
Tous lieux sont désormais pareils :
Je porte dans mon sein le poison qui me tue ;
Changerai-je de sort en changeant de soleils ?
J'entends... Ma fin prochaine en sera moins amère ;
Mes amis, il suffit : je suivrai vos conseils,
Et je mourrai du moins dans les bras de ma mère.

Le moment où Charles Loyson faisait entendre ce cri d'une sensibilité si vraie, ces accents d'une gravité attendrie, était précisément celui où Lamartine préparait ses premières *Méditations,* qui ne parurent que l'année suivante (1820). On dirait véritablement que l'histoire littéraire, comme la nature, à la veille d'une grande création, au moment où elle va enfanter et produire un grand individu nouveau, s'essaye et prélude par des ébauches moindres, par des moules préparatoires un peu indécis, mais approchants, qui donnent déjà quelque idée du prochain génie, mais qui, à son apparition, se brisent comme inutiles avant de s'achever et de s'accomplir.

Le Retour à la vie de Loyson peut se comparer avec quelqu'une des pièces où Lamartine, — le Lamartine des *Méditations,* — après une première langueur, revient aussi à la vie et renaît à l'espérance; avec la pièce intitulée *Consolation,* par exemple. Mais l'élégie de Loyson, même à l'heure de la convalescence, est d'un homme qui garde du frisson en soi, qui doit bientôt retomber et mourir : la méditation de Lamartine, jusque dans son mélodieux gémissement au contraire, est celle d'un poëte qui doit vivre et qui recèle encore en lui des torrents de séve et de force. On les sent déborder sur ses lèvres, du sein de sa prière à l'Éternel, auprès duquel il ne craint pas de se prévaloir de la guérison miraculeuse d'Ézéchias :

> Tous les jours sont à toi : que t'importe leur nombre ?
> Tu dis : le Temps se hâte, ou revient sur ses pas.
> Et n'es-tu pas celui qui fit reculer l'ombre
> Sur le cadran rempli d'un roi que tu sauvas ?
>
> Si tu voulais, ainsi le torrent de ma vie,
> A sa source aujourd'hui remontant sans efforts,

Nourrirait de nouveau ma jeunesse tarie,
Et de ses flots vermeils féconderait ses bords,

Ces cheveux dont la neige, hélas ! argente à peine
Un front où la douleur a gravé le passé,
S'ombrageraient encor de leur touffe d'ebène
Aussi purs que la vague où le cygne a passé;

L'amour ranimerait l'éclat de ces prunelles.

Et tout ce qui suit.

Veuillez bien remarquer et noter la gradation, dont la trace est sensible dans l'histoire littéraire. Parny, le premier en date, un élégiaque élégant et passionné ou du moins brûlant, n'est plus que libertin et sec quand il est sur le retour. Millevoye, lui, rencontre et introduit un soupir de l'âme que n'avait pas l'élégie sensuelle de Parny; il est au fond tout païen encore, mais déjà mélancolique et d'une veine de sensibilité qui mène et achemine de loin à la première manière de Lamartine.

Loyson, spiritualiste et même expressément chrétien, est tout voisin de cette muse prochaine des *Méditations*; il l'est par l'élévation de la pensée, par le sentiment; mais l'imagination n'est pas à la hauteur, et trop nourri de l'ancien goût, trop plein des formes classiques un peu usées, il n'atteint pas à l'expression puissante. L'image et le style lui font défaut.

La sincérité du moins, chez lui, est entière et sans mélange. Les poëtes en général, si l'on excepte le grand Lucrèce, ont considéré le spiritualisme et les idées re-

ligieuses comme la région naturelle où respire et se meut à l'aise la poésie. On a vu des poëtes eux-mêmes dont la pensée était volontiers en révolte et en humeur de secouer tous les jougs rentrer par instants, et comme par un mouvement involontaire, dans cette atmosphère et ce courant de croyances élevées. Tout récemment encore, dans un fort bon article sur Byron, M. Claveau, un de nos meilleurs critiques, discutant sur le degré de croyance ou d'incrédulité de l'auteur de *Childe Harold,* a montré qu'il y a bien des fluctuations chez lui et du va-et-vient. « Après tant d'épreuves, dit-il, il
« en était revenu à son point de départ, ou plutôt il
« ne s'en était jamais éloigné; il n'avait pu dépasser,
« dans le blasphème et la révolte, ce qu'on peut nom-
« mer *l'étape des poëtes*. Quand leur raison essaye de la
« franchir, leur imagination et leur cœur les y ramè-
« nent; leur sensibilité les y attache; ils sont religieux
« par leur instinct le plus sincère : toute poésie croit
« en Dieu. » — Il y a bien du vrai dans cette remarque, et *l'étape des poëtes* est bien trouvée. On pourrait en faire des applications à nos grands poëtes du jour depuis Lamartine jusqu'à Musset. Mais, pour Charles Loyson, il n'en était pas ainsi : cette *étape des poëtes* était pour lui la région fixe et définitive, celle où sa raison comme son cœur se reposait. On le vit bien à sa mort, lorsqu'il poussa l'humilité et le repentir jusqu'à sacrifier et livrer tout de bon aux flammes une élégante et innocente traduction de Tibulle, qu'il s'était permise en ses plus vives années.

La prose tenait une grande place dans le talent de

Charles Loyson. De ce côté et presque du premier jour, sa plume fut celle d'un excellent esprit et d'un bon écrivain : comme ceux qui sont destinés à mourir jeunes et en qui les saisons intérieures anticipent sur l'âge, il eut la maturité précoce. Je viens de parcourir un recueil auquel il a fort collaboré, *le Spectateur politique et littéraire*, de 1818 : c'était une feuille périodique ou à peu près, créée en opposition à *la Minerve*, et qui bientôt tint le milieu entre elle et *le Conservateur*, c'est-à-dire entre les libéraux-bonapartistes du temps et les ultra-royalistes. Loyson s'y dessine à la fois dans sa modération et dans la fermeté de sa ligne ; royaliste attaché à la Charte, mais faisant feu à droite et à gauche, — à droite contre Benjamin Constant et M. Étienne, — à gauche contre MM. de Bonald et de La Mennais. Je suis fâché que l'éditeur des *Œuvres choisies* n'ait pas connu notamment un article que Loyson écrivit au sujet du tome Ier de l'*Essai sur l'Indifférence*, à l'occasion de la deuxième édition. Cet article était digne d'être lu et reproduit. La Mennais en écrivait à son frère, l'abbé Jean, le 26 mai 1818 :

« Plusieurs personnes regrettent comme toi quelques-uns des passages que j'ai retranchés ; d'autres trouvent encore trop d'images. On ne sait que faire entre tant d'avis et si divers. Un M. Loyson parle de mon ouvrage dans *le Spectateur*, journal semi-périodique et ministériel. Il me reproche deux graves erreurs : d'avoir dit (ce que je n'ai ni dit ni pensé) qu'aucune société ne peut subsister sans la religion catholique, et d'être peu sensible à la beauté des gouvernements représentatifs. Ceci est plus vrai. Du reste, beaucoup d'honnêtetés, tout ce que je pourrais désirer d'égards, et des louanges plus que je n'en mérite. On me crée une réputation dont je me passerais bien volontiers : je ne sais que faire de cela. »

Cet article de Loyson, dans lequel il saluait avec joie l'avénement d'un esprit éminent, d'un talent nouveau du premier ordre, comme il le fera plus tard pour Lamartine, contenait plus d'une réserve prévoyante et se terminait par une véritable profession de foi de christianisme libéral et de libéralisme chrétien. Sans compter que c'est un des meilleurs morceaux de l'auteur, le réimprimer eût été certainement un à-propos et presque une flatterie à l'adresse de son éloquent neveu.

Dans ce recueil du *Spectateur,* Loyson se trouvait en compagnie de MM. Droz, Auger, Campenon, tous exacts et honnêtes esprits, mais un peu froids, un peu ternes et sans nouveauté : il se retrouvait plus à sa place et dans son vrai monde, lorsqu'il était en compagnie des Royer-Collard, des de Serre, ses vrais maîtres, et qui lui témoignaient par leur considération qu'ils le tenaient, malgré sa jeunesse, pour l'un des leurs. C'est en cela que Loyson est fort supérieur à Casimir Delavigne, son contemporain, et à côté de qui il débuta dans les concours de l'Académie française. Delavigne, qui avait bien des avantages comme poëte, n'approchait pas de Loyson dans l'ordre des idées, dans l'intelligence des questions philosophiques et politiques : il eût été profondément incapable de manœuvrer en prose et de tenir campagne en face d'un Bonald, d'un Benjamin Constant et d'un La Mennais. — Delavigne, confiné dans son art, ne s'intéressait qu'aux vers et y bornait sa vue : Loyson s'intéressait à tout (1).

M. Cousin, dans un de ces éloquents discours funéraires, tels qu'il les savait prononcer, a très-bien défini Charles Loyson en ce peu de mots : *noble esprit, âme tendre, jeune sage*, et le pied sur cette tombe entr'ouverte, le bras solennellement étendu, il s'écriait en finissant :

« Encore un mot, mon cher Loyson. J'ai la confiance que tu as été jusqu'à la fin fidèle à l'amitié, et qu'à tes derniers instants, où nos consolations te manquèrent (2), tu n'as pas cessé de croire que tu avais été et seras toujours présent à tous ceux qui te connaissent, et particulièrement à celui auquel tu aurais dû survivre, et *que tu n'attendras pas longtemps.* »

Ces dernières paroles produisirent, on peut le croire, une impression profonde sur l'assistance : rien ne manquait au dramatique; Cousin était alors souffrant, pâle, affecté ou se croyant affecté de la poitrine, comme il convenait à un disciple du *Phédon* qui aspire à jouir le plus tôt possible de l'immortalité. Cette espèce de

(1) Il était fort au courant de la littérature anglaise, et je trouve dans le tome I du *Spectateur,* page 153, un article de lui sur l'auteur des *Lettres de Junius :* il y indique et y appuie la solution qui les attribue à sir Philip Francis, la même qui a été si ingénieusement discutée et proposée par M. de Rémusat dans la *Revue des Deux Mondes* du 15 septembre 1868.

(2) Ceci laisse assez clairement entrevoir que, bien que Loyson fût mort à Paris, il n'avait pas été donné à ses anciens amis de l'École normale de l'approcher dans sa maladie dernière et à ses instants suprêmes. Victor Cousin était alors, et à bon droit, suspecté de philosophie avancée ; il était le porte-drapeau,

rendez-vous à prochaine échéance qu'il n'hésitait pas à donner à l'âme de Loyson se trouva heureusement fort ajournée : mais il est juste de dire que, s'il tarda de près d'un demi-siècle à le rejoindre, il ne l'oublia jamais ; il aimait à s'en entretenir avec nous ; il provoquait notre ami M. Patin à entreprendre une édition de ses Œuvres, et s'il vivait, il saluerait aujourd'hui avec bonheur l'accomplissement d'un de ses vœux. Nous lui aurions dû peut-être une dernière page, un dernier portrait définitif de son ami.

Publiciste et poëte, la courte vie de Loyson, si amoindrie encore par la maladie, fut partagée entre ces deux vocations opposées ; il a vivement exprimé cette gênante contrariété de goûts et d'occupations dans son Épitre à M. de Biran :

> Quelle étoile sinistre, à me nuire obstinée,
> En guerre avec mes goûts a mis ma destinée !...

D'une part l'amour des champs, le rêve à la Tibulle, le vœu d'Horace ; de l'autre, la guerre aux brouillons, aux charlatans, aux faux esprits, aux exagérés et aux violents. Ce n'était pas la seule contradiction qu'il trouvait au dedans de lui ; il avait coutume de dire encore, en regrettant de ne pas rester un simple amateur, ce qui est si doux et si désirable aux délicats : « Quel dommage que j'aie toujours envie d'écrire ! j'aurais tant de plaisir à lire ! » — Il exprimait ainsi une contradiction qui est en plus d'une nature littéraire, et plus d'un d'entre nous, que la démangeaison de produire a trop détourné de la douceur d'étudier, pourrait dire en ceci comme Louis XIV : « Je connais ces deux hommes en moi (1). »

Il s'est engagé une sorte de polémique bien tardive sur Charles Loyson ; dans un livre intitulé *Victor Hugo et la Restauration* (1869), M. Edmond Biré s'est attaché à réfuter (pages 254-255) un mot entre autres échappé à l'illustre auteur des *Misérables*. Dans ce roman, il y a en effet un chapitre intitulé *l'Année 1817*, qui est tout rempli de contrastes et de singularités historiques ou littéraires, tournant au ridicule et au grotesque ; par exemple : « Il y avait un faux Chateaubriand appelé Marchangy, en attendant qu'il y eût un faux Marchangy appelé d'Arlincourt... La critique faisant autorité préférait Lafon à Talma... L'opinion générale était

---

(1) L'année 1819 fut une des plus actives pour Loyson politique et polémiste. Je le trouve nommé plusieurs fois dans l'*Histoire du Gouvernement parlementaire* de M. Duvergier de Hauranne (tome V, pages 83, 122, 123). Il était chargé par M. de Serre de revoir pour l'impression ses discours, et M. Duvergier de Hauranne lui adresse le reproche « d'en avoir souvent affaibli le nerf et la vigueur ». Loyson faisait preuve en cela d'un scrupule politique non moins que littéraire ; il craignait sans doute, en laissant telle ou telle expression trop vive du grand orateur ministre, de porter de la flamme à l'incendie. Je lis de lui, à cette date, une excellente brochure au sujet de la *Proposition du marquis Barthélemy* contre la loi des élections. C'est assurément un des meilleurs écrits sur la question. On en pourrait détacher quelques paroles éloquentes et tristes sur l'état moral de la France à cette époque, état moral agité et fébrile, suspendu entre des fautes et des excès contraires, donnant d'un extrême à l'autre sans trêve ni raison, et que nous avons vu se renouveler tant de fois depuis : un mal à désespérer les sensés et les clairvoyants, à faire douter de l'avenir et du bon génie de la France, et qui est devenu proprement le mal français périodique.

que M. Charles Loyson serait le génie du siècle ; l'envie commençait à le mordre, signe de gloire, et l'on faisait sur lui ce vers :

> Même quand Loyson vole, on sent qu'il a des pattes. »

M. Edmond Biré, qui a fait tout un volume pour réfuter les cinq ou six pages de Victor Hugo, et qui les considère comme outrageuses à la Restauration, objet pour lui d'un culte rétrospectif, n'a pas eu de peine à montrer qu'en 1817 Loyson ne passait nullement pour un génie, et que le vers satirique qu'on lui lança ne fut décoché qu'un peu plus tard. J'avais toujours négligé, dans les deux articles que j'ai consacrés à Loyson, de rappeler cette mauvaise plaisanterie à laquelle son nom donna lieu. Je pense que ce qui est dû surtout aux mauvaises plaisanteries de ce genre, c'est d'être méprisées et oubliées. Mais puisque celle-ci est devenue décidément un objet de controverse, puisque c'est la première chose, et la seule, que cite plus d'un de nos beaux esprits du jour quand il s'agit de Loyson, force m'est bien d'en parler. C'est Delatouche qui en est l'auteur et qui trouva plaisant de parodier le vers de Lemierre (dans les *Fastes,* chant V, vers 40) :

> Même quand l'oiseau marche, on sent qu'il a des ailes

La parodie parut pour la première fois dans les *Lettres Normandes* (tome VIII, page 238) sous ce titre : *Épigramme-quatrain sur un jeune doctrinaire qui fait de gros articles et de petits vers :*

> Au Pinde pourquoi voltiger,
> Lorsque toujours vous y rampâtes ?
> N'essayez plus d'être léger ;
> Même quand *l'oison* vole, on sent qu'il a des pattes.

Voilà le vrai texte. La rime est mauvaise, le quatrain a des longueurs, et il n'est fait évidemment que pour amener le dernier vers. La pointe finale est purement fortuite et due au hasard du nom ; elle porte à faux et n'atteint pas le faible du talent, car si Loyson a un défaut, ce n'est pas la lourdeur, c'est la pâleur. Mais n'est-il pas honteux qu'une telle malice, curieusement et froidement élaborée, nous occupe encore après des années et s'éternise ? Delatouche, l'homme de ces malices-là, était né comme exprès pour être l'ennemi et l'envieux de Loyson, si Loyson avait vécu. Il était en tout son contraire. Esprit amer et coquet qui distillait douloureusement des vers érotiques; qui, en politique, passait aisément à l'extrême; qui combinait les lascivetés de boudoir avec la haine des rois, et insinuait à plaisir un coin de priapée dans le républicanisme, il n'était pas fait pour comprendre le sentiment libéral, sincère et modéré, le sentiment religieux, également sincère et philosophique, le talent simple, élevé, et toute l'âme morale de celui qu'il croyait avoir suffisamment accablé en l'appelant un *doctrinaire,* et en faisant une pointe digne de Brunet sur son nom. Quant au chapitre de Victor Hugo sur l'année 1817 et que je ne me charge pas de justifier dans les points inexacts, je ne puis m'empêcher pourtant de trouver qu'il est bien étrange qu'on en soit venu à faire un volume tout entier, là où deux ou trois pages eussent amplement suffi. C'est d'ailleurs se méprendre, selon moi, que de penser que Victor Hugo ait voulu être systématiquement malveillant pour la Restauration, et l'idée générale du chapitre me paraît autre. Je l'ai écrit à M. Biré lui-même, en le remerciant de l'envoi de son volume : « Moi aussi, lui ai-je dit, j'ai vu l'année 1817, et je m'en souviens. Mettez si vous voulez 1816 ou 1818, on n'en est pas à quelques mois près; mais ce qui est certain, c'est que, de quelque point de vue qu'on prenne la Restauration, le caractère de ce régime n'était point encore prononcé et tranché à cette date. Il y avait amalgame, mélange, tâtonnement; la forme nette n'était pas encore dégagée et sortie de sa gaîne. Il y a dans l'âge de l'homme et de l'enfant un certain moment de transition qu'on appelle l'*âge bête.* Eh bien, l'an 1817 répondait assez fidèlement, du moins dans les choses de la littérature et du goût, à ce premier âge intermédiaire et gauche. Le régime n'eut tout son éclat et tout son développement heureux que vers 1828. Je me figure que c'est cette idée qui a inspiré les pages de M. Hugo. » Il y aurait lieu certainement, en choisissant bien ses points, à exécuter pour l'année 1847 une variation analogue sur le canevas et le thème où il s'est joué, et d'y observer une parfaite justesse. Quant aux détails inexacts et aux erreurs de fait, il est toujours bien de les relever, sauf toutefois à éviter l'excès de chicane et la minutie. M. Edmond Biré ne s'en est pas toujours préservé, et il serait aisé de le lui montrer, si ce n'était l'imiter que de l'y suivre. Ce jeune auteur possède à un remarquable degré la faculté du détail; il est armé d'un instrument d'investigation très-fin, et il a poussé plus d'une fois la précision jusqu'au piquant. Mais, ces points obtenus, l'ensemble fait défaut; la juste proportion des choses et des hommes n'y gagne pas. Il est, à mes yeux, des inexactitudes d'un autre ordre, et dont l'auteur ne paraît pas assez se douter; elles consistent, par exemple, à prendre M. Nettement pour un historien considérable, M. Mennechet pour un témoin de poids, M. Laurentie pour un des personnages distingués et des noms principaux de la Restauration, etc. Ce sont des erreurs d'optique qui tiennent à l'atmosphère particulière où l'on vit. Charles Loyson, s'il eût vécu, n'aurait pas commis de ces méprises.

Jeudi 7 novembre 1867.

M. VIGUIER

M. Viguier, ancien inspecteur général de l'Université, ancien directeur des études et maître de conférences à l'École normale, est mort le 11 octobre dernier à Précy-sur-Oise, où il vivait retiré depuis quelque temps. Cet homme rare, qui n'était bien connu que de ses amis, a rendu dans sa vie de grands services aux Lettres, mais des services qu'il se plaisait en quelque sorte à ensevelir : il aimait à perdre ses travaux dans la renommée de ses amis. Élève du lycée Charlemagne, où il fut condisciple de M. Victor Cousin, il y contracta avec lui dès l'enfance une de ces intimités que rien n'altère ni ne disjoint, et où le plus dévoué se donne sans réserve au plus fort. Il appartint comme élève à la première génération de l'École normale en 1811; il fit partie de ce qu'on pourrait appeler sans exagération l'avant-garde intellectuelle du jeune siècle : toutes les idées et les vues nouvelles qui flottaient depuis quelques années dans l'air et qui émanaient du monde de

Mme de Staël, — qu'elle-même devait au commerce de l'Allemagne, — devinrent pour la première fois chez nous, dans cette haute École, des études précises et bien françaises. Antiquité grecque, connaissance des langues et des littératures étrangères, philologie comparée, histoire reprise aux sources, philosophie et science du beau : M. Viguier, — de concert avec ses jeunes amis, Cousin, Loyson, Patin, Guigniaut et d'autres encore, toute une élite, — se mit résolûment à aborder ces branches toutes neuves ou renouvelées, à les suivre de près et à s'en rendre maître, comme s'il avait fait de chacune sa vocation spéciale. C'est un amer regret pour tous ceux qui l'ont connu et apprécié, qu'il n'ait pas fixé en quelque ouvrage, entrepris à temps, cette quantité de notions étendues, de remarques tour à tour fines ou élevées, qui composaient son trésor. Véritable maître, il dépensait toute sa science dans des leçons, dans des conférences, dans des entretiens fructueux pour qui l'écoutait : il ne réservait rien. Dire qu'il est pour quelque chose ou pour beaucoup dans la traduction du *Platon* de son célèbre ami ; que le *Manuel de l'Histoire de la Philosophie* de Tennemann a été entièrement traduit par lui ; qu'il a, depuis et jusque dans les derniers temps, donné ses soins à bien des textes, notamment au texte italien de l'édition de Dante, illustrée par Doré ; qu'il y a mis des notes ; qu'il a, sur quelques points, et d'accord avec Fiorentino lui-même, contribué à en perfectionner la traduction déjà excellente ; que dans les œuvres de Corneille, publiées sous la direction de M. Adolphe Regnier, il a soigné toute la partie des imitations espagnoles et les a pesées dans la plus juste balance; dire tout cela, c'est ne donner qu'une bien faible idée du mérite, des connaissances, de l'utilité pratique, des services enfouis et de l'inépuisable obligeance de M. Viguier. Combien de fois, il y a près de quarante ans, ne l'ai-je pas rencontré dans la plaine de Vanves (il passait alors les étés à Issy) tenant un livre à la main et lisant sous le soleil! C'était Sophocle ou Euripide, texte grec, qu'il lisait. Une autre fois, c'était Goethe : et si alors vous l'interrompiez brusquement dans sa lecture, il fallait entendre comme, tout plein de son auteur, il vous en parlait; la source coulait d'elle-même; les remarques les plus fines, les plus délicates de style se succédaient sur ses lèvres, et vous aviez une conférence improvisée. Il sentait la manière de chaque grand auteur avec une singulière vivacité d'impressions et, on peut dire littéralement, *jusqu'au bout des ongles*; son geste même l'indiquait : il avait hérité de la sensibilité esthétique de l'un de ses premiers maîtres, l'abbé Mablin, le Toscan attique. Il comparait spontanément les écrivains des diverses nations, il les rapprochait d'une manière inattendue et avec une sorte de recherche ingénieuse qui chez lui était naïve ; ce qui aurait pu sembler de la subtilité n'était que la fleur suprême du goût. Il eût été digne d'être de l'Académie de la *Crusca*, non-seulement en Italie, mais de toutes les *Cruscas*, s'il y en avait eu une pour chaque littérature étrangère. Voyageur et curieux infatigable, à l'âge de soixante ans il revoyait l'Allemagne en détail, allait s'asseoir sur les bancs des Universités et se faisait un bonheur de se rompre de nouveau à la familiarité du puissant idiome. Il y avait entendu, trente années auparavant, tous les grands professeurs qui présidèrent à la renaissance de l'érudition et de la critique, et, entre autres, à Berlin, l'illustre Wolf. L'article *Wolf* de M. Viguier dans la *Biographie universelle* est fait d'original. Trente ans plus tard, il revoyait, en courant les Universités des bords du Rhin, et le vieux Creutzer le mythologue, et l'historien Schlosser, et le jurisconsulte Mittermaier. Il redevenait étudiant comme au premier jour (1). En tout de même : ces belles et illustres études de Goethe, de Schiller, de Shakspeare, de Dante, de Calderon, dont tant de plumes brillantes, dont tant de chaires sonores nous parlaient magnifiquement, mais un peu superficiellement, lui, il ne croyait jamais les posséder assez, il les faisait et les recommençait sans cesse dans une lecture assidue, les yeux collés sur les difficultés du texte autant que sur les

(1) De Heidelderg, par exemple, il écrivait le 27 novembre 1852 :
« ... Dès huit heures (du matin) on court à l'Université. C'est un
« bâtiment parfaitement accommodé pour une cinquantaine de
« cours de diverses facultés. — Je n'ai que l'embarras du choix
« tous sont ouverts sans nulle façon. — Sur la même place est un
« grand bâtiment dit Museum qui est le casino des professeurs et
« des étudiants, des bourgeois et des étrangers, immense collection
« de journaux où règne le silence dans les salons de lecture, et qui
« contient une bibliothèque libéralement servie, des salles de con-
« versation paisible, un vaste salon de concerts, institution des
« plus honorables (j'omets la fameuse bibliothèque de Heidelberg
« qui est à la disposition du public). — Enfin je me trouve ici solli-
« cité par une prodigieuse envie de tout lire, de tout entendre, de
« tout voir et de tout dire, — de m'emparer de la langue la plus
« familière, de tous les cours, de tous les professeurs de tous les

beautés. Et en effet, pour qui l'a vu, ses grands yeux saillants, à fleur de tête, semblaient avides de regarder et comme naturellement voués à une continuelle lecture. Et notez que, connaisseur des Anciens comme personne et versé dans toute religion classique, il restait ouvert et des plus sensibles aux découvertes et aux merveilles du génie moderne. Les poésies populaires l'occupaient aussi et le passionnaient à la rencontre; il les recueillait chemin faisant à plaisir, air et paroles : ses amis se surprirent plus d'une fois à sourire, en lui entendant réciter, vouloir chanter et mettre en action les plus humbles ballades et mélodies. On est tenté de maudire ce trop de curiosité et d'étude qui l'a détourné d'une œuvre à lui, d'une production durable. Il ne se décidait guère à un travail proprement dit que quand il y était sollicité par l'amitié ou par un devoir. Il doit se trouver dans les cartons du ministère de l'Instruction publique des rapports exquis de M. Viguier, à propos

« journaux, de tous les livres, de tous les paysages et de toutes les
« montagnes. Vous concevez combien je dois trouver la journée
« courte, surtout en cette saison, surtout en me donnant le plaisir
« d'entendre trois ou quatre cours *de suite* dans la matinée, et deux
« ou trois dans l'après-midi jusqu'à sept heures. Je me suis trouvé
« une solidité à rester si longtemps sur les bancs, dont je ne me
« serais pas cru capable. La fatigue est plus que compensée par le
« plaisir d'accoutumer mon oreille à la parole la plus rapide, outre
« l'intérêt même des cours qui sont si bien faits et si bien écoutés.
« Vous seriez bien frappé et charmé de la tenue de ces cours et de
« ces étudiants, et de leur maintien et de leur ton et de leur mise,
« et des cahiers qu'ils tiennent à chaque cours avec tant d'ordre.
« C'est une civilisation inconnue malheureusement chez nous ; il
« est vrai qu'ils ne sont à l'Université que six à sept cents, et
« qu'ils n'ont point un Paris pour garnison. »

de livres, la plupart assez insignifiants, qu'on lui envoyait à examiner : sans y mettre rien de trop, il y appliquait tout son savoir avec justesse. Quelque jeune ami, — et il en avait de cet âge, et un particulièrement bien digne de lui (1), — devrait se donner pour tâche pieuse de recueillir dans ses divers écrits, et aussi dans les lettres pleines d'effusion et nourries de détails qu'il adressait à ses amis de France durant ses voyages d'Allemagne et d'Italie, des extraits, des pensées, des jugements, de quoi rappeler et fixer dans la mémoïre quelques traits au moins de la physionomie de cet homme excellent dont les qualités morales et la candeur égalaient la haute intelligence. Ce serait une urne modeste, mais qui renfermerait de précieuses reliques. Une première édition à cent exemplaires en amènerait peut-être une seconde, réclamée du public lettré, comme pour Joubert. J'ai tout à l'heure prononcé le mot de *candeur :* entendons-nous bien, cet homme de simplicité et de modestie n'était nullement dupe, et quand l'amitié ne l'enchaînait pas, il pénétrait avec bien de la sagacité ses grands contemporains universitaires : quelques lignes sur eux qui lui échappaient à l'occasion, tracées de son encre la plus légère, seraient, si on les détachait, tout un jugement (2). Nature d'ailleurs indul-

(1) Le fils de M. Théodore Gaillard, M. Jules Gaillard, attaché aux Affaires étrangères, et qui s'est déjà fait connaître par une traduction élégante des *Mémoires de l'empereur Maximilien.*

(2) Sur M. Villemain par exemple, ce grand et bel esprit, si libéral dans ses livres, ce haut et puissant seigneur qui régnait à l'Académie comme à l'Université et à qui chacun rendait sans qu'il se crût obligé à rien en retour, — à son sujet, M. Viguier écrivait

gente et bénigne s'il en fut, exempte de tout sentiment d'envie, lorsque tant de demi-habiles et de demi-savants se pavanent et triomphent, content de son sort et oubliant de se comparer, il n'éprouvait aucune amertume de n'avoir point donné au public toute sa mesure. L'étude désintéressée et sans terme, voilà proprement son caractère et sa devise. Il était lui-même le premier à sentir qu'il se livrait trop au plaisir de voir et d'apprendre indéfiniment, qu'il embrassait trop à la fois dans

à M. Théodore Gaillard, le parfait traducteur du *De Oratore* et dont le travail, une dernière fois revu et retouché, venait de paraître : « (Heidelberg, 25 décembre 1852)... Vous avez aussi très-
« bien fait de voir M. Villemain, et je ne puis m'empêcher de
« croire qu'il n'ait en vue un moyen, bien simple pour lui, de
« rendre une convenable justice à votre travail sans en écrire pour
« les journaux. Et puisqu'il est si avare des avances d'une vraie
« et abondante bienveillance, je me rejette sur la conviction qu'il
« aimera à parer son prochain Rapport à l'Académie d'une tirade
« sur le *De Oratore*, qui sera de meilleur aloi que l'inexacte réminiscence
« sur Bernardin de Saint-Pierre. C'est malheureusement
« toujours par le côté de sa personnalité qu'il m'a habitué à l'interpréter.
« Vous ne vous êtes nullement mépris en apercevant
« chez lui quelque déplaisir de ce que je ne lui ai pas écrit. Il
« m'avait gauchement et légèrement manifesté ce désir, mais quoi !
« en me laissant l'idée (arrivé jusqu'ici, je puis dire la certitude)
« qu'il n'entendrait guère me répondre, ce dont en effet tout son
« esprit le laisse peu capable. Bref, voici bientôt le jour de l'an et,
« à titre de vasselage, je lui composerai, je crois, une petite lettre
« sans mon adresse, et il ne vous la demandera pas. Je plains
« d'avance les moments qu'il m'en coûtera. Mais pourtant je le
« reprendrai sur le thème du *De Oratore* par un argument *ad hominem*. »
— L'argument échoua. Dans le petit nombre des maîtres universellement salués et reconnus qui tiennent, à leur époque, le sceptre de l'esprit et qui pourraient être dans tous les sens les arbitres des grâces, il s'en est rencontré un (chose rare !) qui, par inclination, jouissait de refuser, comme d'autres jouissent d'accorder,

ses courses buissonnières à travers le monde, et il s'en confessait de bonne grâce, sauf à récidiver le lendemain. Je lis dans une des lettres affectueuses et touchantes que j'ai sous les yeux, écrites de Vienne à son vieil ami Théodore Gaillard, des aveux et des semblants de remords de cette flânerie délicieuse, de cette humeur incurablement vagabonde qui le promenait par toutes les capitales, prenant de chacune ce qu'elle avait d'original et d'excellent : « Quelle existence frivole ! n'est-ce pas ?
« quelle flânerie égoïste ! Pensez-vous de moi ainsi ? l'en-
« tendez-vous dire ? un véritable *Epicuri de grege !* J'en
« serais pourtant fâché, et je ne voudrais pas, avec ce
« faux air de cosmopolite, perdre la sympathie des amis
« de mon village et de mon voisinage, auxquels je pense
« sans cesse et que je reviendrai voir à temps, j'espère,
« avant les glaces de l'âge infirme et solitaire ; mais lais-
« sez-moi courir ma dernière course. » Cette course dernière ne venait jamais. Il était bien l'aîné d'Ampère en cela. Promeneur amusé de Munich à Vienne, de Vienne à Venise, de Venise à Milan, et se reprochant les agréments mêmes du séjour, un certain charme de sociabilité qu'il rencontrait d'autant mieux chez les autres qu'il le portait avec lui, il écrivait encore : « Dans le
« voyage de la vie, il ne faut pas trop s'approcher aux
« stations de passage où l'on ne peut pas compter de
« retourner, parce qu'après tout, et avant tout, il faut
« compter sur le poste final de la famille et des vieux
« amis, où nous attendent le dernier banc au soleil ou
« à l'ombre, et nos derniers tisons. » Il a eu son dernier banc au soleil. Mort le 11 octobre 1867, il était né le

19 octobre 1793 : il avait soixante-quatorze ans. Mais l'expression de son visage et l'allure de sa personne étaient, presque jusqu'à la fin, restés jeunes. Dans cet esprit toujours en marche, l'enveloppe seulement avait diminué : rien ne s'était appesanti.

Le même jour que paraissait dans le *Moniteur* cet article sur M. Viguier, M. Patin en publiait un dans le *Journal des Débats :* il y rendait un juste et complet témoignage à l'ami de toute sa vie. A cette même date du 7 novembre (1867), un autre de ses vieux condisciples et collègues, M. Dutrey, m'écrivait :

« ... Ce n'est pas sans une vive émotion que j'ai retrouvé, dans ce que vous dites de lui, l'expression si fidèle des souvenirs que m'a laissés notre longue amitié. Depuis l'École normale il n'y a point eu de lacune dans nos relations affectueuses. Il m'a été donné de le voir dans les dernières phases de sa maladie, et de représenter, auprès de son lit de mort et de son cercueil, ses anciens camarades absents ou informés trop tard de la catastrophe. Jusque dans la dernière crise, il s'est montré courageux et résigné avec simplicité ; et, si je ne craignais d'altérer la tristesse de cette impression, j'ajouterais à l'appui d'une de vos remarques que, jusque dans les suprêmes douleurs, je l'ai vu sensible à l'impropriété de quelques mots qui blessaient la pureté de la langue. » — L'homme de goût fut le dernier à mourir en lui.

En reparcourant à loisir la correspondance de M. Viguier, j'y trouve encore plus d'un agréable passage. — De Munich, le 8 mai 1853, il écrivait à son ami M. Gaillard, laissant bien voir tout ce qu'il y avait d'irrésistible et d'involontaire dans ses entraînements de voyageur, et combien il était à la merci du génie des lieux .

« Vous me faites l'amitié de me poser bien doucement une question à laquelle je suis sensible, savoir quand je devrai revenir. Il est bien vrai que je n'en sais rien maintenant. Si je ne vais pas voir Dresde et Berlin, j'en serai bien fâché ; mais au midi me sollicitent le Tyrol, Salzbourg, les lacs, Vienne, Gratz, Laybach, les contrées qui descendent vers Trieste et Venise. Quel embarras ! quelle perplexité ! L'année n'a que douze mois, et je vais entendre sonner un lourd *decennium* (la soixantaine) au revers de quelque montagne, sous les rayons d'un soleil trop ardent pour ma pauvre tête chenue. Je reviendrai donc vers mes amis, c'est mon désir, avant d'y être forcé par un excès de malaise et de fatigue... Il ne faut pas, j'en conviens, s'exposer trop à laisser ses os en terre étrangère. J'espère que le bon Dieu voudra bien me rappeler à temps auprès de mes amis, avant le grand rappel définitif... »

Parlant de ses relations à Rome dans le carnaval de 1855 et des trois commensaux avec lesquels il pouvait causer, M. Servois, l'ancien élève de l'École des chartes, un M. de Garriod, ancien officier savoisien, homme modeste et d'un vrai mérite, profond connaisseur en peinture, il ajoutait ce fin portrait d'un troisième :

« J'attirais aussi quelquefois le professeur de belle littérature de l'Université (à *la Sapience*), dont j'ai entendu les leçons avec plaisir : mémoire facile et sûre des plus beaux textes latins et italiens, prononciation parfaite, et sur le tout un sentiment irréprochable d'excellent humanisme pour rapprocher, à chaque leçon, quelques beaux passages classiques de l'antique et de la moderne Italie. Mais, hélas ! c'est un type romain, et vous avez beau le trouver charmant et ne pas vous lasser de l'aller entendre, de lui faire des compliments dans sa langue et de recevoir les siens, gardez-vous de lui dire que la critique littéraire est jusqu'à un certain point une branche de la philosophie et de la critique historique ; que le divin Dante tient quelquefois du barbare (sans en être moins étonnant et moins intéressant, tant s'en faut !) etc., etc. : l'audace de ces assertions, le mot *philosophie* qui s'y trouve mêlé témérairement, lui donneront un frisson dangereux pour sa santé; il éludera votre rencontre, et regrettera peut-être de vous avoir donné un exemplaire de ses *Monumenta Vaticana versibus descripta* (in-8°. 1854) »

Un La Bruyère dirait-il mieux ?

Je donnerai encore comme un parfait exemple de son indépendance et de son étendue d'esprit, comme aussi de son indulgence et de sa mesure, une lettre de lui écrite à M. Émile Deschanel au lendemain d'une conférence sur Voltaire à laquelle il avait assisté :

« Paris, 21 février 1867.

« Mon compliment, cher Deschanel ! vous m'avez rendu témoin d'un succès brillant au milieu d'une salle si nombreuse où j'ai été heureux de trouver une petite place. Mes vieilles oreilles un peu dures ne perdent pas une syllabe de votre débit, dont le mouvement vif et naturel captive l'attention du public sans la fatiguer un seul instant...

« Quant à votre coquin de Voltaire, vous l'avez très-joliment prêché; je vous dirais, comme les Italiens, *salvo il vero*, — c'est-à-dire réserve faite de tous les contraires inhérents à l'exercice des grandes facultés, des ambitions et des activités prodigieuses. Hélas! combien y a-t-il eu de grands hommes dont les protubérances excessives n'aient pas été souvent des difformités; dont l'ardeur n'ait pas été souvent une fièvre emportée et malfaisante ? — Je l'ai beaucoup lu et beaucoup feuilleté, je vous assure. Maintenant surtout que le charme de ses surprises est passé, il est difficile de l'aimer comme on l'admire. Indépendamment des défauts et des torts corrélatifs, pour ainsi dire, à ses qualités, comme chez Rousseau, il en a de gratuits et par surérogation comme menteur, mal élevé, ami de Richelieu, sans décence et sans dignité dans sa grandeur. Quelle différence faites-vous pour l'édification des âmes entre le déisme de Voltaire et l'athéisme (qui vaut même bien mieux chez les gens sérieux) ? Quoi de moins philosophique que de n'avoir pas su au moins, en vieillissant, reconnaître l'éternelle nécessité en fait, de quelque religion positive dans les sociétés humaines et, au lieu de faire la part de cette nécessité en la conciliant avec la justice, d'avoir voulu entraîner le peuple à écraser l'*infâme*? Au lieu d'aller aux lois de tolérance, c'était préparer les horreurs de 92. Et puis, tenez, une idée philosophique à laquelle je tiens beaucoup, c'est que le génie des peuples modernes n'a pas tant besoin d'être ni excité ni endoctriné par tels ou tels hommes. Aucune idée fausse ne me blesse plus que celle qui considère le genre humain comme incapable d'avoir trouvé et fixé la vraie morale s'il n'avait eu l'Évangile. De même, sans Voltaire, je vois toutes les idées libérales entrer dans le monde par tous les pores. Je suis même sans cesse disposé à imputer la partie fausse et violente qui s'y mêle aux travers personnels des prétendus porte-flambeau. Le bienfait de ces hommes rares est loin d'égaler le bruit, l'éclat, le tapage qui fait la gloire, — ce dont on aime mieux à entendre parler. Pour moi, comme bienfaiteur de l'humanité, je place Voltaire bien au-dessous de l'honnête Beccaria avec son petit livre.

« Voyez-vous, mon cher ami, comme je me laisse aller à bavarder, parce que le succès de votre panégyrique d'hier me met en bonne humeur de penser à votre sujet ! Qu'importe que je vous contredise ? Toute pensée n'est-elle pas sujette à la contradiction comme à la première de ses lois (et à la plus utile) ? Il suffit que je sois bien d'accord avec vous pour me réjouir de ces bonnes aventures de parole, de ces victoires de renommée, récompense de votre vie courageuse et laborieuse, — et pour vous en souhaiter, comme je l'espère, beaucoup de semblables. Toutefois, si j'avais beaucoup l'occasion de vous voir, indépendamment du goût que j'aurais à causer après la pièce de ce que j'aime mieux penser comme vérité, — je m'attacherais dans votre intérêt au point de vue de la prudence qui, sans exiger de vous le sacrifice de vos opinions, doit vous conseiller beaucoup de mesure, en proportion même des applaudissements que vous recevez. Au reste, j'espère que cette pensée est aussi la vôtre. Votre répertoire de conférences est heureusement rempli de sujets moins scabreux que celui d'hier. Vous êtes dispensé d'un rôle exclusif de tribun en littérature, qui deviendrait très-dangereux.

« Bonjour et mille amitiés.

« VIGUIER.

« Vous êtes occupé : pas de réponse ! »

M. Deschanel avait été un de ses élèves à l'École normale. Il se plaît à raconter comment M. Viguier, quand il lisait et expliquait à sa conférence de l'Aristophane, — de ce Voltaire-Rabelais, et qui était encore quelque chose de plus, — était lui-même tout à fait à peindre, ne se tenant pas d'aise et de surprise à chaque instant, trépignant de plaisir, riant et pleurant tout ensemble, rougissant lorsqu'une énormité succédait dans le texte à des détails exquis; et il s'écriait avec une douceur charmante : « Ah ! messieurs, quelles canailles que ces Grecs, mais qu'ils avaient donc de l'esprit ! »

Les Viguier, qui étaient de bons bourgeois de Paris, possédaient dans le prolongement de la rue de Rivoli une maison à laquelle ils avaient fait mettre sur la rue un cadran solaire avec une devise. Cette devise, qui était de la composition de M. Viguier, lui ressemblait fort : *Vera intuere, media sequere.* Une maxime de Montaigne ou d'Horace. Et il en avait fait lui-même une paraphrase en vers :

> Passant, quand le soleil brille à ce méridien,
> Contemple le temps vrai, mais n'en fais point usage ;
> Le bon sens et la loi suivent le temps moyen.
> « Prends l'heure à la paroisse » est un honnête adage
> Dont plusieurs font abus, mais qui convient au sage,
> Eût-il même du Vrai le miroir en sa main.

Tel était cet aimable et savant homme dont la figure, peu connue dans le monde, est et restera présente et chère à tous ses amis, — une figure qui ne ressemblait à nulle autre. Puissions-nous en avoir transmis quelque idée sensible et durable à nos lecteurs !

DUBNER

On lit dans *le Moniteur* du 15 octobre 1868 :
« Dans la matinée du 13 octobre, une cérémonie touchante réunissait dans le cimetière de Montreuil-sous-Bois les amis du philologue si distingué, M. Dübner, mort l'année dernière à pareil jour. Au sortir de la messe du bout de l'an, on est allé inaugurer le monument érigé à sa mémoire : l'initiative en est due à M. Émile Gaume ; l'exécution en avait été confiée à l'habile ciseau de M. Mathieu Meusnier. Ce monument élégant et simple consiste en une table de marbre verticale, d'un style grec, portant au fronton des tablettes entrelacées dans une couronne, la plume du correcteur et de l'écrivain, les emblèmes philologiques ; au milieu, le médaillon de Dübner, que couronnent deux figures allégoriques : une Minerve représentant l'*Iliade*, un Ulysse représentant l'*Odyssée*. Au-dessus, entre le fronton et le médaillon, une inscription latine, due à M. Léon Renier, indique le plus en vue et le plus récent des travaux de Dübner. En voici les termes, sauf la forme épigraphique des lettres : *C. Julii Cæsaris Commentarios, Napoleone III jubente et juvante, recensuit et emendavit Frid. Dübner.* Au-dessous du médaillon, d'un côté, se lit un distique grec, de la composition de M. Chassang, maître de conférences à l'École normale ; de l'autre, un distique latin, envoyé de Gotha par un ami, un compatriote de M. Dübner. Au bas et au milieu, l'épitaphe est en français. L'effet est du meilleur goût, l'en-

semble du travail fin, pur, et d'un classique approprié au sujet.

« M. Émile Gaume, en présence de la tombe, a prononcé un discours plein de convenance et d'affection, dans lequel il a rappelé la pensée et le but de cette réunion commémorative. Ensuite il a été lu, au nom de M. Sainte-Beuve, empêché par sa santé, la page suivante, qui est un hommage tout littéraire rendu au savant et à l'ami :

« Messieurs, ce ne serait point à moi de venir prononcer quelques paroles en l'honneur du savant homme dont le cher et respecté souvenir nous réunit dans cette commémoration funèbre : ce serait à quelqu'un de ses vrais collègues, de ses pairs (*pares*), de ses vrais témoins et juges en matière d'érudition : mais ils sont rares, ils sont absents, dispersés en ce moment ; — mais quelques-uns de ces meilleurs juges de l'érudition de Dübner sont hors de France, à Leyde, à Genève, dans les Universités étrangères ; mais Dübner en France, aussi modeste qu'utile, aussi absorbé qu'infatigable dans ses travaux, n'appartenait à aucune académie, et tandis que son illustre compatriote et devancier parmi nous, M. Hase, mourait surchargé de titres, de places et d'honneurs bien mérités, Dübner, à l'âge de plus de soixante ans comme au premier jour, n'était rien qu'un travailleur isolé, tout entier voué à l'exécution des grandes entreprises philologiques qui roulaient sur lui, dont il était la cheville ouvrière et l'âme, se dérobant, ne s'affichant pas, étranger au monde, n'ayant au dehors que les relations strictement nécessaires, enseveli, comme il le disait, dans sa vie souterraine au fond de sa mine philologique, et tout semblable à l'un de ces mineurs du Erzgebirge auquel lui-même il se comparait ingénieusement.

« Oui, je le remarque avec peine, avec regret pour la France, l'Académie des Inscriptions et Belles-lettres a laissé vivre et mourir, sans se l'associer, ce savant homme si essentiel, dont la perte est reconnue aujourd'hui, par tous ceux qui ont droit d'avoir un avis en ces matières, comme immense et presque irréparable.

« Que vous dirai-je de sa vie, messieurs? Elle serait tout entière dans le catalogue des publications auxquelles il prit part durant plus de trente ans, et, comme l'écrit un des vrais et fins hellénistes consultés par moi, M. Adner, « si, de 1836 à 1866, il a été publié en France cent volumes de grec, on peut hardiment affirmer que Dübner, pour sa part, en a revu au moins quatre-vingt-dix. » — Né dans le duché de Saxe-Cobourg-Gotha, le 21 décembre 1802, sorti de l'Université de Gœttingue, élève et ami des Mitscherlich et des Jacobs, il fut appelé à Paris dès 1832, pour y travailler au *Thesaurus* entrepris par M. Didot. Jusque-là il avait été plus latiniste encore qu'helléniste ; mais, à ce nouveau travail et à tous ceux qu'il y joignit, il acquit bientôt une connaissance admirable de la langue grecque, non-seulement de son glossaire et de sa syntaxe, mais encore et surtout de son esprit. Sous ce rapport, au dire des plus compétents, Dübner était arrivé, vers la fin de sa vie, à une quasi-divination : c'était le résultat des immenses lectures auxquelles l'avaient forcé ses publications incessantes.

« Représentant de la philologie allemande en France, appliquant et développant les principes sur lesquels repose la critique des textes, son exemple eut certainement de l'action sur ses contemporains immédiats, et aussi sur les plus jeunes qui ont succédé : il ne m'appartient pas de citer les noms. Mais, s'il exerça une heureuse influence sur les individus distingués, il échoua dès qu'il voulut introduire une partie de ses idées de réforme dans l'enseignement public; il ne put faire brèche ; l'Université en corps résista, elle tint bon pour sa grammaire traditionnelle, qui avait été un progrès, en son temps, mais qui était certainement dépassée; on eut même, je le crois, quelque peine à pardonner à Dübner sa tentative d'amélioration et ses insistances; car il revint plus d'une fois à la charge, la polémique fut longue, bien des considérations étaient en jeu... N'insistons pas nous-même : le souvenir de ces désaccords et de ces démêlés ne serait point à sa place ici, en présence d'une tombe.

« Repoussé ou peu agréé dans le principe du côté universitaire, Dübner trouva un empressé et généreux accueil parmi les membres de l'enseignement libre, qui surent apprécier aussitôt son utilité et les services qu'il pouvait rendre. Aussi, en dehors de sa grande collaboration à la *Bibliothèque grecque* de M. Didot, rencontre-t-on deux autres sortes de travaux auxquels il s'adonna : la série des classiques publiés par M. Lecoffre, et les éditions des Pères de l'Église par MM. Gaume. C'est à un jeune membre de cette honorable maison, lui-même élève de Dübner, et un élève de prédilection, qu'est due la pensée pieuse de ce monument et de cette inauguration funéraire : qu'il en soit remercié au nom de tous !

« Remercions aussi l'artiste distingué dont le ciseau a si bien servi cette pensée d'amitié et de justice, et a su figurer à nos yeux l'image et l'esprit de notre ami dans une composition heureuse.

« Les dernières années de Dübner semblaient devoir le tirer de l'ombre où il avait si longtemps et si volontiers vécu. Appelé à donner une édition des *Commentaires* de César à l'Imprimerie impériale, environné par la munificence de l'Empereur de tous les instruments nécessaires à ce grand travail de collation, il put établir un texte excellent. Il voulait l'accompagner d'un commentaire critique pour expliquer et justifier ses leçons et corrections. Quoiqu'il ait rencontré là aussi des difficultés et peut-être des luttes sourdes, il put mener à bonne fin, avant sa mort, le meilleur de sa tâche. La justice de l'Empereur se plut à reconnaître ses services en cette occasion, qui en résumait tant d'autres, et à l'en récompenser par des marques de bonté qui ont rejailli sur son excellente veuve.

« Aux savants seuls il appartient de fixer le rang qu'occupera Dübner dans l'histoire des progrès de la philologie et de la critique au xixe siècle : on devra toutefois considérer, en appréciant ses mérites, qu'il ne lui fut jamais donné de les développer en pleine liberté dans un travail tout à fait original et individuel ; il était toujours plus ou moins commandé par les conditions matérielles des publications auxquelles il s'employait. Il n'aurait pu manifester hautement, l'eût-il possédé, le sens littéraire délicat et hardi d'un Cobet. Mais le grand philologue de Leyde, qui était son véritable ami, qui entretenait avec lui un commerce de lettres, qui se plaisait à être son hôte dans ses voyages à Paris, saurait dire mieux que personne et dans leur juste mesure les qualités précises et multiples de celui qu'il distinguait et estimait entre tous.

« Sans prétendre y apporter une aussi exacte balance, tous les hommes instruits qui aborderont désormais les classiques grecs ou latins seront pénétrés de reconnaissance pour Dübner. Que ce soit Théocrite, ou Virgile, ou Horace, qu'ils étudient, ils trouveront sur leur chemin le guide excellent et sûr, l'annotateur qui ne dit que ce qu'il faut. Sur Horace et Virgile, non-seulement dans les éditions-bijou de M. Didot, mais encore dans de nombreuses lettres et des articles publiés dans les journaux ou revues de l'Instruction publique, Dübner a proposé des sens nouveaux, des corrections piquantes et autorisées. Il ne serait même pas impossible de faire un jour, de tous ces morceaux dispersés, un petit recueil d'aménités littéraires philologiques à l'usage des simples amateurs de l'Antiquité, des humanistes curieux et non asservis à la routine.

« Bon, droit, animé de la seule ardeur des Lettres, serviable à tous, d'une obligeance inépuisable pour quiconque s'adressait à lui et le consultait, Dübner choisissait ses amis de cœur ; il en comptait peu : mais il en avait plus encore qu'on n'en voit aujourd'hui réunis et venus pour le saluer et l'honorer sur ce tombeau.

« Mort il y a juste un an, le 13 octobre 1867, Dübner n'avait pas accompli sa soixante-cinquième année : à ne voir que sa vie saine et son apparence robuste, de longs jours lui semblaient encore promis. Heureux après tout, heureux homme, pourrions-nous dire, qui a consacré toute sa vie à d'innocents travaux, payés par de si intimes jouissances ; qui a approfondi ces belles choses que d'autres effleurent ; qui n'a pas été comme ceux (et j'en ai connu) qui se sentent privés et sevrés de ce qu'ils aiment et qu'ils admirent le plus : car, ainsi que l'a dit Pindare, « c'est la plus grande amertume à qui apprécie les belles choses d'avoir le pied dehors par nécessité. » Lui, l'heureux Dübner, il était dedans, il avait les deux pieds dans la double Antiquité ; il y habitait nuit et jour ; il savait le sens et la nuance et l'âge de chaque mot, l'histoire du goût lui-même ; il était comme le secrétaire des plus beaux génies, des plus purs écrivains ; il a comme assisté à la naissance, à l'expression de leurs pensées dans les plus belles des langues ; il a récrit sous leur dictée leurs plus parfaits ouvrages ; il avait la douce et secrète satisfaction de sentir qu'il leur rendait à tout instant, par sa fidélité et sa sagacité à les comprendre, d'humbles et obscurs services, bien essentiels pourtant ; qu'il les vengeait sans bruit de bien des injures ; qu'il réparait à leur égard de longs affronts. Placé entre deux grandes nations rivales qu'il eût voulu concilier dans les choses de l'intelligence, il a échappé à nos disputes du jour, à nos conflits, à nos misères ; il a eu les plus illustres et les plus charmants des morts pour contemporains et pour hôtes assidus ; heureux homme, dans ses dernières années du moins, à la fois rustique et attique, il jouissait de son jardin, envoyait à ses amis en présent des fruits à faire envie à Alcinoüs, et il possédait son Homère comme Aristarque.

« Qu'il repose en paix dans la sépulture du lieu riant où il est mort sans vieillir, où il a vécu ! »

Ce discours, bien simple et où je n'ai rien avancé que d'incontestable, m'a cependant attiré, je dois le dire, des observations et des réclamations de trois côtés à la fois : de l'Académie des Inscriptions, de l'Université et de l'Imprimerie impériale.

Le jour même et en présence de la tombe, M. Quicherat, de l'Académie des Inscriptions, dans quelques paroles qu'il a prononcées après moi, a essayé d'infirmer le reproche que j'avais articulé, et il est allé jusqu'à dire que Dübner devait être bientôt nommé par l'Académie, s'il eût vécu. Ce sont de ces prédictions qui ne courent pas risque d'être démenties. Je ne demanderais pas mieux que d'y croire, mais j'avoue qu'à part M. Quicherat, je n'ai pas remarqué trace de regret ni de remords à ce sujet chez aucun des membres de la docte Académie. Il y a peu d'années, un jour que M. Charles Giraud, de l'Institut, parlait de Dübner à M. Victor Le Clerc et précisément comme d'un candidat possible pour l'Académie des Inscriptions, le savant et pédant doyen lui répondit de sa voix la plus aigre : « Nous avons résolu à l'Académie de ne nommer personne pour de simples récensions de textes. » M. Le Clerc en parlant ainsi oubliait que pendant longtemps son principal titre, à lui-même, était d'avoir donné un texte, une édition de Cicéron. Mais, au fond, il avait sur le cœur certain article sévère que Dübner avait publié à l'occasion de son livre des *Journaux chez les Romains* (1).

L'Université aussi s'est émue des quelques mots très-adoucis dans lesquels j'avais fait allusion aux luttes acharnées soutenues par Dübner sur le terrain et dans le champ clos de la grammaire. M. Pierron et M. Delzons m'ont écrit et se sont présentés comme témoins à la décharge de l'Université. Selon l'un de ces savants et spirituels universitaires, Dübner aurait été injuste envers M. Burnouf, comme il l'avait été auparavant envers M. Le Clerc, et il aurait par là indisposé l'Université, comme il s'était déjà aliéné l'Académie. Lui étranger, il aurait manqué en cela du plus simple esprit de conduite. Ah! que le circonspectissime et révérencieux M. Hase s'y prenait différemment! — Je n'ai garde, on le pense bien, de venir rouvrir des débats que la mort a fermés. Ce sont là d'ingrates querelles. Que d'ailleurs la grammaire grecque de Dübner soit plus ou moins applicable à nos classes, qu'elle remplisse ou non les conditions qu'exigent l'esprit et le cerveau français, que l'auteur ait rencontré ou non dans ses exposés l'expression juste, précise et claire, c'est-à-dire française, ou qu'il ait trop retenu du jargon scolastique, je n'ai qualité, ni compétence, ni goût, pour traiter de pareilles questions. Un des hommes qui l'appréciaient le mieux, mais sans complaisance, M. Delzons, m'écrivait à propos de ces démêlés où Dübner, selon lui, s'était beaucoup trop complu : « On peut lui appliquer le mot de Tite-Live sur Caton : *Simultates nimio plures exercuerunt eum, et ipse exercuit eas.* » Il aimait la guerre, il la faisait et on le lui rendait. — Si par là l'on entend diviser le procès, mettre les parties dos à dos et partager jusqu'à un

---

(1) Dans la *Revue de Philologie, de Littérature et d'Histoire ancienne* (1845), volume I, n° 2, voir, si l'on est curieux, l'article Dübner, qui a pour titre : *Sur une attaque contre Niebuhr.* L'auteur de l'attaque n'était autre que M. Victor Le Clerc qui, à cette époque, était encore dans sa première période, étroite et négative, et qui n'avait pas fait alliance comme depuis avec les Littré, les Michelet, les Renan.

certain point les torts, je ne demande pas mieux et je n'ai rien à opposer.

Enfin, le conseiller d'État, directeur de l'Imprimerie impériale, M. Anselme Petetin, a cru devoir m'écrire au sujet de ce discours :

« Je suis bien persuadé que M. Sainte-Beuve ne m'imputerait en aucun cas des *manœuvres sourdes*... Mais ce serait pour moi une blessure vive que la supposition que j'ai pu laisser, même innocemment, même sans les apercevoir, se pratiquer autour de moi de telles *manœuvres* contre l'excellent M. Dübner. »

L'honorable directeur ne m'a pas bien lu. Je n'ai jamais parlé de *manœuvres* sourdes qu'on aurait pratiquées contre Dübner à l'Imprimerie impériale. Je n'ai parlé que de *luttes* sourdes, c'est-à-dire qui n'ont pas éclaté. Je crois que le fait est incontestable. Tous ceux qui ont causé avec Dübner dans les derniers temps de sa vie savent, par exemple, qu'il s'en est fallu de peu que le titre de l'édition de *César* ne portât point son nom, mais seulement le nom du directeur de l'Imprimerie impériale. Il fut averti à temps de cette prétention inimaginable : il résista avec énergie. On dut en référer au Cabinet même de l'Empereur, où fut tranché le conflit en faveur de Dübner et de la simple équité. Mais, encore une fois, je n'avais point l'intention d'insister sur ces secrètes amertumes ; je ne voulais qu'indiquer légèrement la vérité.

Un de nos hellénistes les plus distingués, et à la fois homme de beaucoup d'esprit, M. Miller, de l'Académie des Inscriptions, dans la préface de ses *Mélanges de Littérature grecque* publiés en 1868, a rendu un juste hommage à Dübner, et en des termes ingénieux qui méritent d'être rapportés :

« Feu Dübner, dont la science philologique déplore la perte encore récente, était, depuis un grand nombre d'années, le confident et le conseiller de mes travaux. D'un dévouement et d'une complaisance à toute épreuve, il mettait sans cesse à ma disposition le secours de sa saine critique et de sa profonde érudition. Je m'empresse de reconnaître que j'en ai très-souvent profité, et plût au Ciel que je pusse en profiter encore! Il poussait jusqu'à l'extrême le culte du beau dans la littérature ancienne, qui était comme son domaine particulier, et il croyait avoir des droits sur la moindre découverte qui y était faite. Dès lors l'initiative de son dévouement prenait un caractère fébrile et dégénérait presque en persécution. Il voulait être un des premiers à jouir de cette découverte; il tenait à la faire valoir, à la rendre viable, offrait et, au besoin, imposait son concours, et cela sans arrière-pensée, avec une modestie admirable, cherchant ensuite à s'effacer, et uniquement par amour de la science. Il prodiguait généreusement les trésors de sa judicieuse et saine critique, et il fallait lutter avec lui pour obtenir la permission de le citer. C'est là un hommage mérité que je me plais à rendre à la mémoire de Dübner, bien persuadé que je ne serai pas démenti par tous ceux qui l'ont pratiqué un peu intimement. Connaissant la nature des richesses littéraires que j'avais rapportées de mes différents voyages, il attachait la plus grande importance à leur prompte publication. Lorsqu'il apprit que mes *Mélanges de Littérature grecque* allaient être imprimés, il me pria de lui permettre de revoir les épreuves avec moi et d'en extraire au fur et à mesure, pour son usage particulier, tous les fragments nouveaux de poëtes. Profondément versé dans la métrique des anciens, il comptait, sous forme de dissertation, faire un travail spécial sur ces mêmes fragments. Mon ouvrage n'ayant qu'à gagner à une pareille révision, j'y consentis bien volontiers, et je lui communiquai toutes mes épreuves, qu'il revit, suivant son habitude, avec le plus grand soin... »

Dans une lettre de Dübner, qui se lit dans la même préface, on voit qu'en proclamant M. Miller « le *dignissime* disciple de Hase », il disait de lui-même par opposition : « Je ne suis qu'un αὐτοδίδακτος, qui a fait ses premières armes dans le manuscrit de Tzetzès en 1833 ». Laissant à d'autres l'honneur d'une culture méthodique et raisonnée, il ne se donnait que comme un ouvrier helléniste qui s'était formé à force de pratique et d'usage.

Et, pour finir, je demande à citer sans plus de façon la réponse même que je fis aux objections de M. Delzons, ce modèle des humanistes et ce professeur accompli. Après l'avoir remercié de sa communication et de ses remarques à la fois si parfaitement exprimées et si bienveillantes :

« Laissez-moi vous répondre, lui disais-je, quoique moins compétent que vous, — infiniment moins compétent, — mais en généralisant un peu le débat.

« Je vous avouerai que les choses dites par moi à l'occasion de la Grammaire étaient plus vives dans ce qui a été lu sur la tombe : je les ai atténuées déjà dans *le Moniteur*. Je m'étais donné à moi-même quelques-unes des raisons que vous m'opposez, et, en écrivant hier à M. Adert, je lui marquais que cette Grammaire de Dübner ne me paraissait en rien présentée de la façon qui la pouvait faire agréer du public français.

« Mais, après cela, je maintiens que notre Université (que je suis honoré et fier d'avoir un moment traversée, et dont je respecte et j'aime en particulier tant de membres), est infiniment trop contente d'elle-même. Elle se loue et se célèbre à l'infini ; elle méprise l'Allemagne (témoin notre excellent ami Lenient et ce qu'il a écrit tout récemment en réponse à M. Goumy) (1). Dübner avait de près ses travers et ses défauts que vous me faites observer ; mais ce qui demeure, ce sont les services effectifs rendus à la littérature grecque, services que commencent seulement à rendre aujourd'hui à leur tour les Thurot, Tournier, Pierron, etc. Ce qui subsiste, ce sont ces récensions de textes que méprisait souverainement M. Le Clerc et qui ne lui paraissaient pas constituer un titre valable pour l'Académie. Apparemment que l'éditeur de Cicéron estimait beaucoup plus sa propre

---

(1) Dans la *Revue de l'Instruction publique*.

Rhétorique que sa récension du texte cicéronien. J'ai connu de près beaucoup de ces hommes, M. Villemain en tête : ont-ils jamais daigné, pour la science, regarder au delà du Rhin ? Oui, Dübner n'était qu'un correcteur d'épreuves, mais ces épreuves étaient celles d'Homère, de Théocrite, d'Aristophane, de Xénophon, de César, etc. Il me fait l'effet d'un de ces généraux-troupiers qui excellent à mener les troupes à l'ennemi, en opposition à nos brillants officiers d'état-major. La postérité laissera les petites choses et les ignorera, et elle ne verra que les services : ils sont immenses.

« Dübner a été exploité sans doute, mais il eût appartenu à des hommes généreux de le tirer de son vivant de ces conditions d'exploitation. L'Université française a bien des qualités, mais, à la prendre par le haut, elle a toujours manqué essentiellement de générosité. Je le dis pour avoir connu de près ses chefs et ses héros, Cousin et Villemain, et au-dessous d'eux, Nisard. — L'Académie des Inscriptions a aussi ses préjugés, quoique Quicherat ait essayé, sur la tombe même de Dübner, de réfuter, en balbutiant, le fait incontestable que j'avais rappelé. J'estime et j'aime beaucoup de ces académiciens gréco-latins ; mais comment pas un, du vivant de Dübner, n'a-t-il élevé hautement la voix dans cette Académie pour la rappeler à la justice ? — Aujourd'hui même elle est injuste, sans s'en douter, envers un homme du plus haut mérite, doyen de Strasbourg, Bergmann, seul maître dans le *norrain*. Elle ne veut pas même de lui pour correspondant. — O France ! toujours contente de toi, te disant sans cesse que ta magistrature est la plus intègre, que ton armée est la plus brave, que ton clergé même est le plus pur, et à plus forte raison que ton jugement et ton goût dans les lettres et dans les études ne laissent rien à désirer !

« Pardon, cher monsieur, de cette sortie et de cette boutade qui dépasse de beaucoup les points auxquels j'avais à répondre, et sur quelques-uns desquels je me sens à très-peu près d'accord avec vous... » (16 octobre 1868.)

Je ne suis pas, en fait de portraits, pour les panégyriques purs. Aussi n'ai-je pas craint d'ajouter à mon Éloge funèbre de Dübner ce long post-scriptum. De tout ce pour et ce contre, de tous ces dits et contredits, il résulte, ce me semble, un *crayon* assez complet de l'homme.

FIN DU TOME ONZIÈME.

TABLE DES MATIÈRES.

	Pages
Mémoires du comte BEUGNOT.	1
FROCHOT, préfet de la Seine, par M. *Louis Passy*.	21
MAURICE, comte de SAXE, et MARIE-JOSÈPHE DE SAXE, dauphine, par M. le comte *Vitzthum d'Eckstaedt*. — I.	38
— II.	65
— III.	86
Le comte de CLERMONT et sa cour, par M. *Jules Cousin*. — I.	113
— II.	136
— III.	155
Œuvres de VIRGILE, publiées par M. *E. Benoist*.	174
Observations sur l'orthographe française, par M. *Ambroise-Firmin Didot*.	246
Le comte de GISORS, par M. *Camille Rousset*.	203
Le général FRANCESCHI-DELONNE, par le général baron de *Saint-Joseph*.	203
Mémoires de MALOUET, publiés par son petit-fils. — I.	225
— II.	297
— III.	321
Œuvres inédites de LA MENNAIS, publiées par M. *Ange Blaize*. — I.	347
— II.	371
Œuvres choisies de CHARLES LOYSON.	400
M. VIGUIER.	420
DUBNER.	433

Dans le tome X, une correction est à faire, page 344, à la note. J'y disais : M. Royer-Collard eut toujours un grand goût pour Tocqueville. Il aurait pu lui dire, en effet, comme Voltaire le dit un jour au chevalier de Boufflers : *Et j'aime en vous mon héritier*. » Le baron Gaston de Flotte, un vrai lettré, un esprit cultivé et bienveillant, et de plus un esprit juste, qui souffre à la vue de la moindre erreur comme souffre un musicien à l'audition d'une note fausse, m'avertit que ce n'est pas à Boufflers, mais que c'est à François de Neufchâteau que Voltaire a dit cela :

> Si vous brillez à votre aurore,
> Quand je m'éteins à mon couchant...
> . . . .
> Il faut bien que l'on me succède,
> Et j'aime en vous mon héritier.

www.ingramcontent.com/pod-product-compliance
Lightning Source LLC
Chambersburg PA
CBHW060934230426
43665CB00015B/1936